好書大展

命理與預言5

13星座占星術

馬克・矢崎／著
李 芳 黛／譯

大展出版社有限公司　印行

前言

有一天，英國傳來一項令人震撼的消息——「第十三星座蛇夫座被發現了」。天文學者指出占星術之星座配置、行星運行與實際星辰移動有出入。

占星術的星座是以春分點為基準，將行星軌道分成十二份，行星運行也是以春分點為基準。

一般人均認為占星術是以十二星座的神話為占卜基礎，事實上錯了。占星術起源於古巴比倫時代，而十二星座神話則製作於希臘時代，時間上晚了許多。

占星術本來是以春分點為基準，從星辰的角度占卜性格、運勢，這就成為希臘時代製作神話故事的題材。換句話說，並非先有星座神話才有占星術，而是先有占星術才有星座神話。

然而，一提到占星，大家首先便浮起星座的模樣，即使占卜師也利用星座神話或象徵來占卜。最近發現的第十三個星座，令世人必須重新調整原來的占星方式。

本書之十三星座是以原來的占星術占卜法為基礎，再加上實際黃道上的十三星座，用淺顯的說明解說其象徵及意義。

從今以後，請大家捨棄以往以星座為中心的占星法概念，用全新、正確的觀點解讀真正的占星術，了解並努力開創自己的命運。

目錄

第三章　13星座的神話與象徵

第四章　從太陽看人生與財運

第五章　從月亮看感情與心理

第六章　從水星看人際關係

第七章 從金星看戀愛與婚姻

第八章　從火星看性愛與健康

第一章

何謂「13星座占卜」？

號外！英國傳來的消息指出「占星術的12星座錯誤！」──這到底是怎麼一回事？第13星座蛇夫座又是什麼？現在就為你揭開這層神秘的面紗，將全新的「13星座占卜」呈現在你眼前。

十二星座錯誤了？

前不久，英國某雜誌記載：

「占星術基本的黃道十二宮（從地球上看，太陽在天體軌道上繞一大圈為一年，黃道十二宮即為十二星座的守護神，占星術便以每人誕生日期配合十二星座為占卜基準）全錯了，以此錯誤資料為占卜基準的占星術，當然也全部需要修正。」

這真是令人吃驚的內容。

即使對占星術不怎麽有興趣的人，大概也都對「獅子座」、「處女座」等名稱耳熟能詳吧！從「白羊座」至「雙魚座」有十二星座，但依照此記事，這些全錯了。

包括占卜家、星座迷們所熟悉的十二星座全錯了？

記載中接著說明國立天文學會賈克林・米頓博士在英國國家電台天文學節目中，所報告的正確黃道帶，現在就讓我們來看看。

第十三星座「蛇夫座」

米頓博士主張如下。

占星術占卜的基本理念黃道十二宮各星座資料，與天文學者觀測資料有出入。因為地軸偏差及太陽繞行銀河系造成星辰之間位置的微妙關係偏差，使得現在從地球上看見的星座及星空，與占星術誕生的太古時代星空之間，發生很大的變化。由於這種歲差的影響，使得從地球看見的星座位置，每年約有五十秒三的差距，年復一年，約二五八〇〇年後，即差距三六〇度，回到原來位置。

以此周期為基礎計算，現在占星術所使用的星座（誕生日期太陽進入的星座）資料，是二〇〇〇年至三〇〇〇年前的黃道十二宮，與現在天文觀測的實際資料相比，不論是太陽通道或橫斷星座的日程、日數，均有相當程度的差距。

觀測現在黃道資料，每年十一月三十日至十二月十七日，太陽離開現在占星術之黃道十二宮，通過緊鄰「天蠍座」與「射手座」的「蛇夫座」。從誕生日太陽進入的星座即此人星座的占星術理論而言，十一月三十日至十二月十七日出生的人，即為「蛇夫座」。

既然占星術是從星座與行星之間的關係，依星座意義判斷命運，就不能無視天文觀測之實際星座位置及行星運行。米頓博士認為，以二〇〇〇年至三〇〇〇年前的星座或星辰運行為準的現有占星術，根本毫無意義。

占星術是這麼形成的

但我想這其中有個大誤會。

首先是有關占星術與黃道十二宮的起源。根據文獻記載，占星術起源於西元前二〇〇〇年左右的古巴比倫時代，而與此相對的黃道十二宮，卻是在西元前一〇〇〇年～二〇〇〇年左右，希臘天文學家以春分點為基準（黃道與赤道的交叉點），將黃道分為十二等分。

換句話說，並非先有星座才有占星術，而是先有占星術的概念，才依占星術意義分割星座。以「獅子座」為例，不是因為太陽進入「獅子座」，所以產生像獅子般勇敢的性格，而是因為如獅子般具有勇敢性格的星辰繞行，所以太陽進入的這個星座即稱為「獅子座」。

因此，占星術並非只是看太陽進入某座，所以具有某種性格、運勢這種只論太陽與星座關係的單純占卜而已。

原來以出生日太陽進入某座為準的星座占卜，已演變成近代廣為大眾所知的一般占星術，事實上已經相當簡化，原來製作天宮圖（依出生時刻黃道上行星位置與角度的關係所形成

第13星座「蛇夫座」

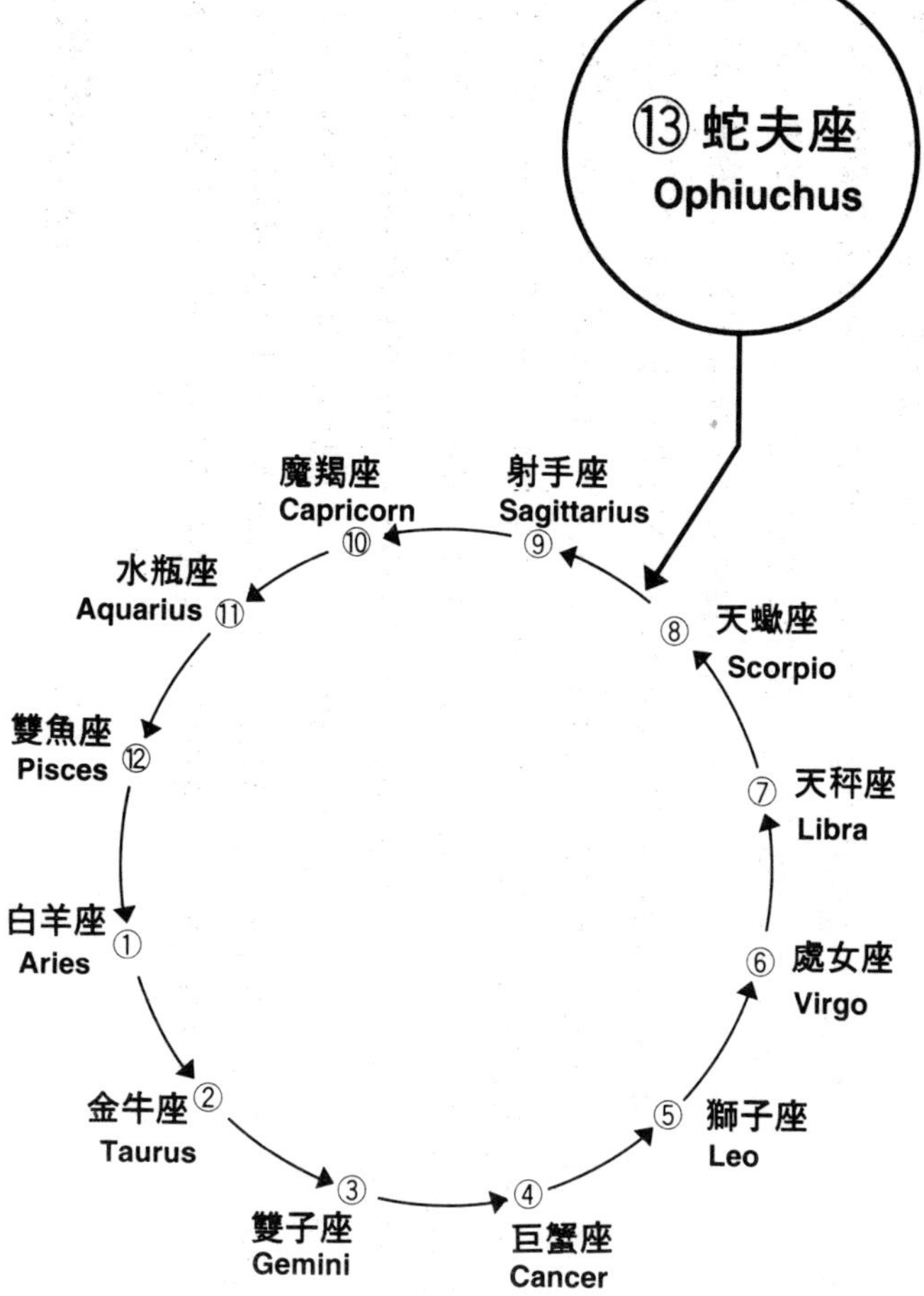
⑬ 蛇夫座
Ophiuchus
魔羯座
Capricorn
⑩
射手座
Sagittarius
⑨
水瓶座
Aquarius ⑪
天蠍座
⑧
Scorpio
雙魚座
Pisces ⑫
天秤座
⑦
Libra
白羊座
Aries ①
處女座
⑥
Virgo
金牛座 ②
Taurus
獅子座
⑤
Leo
③
雙子座
Gemini
④
巨蟹座
Cancer

的天宮圖）的占卜，已演變為排除最強影響力的太陽，以十二星座別分類的簡便占卜。

還是占星術正確

原來使用天宮圖的占星術，是古巴比倫沙漠人民根據天文觀測所做。

當人們注意到太陽從東方昇起、西方落下的時間有變化，便依此區分春分、秋分（晝夜正好相等日）、夏至（晝最長、夜最短）、冬至（晝最短、夜最長）的季節分界點。

另外，人們又發現了隨著季節不同，變化規則的夜空星辰中，出現與其他星辰完全不同移動的星辰，那就是太陽、月亮、水星、金星、火星、木星、土星這七顆星（在望遠鏡發明之前，太陽系的行星只能以肉眼看見確定至土星），人們認為這些超越宇宙法則的星辰，便是天神所派遣的七位天使。換言之，古巴比倫人所發明的占星術，並非現今為一般人所知的占星術，而是以一年為起點，將季節原點之春分當成〇度，觀察天使象徵的行星在哪一方位、在哪一角度互相牽引、對地球產生什麼影響的方位力學。

就像地球上有地磁氣、引力一樣，星辰也對地球上的我們發出光及引力。

英國國立天文學會的學者，以及支持其看法的自然科學家們，均認為星辰不會對我們的身體、命運造成影響，這又是怎麼一回事？

黃道12宮

13宮的場合

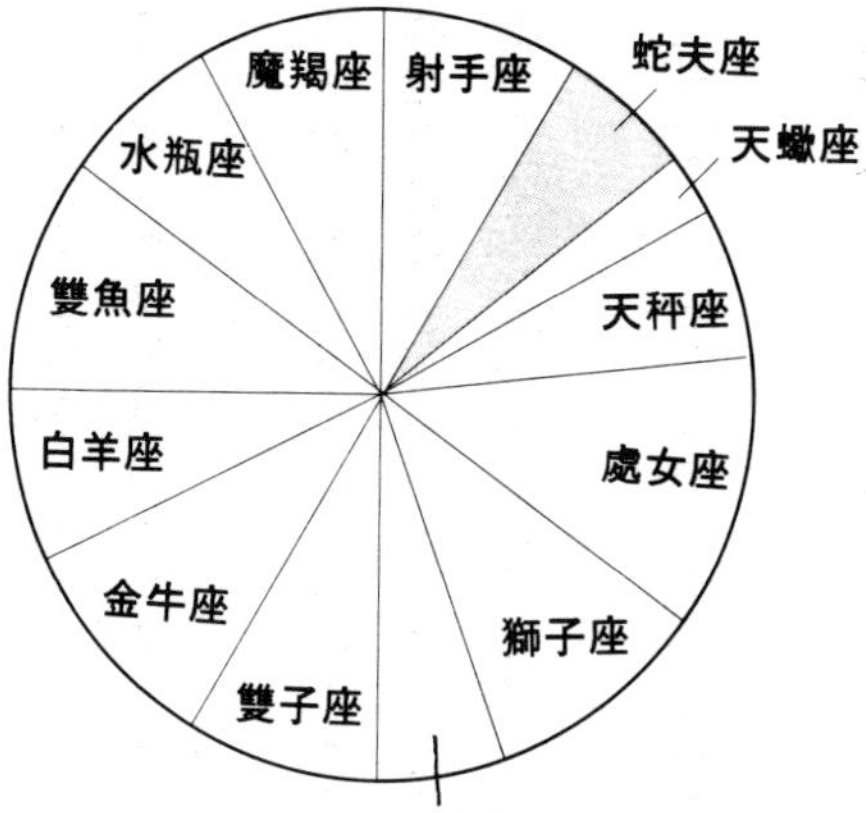

從宇宙星辰送往地球的能量

自古即傳言，不但海潮漲退與月亮及太陽的位置、引力有密切關係，連人的生死也與潮夕有關。女性生理周期、動物們（包含人在內）的體內時鐘，均受月亮作用影響，這是生物學者們不可否認的。

依某位學者說法，太陽黑點減少期，天地將發生大變動；黑點增大期，將出現戰事。的確，先前日本阪神大地震即為黑點減少期，中東波斯灣戰事發生時，即黑點增大期。此黑點的增減以大約十二年為周期，正好與木星繞太陽一周周期相同，這不正說明太陽與木星及地球的位置，存在著肉眼所看不見的力量關係嗎？

事實上，我們毫無自覺地受到從天而降各種力量的影響，而以此不可思議力量關係掌握、分析命運的，就是原來的占星術。

當然，現在占星術所使用的行星位置及運行，是以現在的春分點為〇度，使用實際天文學的資料。然而，現在的春分點在「雙魚座」，占星術為了方位、角度上的方便，將春分點換算成白羊座的〇度，因此容易受到學者們的誤解。相信一定很多人不知道，占星十二星座是後來為了方便所設。

12星座與13星座　太陽入宮期間

12星座	星座名	13星座
3月21日～4月19日	白羊座	4月19日～5月13日
4月20日～5月20日	金牛座	5月14日～6月20日
5月21日～6月21日	雙子座	6月21日～7月19日
6月22日～7月22日	巨蟹座	7月20日～8月10日
7月23日～8月22日	獅子座	8月11日～9月15日
8月23日～9月22日	處女座	9月16日～10月29日
9月23日～10月23日	天秤座	10月30日～11月22日
10月24日～11月22日	天蠍座	11月23日～11月29日
——	蛇夫座	11月30日～12月17日
11月23日～12月22日	射手座	12月18日～1月18日
12月23日～1月19日	魔羯座	1月19日～2月15日
1月20日～2月18日	水瓶座	2月16日～3月10日
2月19日～3月20日	雙魚座	3月11日～4月18日

（日依年之不同有些出入）

針針見血的「十三星座占卜」

占星術如上所述是事實，但是——

「從天文學角度來看，接近西元二〇〇〇年的現在，地球與星座的關係和古代十二星座不同。」也是事實。

既然如此，不就可以西元二〇〇〇年的「十三星座占卜」試試看，到底「十三星座占卜」可行嗎?占星術的十二星座是從春分點角度所代表的意義，製作成方便的星座，如果加上本來占星術的說明，不就可以製成天文學家們所提出的十三星座占星術嗎?

本書即將天文學與占星術連結，加入「十三星座」概念，重新組合占星術。

但占卜理念是以原來的占星術為方法，將春分點當成〇度，藉行星運行而下判斷占卜。十三星座的星座幅度不均等，所以用三六〇度法分割星座或行星的位置。

雖然有點複雜，但絕對比一般星座占卜正確。夜空中放射出的星光，正對我們的感情、環境造成影響，甚至影響到我們的命運。

了解自己、了解與生俱來的命運，朝正確方向努力，開創自己的運勢。為了更美好的未來，你一定要試著用這革命性十三星座占卜自己的運勢。

第二章

誕生星座與行星位置的找法

本章說明了解命運基本的「13星座天宮圖」製作方法，並舉實例介紹，請你也試著製作自己的「13星座天宮圖」，以便占卜自己的命運。此張「天宮圖」對於了解相性、未來性（第10、11章）很重要，請詳細製作。

十三星座占卜的方法

以下介紹十三星座占卜法。

①首先請在「十三星座天宮圖」上寫入自己的姓名與出生年月日（影印二三六頁使用比較方便）。

②接著翻開行星運行表中你的出生年。

天宮圖用紙（→P236）

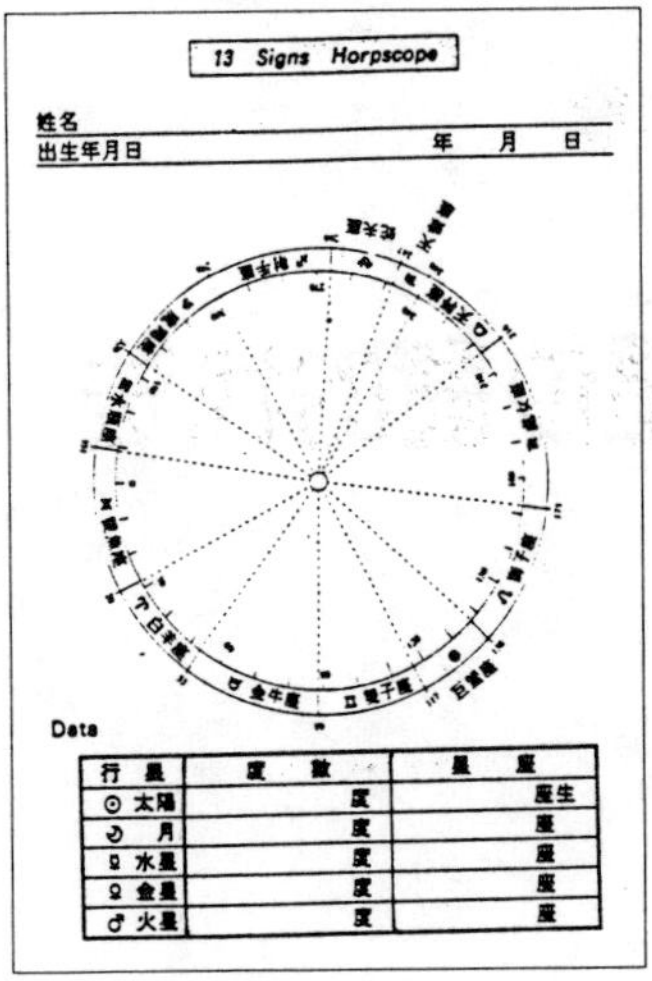

③行星運行表是依太陽、月亮、水星、金星、火星順序排列，首先從太陽位置（角度）尋找。請看太陽表。

④表縱列是一～十二月，橫列表示日，找出你的生日欄，將數字（角度）填入資料欄內。這個數字就是太陽的角度。

⑤將太陽角度填入圓形天宮圖

內，此圓形以左端為○度，逆時針方向轉一圈為三六○度。位於此圓形中的太陽角度位置處，塡入太陽記號及角度。

⑥圓形天宮圖區分為十三星座，例如雙魚座是三五一度至二八度，由太陽進入的星座範圍決定自己的星座（如果太陽正好在星座的界限，則屬於後星座。以太陽二八度為例，正好是雙魚座與白羊座的界限，則歸入白羊座）。了解自己的太陽進入哪一個星座區之後，便在資料表的太陽欄塡入星座名稱，這就是你的星座。

⑦同樣地，關於月亮、水星、金星、火星，也是重複③～⑥，找出各行星的星座。

如上所述是不是不太容易了解，以下就舉織田裕二的例子說明。

行星記號

☉	太陽
☽	月亮
☿	水星
♀	金星
♂	火星

星座記號

♈	白羊座
♉	金牛座
♊	雙子座
♋	巨蟹座
♌	獅子座
♍	處女座
♎	天秤座
♏	天蠍座
⛎	蛇夫座
♐	射手座
♑	魔羯座
♒	水瓶座
♓	雙魚座

※蛇夫座記號為作者新構想，採取醫學之神大蛇的印象。

例1 織田裕二先生的情形

生於一九六七年十二月十三日

在螢幕上魅力四射的織田裕二，他的十三星座天宮圖如何呢？

①在「十三星座天宮圖」上記入「織田裕二、一九六七年十二月十三日」。

②請翻開行星運行表一九六七年那頁。

③看太陽表的十二月。

④找出太陽運行表十二月十三日一欄，為「二六〇」，即太陽的角度是二六〇度。請在資料欄的太陽處記入「二六〇度」。

⑤圓形天宮圖二六〇度位置記入「⊙二六〇」。

行星運行表（部分）

1967年

宮	月＼日	1	2	3	4	5	6	7	8	9	10	11	12	13	14	15	16
太陽宮⊙	1月	280	281	282	283	284	285	286	287	288	289	290	291	292	293	294	295
	2月	311	312	313	314	315	316	317	318	319	320	321	322	323	324	325	326
	3月	339	340	341	342	343	344	345	346	347	348	349	350	351	352	353	354
	4月	010	011	012	013	014	015	016	017	018	019	020	021	022	023	024	025
	5月	040	041	042	042	043	044	045	046	047	048	049	050	051	052	053	054
	6月	069	070	071	072	073	074	075	076	077	078	079	080	081	082	083	084
	7月	098	099	100	101	102	103	104	105	106	107	108	109	110	111	111	112
	8月	128	129	130	131	132	132	133	134	135	136	137	138	139	140	141	142
	9月	158	158	159	160	161	162	163	164	165	166	167	168	169	170	171	172
	10月	187	188	189	190	191	192	193	194	195	196	197	198	199	200	201	202
	11月	218	219	220	221	222	223	224	225	226	227	228	229	230	231	232	233
	12月	248	249	250	251	252	253	254	255	256	257	258	259	260	261	262	263
宮	月＼日	1	2	3	4	5	6	7	8	9	10	11	12	13	14	15	16
月宮☽	1月	157	171	185	199	213	227	241	254	268	281	294	307	319	332	344	356
	2月	210	224	238	251	264	278	290	303	315	328	340	352	004	016	027	039
	3月	220	234	248	262	275	287	300	312	325	337	349	001	012	024	036	048
	4月	271	284	297	309	322	334	346	358	009	021	033	045	057	069	081	094
	5月	306	318	331	343	354	006	018	030	042	054	066	078	091	104	117	130
	6月	351	003	015	027	038	050	063	075	088	101	114	127	141	154	168	182
	7月	023	035	047	059	071	084	097	110	123	137	151	165	179	193	208	222
	8月	067	079	092	105	119	133	147	161	176	190	204	219	233	246	260	274
	9月	113	127	141	156	170	185	200	215	229	243	257	271	284	297	310	323

⑥從圓形天宮圖看，二四七度至二六五度為蛇夫座範圍，所以織田先生是蛇夫座的男人。

⑦以相同方法找出其他行星的位置（角度）如下。

☽月亮＝〇三八度

☿水星＝二五一度

♀金星＝二一六度

資料欄

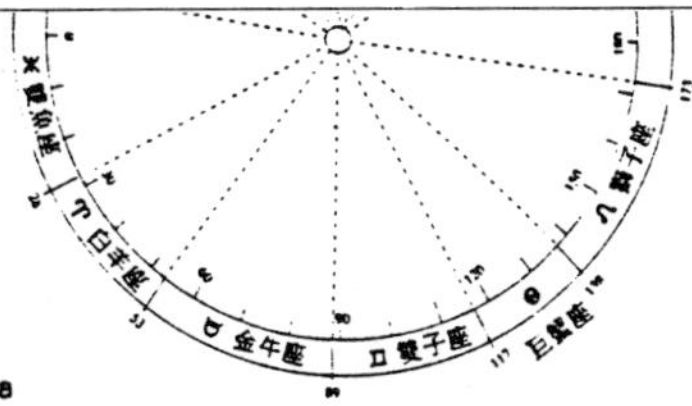

Data

行 星	度 數	星 座
⊙ 太陽	260 度	座生
☽ 月	度	座
☿ 水星	度	座
♀ 金星	度	座
♂ 火星	度	座

記入天宮圖

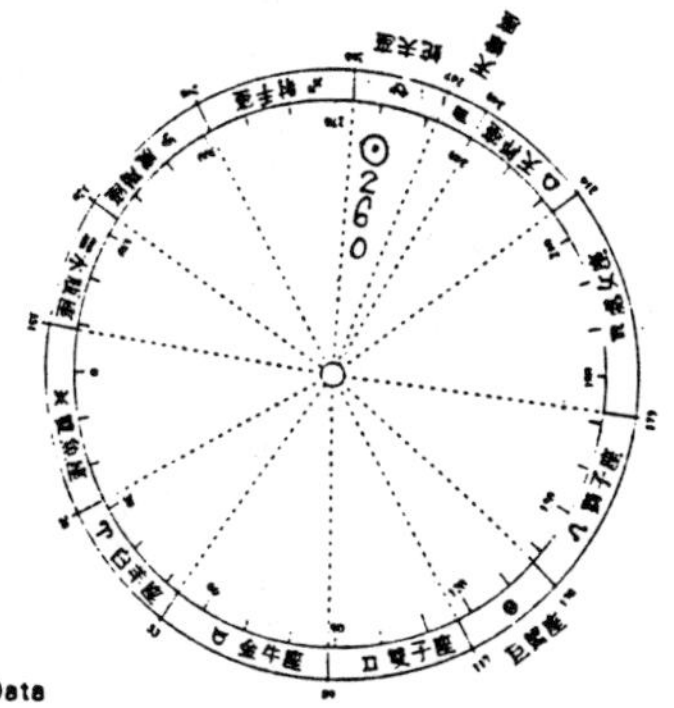

Data

行 星	度 數	星 座
⊙ 太陽	260 度	蛇夫 座生
☽ 月	度	座
☿ 水星	度	座

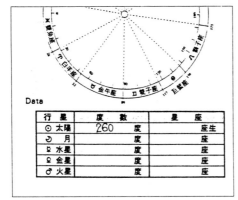

♂火星＝三〇八度

將各行星記號記入圓形天宮圖，各行星星座如下。

☽月亮＝〇三八度　白羊座

☿水星＝二五一度　蛇夫座

♀金星＝二一六度　天秤座（二一六度是處女座與天秤座界限，屬於天秤座）。

♂火星＝三〇八度　魔羯座

以下就以完成之十三星座天宮圖為基準，占卜織田裕二先生的運勢。

蛇夫座的織田為行動派

織田裕二的天宮圖如左。織田先生的太陽進入蛇夫座，基本上屬於行動派的人。富正義感，能腳踏實地往自己訂定的目標前進，如果目標與自己的才能一致，則必可崢嶸頭角。只要火苗一點燃，立刻能啟開人生運勢，熱衷於工作方面，對私生活也有助益。其性格也受蛇夫座影響，不論在任何狀況下都能大膽行動，但另外一面卻隱藏著他人不知的努力。

織田裕二先生的天宮圖

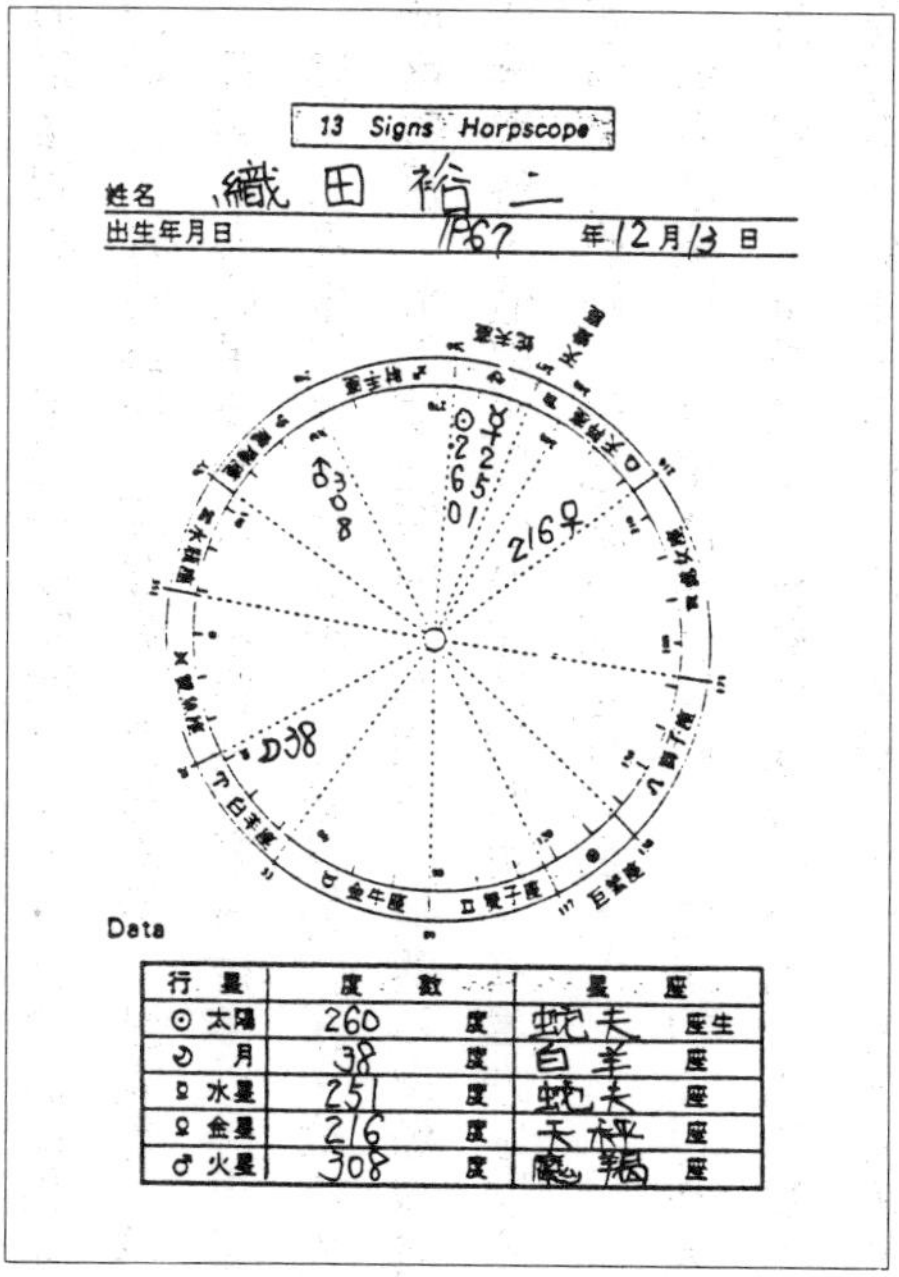

織田的月亮在白羊座，月亮與太陽互為裡表，我們從這裡來看看他的感情模樣。織田先生有衝動的傾向，具競爭心，只要確定目標，便能夠集中注意力，全心全意往目標前進。

與他一起工作的人，也許會認

為他是頑固的人，但過一段時間之後，就會想繼續和他一起工作。或許織田可以說是衝動性的行動力，有時為使周圍混亂、帶給周遭一股能量，讓周圍受惠者忘不了他的存在。

月亮進入此星座的人，不服輸、對流行敏感，但必須慎防過度著急導致失敗。

接下來是水星。這是表現人際關係的行星，織田先生是在蛇夫座，具有勇敢向前不膽怯的性格特質。雖然積極擴展人際關係，但並不以領導者為目標，他屬於暗性存在，當別人遇到什麼事時，他都可以成為商量的對象，在處理朋友事件上能發揮實力，雖然外表看起來像一匹狼般有衝動，但私底下卻是細心的人。

再來是金星，金星代表戀愛傾向。織田的金星在天秤座，有重複美好戀情的傾向，擅長與對方配合，重視氣氛，喜歡偶像般的戀人，也許戀人也具流行感。討厭被束縛、喜歡自由、雙方平等交往，由於平衡感不錯，所以異性朋友與戀人之間能求取平衡點，但如果引起對方嫉妒心的話，恐怕就會發生問題。另外，此人具有優柔寡斷的一面，往往不敢將愛意明白表達。

最後是火星，代表性愛的行星。織田的火星在魔羯座，具有強烈貞操觀念，不會因一時感情衝動而造成危險關係，能掌握對方心情、狀況，一步步地引導肉體關係往良性發展。然而，因為稍微現實的一面，也許使他有算計性愛的傾向。屬於重視前戲、一步步提升感情型，會視對方反應而採取行動，在性愛方面非常體貼，除了感性之外，也具有理性。

例2　松田聖子的情形

一九六二年三月十日生

松田聖子小姐的天宮圖

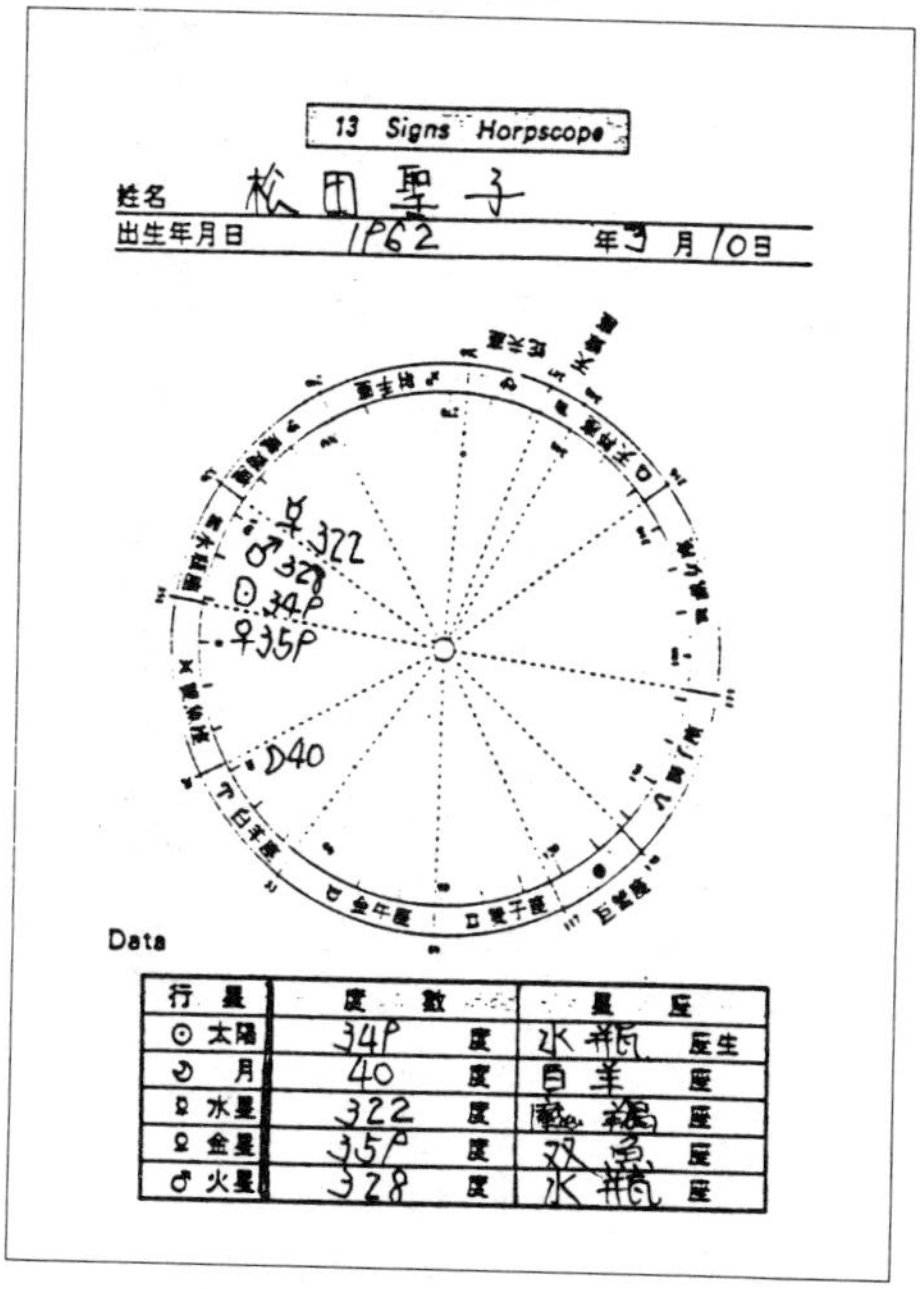

很多人憧憬松田聖子剛毅地走在自己人生道路的生活方式，她的行星位置如下。

⊙太陽＝三四九度　水瓶座
☽月亮＝〇四〇度　白羊座
☿水星＝三二二度　魔羯座
♀金星＝三五九度　雙魚座
♂火星＝三二八度　水瓶座

現在就讓我為她占卜吧！

水瓶座的聖子小姐是現實主義者

太陽進入水瓶座的人，有邁向現實人生的傾向，不論擁有多少夢想、歷經多少體驗，最終還是會選擇最合理的部分。因此，不論被多少流言包圍，她都能不被流言擊倒，不論發生什麼事，均能妥善解決，這不正是聖子理性性格的寫照嗎？

月亮在白羊座。感情面可說強人一倍，凡事以對方為重心，這種現象形之於表面，就很容易在感情路上遇到挫折。如果先前有關與美國男性的衝動行動報導屬實，大概就可以說是受到此月亮的影響。

另外，始終不安定的行動，也是因害怕落於人後所致。

水星在魔羯座的聖子，能夠築起不錯的人際關係，不但對長輩彬彬有禮，對晚輩也客客氣氣，所以能維持愉快的人際關係。講信重義的態度能得長上提拔，也能在演藝界受長上照顧。

戀愛之星金星在雙魚座，代表戀情一心不亂，只要醉心於某人，即能排除困難往理想前進，而且具有愈挫愈勇的氣勢。

聖子單身時代與男性歌手的熱戀傳聞，正是這顆星座的傾向。

從占星術觀點來看，她心中有許多故事，因為不屈服於現實環境的因子強烈，所以她會醉心於自己的戀情中，其內心的激烈熱情正是她的能源。

火星在水瓶座。由此觀之，聖子在性愛上具有旺盛探究心，注重自由感覺，不拘泥於傳統型式，願意向各種新型式挑戰，並不是說對性有暴力傾向，而是有嘗試新事物的好奇心，雖然有性愛激烈的可能性，但因其本質屬於合理主義者，所以兩者能求得平衡。

例3　木材拓哉先生的情形

一九七二年十一月十三日生

木村柘哉先生的天宮圖

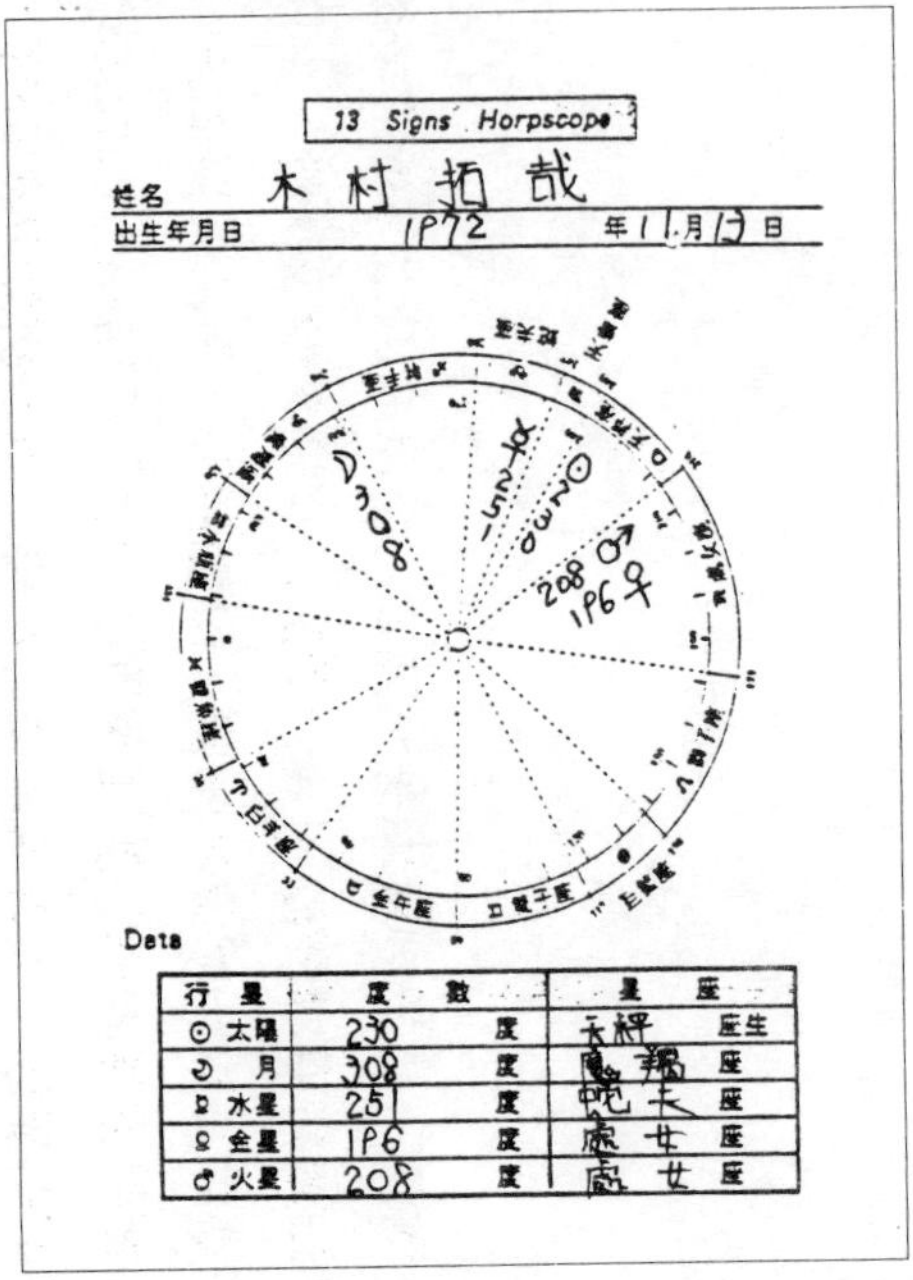

他是非常受歡迎的歌手。

⊙太陽＝二三〇度　天秤座

☽月亮＝三〇八度　魔羯座

☿水星＝二五一度　蛇夫座

♀金星＝一九六度　處女座

♂火星＝二〇八度　處女座

我們從他的行星配置位置占卜「運勢」。

天秤座的木村是正義派

木村拓哉是太陽進入天秤座時出生的天秤座。

正義感強、厭惡不正當之事，善惡區別清楚，即使不當邀約也能立刻分辨而拒絕。不畏懼強權、不偽裝自己，能獲得男性與女性的好感。能在廣播節目如飛彈般快速發言快嘴型，就是受此顆星影響。

此人對美的意識很銳利，時髦裝扮能獲得周圍的掌聲，重視打扮。

月亮進入魔羯座。從感情面來看，木村律己嚴、重禮儀、思考踏實，最討厭零零碎碎的思考，凡事腳踏實地、努力不懈。在行動之前會慎重計畫、通盤考量後才付諸行動，思考周密而冷靜。

水星在蛇夫座。他給人誠實、値得信賴的印象，整體均衡感佳，與人交往維持良好關係。他總是注意到周圍氣氛，始終警惕自己必須與周圍配合。雖然重禮儀，但不會令人感到難以親近，積極擴展對外人際關係，具有領導素質，但藏在內面，屬於朋友們的商量對象。凡事講理、但也體貼他人，所以人際關係良好。

金星在處女座。木村對戀愛的理想高，重視精神層面，重視對方內在美，喜歡傳統型女性。由於期待美好的戀愛過程，所以不會隨隨便便放入感情，一開始有壓抑自己感情的傾向，等時間證明自己的愛情後，才向對方表白。一旦喜歡對方，便努力讓對方接近自己的理想，可能因向對方提出忠告而惹得對方不悅。

火星在處女座的木村，對於性愛關係淡泊，與其求得肉體快樂，寧願追求精神滿足。具有奉獻精神，對方的要求，只要體力所及，便能完全付出，讓對方得到滿足。這種人與無愛情的性愛無緣。

如上所述判斷天宮圖。

從下一章開始展開行星別、星座別。

希望你也做張自己的「十三星座天宮圖」，為自己占卜看看，了解自己的資質與命運。

相信你一定能夠從中看清自己的表裡面，更希望你活用第九章、十章的相性運、未來運，為自己開啟最佳運勢。

第三章

13星座的神話與象徵

本章將敘述從白羊座至雙魚座，包含蛇夫座在內的13星座之神話，另外再加入神話所象徵的占星術意義。相信你已經從天宮圖中得知自己誕生日太陽進入的星座，現在就看看你的星座神話吧！

白羊座的神話

⊙太陽爲白羊座＝白羊座出生

身披金黃色毛的小羊拯救即將淪為犧牲品的小孩，在天空飛來飛去

很久以前，義大利德巴王國的國王阿達瑪斯，與美如天仙的涅蓓蕾結婚，二人育有一子一女。但後來國王拋棄涅蓓蕾，再娶伊諾為妻。這位新王后憎恨前妻之子，並計劃殺死他們。

「把兄妹二人當祭品獻給天神宙斯。」伊諾假借天神託命，計謀殺害兄妹二人。

這時候，天空出現金色羊，羊將兄妹二人載於背上，乘著風往空中飛去。這隻羊正是仙女涅蓓蕾為救兒女而派遣的使者。

就在千均一髮之際拯救兄妹二人的羊往天空東方奔馳，沒想到飛翔中不慎將妹妹赫拉掉落大海中，於是羊兒便在天空中飛來飛去，尋找赫拉的蹤影。

至於哥哥則被平安無事地拯救出來。而金毛羊則在夜空中成為一顆星座，亦即白羊座。白羊座的人性格「勇往直前」。

金牛座的神話

⊙太陽爲金牛座＝金牛座出生

天神宙斯化為牛形，背著心愛的女子渡海

從前希臘菲尼基亞王國的海邊牧場，某日國王女兒約洛巴和侍女們正在遊玩時，看見一頭雪白的小牛，小牛靠近約洛巴低著頭讓她輕撫。

（好美的小牛啊！）

約洛巴不禁輕拉著小牛騎在牛背上，沒想到小牛立刻快速衝向大海，侍女們在後面邊追邊喊，但不一會兒就不見小牛蹤影。在一望無際的地中海中，小牛奔馳著，約洛巴問小牛：

「你要帶我去哪裡？」

「我是宙斯，我很喜歡妳，希望妳嫁給我。」

原來白牛正是天神宙斯所變，不久之後，他們到達克里達島，在島上，約洛巴為宙斯生下三個兒子。約洛巴是第一個到達這塊土地的人類，歐洲之名的由來便是取約洛巴的音。

背負國王女兒衝向地中海的白牛，其隱藏在內心的「熱情」正是金牛座的性格象徵。

雙子座的神話

⊙太陽爲雙子座＝雙子座出生

感情很好的兄弟卡斯特、波克斯，和另一對兄弟格鬥的冒險故事

希臘神話中的卡斯特和波克斯是雙胞胎兄弟，變成天鵝的宙斯和斯巴達王妃蕾達所生之子。兄弟二人均各有所長，哥哥卡斯特精通馬術，弟弟波克斯則是拳擊好手，兄弟感情非常好。二人經常一起從事各種冒險活動。有一次參加阿爾克船遠征隊時，在海上遇到暴風雨，幸得海神波歇尹頓之助才得救。

平日即感服於兄弟友情的海神，平息海上風浪，協助他們的船渡過難關。從此之後，卡斯特和波克斯就成為船的守護神，不論遭遇多大的風暴，乘船者都堅信必可克服。

兄弟倆最後一次冒險，是與另一對兄弟爭奪獵物牛隻，由於獵物分配問題引起爭戰，卡斯特被弓箭射殺，波克斯哀傷之餘，向父親宙斯表示，願隨哥哥同赴黃泉。宙斯於是將二人化為一顆星座，永遠相伴於夜空中，這便是雙子座。感情良好的兄弟具有不同個性，這也正是雙子座的特徵「兩面性」。

巨蟹座的神話

⊙太陽爲巨蟹座＝巨蟹座出生

九頭大蛇希拉與巨人赫拉克列斯格鬥，守護赫拉的巨蟹在旁幫忙

從前在列路那沼澤地住著一隻巨蟹，有一天，天神宙斯之妻赫拉傳來求救信號。

「希拉情況危急，快來相救。」

希拉是有九個頭的蛇，當其中一個頭被切斷後，便會生出二個新的頭，對於巨蟹而言，希拉是同位於沼澤地的好兄弟。

希拉曾被希臘勇士巨人赫拉克列斯打敗。（事實上，希拉是女王赫拉為了殺死繼子赫拉克列斯所派遣的刺客，由於刺客形勢不利，所以女王赫拉請巨蟹幫忙。）

拉收到赫拉求救訊號的巨蟹，意氣風發地上戰場。巨蟹想用那巨大的蟹腳夾住赫拉克列斯的腳，但由於赫拉克列斯力氣巨大無比，巨蟹哪裡是他的對手，最後巨蟹反而被踩死了。

為了幫忙朋友而犧牲自己的巨蟹，便被赫拉化為天空中的一顆星座。

「守護愛人」的精神，便是巨蟹座的象徵。

獅子座的神話

⊙太陽爲獅子座＝獅子座出生

具有驚人力量的百獸之王獅子，與怪力赫拉克列斯戰鬥

從前，涅美亞山谷中住著一隻恐怖的獅子，這隻獅子不論晝夜出沒，都會吞噬附近牛羊或人類。這隻怪獅上半身為女人、下半身為蛇形。

治退此獅的正是希臘神話英雄赫拉克列斯，流著宙斯之血的勇者，正以涅美亞山谷為目標。在森林中躲了七天，終於等到獅子出現，赫拉克列斯發射弓箭，弓箭碰到獅子後便掉落地面，獅子發出猛烈叫聲攻擊，赫拉克列斯拚命射箭都無法制伏獅子，在山谷底經過長時間的格鬥，終於赫拉克列斯用雙手掐住獅子喉嚨，使盡全身力氣讓獅子無法掙扎，最後獅子不敵赫拉克列斯而氣絕。

雖然是敵人，但赫拉克列斯有感於獅子的苦戰，也為百獸之王之死感到哀傷，於是決定終身披上獅子毛皮。而天界為了紀念赫拉克列斯的功績，便將獅子迎上天空，就是獅子座。

百獸之王事實上在睡眠時，也為朋友在傷腦筋。「睡獅」就成為獅子座的特徵。

處女座的神話

⊙太陽爲處女座＝處女座出生

為大地帶來豐富果實的女神達美特，她的悲傷為大地帶來冬季

果實女神達美特有位女兒帕瑟波，有一天，當帕瑟波在草原摘花時，被冥土神普路頓帶走，母親達美特得知這項消息後傷心欲絕，於是鑽入土中。由於果實之神不在了，春天不再發芽，於是大地呈現冬枯景象，天神宙斯見狀，便命令普路頓將帕瑟波帶回。普路頓沒辦法只好遵命，但在釋回之前讓她吃下石榴果實。

見到女兒回來，女神達美特高興地從地底出來迎接，原本枯萎的原野又重新披上綠色新衣。但是，當達美特知道女兒吃下冥土神的石榴果實後，受到很大打擊，因為石榴代表婚姻。最後宙斯命令女兒一年中三分之二的時間待在母親身邊，其餘三之一的時間與冥土神共同生活。

就這樣，女兒不在的四個月，達美特便進入洞穴中，大地呈現冬枯景象。

處女座的處女就是手持麥穗的女神達美特，而「潔癖」便是處女座的性格象徵。

♎ 天秤座的神話

⊙太陽爲天秤座＝天秤座出生

正義女神右手持正義之劍，左手持天秤用以測量正義與邪惡

在神的時代，地上終年常春，大地結滿稻穀與果實，河川充滿牛奶與美酒，真是太平世界。

天神們降臨大地與人類一起快樂生活，其中有位阿斯特麗亞女神，與人類相處親密，向人類闡述正義之理。阿斯特麗亞是正義女神，右手持正義之劍，用以斬斷不義之事，左手持評斷善惡的天秤，公平地衡量人間之正義與邪惡。然而，隨著時代演進，地球出現四季，由於有寒暑，以致於百姓們不得不建造家園、耕作求生活溫飽，也因此出現貧富差距，弱者受強者欺凌的社會誕生了。天神們見此景象，一個接一個失望地返回天界，只有阿斯特麗亞女神對人們不放棄，繼續留在地球上，向人們述說正義之理。

但時代的演進是殘酷的，人們開始說謊、運用計謀、發動戰爭，最後連阿斯特麗亞也受不了周圍的邪惡，跑回天界。在夏季夜空中閃爍光輝的天秤座，正是阿斯特麗亞女神所持的天秤，而阿斯特麗亞女神祈願的世界「調和」，也正是天秤座的象徵。

♏

天蠍座的神話

⊙太陽為天蠍座＝天蠍座出生

天蠍以堅忍不拔、忍辱負重的精神，殺死自誇為世界最強的狩獵人歐里昂

當天蠍座在夏季夜空中閃爍光芒之時，有一顆星座是絕對不會出現的，那就是歐里昂座，這是屬於冬天的星座。此歐里昂是神話世界中的狩獵人，身材魁梧、體格健壯，集周圍人氣於一身，曾誇稱：

「天下無人比我更強。」

然而，這句話令天神們心裡感覺不痛快，其中天神宙斯的王后赫拉更是討厭這個傲慢的男人，於是她命令天蠍——

「去刺死歐里昂。」

天蠍的身體被赫拉的怒火染得全紅，他真的殺得了巨人歐里昂嗎？

天蠍悄悄地躲在歐里昂背後，慢慢地向其靠近，最後在歐里昂不注意的時候用毒針猛刺，再怎麼強壯的歐里昂終究敵不過毒針刺體，毒液立刻擴散至全身，歐里昂當場氣絕。

後來，兩者均成為天空中的星座，但歐里昂座為了躲避天蠍座，便逃往冬之夜空中。

虎視眈眈、等待時機的天蠍，其內心深處所燃燒的「熱情」，正是天蠍座的性格象徵。

蛇夫座的神話

⊙太陽爲蛇夫座＝蛇夫座出生

名醫阿斯克里比歐斯獲得女神亞狄斯斯的助力，能使死者重生

神話中登場的阿斯克里比歐斯，是太陽神阿波羅之子，少年時和半人半馬的肯塔烏斯族人凱隆習醫，由於學習態度認真，長大成人後，阿斯克里比歐斯成為希臘的名醫，為士兵療傷、為病人治病，不久即名聞天下。女神亞狄斯更賜他神奇魔力。

亦即「能救活死人」。於是阿斯克里比歐斯開始助人起死回生。

冥土神普路特見狀非常慌張，再這樣下去，黃泉國就要滅亡了，於是向天神宙斯投訴。

自然平衡當然不容許被破壞，於是宙斯從雲端向地面上的阿斯克里比歐斯投射雷光，就這樣，一代名醫氣絕身亡，其魂魄升天成為星座，即蛇夫座。

變成星座的阿斯克里比歐斯，雙手握住大蛇，蛇就是古代希臘醫術的象徵。傳說變成大蛇的阿斯克里比歐斯還拯救羅馬人免於疾病所苦。

蛇夫座出生的人，即象徵「向死亡挑戰」的果敢之姿。

射手座的神話

⊙太陽爲射手座＝射手座出生

半人半馬的賢者凱隆被學生射中而殞命

上半身為人、下半身為馬，這是野蠻的肯塔烏斯族的特徵。但其中也有例外，像凱隆就是位有節有禮、與人類親近者。他富冒險心，只要某處請其授課，再遠他都會去。據說他是克諾斯之子，克諾斯即天神宙斯之父。凱隆精通醫術、音樂、預言、狩獵，受過凱隆教育的希臘英雄不計其數。

有一天，他的學生赫拉克里斯對於肯塔烏斯人的野蠻行為感到憤怒，於是在後追趕，這些野蠻人最後逃到凱隆所住的洞穴，結果赫拉克里斯放箭不偏不倚射中凱隆。赫拉克里斯又驚又悲，因為他在箭上塗了劇毒，由於凱隆是不死之身，所以他必須永遠忍受劇毒在體內之苦。凱隆難耐激烈疼痛，唯願求得一死，於是赫拉克里斯便請來巨人神普羅梅狄斯，凱隆將不死之力讓給這位友人，才終於從痛苦深淵中解放。

後來，凱隆便以手持大弓的姿態在夜空中閃閃發光，亦即射手座。只要能力所及，便向目標前進的「放出的弓箭」，便是射手座的象徵。

♑

魔羯座的神話

⊙太陽爲魔羯座＝魔羯座出生

在驚慌中跳入水中的牧神，由於變身失敗而形成半魚半羊之姿

牧神龐恩是守護森林、原野的畜牧之神，上半身為長毛人身，下半身為山羊之姿，在山野間跑來跑去吹奏著笛子。

有一天，水邊舉行盛大宴會，太陽神阿波羅彈著豎琴、龐恩吹著笛子，衆神們沈醉於美妙音樂中好不愜意。

突然間，山間出現一陣怪聲，半人半蛇、惡名昭彰的怪物都龐出現了，這是髮及星辰的巨人，有一〇〇個頭，眼睛和嘴巴可以噴火，大概在有神的國度之前就存在了，連天神宙斯也懼他三分。衆神們驚慌之餘，紛紛變作各種東西逃走，牧神也趕緊逃命，但因他之前醉心於演奏，所以逃得比較慢，慌慌張張地跳入水中想變成魚，不料變身不順利，在水下的部分變成了魚，但在水上的部分卻變成了山羊。宙斯見狀大笑「真是痛快」，為了紀念，便將此身安置成魔羯座。

現實的山羊在岩石高山上堅定地踏穩每一步，「堅實」就是魔羯座的象徵。

水瓶座的神話

⊙太陽爲水瓶座＝水瓶座出生

永遠年輕的美少年加尼美地斯手持水瓶，向衆神們斟酒

從前，特洛伊的山上住著一位美少年加尼美地斯，他的身體永遠年輕貌美，呈現金黃色。

有一天，加尼美地斯在上山放羊，忽然天覆黑雲、四周全暗了下來，耳際雷聲大作之時，一片黑雲從天而降，將少年帶走。

黑雲帶少年到神的國度，天神宙斯對美少年之美垂涎不已，很想留他在自己身邊。

「別擔心，你蒙上天寵召，從今以後，你就在奧林波斯宮殿的酒宴上負責斟酒。」

就這樣，被帶到天上的美少年，每夜都在宴會上為衆神斟酒，由於少年彬彬有禮，舉止優雅，所以很得衆神們的喜愛。

不久，宙斯肯定少年的工作，於是將他加入星座之列，變成星座的加尼美地斯所持的水瓶中，注滿衆神們所給予的智慧。

因此，水瓶座的象徵就是「近神之人」。

雙魚座的神話

⊙太陽爲雙魚座＝雙魚座出生

愛的女神亞芙洛提和兒子約洛斯雙雙化成魚，尾巴互相繫在一起

從前，衆神們在尤夫拉迪斯川邊舉行盛大宴會。

衆神們愉快地飲酒、談笑，太陽神阿波羅與牧神龐恩在豎琴與笛子方面互較音樂長短，也就是在這時候。突然之間，怪物都龐出現，此怪物張開雙手即可觸到東西盡頭，有一○○個頭、眼和口會噴火，就連天神宙斯也要懼他三分。

在驚慌中變身逃跑的衆神當中，有愛與美之女神亞芙洛提以及兒子約洛斯。母子慌張地縱身入河化成魚形，但水流快速而且一望無際，母子數度被水流沖散。如果流入大海中被沖散，可就很難再團圓了，於是母子將魚尾互相結成蝴蝶結雙雙逃走。

後來，母子這兩條魚就飛上天空成為星座，「北魚」與「西魚」形成一個蝴蝶結的星座，就是雙魚座。

女神亞芙洛提與兒子約洛斯互相結尾，不和心愛的人分離，這種「浪漫之情」便是雙魚座的象徵。

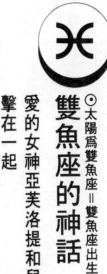

第四章

從太陽看人生與財運

本章是從太陽進入的誕生星座看你的基本性格及人生命運，並從基本性向觀測你的財運。了解自己的長處與短處後，便能截長補短，為自己啟開最佳運勢。請善加利用為努力的指針。

♈ 白羊座的人生

⊙太陽進入白羊座

具有實行力及統率力的正義派。雖然波瀾萬丈，也能心存餘裕地走在人生途中

在太陽進入白羊座時出生的你，個性積極而活潑，具有不懼萬難的基本特性。當被書本包圍時，就急得想出外透透氣，學生時代一定熱衷於社團活動或運動。

充滿實行力，不論遇到什麼困難都會勇往直前，而且愈挫愈勇。

你屬於領導型人物，富正義感與俠義心，對邪惡之事恨之入骨，集周圍信賴於一身。

但你也有固執的傾向，當你熱衷於某事時，其他的事對你而言連看一眼都浪費，這時你需要的是心有餘裕，不要盲動，學習推測別人的心情。

不要一遇事即驚慌往前衝，偶爾喘口氣有助你開運。要下決定時、準備行動時，先喝一杯茶也許比較好，對周圍多一些體貼心。

白羊座出生的人，一生波瀾萬丈，眼前是一片華麗寬廣、起伏豐富的人生。

有特技的才能，善加培養很可能在二十歲就成就一番名氣。

自幼累積的努力、人際關係、勞苦、家庭問題等等，養成你獨立性強。以往豐富的經驗、閱歷，也是造成今日的你的背景。

當你執著於一件事情時，往往聽不見別人的聲音，這樣或許讓你容易跌倒，但不要害怕，為了實現夢想，多少需要經歷一些失敗及承受他人懷疑的眼光。

希望你充分發揮白羊座勇往直前的特性，如此會讓你的魅力更迷人。

◆財運◆

不善於努力存錢的一決勝負型

你屬於一決勝負賺大錢型。往往有事後後悔的衝動購買傾向。你的腦袋從來沒想過要孜孜不倦、一點一滴地努力存錢。只要是有趣的投資，你就想試試看，股票、期貨、不動產、賭馬等等，你都很有興趣，投資金額愈大，你的第六感也愈強，但失敗時的損失也愈慘重。偏見可能是你的最大致命傷，多聽聽家人、朋友的意見，才是啟開財運重要之道。

⊙太陽進入金牛座

金牛座的人生

內心充滿不安與熱情的內向派。在友情的滋潤下度過平穩的人生

在太陽進入金牛座時出生的你，心境平和、慎重，舉止態度柔和，很得人緣。外表看起來穩重、不虛華，但內心確意志堅定，不像外表那麼柔順。當你既定目標後，便會一步步地踏實往前進，給人可信賴的印象。

喜歡安定、討厭變化，只要決定的事情，便執著地往前進。

另外，金牛座出生的人，基本上不喜歡與人爭、不喜歡麻煩別人，屬於內向派的星座。由於內心不安的情緒，往往使得你在人際關係方面放不開，即使朋友交往也過於謹慎。

雖然你並非能言善道，但卻給對方真實的感覺，這樣反而能讓你交到許多親密朋友，而且朋友能啟開你封閉的心靈，只要你願意接受朋友的關懷，你的人生必能在友情滋潤下愈走愈安穩。

你追求平靜、穩健的人生，踏實的印象帶給周圍安全感，所以你的周圍也都瀰漫踏實氣

氛。

只不過，年輕時不知世間複雜，恐怕招來災禍，性情過於頑固，恐怕樹立敵人。但是不要畏懼，任何惡劣經驗都將成為你人生的強力後盾，當你能體會人生疾苦，並從打擊中站起來時，你才能享受安定的人生，並在經濟方面求得餘裕。

踏實的你很少自己出現新行動，朋友的協助是你這一生很大的原動力，結果好不好，就要看你所交的朋友了。希望你能慎選朋友，朋友能反射你的亮，照亮你的人生更光明。

◆財運◆

有時要有花大錢的勇氣

你的興趣之一可以說是存錢，一點一滴、孜孜不倦地存錢，看到存款數目一天天地增加，你的心也愈來愈安定。你不喜歡投資流行商品，即使小額也好，儲蓄是你的最愛，所以你不必擔心沒錢。

但很可惜，你不太會買東西，尤其要花大錢的時候，你不太會盤算，往往花大錢買了價與質不相符的東西，好不容易存的錢不知不覺就少了許多。你應該注意的是不要成為守財奴，偶爾也要有花大錢的勇氣，才能更自如地運用金錢。

♊雙子座的人生

⊙太陽進入雙子座

充滿幽默感的天才型人物。懂得生活要領，但卻有沈浮激烈的人生

在太陽進入雙子座時出生的你，具有旺盛好奇心、富機智、敏銳、腦筋轉得快，不僅是表面，還有領悟裡面的獨特才能。如果能讓這些特質開花結果，則不但自己信心十足，人際關係也得心應手。

你具有使對方高興的才能，能提高一個場合的歡樂氣氛，由於富幽默感，所以很受歡迎，是團體中不可缺少的公衆人物。

遇到困難絕不逃避，不但努力面對，而且隨機應變處理的能力強，是不拘泥於傳統思想與感情羈絆無緣的合理派人物。另外，你具有雙重性格，這也是雙子座的一大特徵。也許你自己也會因為這種兩面性而迷惘、不安。在這方面，往往使你成為反覆無常之人。

好奇心旺盛的你，從孩提時代即有向各種新事物挑戰的企圖心，由於學習能力強，所以集衆人期待於一身。然而，當你在某項分野上達到一定水準之後，興趣便移往其他方面，所

以雖然具有優秀的智力、記憶力、推理力，但卻缺乏持久力。

因此，很可能渡過浮沈激烈的人生。

迂迴曲折之後，終於塵埃落定時，已經是有家庭的人了。不論你從事哪一種職業，成功的可能性都很高，其中最重要的是人際關係。令人擔心的是，廣泛的交際當中，也許會被朋友出賣。當對方說得你好奇心被啟發出來時，你便會捨棄現在的安定，重新走一條崎嶇路，至於能否成功，就全看天意了。不過即使失敗也別沮喪，能記取失敗教訓的人，也是離成功最近的人。人生不是短程競走，年輕時的失敗教訓，將使你未來人生更豐富。

◆財運◆

善於資金運用。是大富翁型

好奇心旺盛、第六感也強的雙子座，在理財方面是高手。在買賣、仲介方面能發揮才能。

由於工作順利，所以財富累積很快，可以用滾雪球來形容。值得注意的是，你很容易被新商品吸引，之後才覺得根本用不著，往往流於浪費，希望你決定使用目的後再購買，才能避免浪費。

♋巨蟹座的人生

⊙太陽進入巨蟹座

感情表現豐富的浪費型。歷經大戀愛、大失戀後，便能享受安定、充實的人生

在太陽進入巨蟹座時出生的你，是喜怒哀樂形於色、感情豐富的人。不但具有行動力與生活力，而且具有衝破難關的忍耐力。

強烈的情愛是最大特徵，不要說愛人、家人，就連普通朋友都能讓他掉眼淚，希望自己周圍的人幸福，思想力強、重感情。

心靈沈醉在浪漫氣氛中，對人親切、敏感。

放不下在困境中的人，雖然富同情心，但很可能反而讓對方感到受限制，認為你太囉嗦；或者同情心被利用於不正當之處。你容易感情用事，如果能更堅定意志力，將使你的魅力增加。

你的人生受周圍人事影響很大，可能因某人或某事而造成人生大起伏。

在困苦時更容易受周圍的影響，運氣、環境、人際關係都是動力。不過在中年以後，不

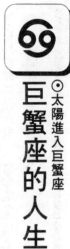

但環境安定，而且能渡過穩定的人生。

對你而言，人生最重要的事便是愛情，由於戀愛等婚姻的想法，使你將結婚訂為人生的大目標，因此，一旦戀愛不成功，就會讓你有一敗塗地的感覺。但也許你會從感情的創傷中站起來，不再談愛情、婚姻，努力在工作方面衝刺。

此人本來就是情緒豐富的人，女性絕大部分是賢妻良母，男性多半家庭重於事業。

你所建立的家庭對外交往多，與有身分地位、富裕的人緣分也很深。人與人之間的心靈交流便是你們家庭的重心。

◆財運◆

即使不執著於錢財仍有財運

在財運方面，你是個幸運兒，即使被騙財，到最後這些錢財還是會回到你身邊，當然，這得以你平常即重視感情為前提。即使經濟方面出現拮据狀態，也會有人主動對你伸出援手。

經濟觀念發達的你，一定不會因浪費或賭博而造成金錢損失，但你會因為幫助他人而散財。當然，好人一定會有好報的。

♌

獅子座的人生

⊙太陽進入獅子座

誇大驕傲豪爽的獨立派。自然統御衆人、重視人際關係、開啟強運人生

在太陽進入獅子座時出生的你，就像一大朵綻放在陽光下的花一樣，擁有明朗及熱情的性格。很喜歡處於衆人中，喜歡標新立異，也有虛華的一面。

純真而且沒有顧慮的你，在被讚美時，會像孩子一樣直接反應出喜悅，而且你也會發揮周圍期待以上的實力，但小心受人煽動。

在自己不被重視時，會露骨地表現出不滿，愛情情緒激烈，只重視對自己有好評價的人，因此周圍對你的評價出現兩極端。

雖然外表驕傲，但內心也有纖細的一面，是一隻體貼周圍的「睡獅」。

獅子座的你能憑自己優越的表現，開啟人生幸運之道，自我主張意識強烈，並充滿目的意識，正因為如此，所以你對自己充滿信心，「我一定辦得到」的暗示，會使你潛在的精神力量引導你走上成功之路。不論從哪一個角度看，你都屬於能獨立發揮力量者，你對自己充

滿信心，不甘居於人下。

獅子座出生的你，豪爽、開朗、隨心所欲，能得有地位、金錢者的賞識，而你積極與上流社會人士交流，擴展人脈，一定對你有助益。

但必須注意驕傲心與不圓滑部分，你強烈鮮明的個性，很容易讓大好機會喪失，應適時適度地改斂自己，才能期待在強運中出頭。相信獅子座的你必定能在人生旅途上有一番作為。

◆財運◆

賭運強的激烈進出型

你的信條是要花錢就花得痛快，你不但出手大方，賺錢也是大筆大筆地賺，致富可期。除此之外，賭運也蠻不錯的。

由於你一向出手大方，所以往往被稱為大哥、大姐，也正因為如此，即使在你手頭不寬裕的時候，也堅持要付錢請客。受到這種性格的影響，你很容易為了虛榮心而花錢，看到貧困的人也不會假裝沒看到的樣子，而這也正是你的魅力所在。

♍ 處女座的人生

⊙太陽進入處女座

愛好清潔的完美主義者。重視自己的世界，堅實地往幸福人生邁進

在太陽進入處女座時出生的你，屬於浪漫主義者，從小即編織美麗的夢想。與生俱來的純潔性格，讓你擁有強烈的正義感，具有完美、潔癖、認真的特質，是那種即使看書也要加上書套才看的類型，周圍人對你的印象是凡事認真、規矩。

此外，你的頭腦好、判斷力佳、記憶力超群，由於勤勉務實，所以在實務上表現不錯。彬彬有禮、舉止得宜，嚴守分際的你很難主動和對方交談，除非對方先和你打交道。但你很容易以自己的潔癖程度批評他人缺點，以致於招來誤解，並為人際關係所苦。

你的最大缺點是思慮過度，喜歡在細微部分傷腦筋，而且往往朝你的方面想。只要隨時保持心靈開朗，對那些雞毛蒜皮的小事不要太計較，你應該是一位相當有魅力的人。

處女座的你能渡過堅實的人生，富冒險、挑戰性的戲劇化人生，在你身上是看不到的。自幼即對將來有計畫，所以不會遇到什麼大困難。職業方面，不適合冒險性、不安定的

業種，最好選擇醫師、教師、公務員等實在性的職業。

女性可能早婚，應該能有幸福的人生。

你不汲汲於名利，寧願一步步踏實地往前進，具有細密思考能力，務實而理性，所以值得信賴，即使你不特意追求周圍的認同，旁人還是會給予肯定的掌聲。你很受社會歡迎，只要以誠實的心待人處事，則運勢應該會自然開啟。

◆財運◆

有財運，發揮務實性型

務實、認真的你，屬於計畫性存錢型。想要的東西、想做的事情，都依目標前進，所以不會有錢不夠而傷腦筋的情況發生。一生不愁吃穿，財運不錯。

當你拮据之時，即使自己不開口，自然而然就會有援助降臨，這是你幸運的一面。但由於你缺乏融通性，有些明天再做也不遲的事，你卻不能等，以致招來損失，這一點對你本身很不利。除此之外，你還有不喜歡被別人請客的潔癖。

♎ 天秤座的人生

⊙太陽進入天秤座

合理和平主義者。以絕佳的平衡感處於現代，度過充滿變化的人生

當太陽進入天秤座時出生的你，是和平主義者，充滿強烈正義感，在任何狀況之下，均有不失冷靜的特質。屬於中庸人物、平衡感佳。

天秤座的人頭腦好、思考理性，有點好講道理，也有會計算的一面，但由於動作好，所以不會表露出來，反而讓你看起來魅力十足。

對美的感覺銳利，反之極端厭惡自己在工作上的污點，在兩個搖擺狀態中求平衡，為了避免恥辱，會在安全線範圍內活動。

然而，世間本來就有善與惡，你不能只看光明面，認識黑暗面能讓你更成熟，更知道自己該走的路，這也是開運秘訣。

天秤座出生的你，有渡過激烈變化人生的傾向，由於好奇心旺盛，不斷嘗試各種經驗，自然讓人生充滿變化。尤其你對最新流行趨勢敏感，有時會回過頭來好好享受人生。

不斷追求新事物的你，很容易讓人誤解為沒定性、朝三暮四，但事實上，你追求新事物的同時，舊事物全留在你心底，你並沒有捨棄它們。坦白說，你絕不是個朝三暮四的人。

天生喜歡美的事物，能在音樂、美術、藝術方面立足，並在藝能方面或店面經營上獲得成功。只不過你本身不耐吃苦，所以找工作最好配合自己興趣。

你是能受人援助型，所以良好的人際關係能為你的人生帶來大轉機。

◆財運◆

天降財運的浪費型

喜歡美好事物的你，喜歡投資高價美術品。

由於虛榮心作祟，所以與人吃飯你一定搶著付錢，喜歡穿品牌服飾，只要自己喜歡的東西，花再多錢也不心疼。另外一方面，如果你這個月支出太多，那你就會在飲食上收斂一點，具有金錢管理概念。到了月底捉襟見肘時，你的朋友會對你伸出援手，財運頗佳。

天蠍座的人生

⊙太陽進入天蠍座

內心潛藏鬥志的熱情家。鎖定目標踏實前進，屬於大器晚成型人生

當太陽進入天蠍座時出生的你，內心潛藏著激烈的情熱，雖然外表看起來平靜，但也許內心正是波濤洶湧，這是天蠍座的基本特性。

在工作方面很少與人競爭，不太明顯表現出自己的意識，但內心卻燃燒鬥志，出現強烈反彈心。也有一旦決定即不動搖的頑固面。

為人慎重、有計畫，是那種先確定橋不會斷才願意過橋的人，對於缺乏計畫之事絕不行動，城府頗深，但誠實不會背叛朋友。

觀察能力強人一倍，具有獨自價值觀與判斷基準的你，有窮究真理的傾向，注意力集中、理解力強、知識及才能豐富，善用這些優點，必可增加你的魅力。

此外，口風緊、會嚴守秘密，值得信賴。

天蠍座的你屬於大器晚成型。年輕時就有一套自己的人生哲學，以此為基礎訂定未來的

目標，並且朝著目標努力不懈，對於現實耐力十足，不肯輕易妥協，寧願等待更好機會。

工作方面，不適合從事有長官、下屬關係的職業，適合醫生、學者、宗教家等可以一個人默默工作達到自我要求境界的職業。

問題是你只與和自己思想相同的人交往，當你進入與自己不同的世界時，會立刻封閉自己，將自己本來的能力藏起來。儘早結交氣味相投的朋友，在享受中往目標邁進才是開運重點。想在世間求得大成功的話，就必須拋棄成見，放開心胸結交各類朋友。對於逆境耐力十足的你，雖然比別人多花一些時間，但最後一定能夠成功，因為你具備素質與力量。

◆財運◆

雖然有危險但財運還是不錯

不太表現內心本意的你，賺錢的方法也是秘密。悄悄簽賭、兼差、投資等等，別人也搞不清楚你怎麼會這麼有錢。

但你不太會儲蓄，大多將錢用在賭博、投機方面，雖然有可能賺大錢，但也有可能一敗塗地，還須注意被最信任的對象背叛。

⊙太陽進入蛇夫座

蛇夫座的人生

重理性的慎重派。歷經錯誤經驗之後，在充滿浪漫的人生冒險中嶄露頭角

太陽進入蛇夫座時出生的你，給人安穩、平靜的印象，看起來始終是一張微笑的臉龐，似乎與世無爭似的。然而，內心所潛藏的意志卻非常強，外表之內燃燒著熊熊烈火。

重理性的你，正義感強人一倍，善惡的價值基準訂定嚴苛，因此很可能為了貫徹善而踏上惡行，這樣說起來似乎有些矛盾，但你心中自有道理。

對於這樣的你，也許周圍人會感到疑惑，這時候你能做的就是保持沈默，只要自信結論正確，便堅持自己的做法，最後一定能得到旁人理解。

在行動之前，你會慎重準備，不急躁地等待最好機會來臨。但當時機成熟，你也會發揮巨大的威力，以無畏之姿勇往直前。這種兼具纖細與大膽的性格，使你很容易被推為領導人。擅於用人的你，人際關係是開運重點，不論任何方面均可成功。

你的人生可說是用石頭一塊一塊砌起來的，基盤穩健。

從孩提時代一直累積錯誤經驗，到了青春期即出現明確的人生目標。而且你會依目標訂定計畫，孜孜不倦地努力。職業方面也是一直求進步，一項職業對你而言只是一步而已，你不斷累積各種經驗。

將人生視為一齣羅曼史的你，會從大方向看未來，每樣新經驗與冒險，都是你原動力。

◆財運◆

會花錢的理財高手

平常就會努力存錢，但遇到該花的時候，出手也很大方，一旦想買某物時，便開始計畫儲蓄。對於資產運用很在行，絕不會因衝動而購買某物，這種處理金錢的方法也可說是一種才能吧！你不喜歡賭博等投機支出，假使有餘裕，寧可進行長期間的投資組合。從年輕時代開始如果計畫買一間房子，必定會在不久的將來實現，你絕不是吝嗇，所以不會讓人背後批評。

♐

射手座的人生

⊙太陽進入射手座

直覺敏銳的冒險派。度過波瀾時期後，即可踱步在風平浪靜的人生經緯上

在太陽進入射手座時出生的你，是樂天派。開朗、快活、好冒險，心中一直想著前面美好的事物，根本沒有煩惱的餘地，遇事能立即下決定，心理想的立刻表現在行動上，就像射箭手一樣。

遇事立刻下判斷的你，坦白說內心充滿勇氣與自信，能將先前的經驗全部化為自己強而有力的後盾，直覺敏銳、立斷是非。因此，你所下的結論，大體而言均不錯，而這也是你從過去經驗中所產生的自信，假使事情進展不順，你便立刻將經驗消化掉，不會囉囉嗦嗦地指責、埋怨、悔恨，具有優秀才能。

射手座有照顧弱者的特性，常成為依靠對象，不論權力中心在何處，你都是其中一部分。只不過，由於你太過於自信，往往不聽身旁忠言，喜歡命令別人，卻不願接受命令，受讚美就興奮。你的開運之道是，冷靜聆聽旁人的忠告。

射手座的你具有放蕩運，不受家庭、傳統束縛，與家人緣薄。不知是否因為從小在家庭中成長，沒有過離家經驗，所以缺乏朋友、害怕孤單，因此一到青春期便極力擴展外交。

從各項經驗中產生自信的青春期時代，爭吵與別離多，隨著換工作或環境的變化，運勢也如波濤起伏般。不喜歡被束縛的你，獨立性非常強，適合自己做事業或依自己方式從事專門工作。

在被磨得愈來愈圓滑的中年以後，你的才能便受到肯定，在社會上獲得成功，享受安定人生。富於挑戰性的一生雖然辛苦，但卻也是最值得回憶的人生經驗。記住心情常開。

◆財運◆

可能成為大富翁的浪費型

獨立性強、不喜歡聽命於人的你，在副業或獨立事業方面有成功運，憑著勇氣與才能使事業成功，財源廣進也不是遙不可及。

即使失敗也會還清負債，重新再訂新目標。

不太會理財，也不會一點一滴地存錢，很可能從事漫無計畫性的投資或賭博而喪失金錢，雖然賺了不少錢，卻在不知不覺中就花完了。

魔羯座的人生

⊙太陽進入魔羯座

孤獨感強烈的宗教家型。堅持往自己深信的人生大道邁進，創造有意義的人生

在太陽進入魔羯座時出生的你，是努力往大目標前進的人，忍耐力與持久力旺盛。不論任何艱困的試煉你都能忍耐，最後終於走出困難的你，給人誠實、努力的印象。不重外表、重本質是魔羯座的特性。頑固得只拘泥於自己的想法，雖然冷靜，卻有點不近人情。你對自己要求也很嚴苛，具有宗教家的氣質與實事求是的性格。當自己經不起考驗時，也可能因此自暴自棄。

有時候讓自己放鬆一下，可以使你恢復信心，也是開運重點。

由於孤獨感強，與其和衆人喧嘩，寧願處於只有自己的孤獨世界裡。處事總在計畫後行動，也許起步晚，但最後終能達到顚峰。

回道你的人生，就像一根花蕊，雖然不華麗，但卻是堅實而安定的一生。

小時候，男生也許想當醫生、政治家、律師，女性也許期望安定的婚姻生活，但長大後

，你便希望自己的能力能為社會造福的工作。

你為自己設計人生，不論就學或就職都有目標，並努力朝目標前進。

年輕時也許不夠幸運、勞苦多於安樂，但憑著超人的忍耐力與持久力，你能跨越一樣又一樣的障礙，這些經驗累積成彈簧，能使你在人生後半跳得更高。

你屬於大器晚成型。不要急著想成功，掌握一生的幸福最重要。

◆財運◆

理財高手踏實獲利型

踏實的你很會存錢，對於理財、資金運用的研究心也很旺盛，雖然保守，但確是最實在的方法。由於個性不浪費，所以能夠很快地朝目標邁進。即使財務發生困難，也會因為平時累積的人望，而不乏援助者，尤其是來自長者的支援。但也有可能因為過於保守而喪失賺錢機會，造成財務損失。

有時也需要一點冒險心。

水瓶座的人生

⊙太陽進入水瓶座

具有獨創性的天才型。相信自己的本能，往極富挑戰性的人生之旅前進

在太陽進入水瓶座時出生的你，腦筋轉得快，具有獨創性。思考理性、不會感情用事，總是一副冷冰冰的樣子。此星座誕生不少天才藝術家，他們對美的感受總是快人一步。這種水瓶座獨具的才能正潛伏在你內心。

由於天賦的才華，使你不喜歡常識性思考，總是從與衆不同的角度看事物，這種水瓶座的特質在心裡，有時會使你出現驚人之舉。

另外，也有空想的一面，周圍對個性特異的你，出現好壞兩極端評價。

你具有不錯的交際手腕，服務精神旺盛，能言善道、好辯論，處事有計畫。

喜歡廣納意見，即使意見不同也能和對方打成一片，對自己信心十足，所以最後往往還是依照自己的主張。具有說服力，容易在團體中擔任重要幹部。是否能站在平等立場待人接物，是開運關鍵。

由於個性獨特，所以立身處事也與衆不同，有屬於自己的一套哲學。討厭受束縛，不會為自己訂定人生目標或計畫來綁住自己，隨心所欲、臨機應變度過充滿挑戰性的人生。

職業方面，與其早九晚五被束縛，還不如在自己有興趣的自由業領域中較易成功。也有些人從年輕時代起就被限制於象牙塔中，成為學者、研究人員。

不管怎麼說，你的一生充滿波瀾，即使獲得他人肯定，還是依自己步調創造人生。

◆財運◆

無計畫性得人助型

無計畫的生活方式，使你對金錢的執著心淡薄，本身就不太願意去理財，有錢就過有錢的生活，沒錢就過沒錢的生活，反正怎麼樣都能過活。當你拮据時，怎麼樣才能獲得支援呢？當然是憑你的人德，反之，對於朋友的困境，你也不會袖手旁觀。

當你想投資時，最好還是先計劃一番。

♓

雙魚座的人生

⊙太陽進入雙魚座

感受性豐富的人道主義者。受周圍影響很大，活躍於創造性領域上

在太陽進入雙魚座時出生的你，具有慈悲情懷，對任何人均盡心盡力，有人飢己飢、人溺己溺的同情心，不會拒絕別人的請託。

你的感受性非常豐富。

你的外表讓人感受到如母親般穩定的氣氛，但事實上你卻擁有一顆不安定的心，一下想這麼做、一下想那麼做，處於搖擺不定的狀況；不過換個角度想，也許你正在找更充分的依據，而這也好像和你容易相信他人的傾向有關。

一旦你認定一件事，就怎麼也不動搖，這是雙魚座的特質，但被花言巧語所騙的危險性也高。但無論如何，相信他人是你開運之道。對於他人的喜悅敏感，能由衷地享受他人的喜悅，這也是你最豐富的財產。如果你不相信人，很可能你的人格也崩壞了。

雙魚座出生的人，有從小備受疼愛、在愛情滋潤下成長的運氣，但這很容易讓自己在決

斷力方面顯得不足，以致於成長後必須面臨許多勞苦。但由於自幼培養的樂天性質，使你在惡劣的氣氛中仍不頹喪，能在友人的協助下克服困難。

你的人生在每一階段都受周圍環境所左右，你的體貼心與優柔寡斷個性，最容易使你受周圍影響。由於你深具靈感這股神秘的力量，所以只要找到值得信賴的理性對象，便可互補對方之不足，產生良好互動關係，雙雙攜手展開更豐富的人生。

感情豐富、感受性強的你，在藝術等創造方面也有特殊才能。

◆財運◆

財運獨特。容易被詐欺型

感性的你具有獨特的財運。有時候在旁人聽起來是愚蠢的投資，你卻夢想得很美，結果在自己都忘記了的時候，卻賺了一大筆錢。對於理財沒什麼興趣，有救濟貧苦、不期待回收的花錢傾向，但因不知人心險惡，必須小心被詐騙。

一旦你認為這樣物品不值那麼高價，或對方強力勸誘你購買時，你就應該提高警覺，這時最好的方法是乾脆拒絕。

第五章

從月亮看感情與心理

本章是從月亮進入的星座看你的內心世界，探索內在感情、潛在意識。如果說從太陽看基本性格是「表」的話，則從月亮了解的感情模樣就是「裏」。但沒有什麼好壞之分，只是冷靜地發現內心深處的傾向，面對真實的自己，伸展優點。

月亮進入白羊座的感情模樣

內心深處潛藏令人難以置信的精神緊張

月亮進入白羊座的你，在基本性格之內隱藏著纖細的感情，是心思細密之人。

但由於太過纖細，以致於與人競爭心強，凡事不求第一則不甘心，這種傾向形之於表，往往為你自己樹立許多敵人。

另一方面，這種由衷發出的好勝感情，也會成為推動自己前進的大原動力，平常你會發出難以想像的威力，也會處於精神緊張狀態。

值得注意的是，這種激烈情緒形之於表，就不是只單純潛藏在內心而已了，一旦點燃火苗，誰都無法制止，連自己都控制不了自己。如此一來，便會不顧他人感受，以眼前利益為主，不但帶給周圍人困擾，還可能自己跌一大跤。

凡事都有多面，不能只從一個角度去看，多方觀察後才能引導自己的精神狀態更穩定，並使內心激烈情緒往積極方向發展。

月亮進入金牛座的感情模樣

平穩、頑固隱藏在性格內側

月亮進入金牛座的你，基本性格內側隱藏一顆平穩的心，事實上，你是個溫柔、充滿愛的人。

不但值得信賴，而且往往在我們不知道的時候，避免、化解紛爭。

由於你喜歡維持原狀，所以對任何事都用心良苦，這種內心世界形之於表，會造成旁人認為你是個頑固、缺乏融通力的人。

正因為你的深層心理保守，所以不太容易接受新思想，很難將別人的意見融入自己的意見中，以致於有和革新派發生衝突的傾向。

這種衝突與其說是意見的對立，倒不如說是因為你封閉自己所引起，你常常在不十分理解的情況下，扼殺了對方的想法。

雖然不容易，但希望你努力說出你的想法，獨處時不斷練習表達也是一個不錯的方法，清楚傳達自己的意志才對精神面有正面影響。

月亮進入雙子座的感情模樣

愛美的清純個性隱藏於內

月亮進入雙子座的你，在基本性格內側隱藏著愛美的清純個性，是感受性強的人。先天具備洗練的感覺，很容易在不知不覺中傳達美的訊息給周圍人。對於別人說的話也很敏感，不論誰在說話，你都想湊過去聽聽看，也想加入別人的談話中。另外，你也有讓別人傷腦筋的一面，就是對別人的隱私有興趣，而且喜歡將資訊與人分享。

你的內心潛藏移動因子，所以對於一項興趣很難長久持續，一開始興緻勃勃，不一會兒就懶了，但自己卻一點也沒注意到。雖然為人處事面面俱到，但感情之事還是應該專心一致。

若能再加強集中力、注意力，你的感性程度一定更提升，不要憎恨環境不好，培養足夠精神力後，便能境隨心轉。

月亮進入巨蟹座的感情模樣
容易受傷害的純真型

月亮進入巨蟹座的你，基本性格內側潛藏著天真無邪的一面，感受性敏銳，有點神經質。

別人一句話就可以讓你感覺受傷害，容易煩惱、在乎他人的眼光、凡事喜歡往壞處想。也許你因為怕受傷害，所以對世間充滿敵意而不自覺，也許因為你怕受傷害，所以封閉自己。

當然，你的容易受傷害，是因為你天生感情豐富，他人痛，你也覺得痛，這種敏銳的感受性與想像力，正是造成你容易受傷害的原因。但如果從愛家人的感情出發，容易受傷的部分便會轉化成力量，湧出連自己都不相信的強烈勇氣。

在平穩的心底充滿強烈情熱，也許連你都想不到自己會談一場轟轟烈烈的戀愛。

只是一旦你著迷了，便會失去理智而發慌、手足無措，如果你能學會自我控制，便能享受喜怒哀樂感情變化豐富的日常生活。

月亮進入獅子座的感情模樣

喜歡華麗、具有往上爬的衝勁

月亮進入獅子座的你，基本性格之內充滿爬上顛峰的慾望，事實上是高尚而驕傲的人。內心世界權力慾強，不願被人壓制，受命令則心裡會出現很大反彈，你應該有這種自覺吧！因此，不屬於團體的獨立事業比較適合你。

喜歡穿戴名牌，也是往上爬的感情表現，你很討厭半途而廢。

另外，你欠缺纖細的感情，往往在無意識中堅信自己是正確的，這種心態形之於外，會讓他人認為你這個人很傲慢，往上爬的志向有好的作用也有不好的作用，重要的是必須經常自我反省，是否存著一顆體貼他人的心，這樣才能為自己造就一個好環境，讓才能、資質在衆人掌聲中發揮。

月亮進入處女座的感情模樣

內心深處對於完美有很高的要求

月亮進入處女座的你，在基本性格之內，有一顆純潔無瑕的心，追求正義，討厭拐彎抹角，是位心地善艮而樸直的人。

敏感度高，一點小錯立刻就感覺出來，並以感性與知性判斷正確與否，一旦感覺到錯誤，立刻形之於表，嚴厲批評，這就是直接的心裡深處表現。

然而，在這種情況下，往往缺乏對對方的顧慮，以致招來周圍的指責，但對你而言，將感覺直接地表現出才是最真實的你。

另外，你內心隱藏要求完美的資質，因此當有什麼突發事件時，便會引起你的恐慌，精神始終不安定。這時候，最好的方法就是站在鏡子前面，試著對鏡中的自己說說話，如此必能使你心情穩定、避免慌亂。

考慮他人、情緒穩定才能引導你的精神至更佳狀況。

月亮進入天秤座的感情模樣

內心深處隱藏微妙的均衡感

月亮進入天秤座的你，基本性格之內有著絕佳的平衡感，不論何時，你總是能以中庸之道待人接物，這種平衡狀態在言行上顯露無遺。

心靈嚮往文學、音樂、美術等藝術之美。即使本身無自覺，也會很自然地挑選高級、優雅之物，潛藏在內心深處的審美眼光，不知不覺中就會表現於你的挑選方面，這樣的挑選不限於物，擇友也一樣，總是結交優雅、有氣質的朋友，在待人接物方面，你應該算是很有魅力的人。

這種中庸之道形之於表，如果過度也會造成痲煩，即使你自認為立場公平，但不知不覺中，你會以自己的判斷為基準，自己認為不好的就排斥，造成他人認為你很冷漠。如果在維持公平的原則下，能圓滑些、面面俱到，則可將這份感情控制得更好，這也是讓自己精神保持絕佳狀態的關鍵。

月亮進入天蠍座的感情模樣

心底燃燒情熱、性向卻封閉

月亮進入天蠍座的你，基本性格之內隱藏著情熱與信念的烈火，生活力旺盛。

而你擁有極端討厭心靈被窺視的因子，一旦此部分起作用，則即使對方好意接近你，你也會在無意識之間封閉心扉。可以示人與不可示人的部分區分得很清楚，只要一越線即響起警報。

這時候的你，喜歡擁有只有自己知道的秘密，獨自沈醉在淫靡興趣、自虐遊戲的快樂中。說得坦白一點，你內心深處好像喜歡自虐的快樂，這是一道別人絕對追不了的牆。

擁有秘密不是一件壞事，甚至是一種魅力，但另一方面，也有必要努力了解他人、讓他人了解，適度敞開心扉才不會讓自己埋沒在只有自己的世界裡，否則總有一天，你會無法壓抑住自己的感情。結交知心朋友才能常保感情處於健康狀態。

月亮進入蛇夫座的感情模樣

內心深處潛藏找尋現時點最佳狀態的理智

月亮進入蛇夫座時出生的你，基本性格內側有冷靜的一面，擁有理論判斷事物的理智感情。

如果在這一部份有屬於自己的方向性，則循著方向前進，不論多少困難都不以為苦。為了這種內心深處的方向性，你很可能愛追根究底，但不可否認，你是個相當積極的人。

此部分形之於表，就形成了你的大膽，思想豐富，不會侷限於既成的概念中，將所有可能性在腦海中描繪一遍，然後尋找現在狀況下的最佳方向。你不會出現衝動行動，但獨特大膽之舉也足以令人震驚。

另外，你有在心中先下結論的直覺感，先感覺，然後再尋找與現實的交接點。除此之外，你也有浪漫的一面，編織美麗的夢想與戀情。你的愛沒有黑暗面，全部充滿光明遠景，這是因為你心底有向上前進的意識。找尋自己方向性與現實的結合點，也就是將感覺之事付諸實現，是在精神上製造絕佳環境的重點。

月亮進入射手座的感情模樣

性格內側具有追求挑戰的強烈勇氣

月亮進入射手座的你，基本性格內側藏有向理想挑戰的強烈勇氣，充滿勇猛冒險、果敢挑戰之力。

另外，你的直覺力很強，自己應該做什麼？無意識中即可瞬間下判斷，這是與生俱來的本能。

因此，你突發行動也很少發生錯誤，而且你對自己的直覺判斷很有信心，這股自信正是巨大原動力，很可能與權力志向結合。

自信常常會流於傲慢，一旦如此，則不但言行無用，直覺也變得遲鈍了。

這種追求理想之面形之於表，是很好的一件事，但假使與傲慢相結合，便會對自己與周圍人造成不良影響。為了自我控制感情面，必須培養精神力與冷靜；此外，計畫性是使你感情豐富、生活更快樂的重點。

月亮進入魔羯座的感情模樣

性格內側隱藏保守性計畫與誠實

月亮進入魔羯座的你，基本性格內側存在著強烈的責任感，即使周圍人避之猶恐不及，你也會因為使命感而往前衝。

感情面具誠實、認真之特性，由於律己甚嚴，因此能步上康莊人生大道。這種深層心理形之於表，就是傳統、冷靜、意志堅固。

此外，你也喜歡計畫，雖然你自己沒感覺，但外表神情卻令人覺得你像個策略家。為了達到目的，你可能不擇手段，這方面表現過強會讓你忽視人的感情，造成周圍人的恐慌。

理性過強會讓人感覺冷漠無情，也會傷害到你的自信感情，如果能自我控制過強理性，並努力了解他人感情，即可常保最佳精神狀態。

月亮進入水瓶座的感情模樣

心靈深處有追求自由、好奇的感情

月亮進入水瓶座的你，在基本性格之內，有喜愛自由氣質。

不喜歡限制別人，也不喜歡受他人限制，只希望隨心所欲而為。這種深層心理表現於外，便帶給他人放縱、任性的印象，自己處於封鎖世界中。

因為喜好自由，所以討厭差別待遇，不論對於任何人都平等相待。生性聰明，生活卻沒有秩序，當追求自由的因子與他人發生衝突時，你內心便會自我起糾紛。

另外，你的好奇心旺盛，即使細微小事也要從各種角度觀察、判斷，與一般人觀點不同。

一旦好奇心旺盛的部分被強調，則會導致對資訊出現貪慾，很可能造成他人困擾。

聆聽周圍的意見，並有接受意見的雅量，是常保感情健康的重點。

月亮進入雙魚座的感情模樣

個性內側隱藏浪漫的夢想世界

月亮進入雙魚座的你，基本性格內側隱藏羅曼蒂克的感性，喜歡幻想、沈醉於夢想世界。

心靈接受現實世界所發生的事，而且以獨特的感情來解釋，不談道理、只談感覺，這種部份形之於表，你的思想往往會脫離現實，與周圍格格不入。然而這種潛在的感性如果往正確方向引導，便可昇華為重視感覺的創作性，在創作方面發揮威力。

另外，你有引導事物往好方向的積極心，於是你在心底編織工作、戀愛、生活方面的美夢，並往理想前進，如果太強調這部份，你就很難適應現實環境。

容易相信、不疑他人的純真個性，容易使自己被騙。有時優游於自己的感覺中，有時將理想與現實連結，才能常保精神狀態健康。

第六章

從水星看人際關係

本章是從水星進入的星座看你的人際關係傾向，以了解你在人際關係方面的資質，做為你與朋友、同事、上司交往的參考，注意缺點、延伸優點。

♈☿

白羊座的人際關係

對抗意識強，但腦筋轉得快的交際高手

水星進入白羊座的你，具有纖細、神經質的人際關係傾向，在人際關係方面往往產生競爭心，想和對方一較長短，天生具挑戰意識。

這種傾向形之於外，你可利用競爭了解自己的實力、極限，展現出領導能力。

你的腦筋動得快，始終精力充沛、精神開朗，在團體中不論對後進、同事、上司，始終展現出效率性，因此受人注目。

只不過如果事情進展不如所願，你就坐立不安，別人不採用你的做法，你就不積極參與，假使你感到周圍對你態度冷漠，最好反省看看是不是這個原因。為了避免孤立，應隨時反問自己的感情是否對周圍的人造成困擾？自我意識是否太強？

你認為對方不好，也許只是你個人單純的誤解而已，事實上他應該與你合得來。

如果能仔細聆聽他人說話，你的朋友應該會更多，你也更能從朋友處受惠，這對你的一生很有幫助。

金牛座的人際關係

有頑固的一面，但卻是值得信賴、誠實的人

水星進入金牛座的你，重視互相信賴的人際關係，以平穩的關係為最優先考量重點，不論對誰都笑容滿面，保持良好關係。

在人際關係方面，基本上採保守策略，極力避免競爭，有時候也會藉逃避來保護自己。害怕受傷害，思想如岩石般頑固，很討厭被環境所左右，也有一路上只想保護自己的一面。

你的這種人際關係心態，往往令你對思想新潮的人敬而遠之，雖然表面上不反對，但卻以逃避應付。這種動作很可能使周圍的人更著急，但由於你不是正面反抗，所以對方也無法對你使力。

你很少有感情表現，平穩的你讓周圍感到安心，因此你的人緣也很安定，不僅後進，連前輩也很喜歡找你商量事情，面對於此，你多半能誠實提供好意見，也為自己築起更佳的人際關係。

♊☿

雙子座的人際關係

交往寬廣的社交型人物

水星座進入雙子座的你，是位坦率、直爽、人際關係良好的社交家。

具有活用資訊的才能，從交往中巧妙獲取資訊，並將這些資訊化為自己的知識，構成新資訊向周圍人披露。

你具有洗練的說話才能，這也是你的一大魅力。

好奇心旺盛的你，儘量利用人際關係吸收各式各樣的資訊，交往範圍可說上天下海。

然而，交遊廣闊則必然交情淺，對你而言，很少有維持長時間的交往關係，因為你不斷追求新朋友，並在與新朋友交往的過程中成長，也許這種交友姿態會讓他人誤解為輕浮。

但與其說你輕浮，倒不如說你富積極性，不論對方是什麼樣的身份，只要覺得有趣，任何因緣際會你都非常珍惜。

就在如此反覆不斷結交朋友的過程中，你的感性也隨之增加。

巨蟹座的人際關係

擁有一顆人飢己飢、人溺己溺的心

水星進入巨蟹座的你，有在交往中追求夢想與浪漫的人際關係傾向。

由於你神經纖細，所以有羅曼蒂克的一面，心靈如玻璃般脆弱，不知如何應付攻擊你的人。一點點小事就能讓你感到受傷害，一些流言就能讓你的心情沈入谷底，也許你會將自己封閉在自己的世界裡。

具有人飢己飢、人溺己溺精神的你，能以一顆溫柔的心待人，為了保護親人與朋友，你能發揮內心極大勇氣，為了愛情，你比誰都奮力。

此外，由於你的感情豐富，有時候這些感情洋溢出來會讓周圍的人充分感受到。與好友起爭執、受友人誤解、被上司欺侮時的迷惑、悲傷、憤怒……等等，都可看出你的感情渲洩。而自我控制感情氾濫，是使人際關係圓滑的重點。

在千鈞一髮之際能表現出超人勇氣的你，一定能築起良好的人際關係。

♌☿

獅子座的人際關係

難逃光榮孤立的天生英雄者

水星進入獅子座的你，是高傲自誇的人，喜歡傳達自己意思甚於接受他人意思，這種人際關係傾向讓你適合成為領導者。

機運不錯的你，很少受人際關係不順暢之苦，你具有明確的價值觀，不拘泥小事物，給人交友廣濶、人際關係良好的印象。

但事實上，你潛在意識拒絕真心交往，對你而言，是否用心深入交往不是什麼問題，重要的是，不論何時何地都要有朋友跟隨。

此外，你是不懼逆境的強者，所以即使被孤立也不會感到恐慌。當你陷於孤獨狀態之際，反而能自我享受自由、無束縛的狀態。

這樣的你對自己絕對信賴。的確，周圍人也能感受到你的自信，而這也正是你天生魅力所在。這股強烈自信所產生的強大能量，必能為你築起魅力四射的人際關係。

♍☿

處女座的人際關係
在交往中追求理想的純粹交際派

水星進入處女座的你，有純真無邪的人際關係傾向。對於與人交往抱持崇高理想。討厭拐彎抹角的你，對任何人均有要求正義感的傾向，一切均從客觀角度出發，追求完美的狀態，而且律己極嚴，是很難通融的頑固型。

此外，對人好惡感情表現明顯，能夠得到理解者深厚的信賴。

只不過，可能因欠缺為人設想之心而受批評，這是太過於重視完美而導致誤解，而且因為你本身無此自覺，所以恐怕愈陷愈深。

當好不容易建立起來的人際關係逐漸瓦解時，希望你回首來時路，是不是對於對方的過錯，就像法官質問犯人般嚴苛呢？

如果是，那就是你「太過火」了。你本來沒有惡意，只是充滿正義感而已，將此信念傳達給對方，一定可以讓你的人際關係更完美。

♎☿

天秤座的人際關係

平衡感極佳的絕美交際家

水星進入天秤座的你，有平衡感極佳的人際關係傾向，能配合對方立場、心情應對，由於體貼對方，所以人緣不錯。

但這很微妙，有時候會讓他人覺得你只是附和他人，面面俱到而已，缺乏自我主張，你的體貼也讓人誤解為沒主見。

另外，你的美感神經發達，對於美麗事物積極追求，反之，對於缺乏美感之物便有排斥傾向，這倒是人際關係的阻礙。

優雅的印象、高格調的氣氛是你的魅力，但卻會讓你在無意間遠離不優雅、不高尚的人，這種選擇交往會使你的平衡感往負面方向前進，希望你放開心胸，以更多空間接受更多朋友。

雖說如此，但你似乎不用費心博取對方歡心，因為刻意會使人際關係變得僵硬，只要你有自信、敞開心扉，人際關係便水到渠成。

♏☿

天蠍座的人際關係

熱情深藏於內的尊重私人隱私派

水星進入天蠍座的你，具有一匹狠的人際關係傾向，基本上重視私人隱私權，討厭他人干涉，而且尊重對方立場，值得信賴。

不善自我表現的你，覺得與人交往很麻煩，所以不會有太多朋友，但這應該不是你的本意。

另外，你容易感情用事，對於自己的感情無法控制自如。受人褒獎不知如何自處，受人所託也不知如何回絕，妒嫉心強人一倍。對方如果沒什麼惡意便罷，但如果是趁人之危型，就有產生紛爭的危險。

但也不是說你就是非常保守謹慎的人，一旦你本身產生確定信念，便會訴諸自己的熱情、斷然拒絕，一變而為積極性強的人。

以客觀的態度看看自己，你的人際關係一定會更平順、更豐富。

可以將各派朋友組成巨大的人際關係網

蛇夫座的人際關係

水星進入蛇夫座的你，能在緣份之下發揮威力，組成巨大的人際關係網路。你的居間調節性頗佳，雖然符合中心人物要素，但你不善於形之於表，感覺上就像個幕後老闆，地位很重要。

你的基本資質為積極、細密、大膽。積極交朋友、努力獲取朋友的信賴，一有機會便大膽發出聲音，對方受到你強大的影響，內心相當感動，這也是你難能可貴的傲人才能。

你很重義氣，朋友一交就是一輩子，但一旦被背叛，從此就再也不相信這位不講義氣的朋友，有時乾脆一刀兩斷。

你對於敵對者採取反面攻擊法，也就是假裝不在乎，不直接對抗，等對方放鬆之後，再旁敲側擊地向對方進攻。

冷靜的你，給人的印象也很獨特，初次見面時，表現出微笑之貌最好，與人見面之前，先對著鏡子笑，這是你的常勝標誌。

射手座的人際關係

憑第一印象感覺判斷對方的人

水星進入射手座的你，有憑第六感交朋友的傾向，因為你具備以直覺判斷複雜人際關係的能力。對方的立場、感情，或者與自己的理想關係等等，瞬間即能透視。你是個追求真心交往的人。

第一印象最重要，但你重視的部分與一般人不同，服裝、髮型、打扮都不是判斷的材料，單純銳利的直覺才是判斷基準。

直覺是你的原動力，以往累積的經驗、知識，讓你自然擁有這種直覺。因此，年紀愈長，你的直覺愈正確，愈可以創造良好人際關係。但除了直覺之外，也不能全無防備，才能避免被騙。

你具有融合周圍人力量為自己力量的能力，以自信之心待人接物，一定可以建立良好人際關係。反之，缺乏自信的態度將使運氣如曇花一現，只要注意凡事不要勉強，你應該會有不錯的人際關係。

魔羯座的人際關係

重義氣、講人情，犧牲自己也無所謂的誠實派

水星進入魔羯座的你，有同伴意識強烈的人際關係傾向，重義氣、講人情、誠實待人，因此不論在何處，均可獲得衆人信賴，由於這種處事態度，使你看起來比實際年齡老成。

你自我犧牲的精神旺盛，他人討厭做的事，如果你覺得必須去做，就會義無反顧地做下去，有時候這種行為會帶給人頑固的印象。

另一方面，你也是不錯的策略家，為達目的，你能發揮冷靜的思考能力，有綜觀全局的優良資質，但如果言行過度，恐怕會招人非議，因此喪失他人對你的厚望，這一點請特別注意。

基本上，你待人、律己皆嚴格，由於律己嚴人，很可能拒絕他人好意的援助，不希望自己脆弱的一面讓別人看見，希望你能敞開心扉接受別人善意的幫助。

將自己柔弱的一面表現出來，意外地你將發現自己的人際關係拓展不少。

水瓶座的人際關係

待人平等的人道主義者，好說話、議論

水星進入水瓶座的你，有人道主義的人際關係傾向，對任何人均無差別待遇，重視人人平等。

只不過你天生就愛說話、愛議論，有些人不在乎你的議論，會展開雙手歡迎你，但有些人則會對你發出非難之聲。

待人平等的你，不論和誰說話都持一樣口氣，因此年長的人會覺得你傲慢，年輕的人會覺得你很容易親近。另外，你也會自覺說話內容對人失禮，於是矯正說話方式，結果往往可以博得年長者的好感。

待人平等的你，不會樹立太多敵人。有時會有強者出現欣賞你，但你卻不怎麼領情，因為你始終追求平等人際關係，不喜歡被束縛。

人際關係本來就不是一律平等那麼單純的事，有時在複雜的人際關係中，你自己也能跨越界限、自我成長，經過此階段，你的人際關係將更光芒四射。

雙魚座的人際關係

想像力豐富、信任朋友的個性派

水星進入雙魚座的你，有性善說的人際關係傾向，不懷疑他人，為朋友盡心盡力。

你具有獨特的眼光，對於同一人，你的觀點就與一般人不同，由於以信任人為思考基礎，所以有將他理想化的傾向，即使受騙，你自己也常常沒感覺被騙了。有時必須以現實為思考依據。

你對人類善良的部份很敏感，這也許是因為你本身心地善良所致。

想像力豐富的你，有時思想偏離現實，有許多獨創性的行動，這種行動很難用言語表達，因此往往寄情於繪畫、音樂等藝術表現。

追求理想人際關係的你，努力傾聽他人說話，將使理想更臻完美，同時努力使周圍人了解你的理想，將可更促進人際關係的和諧。

第七章

從金星看戀愛與婚姻

本章是從金星進入的星座探索你的戀愛運，對於愛情，你有什麼樣的傾向？背負什麼樣的宿命？結婚運又如何呢？讀完本章節，也許有人樂觀、有人悲觀，但最重要的是希望你心裡有個譜，知道從什麼方向啟開自己的愛情運及結婚運。

♈♀

白羊座的愛情

單純，心中燃燒熊熊烈火

金星進入白羊座的你，是對愛情有始有終者，正面向對方表達是你的做法。有時候這種沒有表裡的單純愛情，是以自己為本位，獨自沈醉於愛情、自己編織愛情故事、自己陷於失戀谷底，甚至傷害心愛的人。

硬性強求只會讓對方避而遠之，不要拚命追趕，時放時收才是最佳技巧。適合你的戀愛對象是，具有寬廣包容心，對愛情不衝動的人。雖然平常不太感覺得到他的存在，但當你失意時，他就是你最值得依靠的人。在面臨嚴重問題時，二人的愛情也愈發深刻。

另外，如果你缺乏自己的看法，雙方交往必不長久。兩人應不時就愛情觀互相溝通，只要能進展至互相溝通的階段。交朋友就應該不成問題。但意外地，和個性強的人交往很幸運，雖然你好像缺乏自我，但在交往過程中，你卻能成長為有魅力的人。

金牛座的愛情

愛情豐富，將全部生命用於愛情

金星進入金牛座的你，擁有純潔、直接的愛情。談戀愛時可以奉獻全部生命，獨占心很強。

能夠強勢地表現出自己心情的你，即使白馬王子站在你面前，你也不會緊張得不知所措，你具有浪漫表現愛情的才能，因此戀愛的成就也高。

你具有與有錢人談戀愛的運勢，但希望你將心思集中在愛情。

決定愛一個人之後，便堅定地將自己的心奉獻給對方，這就是你的愛情觀，不過，你也要求對方做相同程度的付出。

嫉妒心相當強的你，一旦戀情失敗，需要一段時間才能重新站起來。當對方盯著你看時，你不要完全讓對方看透，保持一點神秘感很重要。

你希望一天二十四小時形影不離的愛情，但彼此束縛愈緊，戀情就愈不長久，婚姻生活也一樣，即使對方天天晚歸，你還是應該笑臉相迎，你的微笑能夠讓對方感受到深刻的愛情。

♊♀

雙子座的愛情

內心深處熱情如火，追求天真浪漫的愛情

金星進入雙子座的你，具有開朗的性格，不論同性或異性都可立刻成為好朋友，即使是第一次見面，也能夠在開場白後和對方打成一片，因為你能在不知不覺中吸引對方進入你的圈子。

但在你開朗的好奇心當中，還存在冷靜觀察對方的心，絕不會隨隨便便就和某人談起戀愛。不論從哪個角度看，你的戀愛感覺就像遊戲，也許你對於對方對自己的行動表現出的反應很感興趣，所以經常以假裝不在乎的態度探尋對方心理。喜歡享受戀愛過程的你，一定可以讓愛情美化你的人生。

事實上，你本身塑造了理想的戀愛像、戀人像，內心深處渴望和理想中的戀人談個轟轟烈烈的愛情，但在交往過程中，愈了解對方便愈遠離對方。

對方內心存有你所不了解的部份，才是使愛情持續長久的秘訣。婚姻生活也一樣，嚴禁一陳不變，彼此不斷向新事物挑戰，才能常保愛情新鮮。

♋♀

巨蟹座的愛情

愛情堅如磐石，痴痴地等對方回頭

金星進入巨蟹座的你，是痴情種，一旦喜歡上某個人，腦裡、心裡全是對方影子，但自己卻不積極表明，而將愛意隱藏心底。

你會在明處、暗處守著心所愛的人，一直等待對方注意自己的心意，雖然內心熱情如火，但得花上很長時間才傳達到對方心裡。

你心中不斷地湧現「喜歡」之情，就像超能力中的心電感應一樣，久而久之，對方也能感受到你的愛意，這就是你的戀愛運氣。

當與對方心連心後，你便能發揮偉大的愛情情操，愛情範圍包含對方及其家人、朋友。

用情至深的你，乍看之下有點玩世不恭的樣子，好像對任何人都很好，這種善意也會引起對方的嫉妒，但事實上，你是愛情專一的人。

對你而言，愛情是人生大事，而你也有享受世紀之戀的運勢。

獅子座的愛情

太陽之戀，積極、熱情地投入愛情

金星進入獅子座的你，就像盛夏陽光下的大自然，朝氣蓬勃、欣欣向榮。你對愛情也很積極，能明朗地表現出愛意。

一旦有喜歡對象，你會將此事傳達給周圍人知道，並且積極向意中人表達愛意。

另外，熱情如火的你，連自己也壓抑不住燃起的烈火，不論中意對象是不是另有情人，都會積極追求，想辦法讓自己立於不敗之地。

但如果你感覺出對方的態度冷漠、回應不友善，你便會立刻收手，因為你的自尊心很強。

如果對方積極回應你的挑戰，你便會不顧一切地接近對方，但卻要求對方絕對忠誠，這也是你任性、霸道的一面。

你並不希望自己完全被對方擁有，內心存有不安的部份，而這也正是你的愛情戰略。相信你的熱情與毅力必可擄獲對方的心。

處女座的愛情

重視精神享受，追求理想戀情

金星座進入處女座的你，是將愛情視為美麗夢想的人，孩提時代就已經在腦海中編織愛的故事，成長後依然追逐那種純真唯美的愛情。

好惡明顯，外人一眼就看得出來你掉入愛情漩渦。但由於夢想太深入，以致於出現與現實格格不入的一面，不知不覺即脫離現實。

即使在現實世界中找到適合對象，你還是忘不了自己理想中的夢中情人，你的理想太高，以致於現實中往往很難實現。

然而，一旦你戀愛了，便會毫無條件地奉獻自己，將一切都交給對方。

你重視精神層次的愛情，即使心心相許，但如果對方不斷對你提出要求，你的熱情恐怕就會愈來愈冷卻。

但這與追求理想之路並無違背，在累積戀愛的經驗中，你一步步地往理想與現實靠近，最後一定能在現實中找尋到夢想中的愛情。

天秤座的愛情

戀人多，思想先進的個性派

金星進入天秤座的你，美麗而敏感，多為俊男美女型，深得異性喜愛。美的意識強烈，先進的你不認為沈迷於愛情是件美麗的事。也許你的戀愛經驗不計其數，但讓你刻骨銘心的卻少之又少。

你喜歡異性為你著迷，只要你有空，多談些戀愛並無妨，你認為戀愛只是一種流行遊戲而已。

這樣的你，並不把談戀愛當成一件大事，只有在真正喜歡某一個人時才會認真，但始終保持一顆冷靜的心，與周圍保持適當距離，這種意思表示付諸於行動，而不以言語表達。不認為戀愛是一種美學。

一旦遇到由衷喜歡的對象時，你大概不太會表達自己，這時你可以從各方面傳達心意，即使不說愛，也可以用行動表現愛，也許一開始不習慣，慢慢地你就能享受到愛情的甜美滋味。自然、樸實的戀愛心情，將可引導你往更成熟的愛情。

天蠍座的愛情

善妒、慢慢點燃愛情之火

金星進入天蠍座的你，是浪漫主義者。關於戀愛，內心燃燒熊熊烈火，會用整個人去愛對方。

由於嫉妒心強，戀愛失敗後必須花上一段時間才站得起來，所以你對愛情很謹慎。不但嚮往動人的愛情，實際上戀人也不少，但你不是一開始就加油往前衝的人，首先你會先在一旁觀察對方，等到安心之後才找機會慢慢接近對方。

因此，你談戀愛很花時間，但一旦愛上了，便熱情如火、犧牲奉獻，最後結婚的可能性極高。

一般而言，你的愛情講究時機，多半是一瞬間即有快速發展式的愛情。這對不善於表現自己心情、不善於配合狀況機敏行動的你而言，要掌握戀愛時機很困難，但在異性眼中，你卻有獨特的迷人之處，只要有開始，進展就很快了，命中註定對象的出現，只是早晚問題而已。

蛇夫座的愛情

從遊戲、戀愛、結婚等方面研究愛情

金星進入蛇夫座的你，對於研究愛情相當熱衷，你常常觀察對方的優缺點，了解對方後研究攻略法。當然，你也研究戀愛技巧，是不是在青春期時，你就已經閱讀過這種書了呢？

研究後的你，充滿自信與勇氣，可以大膽示意了，於是你採用一波又一波的攻擊，對方怎麼招架得住？對你而言，要掌握意中人是很簡單的事。

另外，你會從遊戲、戀愛、結婚等方面研究適合人選，這種人只適合玩一玩、這種人適合當情人、這種人適合當結婚對象等等，目標不同，交往對象也不同。但重點是注意不要起糾紛。

你希望擁有愛情主導權，一旦感覺被對方束縛，便立刻冷卻了。

適合的結婚對象為順應性佳的人，能夠包容你的任性、能傾聽你心聲的溫柔對象。有時候，你表現出柔弱的一面，對於加深雙方愛情很有效，重視對方的家人與朋友，也對你有利，婚後你必定能在自己的領域範圍內扮演傑出的角色。

♐♀

射手座的愛情

讓對方感到困擾的單刀直入型

金星進入射手座的你，面對愛情就像一支發射的箭，只要對對方產生好感，便單刀直入進攻，坦言希望對方有善意回應。

對你而言，對方的心情是次要部分，自己心情如何傳達才是重點。因此，給人的第一印象多半是「恣意而為的人」，但只要你堅定信念往前進，最後終於能成就絢麗的愛情。

另外，兩人之間愈出現障礙，你心中燃燒的情火也就愈烈。

對於富有冒險家精神的你而言，戀愛也是一場不知結果的冒險，你對愛情的集中力強，可能發生橫刀奪愛之事。

然而，這麼熾熱的愛情，一旦進展順利、情況安定之後，熱忱就變薄了，因為你征服愛情，據為己有之後，便感覺索然乏味，希望再追求新的冒險對象。

易熱易冷的你，容易給人玩世不恭的印象，結婚對象最好是能夠彼此刺激者，相信你們一定是旁人眼中生活情調豐富的知性佳偶。

魔羯座的愛情
謹慎思考型，一朵遲開的花

金星進入魔羯座的你，愛情花絮開得較晚，那是因為你凡事都須經過周詳計畫，確定安全後才肯行動。

當然，年紀愈大愈憧憬享有美麗愛情，但你實際談戀愛是在聽過周圍友人的經驗談後，確定戀愛這條路可行你才行。

因為對異性產生意識的時間晚，所以有戀愛意識的時間也遲，即使中意的異性出現，自己也沒注意到已經在談戀愛了。由於性格過於謹慎，雖然好不容易機會降臨身邊，你也很可能讓它溜走。

年輕時有可能為失戀或三角關係所苦，但隨著人際關係的進步，你會慢慢與周圍異性交往，堅定的信賴關係對你有很大好處，花時間培育實在的愛情，確實往紅毯彼端前進。

只要你愛上一個人，就會堅定地守住這份愛，你的感情屬於細水長流型，而且你也擁有確實掌握幸福的穩定戀愛運。

水瓶座的愛情

重視自由、心直口快型

金星進入水瓶座的你，好像適合冷漠的愛情，與女性嬌柔、男性主導的既成概念無緣。講求男女平等，保持平衡關係。

對於異性冷漠而理性，不會特別為了異性而打扮，也不會刻意去吸引異性注意。

當你喜歡某人時，眼中映出的不是地位、經濟能力，而是對方是否與你一樣重視雙方平等權利。兩人在一起聊天、議論、互道本心，接著很自然地就變成一對時，你才開始感覺到好像在戀愛了。因此，大部份都是同一團體中的成員從好朋友昇華為戀人，在普通交往中慢慢培育愛苗。

你是個喜愛自由的人，不喜歡被人束縛，也不喜歡束縛別人。因此，你與對方交往一切公開化，而且不會因戀人而疏離其他朋友，這也往往容易招致對方誤解你用情不專。如果對方和你一樣有男女平等的交往觀念，那就太完美了。

♀♓

雙魚座的愛情

寬廣的博愛心，為愛而生的人

金星進入雙魚座的你，是為愛而生、為愛而活的人。正因為人間有愛、世間有情，你才感到生活的意義，缺乏愛情的人生，對你而言毫無意義。

你的愛充滿慈悲與服務精神，能夠完全奉獻自己而不求回報，不是施與受，而是在付出愛的過程中，享受施的喜悅。

用情至深，情熱深藏心底，由於過度重視對方的立場與心情，所以不會主動追求愛情，總是壓抑自己的感情，等待對方伸手。心中架構幻想世界，編織與對方的愛情美夢。

你的心如海洋般又寬又深，能夠包容所有愛慕你的人，即使已有異性知己，也不會斷然拒絕其他異性的追求，因為你怕傷害到對方。

這時候你最應該做的事是敞開心扉，只有打開心裡那扇門，對方才能了解你的本意。結婚後，你們必能培養更深入的愛情關係。

第八章

從火星看性愛與健康

本章是從火星進入的星座，探索你的性愛面。性愛是啟開人生運的要素，你應該了解自己潛在的性慾望、性模式，以及健康狀況。有些人輕視性愛、有些人視性為遊戲，但充滿愛情的性愛，必能更豐富你的人生，希望你誠實地面對。

♈♂

白羊座的性愛、健康

易熱易冷、喜歡異性積極的性愛

火星進入白羊座的你，性愛屬於短期集中型。突然烈火熊熊，達到顛峰之後，又遽然冷卻，是易熱易冷型。對於異性及性愛充滿好奇心，當天才相識的異性，就可能直接和他上床。

積極追求性快樂的你，在追求過程中，只醉心於自己的快感，完全無視對方的感覺，自己滿足後就不願再有後續行為，立刻下床往浴室去。你的這種態度，會讓對方覺得你並不是以愛情為基礎。

你必須注意的是，對對方肉體產生興趣，有時用口、舌刺激對方，不僅性感帶，也可試試手、腳等部位，你將會有意外發現。從對方的反應中，相信你也可以得到快感，興奮度會更提高。

在健康方面，有點神經質，小外傷多，尤其注意手指傷害。

♉♂

金牛座的性愛、健康

雖然遲開，但嚐過一次後就一頭栽進去

火星進入金牛座的你，性的啟發較晚，也許你對性感到恐懼，所以總在最後關頭前一刻踩剎車。即使畏懼，但慾望仍然不斷萌芽，在對方的帶領下，最後你終能嘗到甜頭。

當你嘗過一次甜頭後，便對性愛起了貪慾，這就是你的本性。

你希望有充裕時間享受性、盡情地玩味一切快感，雖然懂得愛情遊戲的竅門，但你卻傾向於維持一種型式。

如果不太能引起性慾的時候，可以在二人性生活中加入些性遊戲，例如，將雙手綁住等刺激行為，都可增進性生活高潮。

在對方的引導下，你會漸漸嚐試其他性姿勢，提高性樂趣。

健康方面，應擔心肥胖傾向，注意運動充足，另外注意喉嚨、呼吸器官、甲狀腺等疾病。

♊♂

雙子座的性愛、健康

對性充滿好奇心，卻在行動中冷卻

火星進入雙子座的你，認為性是好奇對象之一，對任何事都想一窺究竟的你，對性也充滿好奇心。喜歡看對方的反應，但自己卻有點冷感，很少在性愛上嘗到快樂的滋味。

你應該在性方面下了不少工夫，使用性愛器具、四處搜集資料等等，一切均以好奇心為優先，實際行動上，卻在到達潮前即中途冷卻，接著又繼續向前追求更深入之事。

你很可能換個性伴侶，或進行三角關係。

在實際技巧之前，你最好先製造氣氛，例如，脫衣服這項動作，就有各種型式。可以欲語還羞地輕解羅衫、可以讓對方一層層剝掉你的衣服、可以利用性感內衣……等等，只要多下功夫，相信你的魅力一定驚人，能有新鮮快樂的演出。

健康方面，注意手、腳、肺、腎等部位疾病。

♋♂

巨蟹座的性愛、健康
喜歡肌膚之親、重視氣氛型

火星進入巨蟹座的你，貞操觀念強烈，對性絕不輕浮，不會隨隨便便和異性發生性關係，但卻往往在對方旁敲側擊的引誘下，和對方發生肉體關係。

對於浪漫的你而言，情調最重要，喜歡肌膚與肌膚接觸的感覺，你可能會幻想和愛情故事中的男女主角敍情之畫面。

你的服務精神旺盛，會花很多時間營造性樂趣。撫摸對方比自己被撫摸興奮度更高。但追求快樂的你，可能在對方結束之後，仍執拗地要求再繼續。如果是女性，建議你採上位姿勢，這樣不但自己能充分享受性樂趣，而且不會增加對方負擔。如果是男性，建議你採後插式，這樣不但增加肌膚接觸，而且你可以收放自如。邊聊天邊看對方的反應，一定能享受親密的快樂。

健康方面，注意從胸部至腹部的疾病，尤其得留意慢性病。

♌♂

獅子座的性愛與健康

確認對方的愛後豪爽地引導

火星進入獅子座的你，具有豪爽的性愛傾向，能盡情地享受性歡愉。對你而言，性行為是證明對方是不是愛自己的依據。

當然，性愛之樂歸性愛之樂，結束後不喜歡拖泥帶水，事後乾脆的態度，一開始大概連對方都覺得莫名其妙。

高傲的你，希望獨占對方所有的愛情，所以積極追求性愛，屬於主導地位。女性喜歡上位姿勢，但容易流於自我本位，只顧自己達到高潮，往往忽略對方的感受。

對於充滿支配慾的你而言，順從的對象最合適。你們可以採遊戲方式，支配者以國王或女王的口吻命令受支配者這麼做、那麼做，如此可享受新鮮性生活。發揮彼此想像力，必能發現嶄新的性樂趣，雙方關係也可更向前邁進一步。

健康方面，注意心臟、血管等循環系統疾病，也要預防高血壓、心臟病，平時就得注意飲食生活。

♍♂

處女座的性愛、健康

喜歡傳統型式的溫柔性

火星進入處女座的你，性態度傳統而保守。由於性格有潔癖，即使交往一段時間後，仍止於性行為門外，只要彼此尚未有結婚意識，你必定堅守防線。

你對性並非淡泊，也不是特別與衆不同，而是你認為性是一種愛的儀式，崇高而莊嚴，只有在條件完備的狀態下，才感覺到快樂。

一開始就要求激烈體位的對象，會令你感到恐懼，但經過數次演練後，你會漸漸領悟性的多采多姿，最適合的戀人是能溫柔地陪你一起前進者。

性行為中如果有什麼感覺，最好不要掩飾，坦率地表現出現，例如，對方親吻你的時候，你應該讓他知道你有什麼樣的感覺，並告訴對方你想要什麼，甚至可以引導他的手前進。在彼此享受快樂性愛的同時，雙方感情也可更深入。

健康方面不用擔心什麼，只要注意不要暴飲暴食、過度疲勞即可，但留意皮膚疾病。

天秤座的性愛、健康

注重對方感覺、對性淡泊、有服務精神

火星進入天秤座的你，對性非常淡泊。品格高尚、自尊心強的你，拒絕感覺骯髒的性行為，但如果對方真誠要求，你也會乾脆地付出。

在性愛方面，你充滿服務精神，由於平衡感不錯，所以在服務對方之餘，自己也能享受性樂趣，你能配合對方同時達到高潮，絕對不會只顧自己的快樂，或許可以說你有點冷感。

為了對方，你會發揮良好的演技，當對方渴望性愛時，為了滿足對方，你會運用各種技巧。因為天生對性淡泊，所以不會有慾求不滿的感覺。

其實在性愛方面，你恣意放縱些也無妨，因為你的快感會讓對方更快樂，有時採用座位或後背位，追求不同的刺激。

健康方面特別注意傳染性疾病、流行性感冒，日常飲食也要小心，避免食物中毒。

♏♂

天蠍座的性愛、健康

喜歡在神秘氣氛中享受性歡愉

火星進入天蠍座的你，認為性是很重要的一件事，即使表面不表現出快感，其實內心正靜靜享受情熱之樂。喜歡神秘的氣氛，希望性是兩人共有的秘密。

神秘氣氛可以點燃你心中的慾火，你很容易醉心於與平常不同的氣氛中。愈危險的行為，愈讓你慾火焚身，你要求性快感的希望很強，在進行過所有體位之後，也許還要利用性道具輔助。

另外，你容易沈淪於畸型性關係中，與特定對象以外之人發生性行為，須防懷孕或性病。

你的性可以用天國之蜜來形容其甜濃程度，你認為性是快樂之泉源，與生俱來對性的渴望，使你不斷費心經營更美好的性生活。由於對性熱心研究，你也會模仿小說或電影中的各種情節，雙方各扮不同角色，尋求另一種浪漫之美。

健康方面，生殖器官不適是紅色訊號，平常應該使用保險套。

蛇夫座的性愛、健康

與複數性伴侶享受性虐待快感

火星進入蛇夫座的你，希望與不同性伴侶享受不同性樂趣。年輕時代就對性產生興趣的你，認為施比受更能得到快感，有嚐試各種型式的衝動。

你會努力讓對方達到高潮，對方愈興奮，你就愈興奮。你對異性肉體很有興趣，會仔細觀察對方各部位的反應，並有探究性感帶的傾向，以對方反應為自己快樂的基礎。

很喜歡利用性愛器具，配合對象、配合環境而有不同性愛表現的你，很喜歡享受複數性伴侶遊戲。女性可以是貞淑的貴夫人，也可以是半裸的女王陛下，隨著情節不同，扮演的角色也不同，甚至享受性虐待的可能也很大。例如，拿根鞭子，讓愛人跪在你腳前，這種遊戲令你感到興奮。

健康方面，注意神經、血管疾病，有點緊張的身體很容易失調，平常就應該多注意神經系統、血液、體液循環系統狀況。

♐♂

射手座的性愛、健康

萍水相逢即進行魚水之歡的自由奔放性

火星進入射手座的你，對性態度自由而奔放。由於好奇心旺盛，從青春期開始就對性有濃厚興趣，往往喜歡就鍥而不捨地追求，甚至訴諸強硬手段，將對方當成你的獵物。

萍水相逢即享受魚水之歡的一夜風流，在你來說根本沒什麼。你認為性是與異性交往的一種工具，與喜歡的人發生性關係後，一旦對他喪失興趣，便另外找尋新戀人、新伴侶。

富有冒險心的你，性經驗也非常豐富，高難度的體位對你而言如家常便飯，而對如此千變萬化的人，對方不興奮也難。

但有時你也會為了自己的快樂，而強迫對方做一些動作。有時候不妨按摩對方身體尋求刺激，或者彼此身體塗油互舔也不錯，你將會發現激烈性行為中所享受不到的新鮮快感，也可更加深彼此感情。

健康方面，希望你注意肌肉、筋路方面障礙。從事需要瞬間力量的運動時應小心。

♑♂

魔羯座的性愛、健康

連性道具也在限制範圍內的晚熟性

火星進入魔羯座的你，對性觀念保守、傳統，性慾啟發較晚，不太可能出現突發式性行為，只有和信任對象經過計畫後才會進行性行為。

最初對象多半為年長或經驗豐富者，雖然性啟蒙較遲，但卻能夠舉一反三，透過異性的指導，能自我開發，並讓對方快樂。

你不喜歡華麗式的性愛，但卻對性研究很熱心，會認真思考性作法。以正常位為基本，不會朝危險方向前進，但有可能因某種原因或附帶條件而嘗試新動作，甚至在對方引導下使用性道具。

你適合找握有主導權的對象，女性適合後背位、男性適合女上位，如此較容易得到快感。溫柔引導你的伴侶，將豐富你的性生活。

健康方面，注意結石、便秘，還要小心身體停滯、阻塞等疾病。

♒♂

水瓶座的性愛、健康

不在乎與複數對象進行性遊戲

水星進入水瓶座的你，對性乾脆而淡泊。不拘泥的另一方面，很容易走向異常性交，旺盛的好奇心，使你受到誘惑便輕易和對方發生肉體關係，而且不會拖拖拉拉、彆彆扭扭。

與其說追求單純的性快樂，不如說你在研究性快樂，你應該對男女機能科學方面的分析很感興趣。但由於一開始就很乾脆，往往使得長期交往過程中，性感度愈來愈低。

不願被約束的你，也不願拘泥於固定性對象，不但性件侶不斷更換，即使同時幾位性伴侶一起進行性行為，你也能接受。

戀人如果與你屬於同類型就沒什麼問題，否則很容易發生男女糾紛，希望你特別注意。建議你可以邀對方嘗試野外、車上性行為，不同場所一定會有不同感覺，或者兩人一起看成人寫真集也不錯，互相開拓新領域，是提升性快樂的重點。

健康方面，注意溫度、環境變化，你往往在季節變化時罹患重感冒。

♓♂

雙魚座的性愛、健康

慢慢享受前戲之樂的濃厚性

火星進入雙魚座的你，性生活如波濤般洶湧、如暴風雨般激烈，有時又像傍晚海上平靜的風浪，執著地一波來、一波去。

你理想中的性愛需要這種氣氛。黃昏海邊旅館的小屋內，與心愛的人在窗台邊飲酒，聽著醉人的音樂、聞著迷人的花香、床上舖著高雅絹質床單……。

當然，性行為本身也很濃郁，花很多時間在前戲上，一步步地使氣氛昇華，對於對方一根根手指的動作很敏感，喜歡被親吻，沈浸在性愛的快樂當中，也許是人生至高享受之一。

你喜歡玩想像遊戲。在黑暗中脫光衣服，想像自己被強暴，這種遊戲可以刺激你的想像力，提高彼此興奮程度，再加上酒精發揮的作用，相信你必定能夠擁有一段與衆不同的新鮮性生活。

健康方面，注意中毒或藥物造成的副作用，平時多留意飲食生活均衡。

第九章

相性占卜法

本章是占卜你及對方的相性，從星座看你們的基本相性、戀愛相性、性愛相性、人際關係相性等，希望你活用於現實生活中。方法依文中說明，但首先必須知道兩人生日，所以如果你有中意對象，請你記得問清楚對方的出生年月日。

基本相性占卜法

請依下列順序占卜你和他的相性

① 從附錄的行星運行表中找出你出生時的太陽角度。

② 再找出對方出生時的太陽角度。

③ 二人太陽角度之大數減小數。

④ 答案比180小則照用，比180大則以360減答案數。

⑤ ④所得到的結果即二人相性角度，請查看左頁診斷表。

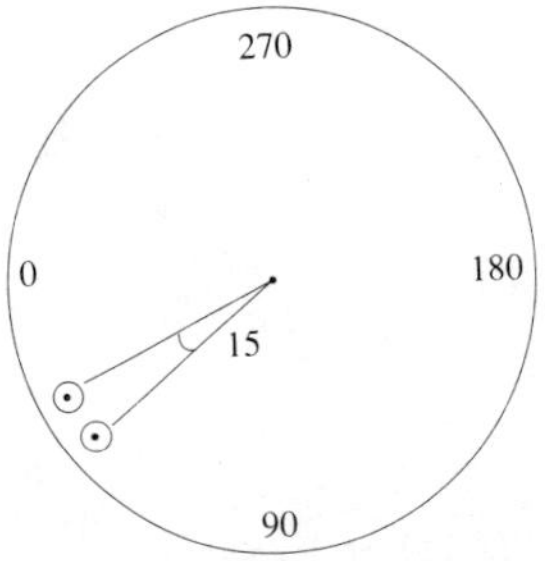

例 1
你的太陽………45度
對方的太陽……30度
此時　45－30＝15
則2人角度為15度。

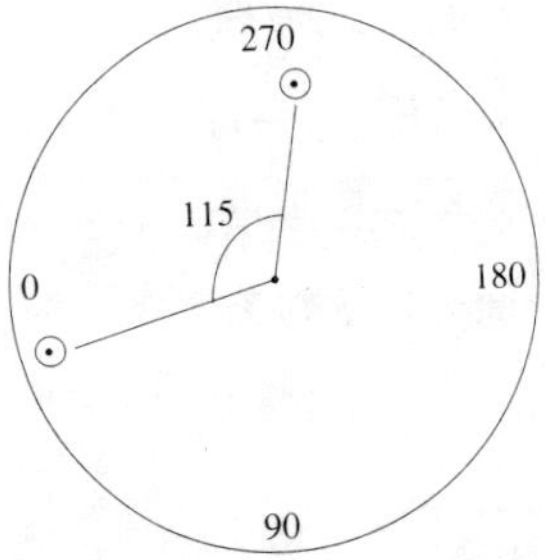

例 2
你的太陽………15度
對方的太陽……260度
此時　260－15＝245
因為245比180大，所以360－245＝115
2人角度為115度。

基本相性診斷表

2人角度	占卜內容
0 ∫ 14	**強調、重壓：**相似的2人。最好或最壞，為極端相性。可能是情投意合、互相依賴，也可能格格不入、氣氛陰沈。
15 ∫ 39	**成長、發展：**有也可以、沒有也可以的存在關係。如果雙方有共通話題、體驗，則可發展為信賴關係。
40 ∫ 49	**摩擦、不和：**雙方互不關心，由於相性不佳，一旦勉強接近就會產生摩擦，如果對方是這種人，勸你還是趁早死心吧！
50 ∫ 74	**協調、援助：**總覺得需要對方。思考、行動上均能互相理解，只要一有接觸，立刻打成一片，發展為援助、協調的關係。
75 ∫ 104	**障礙、反彈：**雙方互不在乎。彼此看不順眼、紛爭多，會互相妨礙造成反作用。
105 ∫ 129	**愛情、調和：**互相了解的關係。一接觸就成為好朋友，友情及信任關係使你們緊緊結合在一起。
130 ∫ 139	**風雲、波瀾：**總是存在一股反作用力。2人無法坦誠相對，總想帶給對方困擾，也覺得對方是禍水。只要不深交就沒關係。
140 ∫ 164	**緊張、壓迫：**無關心的存在。平常彼此沒什麼關聯，一旦發生關聯就形成緊張關係，不了解對方，在一起就覺得不對勁。
165 ∫ 180	**緊迫、分離：**完全不同世界的2個人。思想、行動均相反，一接觸就出現反作用力。由於對方擁有自己所缺乏的部分，交往也許有某種好處。

戀愛相性占卜法

請依下列順序占卜你與異性的戀愛相性。

① 從行星運行表中找出女性生日的火星角度。

② 接著找出男性生日的金星角度。

③ 將火星與金星角度之大數減小數。

④ 答案比180小則照用。答案比180大時用360減答案數。

⑤ ④得到的角度即代表2人相性角度。請依左頁診斷表占卜。

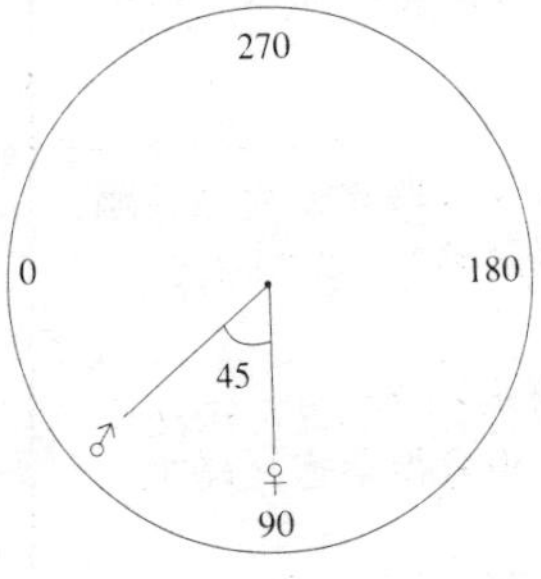

例 1
女性的火星………44度
男性的金星………89度
此時　89－44＝45
2人戀愛角度為45度

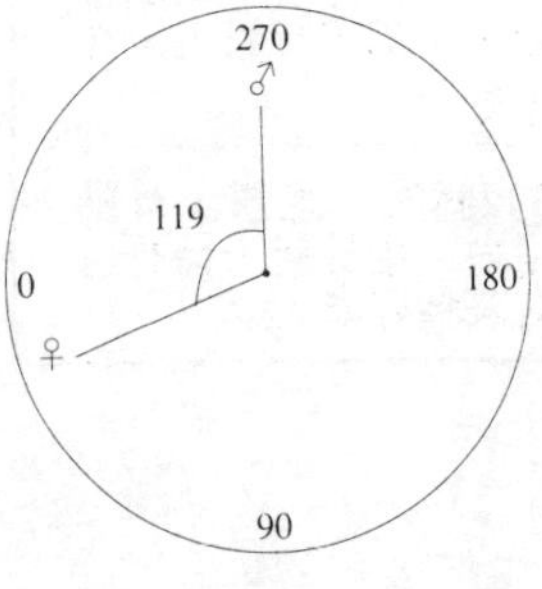

例 2
女性的火星………268度
男性的金星………27度
此時　268－27＝241
因為比180大，所以　360－241＝119
2人戀愛角度為119度。

戀愛相性診斷表

2人角度	占卜內容
0 ∫ 14	吉凶極端的相性。彼此情投意合，愛情發展迅速，但有美化對方的傾向，一旦注意到對方的缺點，愛情便急速冷卻。
15 ∫ 39	什麽都沒有的話，就像平淡的鄰人一樣。但當彼此開始共通話題後，就會愈來愈被對方吸引。從朋友進展至戀人需要一段時間。
40 ∫ 49	關心薄弱的關係。一接觸就想競爭、想反彈，可以說是爭吵對象，少了對方總感覺很無聊。最好多花心思了解對方。
50 ∫ 74	互相中意的2人。彼此體貼、幫助，發展以截長補短的關係。2人組合之後可以成為1＋1＝3或5，是天生一對。
75 ∫ 104	感到反彈的朋友。很少意氣相投，一旦交往則形成一段孽緣，互相爭吵、反目成仇大概就是2人的關係。
105 ∫ 129	即使沈默也會互相吸引的相性。雙雙戀情一觸即發，說話合得來，感覺也很好，相處再久也不厭倦，就像一個自然體。
130 ∫ 139	情不投意不合的2人。不會自然而然在一起，往往需刻意湊合，但雙方內心深處卻又在意對方，只要真心接納對方，將有不錯發展。
140 ∫ 164	意識過剩往往造成緊張關係。由於不了解對方，使得戀情不了了之，即使發展為情侶關係，也總覺得不太自在。
165 ∫ 180	雙方各自擁有對方所缺乏的部份，只要互有所求，就會發展成激烈的戀情。但在激情過後，一旦發現雙方不合部份。則冷卻得也快。

性愛相性占卜

請依下列順序占卜你與異性的性愛相性

① 從行星運行表中找出你生日的火星角度。

② 再找出對方生日的火星角度。

③ 將2人火星角度之大數減小數

④ 答案小於180則照用。若答案大於180，則用360減答案數。

⑤ ④的結果就是2人相性角度。請參考左頁性愛相性診斷表。

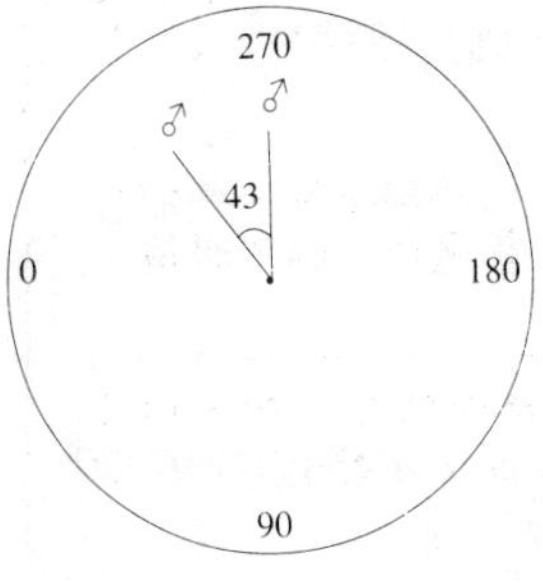

例 1
你的火星………272度
對方的火星……315度
此時　315－272＝43
2人的性愛角度為43度。

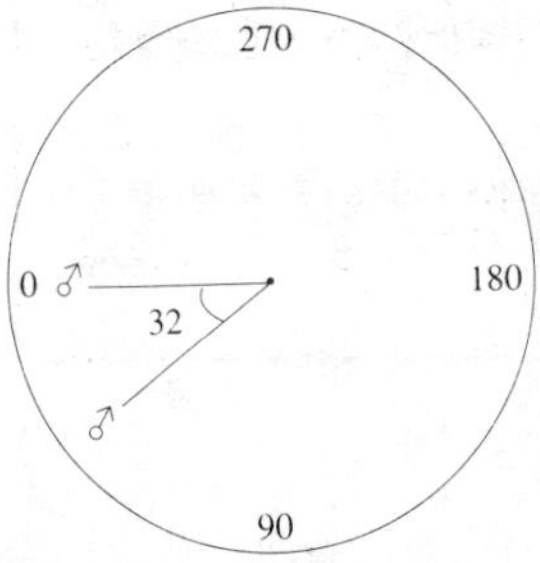

例 2
你的火星……… 31度
對方的火星……359度
此時　359－31＝328
比180大，所以　360－328＝32
2人性愛角度為32度

性愛相性診斷表

2人角度	占卜內容
0 ∫ 14	有肌膚之親，能達到高潮。相性佳，但容易流於一成不變，缺乏新鮮度。不過即使分手，也是一生難忘的對象。
15 ∫ 39	不太能發現對方的性感帶，技巧面有些不足，但精神面具有安定感。從歡愉的程度來看，還算過得去。
40 ∫ 49	感覺不太對，總覺得對方和自己不太相融，因為慾求不滿，所以可能會往外發展。與對方上床時，應設法了解對方。
50 ∫ 74	互相吸引的2人很自然燃起慾火，在達到高潮過程與時間中，雙方均配合得很完美。互相需要對方。相性佳。
75 ∫ 104	總是依自己意思行動，往往形成一人主導的性關係。若不注意對方反應，很可能在互相傷害的情況下結束雙方關係。
105 ∫ 129	肌膚之親相性佳。這是自然相求、熱情擁抱的最佳相性。心靈與肉體結合為一滿足感，在擁抱時達到最高峰。
130 ∫ 139	總覺得什麼地方怪怪的，屬於焦躁的性愛。似乎有一顆看不見的鈴放在床上，好不容易找到癥結所在後，好像另一個地方又不對勁了。
140 ∫ 164	對於對方意識過強，好像自己什麼也不會。由於太過於重視對方，使得自己在重要時顯得笨手笨腳。緊張、焦躁容易造成冷感。
165 ∫ 180	一旦發生關係後，彼此感到不能失去對方，不論身心均激烈地渴望擁有對方，能夠夜夜纏綿、高潮迭起。

與長輩的相性占卜

你與公司上司、老師、舅、姑等年長者的相性如何？請依下列順序占卜

① 從行星運行表中找出你的生日的月亮角度。

② 接著找出對方生日的太陽角度。

③ 月亮與太陽角度相比，大數減小數。

④答案比180小則照用。若比180大時，以360減答案數。

⑤ ④的結果角度即2人相性角度，請參考左頁診斷表。

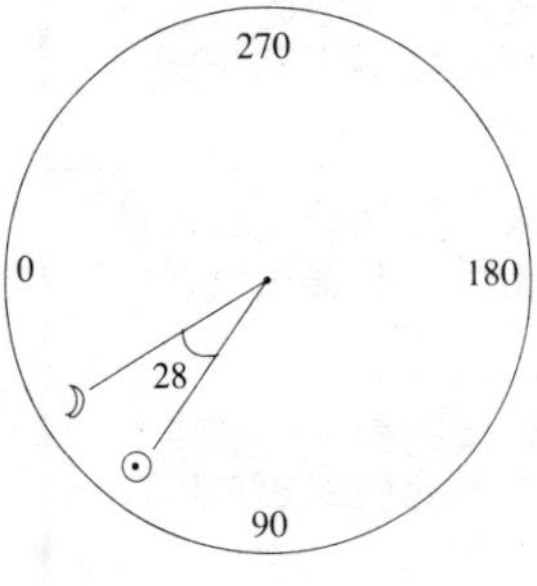

例 1
你的月亮………30度
對方的太陽……58度
此時　58－30＝28
2人角度為28度。

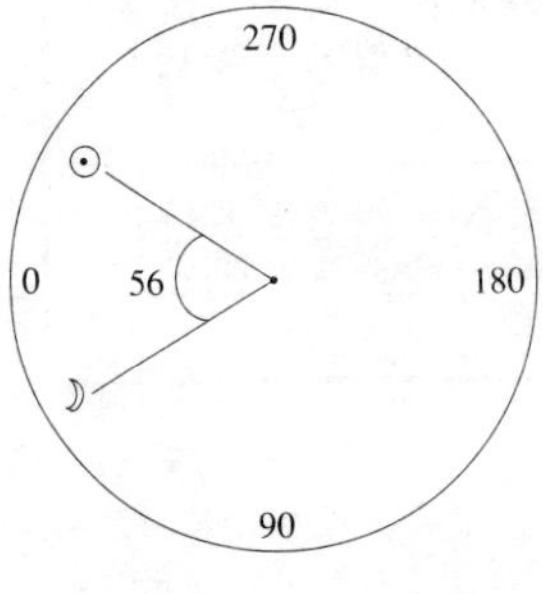

例 2
你的月亮……… 27度
對方的太陽……331度
此時　331－27＝304
比180大，所以　360－304＝56
2人角度為56度。

與長輩的相性診斷表

2人角度	占卜內容
0 ∫ 14	互相信任、互相尊敬的結合。你追隨對方、對方也信任你，願意將責任委託於你，信賴往往成為一種負擔。
15 ∫ 39	沒有開頭即成為無緣的人。在從事相同工作之時，愈了解對方，愈能形成良好關係。下班後相聚聊聊天，是交往的開始。
40 ∫ 49	他是一位值得尊敬的對象，但說話方式與態度卻常常令你反感，對於此類型長輩，你應該具有包容力。
50 ∫ 74	喜歡的對象，能在一起愉快地工作。與其說你們是上司下屬、老師學生關係，倒不如說是朋友關係，相處非常和睦。
75 ∫ 104	個性、脾氣不合的２人，在工作上各有各的做法，彼此無共同意識。即使要了解對方很困難，你也應該有接受對方的雅量。
105 ∫ 129	優良相性。雙方建立信賴與尊敬的關係，心底總是被對方牽引，雙方只要一接觸就分不開。異性場合很可能發生戀情。
130 ∫ 139	意識過剩，往往覺得對方很討厭、誤解對方。想使２人關係改善，就必須接受對方的言行，你們的關係應該可以更好。
140 ∫ 164	彼此不了解對方，平常各做各的，一旦接觸則立即出現緊張關係，你必須在打破僵局氣氛方面多下些工夫。
165 ∫ 180	很難互相了解，多半是互不在乎的情形，異性之間很可能從不可能的關係發展成男女感情。優秀的上司可能特別提拔你。

第十章

未來占卜

本章介紹占卜你未來命運的方法，下週、下個月、明年，甚至10年後的運氣均可占卜。你可以利用行星運行表，一窺自己未來的戀愛運、友情、人際關係、財運、事業運、健康運等等。

未來戀愛運占卜法

未來的戀愛運，男性與女性占卜方法不同。

〔女性場合〕

① 從行星運行表中找出生日的金星角度。

② 從行星運行表找出希望占卜年月日的火星角度。

〔男性場合〕

① 從行星運行表找出生日的火星角度。

② 從行星運行表找出希望占卜年月日的金星角度。

〔以下為男女通用〕

③ 二角度之大數減小數

④ 答案小於180則照用。大於180則以360減答案數。

⑤ 從④得到的結果就是你未來戀愛運的角度。請參考左頁診斷表。

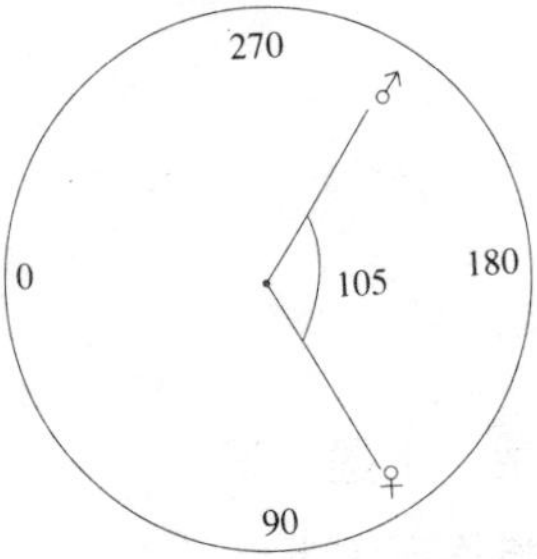

例1（女性）

你的金星………120度

未來的火星……225度

此時　225－120＝105

則未來戀愛運的角度為105

例2（女性）

你的金星………150度

未來的火星……358度

此時　358－150＝208

比180大，所以　360－208＝152

則未來戀愛運的角度為152度。

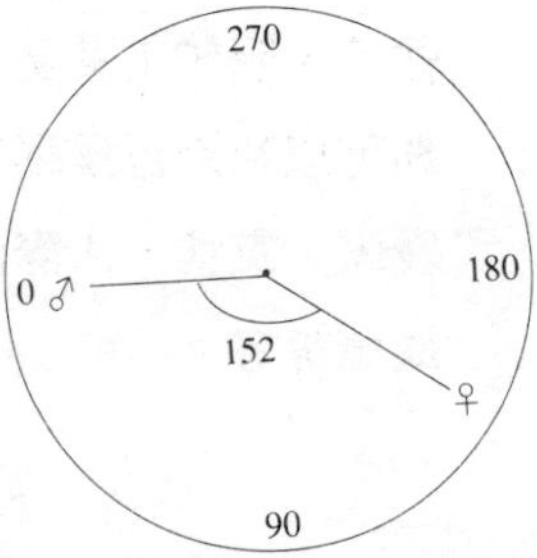

戀愛運診斷表

戀愛運角度	占卜內容
0 ∫ 14	感覺熱烈時。此時若向異性示好，很容易得到回響，交往中的對象很可能有進一步發展，為戀情開花結果期。
15 ∫ 39	友情般的相會時機。例如在旅行中從照相開始，積極行動會帶來吉運。與交往對象精神結合，有共同興趣。
40 ∫ 49	對異性感到興趣會招致誤解時期，這行應特別注意。與交往對象容易發生摩擦，你應該先收斂銳氣。
50 ∫ 74	周圍異性會對你發出好評價，以親切的心待人，可能使戀情萌芽。與交往對象相處融洽，２人之間沒有距離，為進展時期。
75 ∫ 104	異性容易對你抱持敵意時期，不預期的行動、發言是致命傷，向前追求會帶來凶運。與交往對象容易因任性而爭吵。此時謙虛最重要。
105 ∫ 129	戀愛出現積極性。當有人追求時，你應該大膽行動。交往中的對象應該有大發展，拜見雙方家長、２人旅遊都能招來吉運。
130 ∫ 139	情敵出現，當你不經意地接近異性時，很可能造成戀人誤解，你應該仔細觀察對方，這是交往倦怠期，你最好積極行動打破單調。
140 ∫ 164	意中人對你發出最後通牒，不要著急，應與異性保持平常關係。交往中的情侶陷入低潮，氣氛不對勁，也可能變心。
165 ∫ 180	冒險運。深而短的交往，無法持續長久，但至少有充實感。與交往中的對象遇到瓶頸時，性是解套良策。

未來交際運占卜法

請依下列順序占卜友情、交友運勢。

① 從行星運行表中找出自己的生日太陽角度。

② 從行星運行表中找出希望占卜年月日的水星角度。

③ 2角度相比，大數減小數。

④ 答案比180小則照用。比180大則以360減答案數。

⑤ ④結果即未來交際運的角度。請參考左頁交際運診斷表。

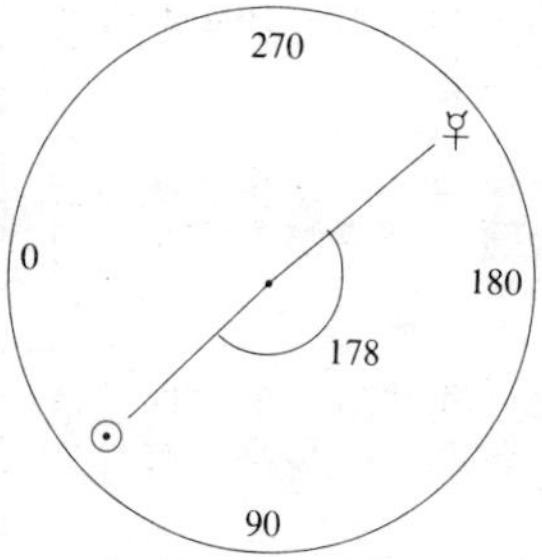

例1

你的太陽………46度

未來的水星……224度

此時　224－46＝178

則交際運角度為178度。

例2

你的太陽………315度

未來的水星……28度

此時　315－28＝287

比180大，所以360－287＝73

則交際運角度為73度。

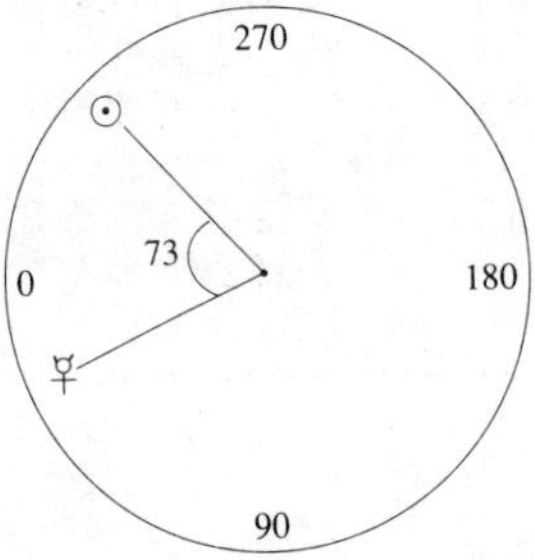

交際運診斷表

交際運角度	占卜內容
0～14	交際運快速上升。朋友邀夠多、計畫表排得滿滿的，只要你積極發出聲音，新的友情便會萌芽。請重視諾言與約定。
15～39	與朋友感情更深入，共同作業會促進友誼。積極涉足各項聚會，可以結交許多新朋友。興趣、工作等共通點很重要。
40～49	與友人發生誤解、摩擦時期。一點小事就能讓摯友成陌路。與周圍人際關係也容易產生誤會的時期，應該儘量避免道他人長短。
50～74	約會多的時期。與朋友一起用餐可加深情誼，透過喝酒、飲食也可增加許多新朋友。坦率的心情能為你帶來好運。
75～104	反彈時刻多，也會出現競爭對手，不論怎麼做都會出現反對者，也會有人故意陷害你，是不太平順的時期。
105～129	與友人情投意合，度過愉快時光。一起工作、運動更能刺激友情，會陸續出現投緣者，是擴展人際關的大好時機。
130～139	友情蒙上一層陰影，因為誤解而瀰漫一股掃興的氣氛，雙方總是不歡而散，暗示著人際關係出現疲態。
140～164	與友人關係險惡。只要一點點對立便會意氣用事而堅持己見。重要友人此時應放下身段往來，與年長者的交往則會因緊張而失敗。
165～180	友情如秋風般冷颼，金錢、異性糾紛是致命傷，一點點意見分岐便會帶來意想不到的結果，是人際關係劇烈變化時期。

未來財運占卜法

請依下列順序占卜金錢關係、工作關係的未來運勢。

① 從行星運行表中找出自己生日的太陽角度。

② 從行星運行表中找出希望占卜年月日的太陽角度。

③ 2角度相比，大數減小數

④ 答案小於180則照用。大於180則以360減答案數。

⑤ ④結果的角度即為你未來財運的角度，請參考左頁財運診斷表。

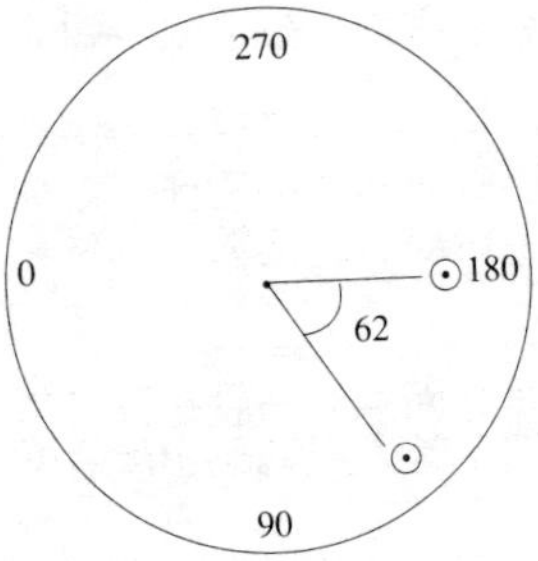

例1
你的太陽………120度
未來的太陽……182度
此時　182－120＝62
則財運角度為62度。

例2
你的太陽………88度
未來的太陽……300度
此時　300－88＝212
比180大，所以　360－212＝148
則財運角度為148度。

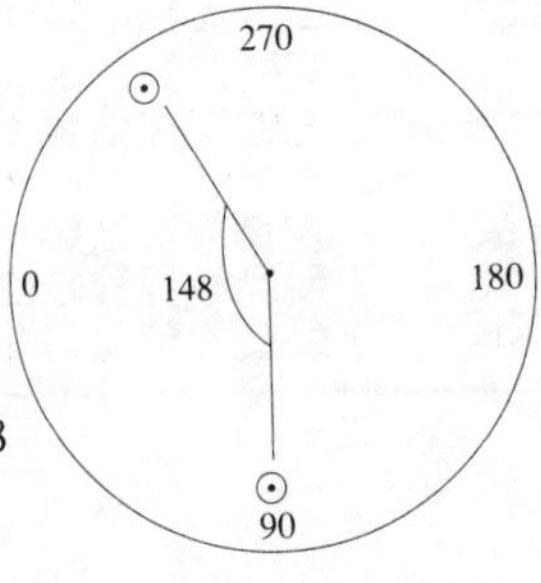

財運診斷表

財運角度	占卜內容
0 ∫ 14	工作與金錢均順利，此時前進行動為吉。此時攻擊力強、防禦力弱，攻擊可說是最有利的防禦，但注意焦急會導致失敗。
15 ∫ 39	掌握幸運需要勇氣與準備的時期。雖然機會不缺，但得注意掌握時機抓緊。另外，持續努力才會有踏實的發展。
40 ∫ 49	財運與成功運均有賴於周圍的協助，周圍嫉妒而牽制，最容易導致失敗。此時最應該注意將利益還原給周圍。
50 ∫ 74	日常交往即能帶來利益的時期。工作與交友發展得都不錯，重視人際關係為大吉。瑣碎事情多，不要吝於交際費用。
75 ∫ 104	這是期待、願望落空的時期。注意話中有話，不要捲入他人的是非當中。保守最適當，投機、賭博均會造成凶運。
105 ∫ 129	幸運從天而降的時期。你最好相信朋友，很可能會有意外收穫，搭乘他人幸運便車，你也能掌握大幸運。
130 ∫ 139	一開始很順利，但完成階段則容易導致失敗時期。利慾薰心很可能讓你失去一切，注意不要衝動購物，以免造成浪費。
140 ∫ 164	與期待相反的狂亂時期。與其慌張地跑來跑去，還不如靜下來仔細傾聽周圍的意見，一切委託專家、了解的友人處理最吉。沈著為上策。
165 ∫ 180	暗示期望愈高則失望愈大。慾望應以八分飽為恰當，能得到上司或長輩的援助，但失禮則使運氣下滑。

未來健康運占卜法

請依下列順序占卜健康、身體狀況之未來運勢。

① 從行星運行表中找出自己生日的太陽角度。

② 從行星運行表中找出希望占卜年月日的火星角度。

③ 2角度相比，大數減小數

④ 答案小於180則照用。比180大則以360減答案數。

⑤ ④結果的角度就是未來健康的角度，請參考左頁健康診斷表。

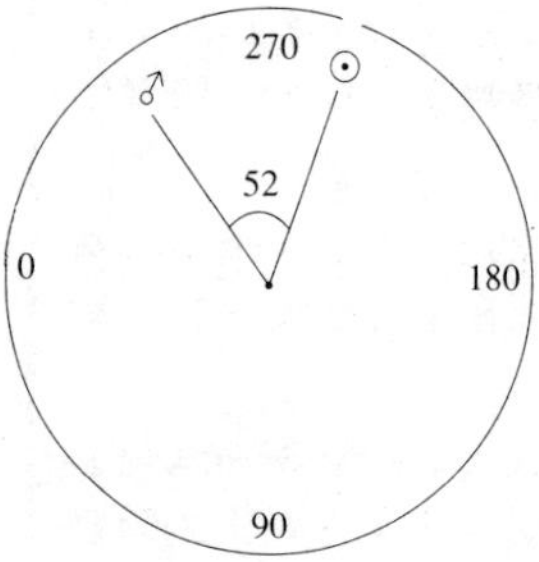

例 1

你的太陽………250度

未來的火星……302度

此時　302－250＝52

則健康運角度為52度。

例 2

你的太陽………32度

未來的火星……268度

此時　268－32＝236

比180大，所以　360－236＝124

則健康運角度為124度。

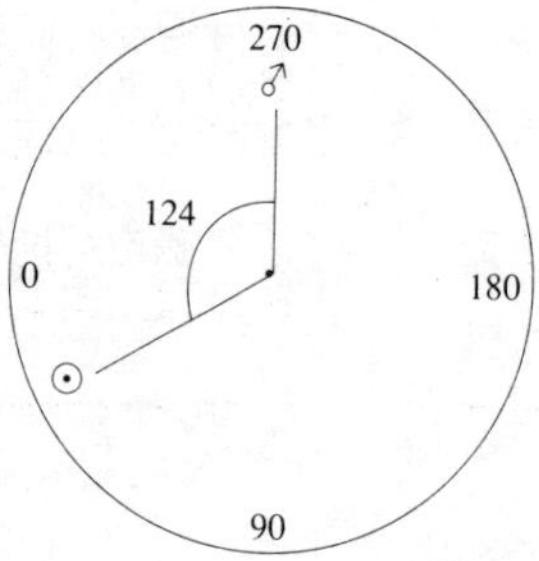

健康運診斷表

健康運角度	占卜內容
0 ∫ 14	全身充滿活力，一刻也閒不住，只要身體活動就覺得一切順暢。但血氣循環太旺盛或運動過度會造成肌肉疼痛。
15 ∫ 39	身體平順，不要勉強工作或運動的時期，保持平常狀態最佳。持續力比瞬發力更能致勝，就像龜兔賽跑，保持烏龜孜孜不倦的精神為吉。
40 ∫ 49	總感覺遲緩、疲倦的時期。出現緊張等神經不順狀況，身體反應顯得遲鈍，注意漫不經心造成的錯誤、事故、傷害等。
50 ∫ 74	身心都很充實，氣氛愉快。全身朝氣蓬勃，是進行運動的好時期。事業、求學過程也輕鬆愉快，好運接二連三。
75 ∫ 104	容易疲倦的脆弱時期，暗示你勉強會造成身體傷害。抵抗力比較弱，很容易罹患感冒，應該讓身體充分休息。
105 ∫ 129	身體方面、健康方面狀況絕佳，運動神經好的人，能在運動方面期待實力以上的成果。工作、讀書效率為平常的三倍，適合努力衝刺。
130 ∫ 139	心情煩躁，總覺得有力不從心之憾。如果勉強而為，將造成身體機能受損或不小心受傷。此時也容易食物中毒。飲食應特別小心。
140 ∫ 164	神經緊張、肉體虛弱時期。很容易因神經緊張、疲勞而造成神經性胃炎、失眠等。此時最好獨自安靜休養身心。
165 ∫ 180	精神呈空虛狀態，體力也缺乏，無法發揮實力的時期。注意力不集中，一不小心就出差錯，凡事不要勉強，安靜是為上策。

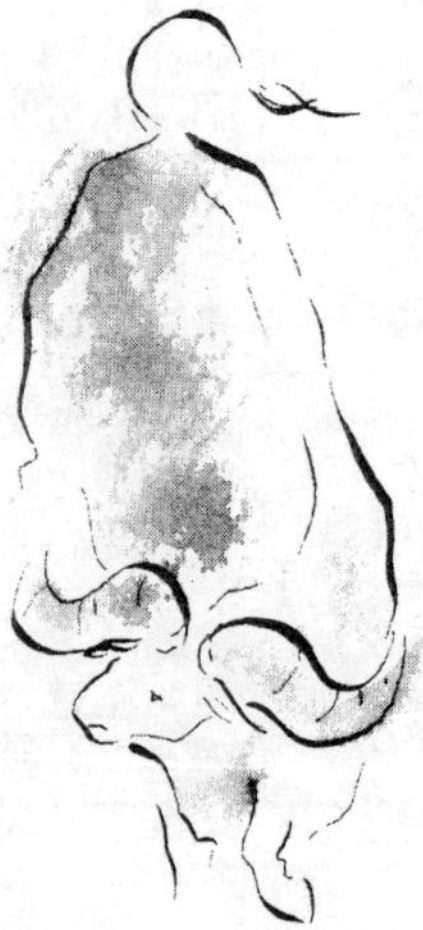

附錄

行星運行表（一九三一年～二〇一〇年）

1931年

宮	月＼日	1	2	3	4	5	6	7	8	9	10	11	12	13	14	15	16	17	18	19	20	21	22	23	24	25	26	27	28	29	30	31
太陽 ☉	1月	279	280	281	282	283	284	285	286	287	288	289	290	291	292	294	295	296	297	298	299	300	301	302	303	304	305	306	307	308	309	310
	2月	311	312	313	314	315	316	317	318	319	320	321	322	323	324	325	326	327	328	329	330	331	332	333	334	335	336	337	338	／	／	／
	3月	339	340	341	342	343	344	345	346	347	348	349	350	351	352	353	354	355	356	357	358	359	000	001	002	003	004	005	006	007	008	009
	4月	010	011	012	013	014	015	016	017	018	019	020	021	022	023	024	025	026	027	028	029	030	031	032	032	033	034	035	036	037	038	／
	5月	039	040	041	042	043	044	045	046	047	048	049	050	051	052	053	054	055	056	057	058	059	060	061	061	062	063	064	065	066	067	068
	6月	069	070	071	072	073	074	075	076	077	078	079	080	081	082	083	084	084	085	086	087	088	089	090	091	092	093	094	095	096	097	／
	7月	098	099	100	101	102	103	104	105	105	106	107	108	109	110	111	112	113	114	115	116	117	118	119	120	121	122	123	124	125	126	126
	8月	127	128	129	130	131	132	133	134	135	136	137	138	139	140	141	142	143	144	145	146	147	148	149	149	150	151	152	153	154	155	156
	9月	157	158	159	160	161	162	163	164	165	166	167	168	169	170	171	172	173	174	175	176	177	178	179	180	181	182	183	184	185	185	／
	10月	186	187	188	189	190	191	192	193	194	195	196	197	198	199	200	201	202	203	204	205	206	207	208	209	210	211	212	213	214	215	216
	11月	217	218	219	220	221	222	223	224	225	226	227	228	229	230	231	232	233	234	235	236	237	238	239	240	241	242	243	244	245	246	／
	12月	247	248	249	251	252	253	254	255	256	257	258	259	260	261	262	263	264	265	266	267	268	269	270	271	272	273	274	275	276	277	278

宮	月＼日	1	2	3	4	5	6	7	8	9	10	11	12	13	14	15	16	17	18	19	20	21	22	23	24	25	26	27	28	29	30	31
月 ☽	1月	055	068	082	097	111	126	141	156	170	184	198	212	225	238	251	264	277	289	301	314	326	337	349	001	013	025	037	050	063	076	090
	2月	104	119	134	150	165	180	194	208	222	235	249	261	274	286	298	310	322	334	346	358	010	022	034	046	058	071	085	098	／	／	／
	3月	113	127	142	158	173	188	203	217	231	245	258	271	283	295	307	319	331	343	355	007	019	031	043	055	068	081	094	108	122	136	151
	4月	166	181	196	211	225	240	253	267	279	292	304	316	328	340	352	004	015	028	040	052	065	078	091	104	118	132	146	160	175	190	／
	5月	204	219	233	248	261	275	288	300	312	325	336	348	000	012	024	036	049	061	074	088	101	115	128	142	156	171	185	199	214	228	242
	6月	256	269	283	296	308	320	332	344	356	008	020	032	044	057	070	083	097	111	125	139	153	167	182	196	210	224	238	251	265	278	／
	7月	291	304	316	328	340	352	004	016	028	040	052	065	078	092	106	120	135	149	164	178	193	207	221	234	248	261	274	287	300	312	325
	8月	337	349	000	012	024	036	048	061	073	087	100	114	129	144	159	173	188	203	217	231	245	258	271	284	297	309	321	333	345	357	009
	9月	021	032	044	057	069	082	095	109	123	137	152	167	182	197	212	227	241	255	268	281	294	306	318	330	342	354	006	018	029	041	／
	10月	053	066	078	091	104	117	131	146	160	175	190	206	221	235	250	264	277	290	303	315	327	339	351	003	015	026	038	050	063	075	088
	11月	101	114	127	141	155	169	184	199	214	229	243	258	272	285	299	311	324	336	348	359	011	023	035	047	059	072	085	098	111	124	／
	12月	137	151	165	179	193	208	222	237	252	266	280	293	306	319	332	344	356	007	019	031	043	055	068	081	094	107	120	134	148	162	176

宮	月＼日	1	2	3	4	5	6	7	8	9	10	11	12	13	14	15	16	17	18	19	20	21	22	23	24	25	26	27	28	29	30	31
水星 ☿	1月	290	289	288	287	286	284	283	282	280	279	278	277	277	276	276	276	276	276	276	276	277	277	278	278	279	280	281	282	283	284	285
	2月	286	287	288	290	291	292	294	295	296	298	299	300	302	303	305	306	308	309	311	312	314	315	317	319	320	322	323	325	／	／	／
	3月	327	328	330	332	334	335	337	339	341	343	345	346	348	350	352	354	356	358	000	002	004	006	008	010	012	014	016	018	020	022	024
	4月	025	027	029	030	032	033	035	036	037	038	039	040	041	041	042	042	043	043	043	043	043	043	042	042	042	041	041	040	039	039	／
	5月	038	037	037	036	036	035	035	034	034	034	033	033	033	033	033	033	034	034	034	035	035	036	036	037	038	039	040	041	042	043	044
	6月	045	046	047	049	050	051	053	054	056	058	059	061	063	064	066	068	070	072	074	076	078	080	082	084	086	089	091	093	095	097	／
	7月	099	102	104	106	108	110	112	114	116	118	120	122	124	126	128	129	131	133	135	136	138	139	141	143	144	145	147	148	150	151	152
	8月	154	155	156	157	158	159	160	161	162	163	164	165	166	166	167	168	168	168	169	169	169	169	169	169	169	169	168	168	167	166	165
	9月	165	164	163	162	161	160	159	158	157	157	156	156	156	155	155	156	156	156	157	158	159	160	161	162	164	165	167	168	170	171	／
	10月	173	175	177	178	180	182	184	185	187	189	191	193	194	196	198	199	201	203	205	206	208	210	211	213	214	216	218	219	221	222	224
	11月	226	227	229	230	232	233	235	236	238	239	241	242	244	245	247	248	250	251	253	254	256	257	258	260	261	262	264	265	266	267	／
	12月	269	270	271	272	273	273	274	275	275	276	276	276	276	275	275	274	273	272	271	270	268	267	266	264	263	262	261	261	260	260	260

宮	月＼日	1	2	3	4	5	6	7	8	9	10	11	12	13	14	15	16	17	18	19	20	21	22	23	24	25	26	27	28	29	30	31
金星 ♀	1月	238	238	239	240	240	241	242	243	243	244	245	246	246	247	248	249	250	251	252	252	253	254	255	256	257	258	259	260	261	262	263
	2月	264	265	266	267	268	269	270	271	272	273	274	275	276	278	279	280	281	282	283	284	285	286	287	289	290	291	292	293	／	／	／
	3月	294	295	296	297	299	300	301	302	303	304	305	307	308	309	310	311	312	314	315	316	317	318	319	321	322	323	324	325	326	328	329
	4月	330	331	332	333	335	336	337	338	339	341	342	343	344	345	346	348	349	350	351	352	354	355	356	357	358	000	001	002	003	004	／
	5月	006	007	008	009	010	012	013	014	015	016	018	019	020	021	022	024	025	026	027	028	030	031	032	033	034	036	037	038	039	040	042
	6月	043	044	045	046	048	049	050	051	052	054	055	056	057	058	060	061	062	063	065	066	067	068	069	071	072	073	074	075	077	078	／
	7月	079	080	082	083	084	085	086	088	089	090	091	093	094	095	096	097	099	100	101	102	104	105	106	107	108	110	111	112	113	115	116
	8月	117	118	119	121	122	123	124	126	127	128	129	131	132	133	134	136	137	138	139	140	142	143	144	145	147	148	149	150	152	153	154
	9月	155	157	158	159	160	162	163	164	165	166	168	169	170	171	173	174	175	176	178	179	180	181	183	184	185	186	188	189	190	191	／
	10月	193	194	195	196	198	199	200	201	203	204	205	206	208	209	210	211	213	214	215	216	218	219	220	221	223	224	225	226	228	229	230
	11月	231	233	234	235	236	238	239	240	241	243	244	245	246	248	249	250	251	253	254	255	256	258	259	260	261	263	264	265	266	268	／
	12月	269	270	271	273	274	275	276	277	279	280	281	282	284	285	286	287	289	290	291	292	294	295	296	297	299	300	301	302	304	305	306

宮	月＼日	1	2	3	4	5	6	7	8	9	10	11	12	13	14	15	16	17	18	19	20	21	22	23	24	25	26	27	28	29	30	31
火星 ♂	1月	135	135	135	134	134	134	134	133	133	133	133	132	132	132	131	131	131	130	130	129	129	129	128	128	127	127	127	126	126	125	125
	2月	125	124	124	124	123	123	122	122	122	121	121	121	120	120	120	120	119	119	119	119	118	118	118	118	118	118	117	117	／	／	／
	3月	117	117	117	117	117	117	117	117	117	117	117	117	117	117	117	117	117	117	118	118	118	118	118	118	118	119	119	119	119	119	120
	4月	120	120	120	121	121	121	122	122	122	122	123	123	123	124	124	124	125	125	125	126	126	127	127	127	128	128	128	129	129	130	／
	5月	130	130	131	131	132	132	133	133	133	134	134	135	135	136	136	137	137	138	138	139	139	140	140	141	141	142	142	143	143	144	144
	6月	145	145	146	146	147	147	148	148	149	149	150	150	151	151	152	152	153	154	154	155	155	156	156	157	157	158	159	159	160	160	／
	7月	161	161	162	163	163	164	164	165	165	166	167	167	168	168	169	170	170	171	171	172	172	173	174	174	175	176	176	177	177	178	179
	8月	179	180	180	181	182	182	183	183	184	185	185	186	187	187	188	189	189	190	190	191	192	192	193	194	194	195	196	196	197	197	198
	9月	199	199	200	201	201	202	203	203	204	205	205	206	207	207	208	209	209	210	211	211	212	213	213	214	215	215	216	217	217	218	／
	10月	219	220	220	221	222	222	223	224	224	225	226	226	227	228	229	229	230	231	231	232	233	234	234	235	236	236	237	238	239	239	240
	11月	241	241	242	243	244	244	245	246	246	247	248	249	249	250	251	252	252	253	254	255	255	256	257	257	258	259	260	260	261	262	／
	12月	263	263	264	265	266	266	267	268	269	270	270	271	272	273	273	274	275	276	276	277	278	279	279	280	281	282	282	283	284	285	286

1932年

宮	月＼日	1	2	3	4	5	6	7	8	9	10	11	12	13	14	15	16	17	18	19	20	21	22	23	24	25	26	27	28	29	30	31
太陽 ⊙	1月	279	280	281	282	283	284	285	286	287	288	289	290	291	292	293	294	295	296	297	298	299	300	301	302	303	304	305	306	308	309	310
	2月	311	312	313	314	315	316	317	318	319	320	321	322	323	324	325	326	327	328	329	330	331	332	333	334	335	336	337	338	339	／	／
	3月	340	341	342	343	344	345	346	347	348	349	350	351	352	353	354	355	356	357	358	359	000	001	002	003	004	005	006	007	008	009	010
	4月	011	012	013	014	015	016	017	018	019	020	021	022	022	023	024	025	026	027	028	029	030	031	032	033	034	035	036	037	038	039	／
	5月	040	041	042	043	044	045	046	047	048	049	050	051	052	053	054	055	055	056	057	058	059	060	061	062	063	064	065	066	067	068	069
	6月	070	071	072	073	074	075	076	077	078	079	079	080	081	082	083	084	085	086	087	088	089	090	091	092	093	094	095	096	097	098	／
	7月	099	100	100	101	102	103	104	105	106	107	108	109	110	111	112	113	114	115	116	117	118	119	120	120	121	122	123	124	125	126	127
	8月	128	129	130	131	132	133	134	135	136	137	138	139	140	141	142	143	143	144	145	146	147	148	149	150	151	152	153	154	155	156	157
	9月	158	159	160	161	162	163	164	165	166	167	168	169	170	171	172	173	174	174	175	176	177	178	179	180	181	182	183	184	185	186	／
	10月	187	188	189	190	191	192	193	194	195	196	197	198	199	200	201	202	203	204	205	206	207	208	209	210	211	212	213	214	215	216	217
	11月	218	219	220	221	222	223	224	225	226	227	228	229	230	231	232	233	234	235	236	237	238	239	240	241	242	243	244	245	246	247	／
	12月	248	249	250	251	252	253	254	255	256	257	258	259	260	261	262	263	264	266	267	268	269	270	271	272	273	274	275	276	277	278	279

宮	月＼日	1	2	3	4	5	6	7	8	9	10	11	12	13	14	15	16	17	18	19	20	21	22	23	24	25	26	27	28	29	30	31
月 ☽	1月	190	204	218	232	246	260	274	288	301	314	327	339	351	003	015	027	039	051	063	076	089	102	116	130	144	158	172	187	201	215	229
	2月	243	257	270	284	297	310	323	335	347	359	011	023	035	047	059	071	084	097	110	124	138	152	167	182	196	211	226	240	254	／	／
	3月	267	281	294	306	319	331	344	356	008	019	031	043	055	067	079	092	105	118	132	146	160	175	190	205	220	235	250	264	277	291	303
	4月	316	328	341	353	005	016	028	040	052	064	076	088	101	113	126	140	154	168	183	198	214	229	244	259	273	287	300	313	325	338	／
	5月	350	002	013	025	037	049	061	073	085	097	110	123	136	149	163	177	192	207	222	237	252	267	281	295	309	322	334	346	358	010	022
	6月	034	046	058	070	082	095	107	120	133	146	160	173	187	202	216	231	246	261	275	290	303	317	330	342	355	007	019	030	042	054	／
	7月	066	079	091	104	117	130	143	157	170	184	198	212	227	241	255	270	284	298	312	325	338	350	003	015	027	038	050	062	074	087	099
	8月	112	126	139	153	167	181	195	209	223	237	252	266	280	293	307	320	333	346	358	011	023	034	046	058	070	082	095	108	121	134	148
	9月	162	176	191	205	220	234	248	262	276	290	303	316	329	342	354	007	019	031	043	054	066	078	090	103	115	128	142	156	170	185	／
	10月	200	215	230	244	259	273	287	300	313	326	339	351	003	015	027	039	051	063	075	087	099	111	124	137	150	164	178	193	208	223	238
	11月	254	268	283	297	310	323	336	348	000	012	024	036	048	060	072	084	096	108	120	133	146	159	172	187	201	216	231	247	262	277	／
	12月	291	305	319	332	345	357	009	021	033	045	057	069	081	093	105	117	130	142	155	169	182	196	210	225	240	255	270	285	299	313	327

宮	月＼日	1	2	3	4	5	6	7	8	9	10	11	12	13	14	15	16	17	18	19	20	21	22	23	24	25	26	27	28	29	30	31
水星 ☿	1月	260	260	260	260	261	262	262	263	264	265	266	267	268	269	270	271	273	274	275	276	278	279	280	282	283	285	286	288	289	290	292
	2月	293	295	296	298	300	301	303	304	306	307	309	311	312	314	316	317	319	321	323	324	326	328	330	331	333	335	337	339	341	／	／
	3月	343	345	347	348	350	352	354	356	358	000	002	004	006	007	009	011	012	014	015	017	018	019	020	021	022	023	023	024	024	024	025
	4月	025	024	024	024	023	023	022	022	021	020	019	019	018	017	016	016	015	015	014	014	014	013	013	013	013	013	014	014	014	015	／
	5月	015	016	016	017	018	019	020	021	022	023	024	025	026	027	028	030	031	032	034	035	037	038	040	042	043	045	047	048	050	052	054
	6月	056	058	060	062	064	066	068	070	072	075	077	079	081	083	086	088	090	092	094	096	098	100	102	104	106	108	110	112	114	116	／
	7月	117	119	121	122	124	126	127	129	130	132	133	134	136	137	138	139	140	141	143	144	145	145	146	147	148	148	149	150	150	151	151
	8月	151	151	151	151	151	151	151	151	150	150	149	148	148	147	146	145	144	143	143	142	141	141	140	139	139	139	139	139	139	139	140
	9月	140	141	142	143	144	145	146	148	149	151	152	154	156	158	159	161	163	165	167	169	170	172	174	176	178	180	181	183	185	187	／
	10月	189	190	192	194	195	197	199	201	202	204	205	207	209	210	212	213	215	217	218	220	221	223	224	226	227	229	230	231	233	234	236
	11月	237	239	240	241	243	244	245	246	248	249	250	251	252	253	255	255	256	257	258	259	259	260	260	260	260	260	260	259	258	257	／
	12月	256	255	254	253	251	250	249	247	246	245	245	244	244	244	244	244	244	245	245	246	247	248	249	250	251	252	253	254	255	257	258

宮	月＼日	1	2	3	4	5	6	7	8	9	10	11	12	13	14	15	16	17	18	19	20	21	22	23	24	25	26	27	28	29	30	31
金星 ♀	1月	307	309	310	311	312	314	315	316	317	318	320	321	322	323	325	326	327	328	330	331	332	333	334	336	337	338	339	341	342	343	344
	2月	345	347	348	349	350	352	353	354	355	356	358	359	000	001	002	004	005	006	007	008	010	011	012	013	014	016	017	018	019	／	／
	3月	020	021	023	024	025	026	027	028	030	031	032	033	034	035	036	038	039	040	041	042	043	044	045	047	048	049	050	051	052	053	054
	4月	055	056	057	059	060	061	062	063	064	065	066	067	068	069	070	071	072	073	074	075	076	077	078	079	080	081	082	082	083	084	／
	5月	085	086	087	088	088	089	090	091	092	092	093	094	095	095	096	097	097	098	099	099	100	100	101	101	102	102	103	103	103	104	104
	6月	104	104	105	105	105	105	105	105	105	105	105	105	104	104	104	104	103	103	102	102	101	101	100	100	099	099	098	097	097	096	／
	7月	096	095	094	094	093	093	092	092	091	091	090	090	090	089	089	089	089	089	088	088	088	088	089	089	089	089	089	089	090	090	090
	8月	091	091	092	092	092	093	093	094	095	095	096	096	097	098	098	099	100	101	101	102	103	104	104	105	106	107	108	109	110	110	111
	9月	112	113	114	115	116	117	118	119	120	121	122	123	124	125	126	127	128	129	130	131	132	133	134	135	136	137	138	139	141	142	／
	10月	143	144	145	146	147	148	149	150	152	153	154	155	156	157	158	160	161	162	163	164	165	167	168	169	170	171	172	174	175	176	177
	11月	178	179	181	182	183	184	185	187	188	189	190	191	193	194	195	196	197	199	200	201	202	204	205	206	207	208	210	211	212	213	／
	12月	215	216	217	218	219	221	222	223	224	226	227	228	229	231	232	233	234	236	237	238	239	241	242	243	244	245	247	248	249	250	252

宮	月＼日	1	2	3	4	5	6	7	8	9	10	11	12	13	14	15	16	17	18	19	20	21	22	23	24	25	26	27	28	29	30	31
火星 ♂	1月	286	287	288	289	289	290	291	292	293	293	294	295	296	296	297	298	299	300	300	301	302	303	304	304	305	306	307	307	308	309	310
	2月	311	311	312	313	314	315	315	316	317	318	318	319	320	321	322	322	323	324	325	326	326	327	328	329	330	330	331	332	333	／	／
	3月	333	334	335	336	337	337	338	339	340	341	341	342	343	344	344	345	346	347	348	348	349	350	351	352	352	353	354	355	355	356	357
	4月	358	359	359	000	001	002	002	003	004	005	006	006	007	008	009	009	010	011	012	013	013	014	015	016	016	017	018	019	019	020	／
	5月	021	022	022	023	024	025	025	026	027	028	028	029	030	031	031	032	033	034	034	035	036	037	037	038	039	040	040	041	042	043	043
	6月	044	045	046	046	047	048	048	049	050	051	051	052	053	054	054	055	056	056	057	058	059	059	060	061	061	062	063	064	064	065	／
	7月	066	066	067	068	068	069	070	071	071	072	073	073	074	075	075	076	077	078	078	079	080	080	081	082	082	083	084	084	085	086	086
	8月	087	088	088	089	090	090	091	092	092	093	094	094	095	096	096	097	098	098	099	100	100	101	102	102	103	103	104	105	105	106	107
	9月	107	108	109	109	110	110	111	112	112	113	114	114	115	115	116	117	117	118	118	119	120	120	121	121	122	123	123	124	124	125	／
	10月	126	126	127	127	128	129	129	130	130	131	131	132	133	133	134	134	135	135	136	137	137	138	138	139	139	140	140	141	141	142	143
	11月	143	144	144	145	145	146	146	147	147	148	148	149	149	150	150	151	151	152	152	152	153	153	154	154	155	155	156	156	156	157	／
	12月	157	158	158	159	159	159	160	160	161	161	161	162	162	162	163	163	163	164	164	164	165	165	165	166	166	166	166	167	167	167	167

1933年

宮	月＼日	1	2	3	4	5	6	7	8	9	10	11	12	13	14	15	16	17	18	19	20	21	22	23	24	25	26	27	28	29	30	31
太陽 ⊙	1月	280	281	282	283	284	285	286	287	288	289	290	291	292	293	294	295	296	297	298	299	300	301	302	303	304	305	306	307	308	309	310
	2月	311	312	313	314	315	316	317	318	319	320	321	322	323	324	325	327	328	329	330	331	332	333	334	335	336	337	338	339	／	／	／
	3月	340	341	342	343	344	345	346	347	348	349	350	351	352	353	354	355	356	357	358	359	000	001	002	003	004	005	006	006	007	008	009
	4月	010	011	012	013	014	015	016	017	018	019	020	021	022	023	024	025	026	027	028	029	030	031	032	033	034	035	036	037	038	039	／
	5月	040	041	042	043	044	045	046	047	048	049	049	050	051	052	053	054	055	056	057	058	059	060	061	062	063	064	065	066	067	068	069
	6月	070	071	072	073	073	074	075	076	077	078	079	080	081	082	083	084	085	086	087	088	089	090	091	092	093	094	095	095	096	097	／
	7月	098	099	100	101	102	103	104	105	106	107	108	109	110	111	112	113	114	115	115	116	117	118	119	120	121	122	123	124	125	126	127
	8月	128	129	130	131	132	133	134	135	136	137	137	138	139	140	141	142	143	144	145	146	147	148	149	150	151	152	153	154	155	156	157
	9月	158	159	160	161	162	163	164	165	165	166	167	168	169	170	171	172	173	174	175	176	177	178	179	180	181	182	183	184	185	186	／
	10月	187	188	189	190	191	192	193	194	195	196	197	198	199	200	201	202	203	204	205	206	207	208	209	210	211	212	213	214	215	216	217
	11月	218	219	220	221	222	223	224	225	226	227	228	229	230	231	232	233	234	235	236	237	238	239	240	241	242	243	244	245	246	247	／
	12月	248	249	250	251	252	253	254	255	256	257	258	259	260	261	262	263	264	265	266	267	268	269	270	271	272	273	274	275	276	277	279
宮	月＼日	1	2	3	4	5	6	7	8	9	10	11	12	13	14	15	16	17	18	19	20	21	22	23	24	25	26	27	28	29	30	31
月 ☽	1月	340	353	006	018	030	042	053	065	077	089	102	114	127	139	152	166	179	193	206	220	235	249	264	278	293	307	321	335	348	001	013
	2月	026	038	050	061	073	085	098	110	123	135	149	162	176	189	203	217	231	246	260	274	288	302	316	330	343	356	009	021	／	／	／
	3月	033	045	057	069	081	093	105	118	130	144	157	171	185	199	213	228	242	257	271	285	299	312	326	339	352	004	017	029	041	053	065
	4月	077	089	101	113	126	138	151	165	179	193	208	223	238	253	267	281	295	309	322	336	348	001	013	026	038	050	062	074	086	097	／
	5月	109	121	134	146	159	173	187	201	216	231	247	262	277	291	305	319	332	345	358	010	023	035	047	059	071	082	094	106	118	130	143
	6月	155	168	182	195	210	225	240	255	270	286	300	315	328	342	355	007	020	032	044	056	068	080	091	103	115	127	140	152	165	178	／
	7月	191	205	219	234	249	264	279	294	309	323	337	350	004	016	029	041	053	065	076	088	100	112	124	137	149	162	175	188	201	215	229
	8月	243	258	273	288	302	317	331	345	359	012	024	037	049	061	073	085	097	109	121	133	146	159	172	185	198	212	226	240	254	268	283
	9月	297	311	326	340	353	007	020	032	045	057	069	081	093	105	117	129	141	154	167	181	194	208	222	237	251	265	279	293	307	321	／
	10月	335	348	002	015	028	040	053	065	077	089	101	112	124	137	149	162	175	189	203	218	232	247	262	276	290	304	318	332	345	358	011
	11月	024	036	049	061	073	085	097	109	120	132	145	157	170	183	197	211	226	241	256	271	286	300	315	328	342	355	008	021	033	045	／
	12月	058	070	082	094	105	117	129	141	153	165	178	191	205	219	234	249	264	280	295	310	324	338	352	005	018	030	042	055	067	079	090
宮	月＼日	1	2	3	4	5	6	7	8	9	10	11	12	13	14	15	16	17	18	19	20	21	22	23	24	25	26	27	28	29	30	31
水星 ☿	1月	259	261	262	263	265	266	268	269	271	272	273	275	276	278	279	281	282	284	285	287	289	290	292	293	295	297	298	300	301	303	305
	2月	306	308	310	312	313	315	317	319	320	322	324	326	328	329	331	333	335	337	339	340	342	344	346	348	350	351	353	355	／	／	／
	3月	356	358	359	000	002	003	004	005	005	006	006	007	007	007	007	007	006	006	005	004	004	003	002	001	000	359	358	358	357	356	356
	4月	355	355	355	354	354	354	354	354	355	355	355	356	356	357	358	358	359	000	001	002	003	004	005	006	007	008	010	011	012	014	／
	5月	015	017	018	019	021	023	024	026	027	029	031	033	034	036	038	040	042	044	046	048	050	052	054	056	058	061	063	065	067	069	072
	6月	074	076	078	080	082	084	087	089	091	093	094	096	098	100	102	103	105	107	108	110	111	113	114	116	117	118	120	121	122	123	／
	7月	124	125	126	127	128	129	129	130	131	131	132	132	132	133	133	133	133	133	133	132	132	132	131	131	130	129	129	128	127	127	126
	8月	125	124	124	123	123	122	122	122	122	122	122	122	122	123	123	124	125	126	127	128	129	130	132	133	135	136	138	140	142	144	145
	9月	147	149	151	153	155	157	159	161	163	165	167	169	170	172	174	176	178	179	181	183	185	186	188	190	191	193	195	196	198	200	／
	10月	201	203	204	206	207	209	210	212	213	215	216	217	219	220	222	223	224	226	227	228	230	231	232	233	234	235	236	238	239	239	240
	11月	241	242	243	243	244	244	244	244	244	244	244	243	242	242	241	239	238	237	236	234	233	232	231	230	229	229	228	228	228	228	／
	12月	229	229	230	231	232	233	234	235	236	237	238	239	241	242	243	245	246	248	249	251	252	253	255	256	258	259	261	262	264	265	267
宮	月＼日	1	2	3	4	5	6	7	8	9	10	11	12	13	14	15	16	17	18	19	20	21	22	23	24	25	26	27	28	29	30	31
金星 ♀	1月	253	254	255	257	258	259	260	262	263	264	265	267	268	269	270	272	273	274	275	277	278	279	280	282	283	284	285	287	288	289	290
	2月	292	293	294	295	297	298	299	300	302	303	304	305	307	308	309	310	312	313	314	315	317	318	319	320	322	323	324	325	／	／	／
	3月	327	328	329	330	332	333	334	335	337	338	339	340	342	343	344	345	347	348	349	350	351	353	354	355	356	358	359	000	001	003	004
	4月	005	006	008	009	010	011	013	014	015	016	018	019	020	021	023	024	025	026	027	029	030	031	032	034	035	036	037	039	040	041	／
	5月	042	044	045	046	047	048	050	051	052	053	055	056	057	058	060	061	062	063	064	066	067	068	069	071	072	073	074	076	077	078	079
	6月	080	082	083	084	085	087	088	089	090	091	093	094	095	096	098	099	100	101	102	104	105	106	107	109	110	111	112	113	115	116	／
	7月	117	118	120	121	122	123	124	126	127	128	129	131	132	133	134	135	137	138	139	140	142	143	144	145	146	148	149	150	151	152	154
	8月	155	156	157	159	160	161	162	163	165	166	167	168	169	171	172	173	174	175	177	178	179	180	181	183	184	185	186	187	189	190	191
	9月	192	193	195	196	197	198	199	201	202	203	204	205	207	208	209	210	211	212	214	215	216	217	218	220	221	222	223	224	225	227	／
	10月	228	229	230	231	232	234	235	236	237	238	239	241	242	243	244	245	246	247	249	250	251	252	253	254	255	257	258	259	260	261	262
	11月	263	264	266	267	268	269	270	271	272	273	274	275	277	278	279	280	281	282	283	284	285	286	287	288	289	290	291	292	293	294	／
	12月	295	296	297	298	299	300	301	302	303	303	304	305	306	307	308	309	309	310	311	312	312	313	314	315	315	316	317	317	318	318	319
宮	月＼日	1	2	3	4	5	6	7	8	9	10	11	12	13	14	15	16	17	18	19	20	21	22	23	24	25	26	27	28	29	30	31
火星 ♂	1月	168	168	168	168	168	168	169	169	169	169	169	169	169	169	170	170	170	170	170	170	170	170	170	170	170	170	170	169	169	169	169
	2月	169	169	169	168	168	168	168	168	167	167	167	167	166	166	166	165	165	165	164	164	164	163	163	163	162	162	161	161	／	／	／
	3月	161	160	160	159	159	159	158	158	157	157	157	156	156	156	155	155	155	154	154	154	153	153	153	153	152	152	152	152	152	151	151
	4月	151	151	151	151	151	151	150	150	150	150	150	150	150	150	150	150	150	151	151	151	151	151	151	151	151	151	152	152	152	152	／
	5月	152	153	153	153	153	154	154	154	154	155	155	155	155	156	156	156	157	157	157	158	158	158	159	159	160	160	160	161	161	161	162
	6月	162	163	163	164	164	164	165	165	166	166	167	167	168	168	168	169	169	170	170	171	171	172	172	173	173	174	174	175	175	176	／
	7月	176	177	177	178	179	179	180	180	181	181	182	182	183	183	184	185	185	186	186	187	187	188	189	189	190	190	191	191	192	193	193
	8月	194	194	195	196	196	197	197	198	199	199	200	201	201	202	202	203	204	204	205	206	206	207	207	208	209	209	210	211	211	212	213
	9月	213	214	215	215	216	217	217	218	219	219	220	221	221	222	223	223	224	225	225	226	227	227	228	229	229	230	231	232	232	233	／
	10月	234	234	235	236	236	237	238	239	239	240	241	241	242	243	244	244	245	246	246	247	248	249	249	250	251	252	252	253	254	254	255
	11月	256	257	257	258	259	260	260	261	262	263	263	264	265	266	266	267	268	269	269	270	271	272	272	273	274	275	275	276	277	278	／
	12月	279	279	280	281	282	282	283	284	285	285	286	287	288	289	289	290	291	292	292	293	294	295	296	296	297	298	299	299	300	301	302

1934年

宮	月＼日	1	2	3	4	5	6	7	8	9	10	11	12	13	14	15	16	17	18	19	20	21	22	23	24	25	26	27	28	29	30	31
太陽 ☉	1月	280	281	282	283	284	285	286	287	288	289	290	291	292	293	294	295	296	297	298	299	300	301	302	303	304	305	306	307	308	309	310
	2月	311	312	313	314	315	316	317	318	319	320	321	322	323	324	325	326	327	328	329	330	331	332	333	334	335	336	337	338	／	／	／
	3月	339	340	341	342	343	344	345	346	347	348	349	350	351	352	353	354	355	356	357	358	359	000	001	002	003	004	005	006	007	008	009
	4月	010	011	012	013	014	015	016	017	018	019	020	021	022	023	024	025	026	027	028	029	030	031	032	033	034	035	036	037	038	039	／
	5月	040	041	041	042	043	044	045	046	047	048	049	050	051	052	053	054	055	056	057	058	059	060	061	062	063	064	065	066	067	068	068
	6月	069	070	071	072	073	074	075	076	077	078	079	080	081	082	083	084	085	086	087	088	089	090	090	091	092	093	094	095	096	097	／
	7月	098	099	100	101	102	103	104	105	106	107	108	109	110	110	111	112	113	114	115	116	117	118	119	120	121	122	123	124	125	126	127
	8月	128	129	130	131	132	132	133	134	135	136	137	138	139	140	141	142	143	144	145	146	147	148	149	150	151	152	153	154	155	156	157
	9月	157	158	159	160	161	162	163	164	165	166	167	168	169	170	171	172	173	174	175	176	177	178	179	180	181	182	183	184	185	186	／
	10月	187	188	189	190	191	192	193	194	195	196	197	198	199	200	201	202	203	204	205	206	207	208	209	210	211	212	213	214	215	216	217
	11月	218	219	220	221	222	223	224	225	226	227	228	229	230	231	232	233	234	235	236	237	238	239	240	241	242	243	244	245	246	247	／
	12月	248	249	250	251	252	253	254	255	256	257	258	259	260	261	262	263	264	265	266	267	268	269	270	271	272	273	274	275	276	277	278

宮	月＼日	1	2	3	4	5	6	7	8	9	10	11	12	13	14	15	16	17	18	19	20	21	22	23	24	25	26	27	28	29	30	31
月 ☽	1月	102	114	126	138	150	162	175	187	200	214	228	242	257	272	287	303	318	332	347	000	014	027	039	051	064	075	087	099	111	123	135
	2月	147	159	172	184	197	210	224	238	252	266	281	296	311	326	340	354	008	022	035	048	060	072	084	096	108	119	131	143	／	／	／
	3月	156	168	181	194	207	221	234	248	262	276	291	305	320	334	348	002	016	030	043	055	068	080	092	104	116	127	139	152	164	177	190
	4月	204	217	231	245	259	273	287	301	316	330	344	357	011	025	038	051	063	076	088	100	112	123	135	147	160	172	185	199	212	226	／
	5月	241	255	270	284	298	312	326	340	354	007	021	034	047	059	072	084	096	108	120	131	143	155	168	180	193	207	221	235	250	264	279
	6月	294	309	323	337	351	004	017	030	043	056	068	080	092	104	116	128	140	152	164	176	188	201	215	229	243	258	273	288	303	318	／
	7月	333	347	001	014	027	040	053	065	077	089	101	113	125	137	148	160	172	185	197	210	224	237	252	266	281	296	312	327	342	356	010
	8月	024	037	050	062	074	086	098	110	122	134	146	157	170	182	194	207	220	233	247	261	275	290	305	320	335	350	004	019	032	046	058
	9月	071	083	095	107	119	131	142	154	166	179	191	204	217	230	243	257	271	285	299	314	329	343	358	013	027	040	054	067	079	091	／
	10月	103	115	127	139	151	163	175	188	201	214	227	240	254	268	282	296	310	324	338	353	007	021	035	048	062	075	087	099	111	123	135
	11月	147	159	171	183	196	209	223	236	250	264	278	293	307	321	335	349	003	017	030	044	057	070	083	095	107	119	131	143	154	166	／
	12月	179	191	204	217	231	245	259	274	288	303	317	332	346	000	013	027	040	053	066	079	091	103	115	127	139	151	163	174	187	199	212

宮	月＼日	1	2	3	4	5	6	7	8	9	10	11	12	13	14	15	16	17	18	19	20	21	22	23	24	25	26	27	28	29	30	31
水星 ☿	1月	269	270	272	273	275	276	278	279	281	283	284	286	287	289	291	292	294	296	297	299	301	302	304	306	307	309	311	313	314	316	318
	2月	320	321	323	325	327	328	330	332	334	335	337	338	340	341	343	344	345	346	347	348	349	349	350	350	350	350	350	349	／	／	／
	3月	349	348	347	346	345	344	343	342	341	340	339	339	338	337	337	336	336	336	336	336	336	336	336	337	337	338	338	339	340	341	342
	4月	342	343	344	345	347	348	349	350	351	353	354	355	357	358	359	001	002	004	005	007	009	010	012	014	015	017	019	021	023	024	／
	5月	026	028	030	032	034	036	038	040	042	045	047	049	051	053	055	058	060	062	064	066	068	070	073	075	076	078	080	082	084	086	087
	6月	089	091	092	094	095	097	098	099	101	102	103	104	105	106	107	108	109	110	110	111	112	112	113	113	113	113	113	113	113	113	／
	7月	113	113	113	112	112	111	111	110	110	109	108	108	107	106	106	105	105	104	104	104	104	104	104	104	104	104	105	105	106	107	107
	8月	108	109	110	112	113	114	116	117	119	120	122	124	126	128	130	132	134	136	138	140	142	144	146	148	150	152	154	155	157	159	161
	9月	163	165	167	169	170	172	174	176	177	179	181	182	184	185	187	189	190	192	193	195	196	198	199	201	202	203	205	206	208	209	／
	10月	210	211	213	214	215	216	217	219	220	221	222	223	224	224	225	226	226	227	228	228	228	228	228	228	228	228	227	226	226	225	223
	11月	222	221	220	218	217	216	215	214	213	213	213	212	213	213	213	214	214	215	216	217	218	219	221	222	223	225	226	227	229	230	／
	12月	232	233	235	236	238	239	241	242	244	245	247	248	250	252	253	255	256	258	259	261	262	264	266	267	269	270	272	273	275	277	278

宮	月＼日	1	2	3	4	5	6	7	8	9	10	11	12	13	14	15	16	17	18	19	20	21	22	23	24	25	26	27	28	29	30	31
金星 ♀	1月	319	320	320	321	321	321	322	322	322	323	323	323	323	323	323	323	323	323	323	323	322	322	322	322	321	321	320	320	319	319	318
	2月	318	317	316	316	315	315	314	313	313	312	312	311	311	310	310	309	309	309	308	308	308	308	308	307	307	307	307	308	／	／	／
	3月	308	308	308	308	308	309	309	309	310	310	311	311	312	312	313	313	314	315	315	316	316	317	318	319	319	320	321	322	322	323	324
	4月	325	326	327	327	328	329	330	331	332	333	334	335	336	337	338	339	340	341	342	343	344	345	346	347	348	349	350	351	352	353	／
	5月	354	355	356	357	358	359	000	001	002	004	005	006	007	008	009	010	011	012	013	015	016	017	018	019	020	021	022	024	025	026	027
	6月	028	029	030	031	033	034	035	036	037	038	039	041	042	043	044	045	046	048	049	050	051	052	053	055	056	057	058	059	060	062	／
	7月	063	064	065	066	067	069	070	071	072	073	074	076	077	078	079	080	082	083	084	085	086	088	089	090	091	092	094	095	096	097	098
	8月	100	101	102	103	104	106	107	108	109	110	112	113	114	115	116	118	119	120	121	123	124	125	126	127	129	130	131	132	133	135	136
	9月	137	138	140	141	142	143	145	146	147	148	149	151	152	153	154	156	157	158	159	161	162	163	164	166	167	168	169	171	172	173	／
	10月	174	176	177	178	179	180	182	183	184	185	187	188	189	190	192	193	194	195	197	198	199	200	202	203	204	206	207	208	209	211	212
	11月	213	214	216	217	218	219	221	222	223	224	226	227	228	229	231	232	233	234	236	237	238	239	241	242	243	244	246	247	248	249	／
	12月	251	252	253	254	256	257	258	260	261	262	263	265	266	267	268	270	271	272	273	275	276	277	278	280	281	282	283	285	286	287	288

宮	月＼日	1	2	3	4	5	6	7	8	9	10	11	12	13	14	15	16	17	18	19	20	21	22	23	24	25	26	27	28	29	30	31
火星 ♂	1月	303	303	304	305	306	307	307	308	309	310	311	311	312	313	314	314	315	316	317	318	318	319	320	321	322	322	323	324	325	326	326
	2月	327	328	329	329	330	331	332	333	333	334	335	336	337	337	338	339	340	341	341	342	343	344	344	345	346	347	348	348	／	／	／
	3月	349	350	351	352	352	353	354	355	355	356	357	358	359	359	000	001	002	002	003	004	005	006	006	007	008	009	009	010	011	012	012
	4月	013	014	015	015	016	017	018	019	019	020	021	022	022	023	024	025	025	026	027	028	028	029	030	031	031	032	033	034	034	035	／
	5月	036	037	037	038	039	040	040	041	042	042	043	044	045	045	046	047	048	048	049	050	050	051	052	053	053	054	055	056	056	057	058
	6月	058	059	060	061	061	062	063	063	064	065	065	066	067	068	068	069	070	070	071	072	073	073	074	075	075	076	077	077	078	079	／
	7月	079	080	081	081	082	083	084	084	085	086	086	087	088	088	089	090	090	091	092	092	093	094	094	095	096	096	097	098	098	099	100
	8月	100	101	102	102	103	104	104	105	106	106	107	108	108	109	110	110	111	111	112	113	113	114	115	115	116	117	117	118	119	119	120
	9月	120	121	122	122	123	124	124	125	126	126	127	127	128	129	129	130	131	131	132	132	133	134	134	135	136	136	137	137	138	139	／
	10月	139	140	140	141	142	142	143	143	144	145	145	146	146	147	148	148	149	149	150	151	151	152	152	153	154	154	155	155	156	156	157
	11月	158	158	159	159	160	160	161	162	162	163	163	164	164	165	166	166	167	167	168	168	169	169	170	170	171	172	172	173	173	174	／
	12月	174	175	175	176	176	177	177	178	178	179	179	180	180	181	181	182	182	183	183	184	184	185	185	186	186	187	187	187	188	188	189

1935年

宮	月＼日	1	2	3	4	5	6	7	8	9	10	11	12	13	14	15	16	17	18	19	20	21	22	23	24	25	26	27	28	29	30	31
太陽 ☉	1月	279	280	281	282	283	284	285	286	287	288	289	290	292	293	294	295	296	297	298	299	300	301	302	303	304	305	306	307	308	309	310
	2月	311	312	313	314	315	316	317	318	319	320	321	322	323	324	325	326	327	328	329	330	331	332	333	334	335	336	337	338	／	／	／
	3月	339	340	341	342	343	344	345	346	347	348	349	350	351	352	353	354	355	356	357	358	359	000	001	002	003	004	005	006	007	008	009
	4月	010	011	012	013	014	015	016	017	018	019	020	021	022	023	024	025	026	027	028	029	030	031	032	033	033	034	035	036	037	038	／
	5月	039	040	041	042	043	044	045	046	047	048	049	050	051	052	053	054	055	056	057	058	059	060	061	062	062	063	064	065	066	067	068
	6月	069	070	071	072	073	074	075	076	077	078	079	080	081	082	083	084	085	085	086	087	088	089	090	091	092	093	094	095	096	097	／
	7月	098	099	100	101	102	103	104	105	105	106	107	108	109	110	111	112	113	114	115	116	117	118	119	120	121	122	123	124	125	126	126
	8月	127	128	129	130	131	132	133	134	135	136	137	138	139	140	141	142	143	144	145	146	147	148	149	150	150	151	152	153	154	155	156
	9月	157	158	159	160	161	162	163	164	165	166	167	168	169	170	171	172	173	174	175	176	177	178	179	180	181	182	183	184	185	186	／
	10月	187	187	188	189	190	191	192	193	194	195	196	197	198	199	200	201	202	203	204	205	206	207	208	209	210	211	212	213	214	215	216
	11月	217	218	219	220	221	222	223	224	225	226	227	228	229	230	231	232	233	234	235	236	237	238	239	240	241	242	243	244	245	246	／
	12月	247	249	250	251	252	253	254	255	256	257	258	259	260	261	262	263	264	265	266	267	268	269	270	271	272	273	274	275	276	277	278

宮	月＼日	1	2	3	4	5	6	7	8	9	10	11	12	13	14	15	16	17	18	19	20	21	22	23	24	25	26	27	28	29	30	31
月 ☽	1月	225	239	253	267	282	297	312	327	342	356	010	024	037	050	063	075	088	100	112	124	136	147	159	171	183	195	208	220	233	247	261
	2月	275	290	305	320	335	350	005	019	033	047	060	072	085	097	109	121	133	144	156	168	180	192	204	217	229	242	256	269	／	／	／
	3月	284	298	313	328	343	358	013	028	042	056	069	081	094	106	118	129	141	153	165	177	189	201	214	226	239	252	266	279	293	307	322
	4月	337	352	007	021	036	050	064	077	090	102	114	126	138	150	161	173	186	198	210	223	236	249	263	276	290	304	318	332	347	001	／
	5月	016	030	044	058	072	085	097	110	122	134	146	158	170	182	194	206	219	232	246	259	273	287	301	315	329	343	357	011	025	039	053
	6月	067	080	093	105	118	130	142	154	166	177	190	202	214	227	241	254	268	282	297	311	325	340	354	008	022	036	049	063	076	089	／
	7月	101	114	126	138	150	162	174	186	198	210	222	235	249	262	277	291	306	321	335	350	005	019	033	046	060	073	085	098	110	123	135
	8月	146	158	170	182	194	206	218	231	244	257	271	285	299	314	329	344	000	014	029	043	056	070	083	095	107	120	132	143	155	167	179
	9月	191	203	215	227	240	252	266	279	293	308	322	338	353	008	023	038	052	066	079	092	104	117	129	140	152	164	176	188	200	212	／
	10月	224	237	249	262	275	288	302	316	331	346	001	016	031	046	060	074	088	101	113	125	137	149	161	173	185	197	209	221	234	246	259
	11月	272	285	299	312	326	341	355	010	025	040	054	068	082	096	109	121	133	145	157	169	181	193	205	217	230	243	256	269	282	296	／
	12月	309	323	337	351	006	020	034	049	063	077	090	103	116	129	141	153	165	177	189	201	213	225	238	251	264	278	292	305	320	334	348

宮	月＼日	1	2	3	4	5	6	7	8	9	10	11	12	13	14	15	16	17	18	19	20	21	22	23	24	25	26	27	28	29	30	31
水星 ☿	1月	280	281	283	285	286	288	290	291	293	295	296	298	300	301	303	305	306	308	310	311	313	315	316	318	320	321	323	324	325	327	328
	2月	329	330	331	332	332	333	333	333	333	333	333	332	331	330	329	328	327	326	325	324	323	322	321	320	320	319	319	318	／	／	／
	3月	318	318	318	319	319	319	320	320	321	321	322	323	324	325	326	327	328	329	330	331	332	333	335	336	337	339	340	341	343	344	346
	4月	347	349	350	352	353	355	357	358	000	002	004	005	007	009	011	013	015	017	019	021	023	025	027	029	031	033	035	037	039	041	／
	5月	044	046	048	050	052	054	056	058	060	062	064	066	068	070	071	073	075	076	078	079	080	082	083	084	085	086	087	088	089	090	090
	6月	091	092	092	093	093	093	093	094	094	094	093	093	093	093	092	092	091	091	090	090	089	089	088	088	087	087	086	086	085	085	／
	7月	085	085	085	085	085	085	085	086	086	087	087	088	089	090	091	092	093	094	095	097	098	099	101	103	104	106	108	110	112	114	116
	8月	118	120	122	124	126	128	130	132	134	136	138	140	142	144	146	148	150	152	154	156	157	159	161	163	165	166	168	170	171	173	174
	9月	176	178	179	181	182	184	185	186	188	189	191	192	193	195	196	197	198	199	201	202	203	204	205	206	207	208	208	209	210	210	／
	10月	211	211	212	212	212	212	212	212	212	211	211	210	209	208	207	206	205	204	202	201	200	199	198	198	197	197	197	197	197	197	198
	11月	199	200	201	202	203	204	205	207	208	210	211	213	214	216	217	219	220	222	223	225	227	228	230	231	233	235	236	238	239	241	／
	12月	242	244	246	247	249	250	252	253	255	257	258	260	261	263	264	266	268	269	271	272	274	276	277	279	280	282	284	285	287	288	290

宮	月＼日	1	2	3	4	5	6	7	8	9	10	11	12	13	14	15	16	17	18	19	20	21	22	23	24	25	26	27	28	29	30	31
金星 ♀	1月	290	291	292	293	295	296	297	298	300	301	302	303	305	306	307	309	310	311	312	314	315	316	317	319	320	321	322	324	325	326	327
	2月	329	330	331	332	334	335	336	337	339	340	341	342	344	345	346	347	348	350	351	352	353	355	356	357	358	000	001	002	／	／	／
	3月	003	005	006	007	008	010	011	012	013	014	016	017	018	019	021	022	023	024	025	027	028	029	030	032	033	034	035	036	038	039	040
	4月	041	042	044	045	046	047	049	050	051	052	053	054	056	057	058	059	060	062	063	064	065	066	068	069	070	071	072	073	075	076	／
	5月	077	078	079	080	082	083	084	085	086	087	089	090	091	092	093	094	095	097	098	099	100	101	102	103	104	106	107	108	109	110	111
	6月	112	113	114	116	117	118	119	120	121	122	123	124	125	126	127	128	129	130	131	132	133	134	135	136	137	138	139	140	141	142	／
	7月	143	144	145	146	147	148	149	150	151	151	152	153	154	155	156	157	157	158	159	160	160	161	162	163	163	164	164	165	166	166	167
	8月	167	168	168	169	169	170	170	170	171	171	171	172	172	172	172	172	172	172	172	172	172	172	172	172	171	171	171	170	170	169	169
	9月	168	168	167	167	166	166	165	164	164	163	163	162	161	161	160	160	159	159	158	158	158	157	157	157	157	156	156	156	156	156	／
	10月	156	156	156	156	157	157	157	157	158	158	158	159	159	160	160	161	161	162	163	163	164	164	165	166	166	167	168	169	170	170	171
	11月	172	173	174	174	175	176	177	178	179	180	181	182	183	184	185	186	187	188	189	190	191	192	193	194	195	196	197	198	199	200	／
	12月	201	202	203	205	206	207	208	209	210	211	212	213	215	216	217	218	219	220	221	223	224	225	226	227	228	230	231	232	233	234	235

宮	月＼日	1	2	3	4	5	6	7	8	9	10	11	12	13	14	15	16	17	18	19	20	21	22	23	24	25	26	27	28	29	30	31
火星 ♂	1月	189	190	190	191	191	191	192	192	193	193	193	194	194	195	195	195	196	196	196	197	197	197	198	198	198	199	199	199	200	200	200
	2月	200	201	201	201	201	202	202	202	202	202	203	203	203	203	203	203	203	204	204	204	204	204	204	204	204	204	204	204	／	／	／
	3月	204	204	204	204	204	204	204	204	203	203	203	203	203	203	203	202	202	202	202	201	201	201	201	200	200	200	199	199	199	198	198
	4月	198	197	197	196	196	196	195	195	195	194	194	193	193	193	192	192	192	191	191	190	190	190	190	189	189	189	188	188	188	188	／
	5月	187	187	187	187	187	186	186	186	186	186	186	186	186	186	186	186	186	186	186	186	186	186	186	186	186	186	186	186	186	186	187
	6月	187	187	187	187	187	188	188	188	188	189	189	189	189	190	190	190	191	191	191	192	192	192	193	193	193	194	194	195	195	195	／
	7月	196	196	197	197	197	198	198	199	199	200	200	201	201	202	202	202	203	203	204	204	205	205	206	207	207	208	208	209	209	210	210
	8月	211	211	212	212	213	214	214	215	215	216	216	217	218	218	219	219	220	221	221	222	222	223	224	224	225	226	226	227	227	228	229
	9月	229	230	231	231	232	233	233	234	235	235	236	237	237	238	239	239	240	241	241	242	243	243	244	245	245	246	247	247	248	249	／
	10月	250	250	251	252	252	253	254	254	255	256	257	257	258	259	259	260	261	262	262	263	264	265	265	266	267	268	268	269	270	271	271
	11月	272	273	273	274	275	276	276	277	278	279	280	280	281	282	283	283	284	285	286	286	287	288	289	289	290	291	292	292	293	294	／
	12月	295	296	296	297	298	299	299	300	301	302	303	303	304	305	306	306	307	308	309	310	310	311	312	313	313	314	315	316	317	317	318

1936年

宮	月＼日	1	2	3	4	5	6	7	8	9	10	11	12	13	14	15	16	17	18	19	20	21	22	23	24	25	26	27	28	29	30	31
	1月	279	280	281	282	283	284	285	286	287	288	289	290	291	292	293	294	295	296	297	298	299	300	301	302	303	304	306	307	308	309	310
	2月	311	312	313	314	315	316	317	318	319	320	321	322	323	324	325	326	327	328	329	330	331	332	333	334	335	336	337	338	339	／	／
	3月	340	341	342	343	344	345	346	347	348	349	350	351	352	353	354	355	356	357	358	359	000	001	002	003	004	005	006	007	008	009	010
太	4月	011	012	013	014	015	016	017	018	019	020	021	022	023	023	024	025	026	027	028	029	030	031	032	033	034	035	036	037	038	039	／
陽	5月	040	041	042	043	044	045	046	047	048	049	050	051	052	053	054	055	056	056	057	058	059	060	061	062	063	064	065	066	067	068	069
	6月	070	071	072	073	074	075	076	077	078	079	080	080	081	082	083	084	085	086	087	088	089	090	091	092	093	094	095	096	097	098	／
	7月	099	100	100	101	102	103	104	105	106	107	108	109	110	111	112	113	114	115	116	117	118	119	120	121	121	122	123	124	125	126	127
	8月	128	129	130	131	132	133	134	135	136	137	138	139	140	141	142	143	144	144	145	146	147	148	149	150	151	152	153	154	155	156	157
⊙	9月	158	159	160	161	162	163	164	165	166	167	168	169	170	171	172	173	174	175	175	176	177	178	179	180	181	182	183	184	185	186	／
	10月	187	188	189	190	191	192	193	194	195	196	197	198	199	200	201	202	203	204	205	206	207	208	209	210	211	212	213	214	215	216	217
	11月	218	219	220	221	222	223	224	225	226	227	228	229	230	231	232	233	234	235	236	237	238	239	240	241	242	243	244	245	246	247	／
	12月	248	249	250	251	252	253	254	255	256	257	258	259	260	261	262	263	265	266	267	268	269	270	271	272	273	274	275	276	277	278	279
宮	月＼日	1	2	3	4	5	6	7	8	9	10	11	12	13	14	15	16	17	18	19	20	21	22	23	24	25	26	27	28	29	30	31
	1月	002	017	031	045	058	072	085	099	112	124	137	149	161	173	185	197	209	221	233	246	259	272	286	300	315	329	344	359	013	027	041
	2月	055	069	082	095	108	120	133	145	157	169	181	193	205	217	229	241	254	267	280	294	308	323	338	353	008	023	037	052	065	／	／
	3月	079	092	105	117	130	142	154	166	178	190	202	213	225	237	250	262	275	288	302	316	331	346	001	016	032	046	061	075	088	102	114
月	4月	127	139	151	163	175	187	199	210	222	234	247	259	271	284	297	311	325	339	354	009	025	040	055	069	084	097	110	123	136	148	／
	5月	160	172	184	195	207	219	231	244	256	269	281	294	307	321	335	349	004	018	033	048	063	077	092	105	119	131	144	156	168	180	192
	6月	204	216	228	240	253	265	278	291	304	318	332	346	000	014	028	043	057	072	086	100	113	127	139	152	164	176	188	200	212	224	／
	7月	236	249	261	274	287	301	314	328	342	356	011	025	039	053	067	081	095	108	122	135	147	160	172	184	196	208	220	232	244	257	269
	8月	282	296	310	324	338	353	007	022	036	050	064	078	091	105	118	131	143	156	168	180	192	204	216	228	240	252	264	277	290	304	318
☽	9月	332	347	002	017	032	046	061	075	088	102	115	127	140	152	165	177	189	201	213	225	236	248	260	273	285	298	312	326	341	356	／
	10月	011	026	041	056	071	085	098	112	124	137	150	162	174	186	198	210	221	233	245	257	269	282	294	307	321	334	349	004	019	034	049
	11月	065	079	094	107	121	134	146	159	171	183	195	207	218	230	242	254	266	279	291	304	317	330	344	358	012	027	042	057	072	087	／
	12月	102	116	129	142	155	167	180	191	203	215	227	239	251	263	275	288	301	314	327	340	354	008	022	037	051	066	081	095	109	123	137
宮	月＼日	1	2	3	4	5	6	7	8	9	10	11	12	13	14	15	16	17	18	19	20	21	22	23	24	25	26	27	28	29	30	31
	1月	292	293	295	296	298	299	301	303	304	305	307	308	310	311	312	313	314	315	316	316	317	317	317	317	317	316	316	315	314	313	311
	2月	310	309	308	307	306	305	304	303	302	302	302	301	301	301	302	302	302	303	303	304	305	305	306	307	308	309	310	311	312	／	／
	3月	313	315	316	317	318	320	321	322	324	325	326	328	329	331	332	334	335	337	339	340	342	343	345	347	349	350	352	354	356	357	359
水	4月	001	003	005	007	009	011	013	015	017	019	021	023	025	028	030	032	034	036	038	040	042	044	046	048	050	052	053	055	057	058	／
	5月	060	061	062	064	065	066	067	068	069	070	070	071	072	072	073	073	073	073	074	074	073	073	073	073	073	072	072	071	071	070	070
星	6月	069	068	068	067	067	066	066	066	065	065	065	065	065	065	065	065	066	066	067	067	068	068	069	070	071	072	073	074	075	076	／
	7月	078	079	080	082	083	085	087	088	090	092	094	096	098	099	102	104	106	108	110	112	114	116	118	121	123	125	127	129	131	133	135
	8月	137	139	141	143	144	146	148	150	152	153	155	157	158	160	162	163	165	166	168	169	171	172	173	175	176	177	179	180	181	182	184
☿	9月	185	186	187	188	189	190	191	191	192	193	194	194	195	195	195	196	196	196	196	196	195	195	195	194	193	192	191	190	189	188	／
	10月	187	186	185	184	183	182	182	181	181	181	181	181	182	182	183	184	185	186	187	189	190	191	193	194	196	198	199	201	202	204	206
	11月	207	209	211	212	214	216	217	219	220	222	224	225	227	229	230	232	233	235	237	238	240	241	243	244	246	248	249	251	252	254	／
	12月	255	257	258	260	262	263	265	266	268	269	271	272	274	275	277	278	280	282	283	284	286	287	289	290	291	293	294	295	296	297	298
宮	月＼日	1	2	3	4	5	6	7	8	9	10	11	12	13	14	15	16	17	18	19	20	21	22	23	24	25	26	27	28	29	30	31
	1月	237	238	239	240	241	243	244	245	246	247	248	250	251	252	253	254	256	257	258	259	260	262	263	264	265	267	268	269	270	271	273
	2月	274	275	276	277	279	280	281	282	284	285	286	287	288	290	291	292	293	295	296	297	298	299	301	302	303	304	306	307	308	／	／
	3月	309	310	312	313	314	315	317	318	319	320	322	323	324	325	326	328	329	330	331	333	334	335	336	337	339	340	341	342	344	345	346
金	4月	347	349	350	351	352	353	355	356	357	358	000	001	002	003	005	006	007	008	009	011	012	013	014	016	017	018	019	021	022	023	／
	5月	024	025	027	028	029	030	032	033	034	035	036	038	039	040	041	043	044	045	046	048	049	050	051	052	054	055	056	057	059	060	061
星	6月	062	063	065	066	067	068	070	071	072	073	075	076	077	078	079	081	082	083	084	086	087	088	089	090	092	093	094	095	097	098	／
	7月	099	100	102	103	104	105	106	108	109	110	111	113	114	115	116	118	119	120	121	122	124	125	126	127	129	130	131	132	134	135	136
	8月	137	138	140	141	142	143	145	146	147	148	150	151	152	153	154	156	157	158	159	161	162	163	164	166	167	168	169	171	172	173	174
♀	9月	175	177	178	179	180	182	183	184	185	187	188	189	190	191	193	194	195	196	198	199	200	201	203	204	205	206	207	209	210	211	／
	10月	212	214	215	216	217	219	220	221	222	223	225	226	227	228	230	231	232	233	235	236	237	238	239	241	242	243	244	246	247	248	249
	11月	250	252	253	254	255	257	258	259	260	261	263	264	265	266	267	269	270	271	272	274	275	276	277	278	280	281	282	283	284	286	／
	12月	287	288	289	291	292	293	294	295	297	298	299	300	301	302	304	305	306	307	308	310	311	312	313	314	316	317	318	319	320	321	323
宮	月＼日	1	2	3	4	5	6	7	8	9	10	11	12	13	14	15	16	17	18	19	20	21	22	23	24	25	26	27	28	29	30	31
	1月	319	320	321	321	322	323	324	324	325	326	327	328	328	329	330	331	331	332	333	334	335	335	336	337	338	339	339	340	341	342	342
	2月	343	344	345	346	346	347	348	349	349	350	351	352	353	353	354	355	356	356	357	358	359	359	000	001	002	003	003	004	005	／	／
	3月	006	006	007	008	009	009	010	011	012	012	013	014	015	015	016	017	018	018	019	020	021	021	022	023	024	024	025	026	027	027	028
火	4月	029	030	030	031	032	033	033	034	035	036	036	037	038	038	039	040	041	041	042	043	044	044	045	046	046	047	048	049	049	050	／
	5月	051	052	052	053	054	054	055	056	056	057	058	059	059	060	061	061	062	063	064	064	065	066	066	067	068	068	069	070	071	071	072
星	6月	073	073	074	075	075	076	077	077	078	079	079	080	081	082	082	083	084	084	085	086	086	087	088	088	089	090	090	091	092	092	／
	7月	093	094	094	095	096	096	097	098	098	099	100	100	101	102	102	103	104	104	105	106	106	107	108	108	109	110	110	111	112	112	113
	8月	113	114	115	115	116	117	117	118	119	119	120	121	121	122	123	123	124	124	125	126	126	127	128	128	129	130	130	131	132	132	133
♂	9月	133	134	135	135	136	137	137	138	139	139	140	140	141	142	142	143	144	144	145	145	146	147	147	148	149	149	150	150	151	152	／
	10月	152	153	154	154	155	155	156	157	157	158	159	159	160	160	161	162	162	163	163	164	165	165	166	166	167	168	168	169	170	170	171
	11月	171	172	173	173	174	174	175	176	176	177	177	178	179	179	180	180	181	182	182	183	183	184	185	185	186	186	187	188	188	189	／
	12月	189	190	190	191	192	192	193	193	194	194	195	196	196	197	197	198	199	199	200	200	201	201	202	202	203	204	204	205	205	206	206

1937年

宮	月＼日	1	2	3	4	5	6	7	8	9	10	11	12	13	14	15	16	17	18	19	20	21	22	23	24	25	26	27	28	29	30	31
太陽 ☉	1月	280	281	282	283	284	285	286	287	288	289	290	291	292	293	294	295	296	297	298	299	300	301	302	303	304	305	306	307	308	309	310
	2月	311	312	313	314	315	316	317	318	319	320	321	322	324	325	326	327	328	329	330	331	332	333	334	335	336	337	338	339	／	／	／
	3月	340	341	342	343	344	345	346	347	348	349	350	351	352	353	354	355	356	357	358	359	000	001	002	003	004	005	006	007	008	009	009
	4月	010	011	012	013	014	015	016	017	018	019	020	021	022	023	024	025	026	027	028	029	030	031	032	033	034	035	036	037	038	039	／
	5月	040	041	042	043	044	045	046	047	048	049	050	050	051	052	053	054	055	056	057	058	059	060	061	062	063	064	065	066	067	068	069
	6月	070	071	072	073	074	074	075	076	077	078	079	080	081	082	083	084	085	086	087	088	089	090	091	092	093	094	095	095	096	097	／
	7月	098	099	100	101	102	103	104	105	106	107	108	109	110	111	112	113	114	115	116	116	117	118	119	120	121	122	123	124	125	126	127
	8月	128	129	130	131	132	133	134	135	136	137	138	138	139	140	141	142	143	144	145	146	147	148	149	150	151	152	153	154	155	156	157
	9月	158	159	160	161	162	163	164	165	166	166	167	168	169	170	171	172	173	174	175	176	177	178	179	180	181	182	183	184	185	186	／
	10月	187	188	189	190	191	192	193	194	195	196	197	198	199	200	201	202	203	204	205	206	207	208	209	210	211	212	213	214	215	216	217
	11月	218	219	220	221	222	223	224	225	226	227	228	229	230	231	232	233	234	235	236	237	238	239	240	241	242	243	244	245	246	247	／
	12月	248	249	250	251	252	253	254	255	256	257	258	259	260	261	262	263	264	265	266	267	268	269	270	271	272	273	274	275	276	278	279

宮	月＼日	1	2	3	4	5	6	7	8	9	10	11	12	13	14	15	16	17	18	19	20	21	22	23	24	25	26	27	28	29	30	31
月 ☽	1月	150	163	175	188	200	211	223	235	247	259	272	284	297	310	324	337	351	005	019	033	047	061	076	090	104	118	131	145	158	171	183
	2月	195	207	219	231	243	255	267	280	292	306	319	333	347	001	015	030	044	058	072	086	100	113	127	140	153	166	179	191	／	／	／
	3月	203	215	227	239	251	263	275	287	300	314	327	341	356	011	025	040	055	069	083	097	110	124	137	150	162	175	187	200	212	223	235
	4月	247	259	271	283	295	308	322	335	349	004	019	034	049	064	079	093	107	121	134	147	159	172	184	196	208	220	232	244	256	268	／
	5月	280	292	304	317	330	344	358	012	027	042	058	073	088	102	116	130	143	156	169	181	193	205	217	229	241	253	265	277	289	301	313
	6月	326	339	353	007	021	036	051	066	081	096	111	125	139	152	165	178	190	202	214	226	238	250	262	274	286	298	311	323	336	349	／
	7月	003	017	031	045	060	075	090	104	119	133	147	161	174	186	199	211	223	234	246	258	270	282	295	307	320	333	346	000	014	027	041
	8月	056	070	084	099	113	127	141	155	169	182	194	207	219	231	242	254	266	278	291	303	316	329	343	356	010	024	038	052	067	081	095
	9月	109	123	137	150	164	177	190	202	215	227	239	250	262	274	286	299	311	324	338	352	006	020	034	049	063	077	092	106	119	133	／
	10月	146	160	173	186	198	211	223	235	247	258	270	282	294	306	319	332	346	000	014	029	044	058	073	088	102	116	130	143	157	170	182
	11月	195	207	219	231	243	255	267	278	290	302	315	327	340	354	008	022	037	052	067	082	097	112	126	140	153	167	179	192	204	216	／
	12月	228	240	252	264	275	287	299	311	324	336	349	002	016	030	045	060	075	090	105	120	135	149	163	176	189	201	213	225	237	249	261

宮	月＼日	1	2	3	4	5	6	7	8	9	10	11	12	13	14	15	16	17	18	19	20	21	22	23	24	25	26	27	28	29	30	31
水星 ☿	1月	299	300	300	301	301	301	301	301	300	299	298	297	296	295	294	292	291	290	289	288	287	286	286	285	285	285	285	285	285	286	286
	2月	287	288	288	289	290	291	292	293	294	295	296	297	298	300	301	302	303	305	306	308	309	310	312	313	315	316	318	319	／	／	／
	3月	321	322	324	325	327	329	330	332	334	335	337	339	341	342	344	346	348	350	352	354	356	357	359	001	003	005	007	010	012	014	016
	4月	018	020	022	024	026	028	030	032	033	035	037	039	040	042	043	044	046	047	048	049	050	051	051	052	053	053	053	054	054	054	／
	5月	054	054	054	053	053	053	052	052	051	051	050	049	049	048	048	047	047	046	046	045	045	045	045	045	045	045	045	045	046	046	047
	6月	047	048	048	049	050	051	052	053	054	055	056	057	058	060	061	063	064	066	067	069	070	072	074	076	078	079	081	083	085	087	／
	7月	090	092	094	096	098	100	102	105	107	109	111	113	115	117	119	121	123	125	127	129	131	133	135	137	138	140	142	143	145	147	148
	8月	150	151	153	154	156	157	159	160	161	163	164	165	166	167	169	170	171	172	173	173	174	175	176	176	177	178	178	178	179	179	179
	9月	179	179	179	179	178	178	177	177	176	175	174	173	172	171	170	169	168	167	166	166	165	165	165	165	165	165	166	166	167	168	／
	10月	169	170	172	173	174	176	177	179	181	182	184	186	187	189	191	193	194	196	198	199	201	203	205	206	208	210	211	213	215	216	218
	11月	219	221	223	224	226	228	229	231	232	234	235	237	238	240	242	243	245	246	248	249	251	252	254	255	257	258	260	261	263	264	／
	12月	265	267	268	270	271	272	274	275	276	277	279	280	281	282	283	283	284	284	285	285	285	285	285	284	283	282	281	280	279	277	276

宮	月＼日	1	2	3	4	5	6	7	8	9	10	11	12	13	14	15	16	17	18	19	20	21	22	23	24	25	26	27	28	29	30	31
金星 ♀	1月	324	325	326	327	328	329	331	332	333	334	335	336	337	339	340	341	342	343	344	345	346	347	349	350	351	352	353	354	355	356	357
	2月	358	359	000	001	002	003	004	005	006	007	008	009	010	011	012	013	014	015	016	017	017	018	019	020	021	022	022	023	／	／	／
	3月	024	025	025	026	027	027	028	029	029	030	030	031	031	032	032	033	033	034	034	034	034	035	035	035	035	035	035	035	035	035	035
	4月	035	035	035	034	034	034	033	033	032	032	031	031	030	030	029	028	028	027	026	026	025	025	024	023	023	022	022	021	021	021	／
	5月	020	020	020	019	019	019	019	019	019	019	019	019	019	019	020	020	020	020	021	021	021	022	022	023	023	024	024	025	025	026	027
	6月	027	028	029	029	030	031	032	032	033	034	035	036	036	037	038	039	040	041	041	042	043	044	045	046	047	048	049	050	051	052	／
	7月	053	054	055	056	057	058	059	060	061	062	063	064	065	066	067	068	069	070	071	072	073	074	076	077	078	079	080	081	082	083	084
	8月	085	086	088	089	090	091	092	093	094	095	097	098	099	100	101	102	103	105	106	107	108	109	110	111	113	114	115	116	117	118	120
	9月	121	122	123	124	126	127	128	129	130	131	133	134	135	136	137	139	140	141	142	143	145	146	147	148	149	151	152	153	154	156	／
	10月	157	158	159	160	162	163	164	165	167	168	169	170	171	173	174	175	176	178	179	180	181	183	184	185	186	187	189	190	191	192	194
	11月	195	196	197	199	200	201	202	204	205	206	207	209	210	211	212	214	215	216	217	219	220	221	222	224	225	226	227	229	230	231	／
	12月	232	234	235	236	237	239	240	241	242	244	245	246	248	249	250	251	253	254	255	256	258	259	260	261	263	264	265	266	268	269	270

宮	月＼日	1	2	3	4	5	6	7	8	9	10	11	12	13	14	15	16	17	18	19	20	21	22	23	24	25	26	27	28	29	30	31
火星 ♂	1月	207	207	208	209	209	210	210	211	211	212	212	213	213	214	214	215	215	216	217	217	218	218	219	219	220	220	221	221	222	222	223
	2月	223	224	224	225	225	225	226	226	227	227	228	228	229	229	230	230	230	231	231	232	232	233	233	233	234	234	235	235	／	／	／
	3月	235	236	236	236	237	237	238	238	238	239	239	239	239	240	240	240	241	241	241	241	242	242	242	242	243	243	243	243	243	244	244
	4月	244	244	244	244	244	245	245	245	245	245	245	245	245	245	245	245	245	245	245	245	245	245	245	244	244	244	244	244	244	243	／
	5月	243	243	243	243	242	242	242	242	241	241	241	240	240	240	239	239	239	238	238	238	237	237	237	236	236	236	235	235	235	234	234
	6月	234	233	233	233	232	232	232	232	231	231	231	231	230	230	230	230	230	230	229	229	229	229	229	229	229	229	229	229	229	229	／
	7月	229	229	229	229	229	230	230	230	230	230	230	230	231	231	231	231	232	232	232	232	233	233	233	233	234	234	234	235	235	236	236
	8月	236	237	237	237	238	238	239	239	240	240	240	241	241	242	242	243	243	244	244	245	245	246	246	247	247	248	249	249	250	250	251
	9月	251	252	252	253	254	254	255	255	256	257	257	258	258	259	260	260	261	262	262	263	263	264	265	265	266	267	267	268	269	269	／
	10月	270	271	271	272	273	273	274	275	275	276	277	277	278	279	280	280	281	282	282	283	284	284	285	286	287	287	288	289	290	290	291
	11月	292	292	293	294	295	295	296	297	298	298	299	300	300	301	302	303	303	304	305	306	306	307	308	309	309	310	311	312	312	313	／
	12月	314	315	315	316	317	318	318	319	320	321	321	322	323	324	324	325	326	327	328	328	329	330	331	331	332	333	334	334	335	336	337

1938年

宮	月＼日	1	2	3	4	5	6	7	8	9	10	11	12	13	14	15	16	17	18	19	20	21	22	23	24	25	26	27	28	29	30	31
太陽 ☉	1月	280	281	282	283	284	285	286	287	288	289	290	291	292	293	294	295	296	297	298	299	300	301	302	303	304	305	306	307	308	309	310
	2月	311	312	313	314	315	316	317	318	319	320	321	322	323	324	325	326	327	328	329	330	331	332	333	334	335	336	337	338	／	／	／
	3月	339	340	341	342	343	344	345	346	347	348	349	350	351	352	353	354	355	356	357	358	359	000	001	002	003	004	005	006	007	008	009
	4月	010	011	012	013	014	015	016	017	018	019	020	021	022	023	024	025	026	027	028	029	030	031	032	033	034	035	036	037	038	039	／
	5月	040	041	042	042	043	044	045	046	047	048	049	050	051	052	053	054	055	056	057	058	059	060	061	062	063	064	065	066	067	068	069
	6月	069	070	071	072	073	074	075	076	077	078	079	080	081	082	083	084	085	086	087	088	089	090	090	091	092	093	094	095	096	097	／
	7月	098	099	100	101	102	103	104	105	106	107	108	109	110	111	111	112	113	114	115	116	117	118	119	120	121	122	123	124	125	126	127
	8月	128	129	130	131	132	132	133	134	135	136	137	138	139	140	141	142	143	144	145	146	147	148	149	150	151	152	153	154	155	156	157
	9月	158	158	159	160	161	162	163	164	165	166	167	168	169	170	171	172	173	174	175	176	177	178	179	180	181	182	183	184	185	186	／
	10月	187	188	189	190	191	192	193	194	195	196	197	198	199	200	201	202	203	204	205	206	207	208	209	210	211	212	213	214	215	216	217
	11月	218	219	220	221	222	223	224	225	226	227	228	229	230	231	232	233	234	235	236	237	238	239	240	241	242	243	244	245	246	247	／
	12月	248	249	250	251	252	253	254	255	256	257	258	259	260	261	262	263	264	265	266	267	268	269	270	271	272	273	274	275	276	277	278
宮	月＼日	1	2	3	4	5	6	7	8	9	10	11	12	13	14	15	16	17	18	19	20	21	22	23	24	25	26	27	28	29	30	31
月 ☽	1月	272	284	296	308	321	333	346	359	012	025	039	054	068	083	098	113	128	143	157	171	184	197	210	222	234	245	257	269	281	293	305
	2月	317	330	343	356	009	022	036	050	064	078	092	107	122	136	151	165	179	192	205	217	230	242	254	265	277	289	301	314	／	／	／
	3月	326	339	352	005	019	033	046	060	074	088	103	117	131	145	159	173	187	200	213	225	237	249	261	273	285	297	309	322	334	347	001
	4月	015	029	043	057	071	085	099	114	128	142	155	169	182	195	208	221	233	245	257	269	281	293	305	317	330	342	355	009	023	037	／
	5月	052	066	081	096	110	124	138	152	166	179	192	205	217	230	242	254	266	277	289	301	313	325	338	350	004	017	031	045	060	075	090
	6月	105	120	135	149	162	176	189	202	214	226	239	251	262	274	286	298	310	322	334	346	359	012	026	039	054	068	083	099	114	129	／
	7月	144	158	172	186	199	211	224	236	248	259	271	283	295	307	319	331	343	356	008	021	035	049	063	077	092	107	122	137	152	167	181
	8月	194	207	220	232	244	256	268	280	292	304	316	328	340	353	006	018	031	045	058	072	087	101	116	131	146	161	175	189	203	216	228
	9月	241	253	265	277	288	300	312	325	337	350	002	015	028	042	055	069	083	097	111	126	140	155	169	183	197	211	224	236	249	261	／
	10月	273	285	297	308	321	333	345	358	011	025	038	052	066	080	094	108	122	136	151	165	179	192	206	219	232	244	257	269	281	292	304
	11月	316	328	341	353	006	019	033	047	061	076	090	105	119	133	147	161	175	188	202	215	227	240	252	265	277	289	300	312	324	336	／
	12月	349	001	014	027	041	055	070	084	099	114	129	144	158	172	185	199	212	224	237	249	261	273	285	297	309	321	333	345	357	009	022
宮	月＼日	1	2	3	4	5	6	7	8	9	10	11	12	13	14	15	16	17	18	19	20	21	22	23	24	25	26	27	28	29	30	31
水星 ☿	1月	275	274	272	271	271	270	269	269	269	269	269	269	270	270	271	271	272	273	274	275	276	277	278	279	280	281	282	284	285	286	288
	2月	289	290	292	293	295	296	297	299	300	302	303	305	306	308	310	311	313	314	316	318	319	321	323	324	326	328	330	331	／	／	／
	3月	333	335	337	339	340	342	344	346	348	350	352	354	356	358	000	002	004	006	008	010	012	013	015	017	019	020	022	024	025	027	028
	4月	029	030	031	032	033	033	034	034	035	035	035	035	035	035	034	034	034	033	032	032	031	031	030	029	028	028	027	027	026	026	／
	5月	025	025	025	025	025	025	025	025	025	026	026	026	027	028	028	029	030	031	032	033	034	035	036	037	038	039	041	042	043	045	046
	6月	048	049	051	053	054	056	058	060	062	063	065	067	069	071	073	076	078	080	082	084	086	089	091	093	095	097	099	102	104	106	／
	7月	108	110	112	114	116	118	119	121	123	125	127	128	130	132	133	135	136	138	139	141	142	143	145	146	147	149	150	151	152	153	154
	8月	155	156	157	157	158	159	160	160	161	161	161	162	162	162	162	162	162	161	161	160	160	159	158	158	157	156	155	154	153	152	151
	9月	151	150	149	149	149	149	148	149	149	149	150	150	151	152	153	155	156	157	159	160	162	163	165	167	169	170	172	174	176	178	／
	10月	179	181	183	185	187	188	190	192	194	195	197	199	201	202	204	206	207	209	210	212	214	215	217	218	220	222	223	225	226	228	229
	11月	231	232	234	235	237	238	240	241	243	244	245	247	248	250	251	252	254	255	256	258	259	260	261	262	263	264	265	266	267	268	／
	12月	268	269	269	269	269	269	269	268	267	267	266	264	263	262	260	259	258	256	255	255	254	253	253	253	253	253	253	254	254	255	256
宮	月＼日	1	2	3	4	5	6	7	8	9	10	11	12	13	14	15	16	17	18	19	20	21	22	23	24	25	26	27	28	29	30	31
金星 ♀	1月	271	273	274	275	276	278	279	280	281	283	284	285	287	288	289	290	292	293	294	295	297	298	299	300	302	303	304	305	307	308	309
	2月	310	312	313	314	315	317	318	319	320	322	323	324	325	327	328	329	330	332	333	334	335	337	338	339	340	342	343	344	／	／	／
	3月	345	347	348	349	350	352	353	354	355	357	358	359	000	002	003	004	005	007	008	009	010	012	013	014	015	017	018	019	020	022	023
	4月	024	025	026	028	029	030	031	033	034	035	036	038	039	040	041	043	044	045	046	047	049	050	051	052	054	055	056	057	058	060	／
	5月	061	062	063	065	066	067	068	069	071	072	073	074	076	077	078	079	080	082	083	084	085	086	088	089	090	091	092	094	095	096	097
	6月	099	100	101	102	103	105	106	107	108	109	110	112	113	114	115	116	118	119	120	121	122	124	125	126	127	128	129	131	132	133	／
	7月	134	135	137	138	139	140	141	142	144	145	146	147	148	149	151	152	153	154	155	156	157	159	160	161	162	163	164	165	167	168	169
	8月	170	171	172	173	174	176	177	178	179	180	181	182	183	184	185	187	188	189	190	191	192	193	194	195	196	197	198	199	200	201	202
	9月	203	205	206	207	208	209	210	211	212	213	213	214	215	216	217	218	219	220	221	222	223	224	225	225	226	227	228	229	230	230	／
	10月	231	232	233	233	234	235	235	236	237	237	238	239	239	240	240	241	241	242	242	242	243	243	243	244	244	244	244	244	244	244	244
	11月	244	244	244	244	244	244	243	243	243	242	242	241	241	240	240	239	239	238	237	237	236	236	235	234	234	233	233	232	232	231	／
	12月	231	231	230	230	230	230	229	229	229	229	229	229	229	229	229	230	230	230	230	231	231	231	232	232	233	233	234	234	235	236	236
宮	月＼日	1	2	3	4	5	6	7	8	9	10	11	12	13	14	15	16	17	18	19	20	21	22	23	24	25	26	27	28	29	30	31
火星 ♂	1月	337	338	339	340	340	341	342	343	343	344	345	346	346	347	348	349	349	350	351	352	352	353	354	355	355	356	357	358	358	359	000
	2月	001	001	002	003	004	004	005	006	007	007	008	009	010	010	011	012	013	013	014	015	016	016	017	018	018	019	020	021	／	／	／
	3月	021	022	023	024	024	025	026	026	027	028	029	029	030	031	032	032	033	034	034	035	036	037	037	038	039	039	040	041	042	042	043
	4月	044	044	045	046	046	047	048	049	049	050	051	051	052	053	053	054	055	056	056	057	058	058	059	060	060	061	062	063	063	064	／
	5月	065	065	066	067	067	068	069	069	070	071	071	072	073	073	074	075	075	076	077	077	078	079	080	080	081	082	082	083	084	084	085
	6月	086	086	087	088	088	089	090	090	091	092	092	093	094	094	095	096	096	097	097	098	099	099	100	101	101	102	103	103	104	105	／
	7月	105	106	107	107	108	109	109	110	111	111	112	113	113	114	114	115	116	116	117	118	118	119	120	120	121	122	122	123	123	124	125
	8月	125	126	127	127	128	129	129	130	131	131	132	132	133	134	134	135	136	136	137	138	138	139	139	140	141	141	142	143	143	144	145
	9月	145	146	147	147	148	148	149	150	150	151	152	152	153	153	154	155	155	156	157	157	158	159	159	160	160	161	162	162	163	164	／
	10月	164	165	166	166	167	167	168	169	169	170	171	171	172	172	173	174	174	175	176	176	177	178	178	179	179	180	181	181	182	183	183
	11月	184	184	185	186	186	187	188	188	189	189	190	191	191	192	193	193	194	195	195	196	196	197	198	198	199	200	200	201	201	202	／
	12月	203	203	204	205	205	206	206	207	208	208	209	210	210	211	211	212	213	213	214	215	215	216	216	217	218	218	219	220	220	221	221

1939年

宮	月＼日	1	2	3	4	5	6	7	8	9	10	11	12	13	14	15	16	17	18	19	20	21	22	23	24	25	26	27	28	29	30	31
	1月	279	280	281	282	283	284	285	286	287	288	289	291	292	293	294	295	296	297	298	299	300	301	302	303	304	305	306	307	308	309	310
	2月	311	312	313	314	315	316	317	318	319	320	321	322	323	324	325	326	327	328	329	330	331	332	333	334	335	336	337	338	／	／	／
	3月	339	340	341	342	343	344	345	346	347	348	349	350	351	352	353	354	355	356	357	358	359	000	001	002	003	004	005	006	007	008	009
太	4月	010	011	012	013	014	015	016	017	018	019	020	021	022	023	024	025	026	027	028	029	030	031	032	033	034	034	035	036	037	038	／
	5月	039	040	041	042	043	044	045	046	047	048	049	050	051	052	053	054	055	056	057	058	059	060	061	062	063	063	064	065	066	067	068
陽	6月	069	070	071	072	073	074	075	076	077	078	079	080	081	082	083	084	085	085	086	087	088	089	090	091	092	093	094	095	096	097	／
	7月	098	099	100	101	102	103	104	105	106	106	107	108	109	110	111	112	113	114	115	116	117	118	119	120	121	122	123	124	125	126	127
	8月	127	128	129	130	131	132	133	134	135	136	137	138	139	140	141	142	143	144	145	146	147	148	149	150	151	151	152	153	154	155	156
⊙	9月	157	158	159	160	161	162	163	164	165	166	167	168	169	170	171	172	173	174	175	176	177	178	179	180	181	182	183	184	185	186	／
	10月	187	188	189	189	190	191	192	193	194	195	196	197	198	199	200	201	202	203	204	205	206	207	208	209	210	211	212	213	214	215	216
	11月	217	218	219	220	221	222	223	224	225	226	227	228	229	230	231	232	233	234	235	236	237	238	239	240	241	242	243	244	245	247	／
	12月	248	249	250	251	252	253	254	255	256	257	258	259	260	261	262	263	264	265	266	267	268	269	270	271	272	273	274	275	276	277	278

宮	月＼日	1	2	3	4	5	6	7	8	9	10	11	12	13	14	15	16	17	18	19	20	21	22	23	24	25	26	27	28	29	30	31
	1月	035	049	063	077	092	108	123	138	153	168	182	195	208	221	234	246	258	270	282	294	306	318	330	342	354	006	018	031	044	057	071
	2月	086	100	116	131	146	161	176	190	204	218	230	243	255	267	279	291	303	315	327	339	351	003	015	028	041	054	067	081	／	／	／
	3月	095	109	124	139	154	169	184	198	212	226	239	251	264	276	288	299	311	323	335	347	000	012	025	038	051	064	077	091	105	119	134
月	4月	148	163	178	192	206	220	234	247	259	272	284	296	308	320	331	344	356	008	021	034	047	060	074	088	102	116	130	144	159	173	／
	5月	187	201	215	228	242	254	267	279	292	304	316	327	339	351	004	016	029	042	056	070	084	098	113	127	141	156	170	183	197	211	224
	6月	237	250	263	275	288	300	312	324	335	347	359	012	024	037	051	064	079	093	108	123	137	152	166	180	194	208	221	234	247	259	／
	7月	272	284	296	308	320	332	344	356	008	020	032	045	059	073	087	102	117	132	147	162	176	191	204	218	231	244	256	269	281	293	305
	8月	317	329	341	352	004	016	029	041	054	067	081	095	110	125	140	156	171	186	200	214	227	240	253	266	278	290	302	314	326	338	349
☽	9月	001	013	026	038	050	063	077	090	104	119	134	149	164	179	194	208	223	236	249	262	275	287	299	311	323	334	346	358	010	023	／
	10月	035	047	060	073	087	100	114	128	143	158	173	187	202	216	231	244	257	270	283	295	307	319	331	343	355	007	019	032	044	057	070
	11月	084	097	111	125	139	153	167	182	196	211	225	239	252	265	278	291	303	315	327	339	351	003	015	027	040	053	066	080	093	107	／
	12月	122	136	150	164	178	192	206	220	234	247	260	273	286	299	311	323	335	347	358	010	023	035	048	061	074	088	103	117	132	146	161

宮	月＼日	1	2	3	4	5	6	7	8	9	10	11	12	13	14	15	16	17	18	19	20	21	22	23	24	25	26	27	28	29	30	31
	1月	257	258	259	260	261	262	263	264	265	267	268	269	271	272	273	275	276	277	279	280	282	283	285	286	288	289	291	292	294	295	297
	2月	299	300	302	303	305	307	308	310	312	313	315	317	318	320	322	324	325	327	329	331	333	335	337	338	340	342	344	346	／	／	／
	3月	348	350	352	354	355	357	359	001	003	004	006	007	009	010	011	012	013	014	015	016	016	017	017	017	017	017	017	016	016	015	015
水	4月	014	013	012	012	011	010	009	008	008	007	007	006	006	005	005	005	005	005	005	006	006	006	007	007	008	008	009	010	011	012	／
	5月	013	014	015	016	017	018	019	020	022	023	024	026	027	029	030	032	034	035	037	038	040	042	044	046	048	049	051	053	055	057	060
星	6月	062	064	066	068	070	072	075	077	079	081	083	086	088	090	092	094	096	098	100	102	104	106	108	109	111	113	114	116	118	119	／
	7月	121	122	124	125	126	128	129	130	132	133	134	135	136	137	138	139	139	140	141	141	142	142	143	143	143	144	144	144	144	143	143
	8月	143	143	142	141	141	140	139	139	138	137	136	135	135	134	133	133	132	132	132	132	132	132	132	132	133	134	134	135	136	137	138
☿	9月	140	141	143	144	146	148	149	151	153	155	157	159	160	162	164	166	168	170	172	174	175	177	179	181	183	185	186	188	190	191	／
	10月	193	195	197	198	200	201	203	205	206	208	209	211	212	214	215	217	218	220	221	223	224	226	227	229	230	231	233	234	235	237	238
	11月	239	241	242	243	244	245	246	247	248	249	250	251	252	252	253	253	253	253	253	253	253	252	252	251	250	249	247	246	245	243	／
	12月	242	241	240	239	238	238	237	237	237	238	238	238	239	240	241	241	242	244	245	246	247	248	249	251	252	253	255	256	258	259	260

宮	月＼日	1	2	3	4	5	6	7	8	9	10	11	12	13	14	15	16	17	18	19	20	21	22	23	24	25	26	27	28	29	30	31
	1月	237	238	238	239	240	240	241	242	243	244	244	245	246	247	248	249	250	250	251	252	253	254	255	256	257	258	259	260	261	262	263
	2月	264	265	266	267	268	269	270	271	272	273	275	276	277	278	279	280	281	282	283	284	285	287	288	289	290	291	292	293	／	／	／
	3月	294	296	297	298	299	300	301	302	304	305	306	307	308	309	311	312	313	314	315	316	317	319	320	321	322	323	325	326	327	328	329
金	4月	330	332	333	334	335	336	338	339	340	341	342	343	345	346	347	348	349	351	352	353	354	355	357	358	359	000	001	003	004	005	／
	5月	006	007	009	010	011	012	013	015	016	017	018	019	021	022	023	024	025	027	028	029	030	031	033	034	035	036	037	039	040	041	042
星	6月	043	045	046	047	048	049	051	052	053	054	056	057	058	059	060	062	063	064	065	066	068	069	070	071	072	074	075	076	077	079	／
	7月	080	081	082	083	085	086	087	088	090	091	092	093	094	096	097	098	099	101	102	103	104	105	107	108	109	110	112	113	114	115	116
	8月	118	119	120	121	123	124	125	126	128	129	130	131	132	134	135	136	137	139	140	141	142	144	145	146	147	149	150	151	152	154	155
♀	9月	156	157	158	160	161	162	163	165	166	167	168	170	171	172	173	175	176	177	178	180	181	182	183	185	186	187	188	190	191	192	／
	10月	193	195	196	197	198	200	201	202	203	205	206	207	208	210	211	212	213	215	216	217	218	220	221	222	223	225	226	227	228	229	231
	11月	232	233	234	236	237	238	239	241	242	243	244	246	247	248	249	251	252	253	254	256	257	258	259	261	262	263	264	266	267	268	／
	12月	269	271	272	273	274	276	277	278	279	281	282	283	284	286	287	288	289	291	292	293	294	296	297	298	299	301	302	303	304	305	307

宮	月＼日	1	2	3	4	5	6	7	8	9	10	11	12	13	14	15	16	17	18	19	20	21	22	23	24	25	26	27	28	29	30	31
	1月	222	223	223	224	225	225	226	226	227	228	228	229	230	230	231	231	232	233	233	234	234	235	236	236	237	237	238	239	239	240	241
	2月	241	242	242	243	244	244	245	245	246	247	247	248	248	249	250	250	251	251	252	253	253	254	254	255	256	256	257	257	／	／	／
	3月	258	258	259	260	260	261	261	262	263	263	264	264	265	265	266	267	267	268	268	269	269	270	271	271	272	272	273	273	274	274	275
火	4月	275	276	277	277	278	278	279	279	280	280	281	281	282	282	283	283	284	284	285	285	286	286	287	287	288	288	289	289	289	290	／
	5月	290	291	291	292	292	293	293	293	294	294	295	295	295	296	296	297	297	297	298	298	298	299	299	299	300	300	300	300	301	301	301
星	6月	301	302	302	302	302	303	303	303	303	303	303	303	304	304	304	304	304	304	304	304	304	304	304	304	304	304	304	304	304	304	／
	7月	304	304	304	303	303	303	303	303	303	302	302	302	302	301	301	301	301	300	300	300	300	299	299	299	299	298	298	298	297	297	297
	8月	297	296	296	296	296	295	295	295	295	295	295	294	294	294	294	294	294	294	294	294	293	293	293	293	293	293	293	294	294	294	294
♂	9月	294	294	294	294	294	295	295	295	295	295	296	296	296	296	297	297	297	297	298	298	298	299	299	300	300	300	301	301	301	302	／
	10月	302	303	303	304	304	304	305	305	306	306	307	307	308	308	309	309	310	310	311	311	312	313	313	314	314	315	315	316	316	317	318
	11月	318	319	319	320	321	321	322	322	323	324	324	325	325	326	327	327	328	329	329	330	330	331	332	332	333	334	334	335	336	336	／
	12月	337	338	338	339	339	340	341	341	342	343	343	344	345	345	346	347	347	348	349	349	350	351	351	352	353	353	354	355	356	356	357

1940年

宮	月＼日	1	2	3	4	5	6	7	8	9	10	11	12	13	14	15	16	17	18	19	20	21	22	23	24	25	26	27	28	29	30	31
太陽 ⊙	1月	279	280	281	282	283	284	285	286	287	288	289	290	291	292	293	294	295	296	297	298	299	300	301	302	304	305	306	307	308	309	310
	2月	311	312	313	314	315	316	317	318	319	320	321	322	323	324	325	326	327	328	329	330	331	332	333	334	335	336	337	338	339	／	／
	3月	340	341	342	343	344	345	346	347	348	349	350	351	352	353	354	355	356	357	358	359	000	001	002	003	004	005	006	007	008	009	010
	4月	011	012	013	014	015	016	017	018	019	020	021	022	023	024	025	025	026	027	028	029	030	031	032	033	034	035	036	037	038	039	／
	5月	040	041	042	043	044	045	046	047	048	049	050	051	052	053	054	055	056	057	057	058	059	060	061	062	063	064	065	066	067	068	069
	6月	070	071	072	073	074	075	076	077	078	079	080	080	081	082	083	084	085	086	087	088	089	090	091	092	093	094	095	096	097	098	／
	7月	099	100	101	101	102	103	104	105	106	107	108	109	110	111	112	113	114	115	116	117	118	119	120	121	122	122	123	124	125	126	127
	8月	128	129	130	131	132	133	134	135	136	137	138	139	140	141	142	143	144	145	145	146	147	148	149	150	151	152	153	154	155	156	157
	9月	158	159	160	161	162	163	164	165	166	167	168	169	170	171	172	173	174	175	176	177	177	178	179	180	181	182	183	184	185	186	／
	10月	187	188	189	190	191	192	193	194	195	196	197	198	199	200	201	202	203	204	205	206	207	208	209	210	211	212	213	214	215	216	217
	11月	218	219	220	221	222	223	224	225	226	227	228	229	230	231	232	233	234	235	236	237	238	239	240	241	242	243	244	245	246	247	／
	12月	248	249	250	251	252	253	254	255	256	257	258	259	260	261	263	264	265	266	267	268	269	270	271	272	273	274	275	276	277	278	279
宮	月＼日	1	2	3	4	5	6	7	8	9	10	11	12	13	14	15	16	17	18	19	20	21	22	23	24	25	26	27	28	29	30	31
月 ☽	1月	175	189	203	217	230	243	256	269	282	294	307	319	331	343	355	006	018	030	043	055	069	082	096	111	126	141	156	170	185	199	213
	2月	227	240	253	266	279	291	303	316	328	339	351	003	015	027	039	051	064	077	090	104	119	134	149	164	179	194	209	223	237	／	／
	3月	250	263	276	288	300	313	324	336	348	000	012	024	036	048	060	073	086	099	113	127	142	157	172	187	202	217	232	246	259	272	285
	4月	297	310	321	333	345	357	009	021	033	045	057	070	082	095	109	123	137	151	166	181	195	210	225	240	254	267	281	293	306	318	／
	5月	330	342	354	005	017	029	042	054	067	079	092	106	119	133	147	161	175	190	205	219	234	248	262	275	289	301	314	326	338	350	002
	6月	014	026	038	050	063	076	089	102	116	130	144	158	172	186	200	215	229	243	257	270	284	297	309	322	334	346	358	010	022	034	／
	7月	046	058	071	084	098	112	126	140	154	169	183	197	211	225	239	253	266	279	292	305	318	330	342	354	006	018	030	042	054	066	079
	8月	093	106	120	135	150	164	179	194	208	222	236	249	263	276	289	302	314	326	339	350	002	014	026	038	050	062	074	087	101	114	129
	9月	143	158	173	188	203	218	232	246	260	273	286	299	311	323	335	347	359	011	023	035	046	058	071	083	096	109	123	137	152	166	／
	10月	182	197	212	227	241	256	269	283	295	308	320	332	344	356	008	020	032	043	055	068	080	093	105	118	132	146	160	175	190	205	220
	11月	235	250	264	278	291	304	317	329	341	353	005	017	028	040	052	065	077	090	102	115	129	142	156	170	184	199	213	228	243	258	／
	12月	272	286	299	312	325	337	349	001	013	025	037	049	061	073	086	099	112	125	139	153	166	180	194	209	223	237	252	266	280	294	307
宮	月＼日	1	2	3	4	5	6	7	8	9	10	11	12	13	14	15	16	17	18	19	20	21	22	23	24	25	26	27	28	29	30	31
水星 ☿	1月	262	263	265	266	268	269	271	272	274	275	277	278	280	281	283	285	286	288	289	291	292	294	296	297	299	301	302	304	306	307	309
	2月	311	313	314	316	318	320	321	323	325	327	329	330	332	334	336	338	340	341	343	345	346	348	350	351	352	354	355	356	357	／	／
	3月	358	358	359	359	000	000	000	359	359	359	358	357	357	356	355	354	353	352	351	350	349	349	348	348	347	347	347	346	346	346	347
	4月	347	347	347	348	348	349	350	350	351	352	353	354	355	356	357	358	359	001	002	003	004	006	007	009	010	012	013	015	016	018	／
	5月	019	021	023	025	026	028	030	032	034	036	038	040	042	044	046	048	050	052	054	056	059	061	063	065	067	069	072	074	076	078	080
	6月	082	084	086	088	090	092	094	095	097	099	100	102	103	105	106	108	109	110	112	113	114	115	116	117	118	119	120	121	121	122	／
	7月	123	123	124	124	124	125	125	125	125	125	125	124	124	124	123	123	122	121	121	120	119	119	118	117	117	116	116	115	115	114	114
	8月	114	114	114	114	115	115	116	116	117	118	119	120	121	122	124	125	127	128	130	132	133	135	137	139	141	143	145	147	149	151	153
	9月	155	157	159	161	162	164	166	168	170	172	174	175	177	179	181	182	184	186	187	189	191	192	194	195	197	199	200	202	203	205	／
	10月	206	208	209	210	212	213	215	216	217	219	220	221	222	224	225	226	227	228	229	230	231	232	233	234	235	236	236	237	237	237	238
	11月	238	238	237	237	236	236	235	234	233	231	230	229	227	226	225	224	223	222	222	222	222	222	222	222	223	224	224	225	226	227	／
	12月	228	230	231	232	233	235	236	238	239	240	242	243	245	246	248	249	251	252	254	255	257	258	260	261	263	264	266	268	269	271	272
宮	月＼日	1	2	3	4	5	6	7	8	9	10	11	12	13	14	15	16	17	18	19	20	21	22	23	24	25	26	27	28	29	30	31
金星 ♀	1月	308	309	310	312	313	314	315	317	318	319	320	322	323	324	325	326	328	329	330	331	333	334	335	336	338	339	340	341	342	344	345
	2月	346	347	348	350	351	352	353	355	356	357	358	359	001	002	003	004	005	007	008	009	010	011	012	014	015	016	017	018	020	／	／
	3月	021	022	023	024	025	027	028	029	030	031	032	033	035	036	037	038	039	040	041	042	044	045	046	047	048	049	050	051	052	053	055
	4月	056	057	058	059	060	061	062	063	064	065	066	067	068	069	070	071	072	073	074	075	076	077	078	079	080	081	081	082	083	084	／
	5月	085	086	087	087	088	089	090	091	091	092	093	093	094	095	095	096	097	097	098	098	099	099	100	100	101	101	101	102	102	102	102
	6月	102	103	103	103	103	103	103	103	103	102	102	102	102	101	101	101	100	100	099	099	098	097	097	096	096	095	094	094	093	093	／
	7月	092	091	091	090	090	089	089	088	088	088	087	087	087	087	087	086	086	086	086	086	086	087	087	087	087	087	088	088	088	089	089
	8月	090	090	090	091	091	092	093	093	094	094	095	096	096	097	098	099	099	100	101	102	103	103	104	105	106	107	108	109	109	110	111
	9月	112	113	114	115	116	117	118	119	120	121	122	123	124	125	126	127	128	129	130	131	132	133	134	135	137	138	139	140	141	142	／
	10月	143	144	145	146	148	149	150	151	152	153	154	155	157	158	159	160	161	162	164	165	166	167	168	169	171	172	173	174	175	176	178
	11月	179	180	181	182	184	185	186	187	188	190	191	192	193	194	196	197	198	199	200	202	203	204	205	207	208	209	210	211	213	214	／
	12月	215	216	218	219	220	221	223	224	225	226	227	229	230	231	232	234	235	236	237	239	240	241	242	244	245	246	247	249	250	251	252
宮	月＼日	1	2	3	4	5	6	7	8	9	10	11	12	13	14	15	16	17	18	19	20	21	22	23	24	25	26	27	28	29	30	31
火星 ♂	1月	358	358	359	000	000	001	002	002	003	004	004	005	006	006	007	008	008	009	010	010	011	012	013	013	014	015	015	016	017	017	018
	2月	019	019	020	021	021	022	023	023	024	025	025	026	027	027	028	029	030	030	031	032	032	033	034	034	035	036	036	037	038	／	／
	3月	038	039	040	040	041	042	042	043	044	044	045	046	046	047	048	048	049	050	050	051	052	052	053	054	054	055	056	056	057	058	058
	4月	059	060	060	061	062	062	063	064	064	065	066	066	067	068	068	069	070	070	071	072	072	073	074	074	075	076	076	077	077	078	／
	5月	079	079	080	081	081	082	083	083	084	085	085	086	087	087	088	089	089	090	090	091	092	092	093	094	094	095	096	096	097	098	098
	6月	099	099	100	101	101	102	103	103	104	105	105	106	107	107	108	108	109	110	110	111	112	112	113	114	114	115	115	116	117	117	／
	7月	118	119	119	120	121	121	122	122	123	124	124	125	126	126	127	128	128	129	129	130	131	131	132	133	133	134	135	135	136	136	137
	8月	138	138	139	140	140	141	142	142	143	143	144	145	145	146	147	147	148	149	149	150	150	151	152	152	153	154	154	155	156	156	157
	9月	157	158	159	159	160	161	161	162	163	163	164	164	165	166	166	167	168	168	169	170	170	171	171	172	173	173	174	175	175	176	／
	10月	177	177	178	179	179	180	180	181	182	182	183	184	184	185	186	186	187	188	188	189	190	190	191	191	192	193	193	194	195	195	196
	11月	197	197	198	199	199	200	201	201	202	203	203	204	205	205	206	206	207	208	208	209	210	210	211	212	212	213	214	214	215	216	／
	12月	216	217	218	218	219	220	220	221	222	222	223	224	224	225	226	226	227	228	228	229	230	230	231	232	232	233	234	234	235	236	236

1941年

宮	月＼日	1	2	3	4	5	6	7	8	9	10	11	12	13	14	15	16	17	18	19	20	21	22	23	24	25	26	27	28	29	30	31
太陽 ⊙	1月	280	281	282	283	284	285	286	287	288	289	290	291	292	293	294	295	296	297	298	299	300	301	302	303	304	305	306	307	308	309	310
	2月	311	312	313	314	315	316	317	318	319	321	322	323	324	325	326	327	328	329	330	331	332	333	334	335	336	337	338	339	/	/	/
	3月	340	341	342	343	344	345	346	347	348	349	350	351	352	353	354	355	356	357	358	359	000	001	002	003	004	005	006	007	008	009	010
	4月	011	011	012	013	014	015	016	017	018	019	020	021	022	023	024	025	026	027	028	029	030	031	032	033	034	035	036	037	038	039	/
	5月	040	041	042	043	044	045	046	047	048	049	050	051	051	052	053	054	055	056	057	058	059	060	061	062	063	064	065	066	067	068	069
	6月	070	071	072	073	074	075	075	076	077	078	079	080	081	082	083	084	085	086	087	088	089	090	091	092	093	094	095	096	096	097	/
	7月	098	099	100	101	102	103	104	105	106	107	108	109	110	111	112	113	114	115	116	117	117	118	119	120	121	122	123	124	125	126	127
	8月	128	129	130	131	132	133	134	135	136	137	138	139	139	140	141	142	143	144	145	146	147	148	149	150	151	152	153	154	155	156	157
	9月	158	159	160	161	162	163	164	165	166	167	167	168	169	170	171	172	173	174	175	176	177	178	179	180	181	182	183	184	185	186	/
	10月	187	188	189	190	191	192	193	194	195	196	197	198	199	200	201	202	203	204	205	206	207	208	209	210	211	212	213	214	215	216	217
	11月	218	219	220	221	222	223	224	225	226	227	228	229	230	231	232	233	234	235	236	237	238	239	240	241	242	243	244	245	246	247	/
	12月	248	249	250	251	252	253	254	255	256	257	258	259	260	261	262	263	264	265	266	267	268	269	270	271	272	273	274	276	277	278	279
宮	月＼日	1	2	3	4	5	6	7	8	9	10	11	12	13	14	15	16	17	18	19	20	21	22	23	24	25	26	27	28	29	30	31
月 ☽	1月	320	333	345	357	009	021	033	045	057	069	082	095	108	121	135	149	163	177	191	205	219	233	248	261	275	289	302	315	328	341	353
	2月	005	017	029	040	052	064	077	090	103	116	130	144	158	173	187	202	216	230	244	258	272	285	298	311	324	337	349	001	/	/	/
	3月	013	025	037	048	060	072	085	097	110	124	138	152	167	181	196	211	226	241	255	269	282	295	308	321	333	346	358	010	022	033	045
	4月	057	069	081	093	106	119	132	146	160	175	190	205	220	235	250	264	278	292	305	318	330	343	355	007	018	030	042	054	066	078	/
	5月	090	102	115	128	141	155	169	183	198	213	228	243	258	273	287	301	314	327	340	352	004	016	027	039	051	063	075	087	099	112	125
	6月	138	151	164	178	192	207	222	237	252	267	281	296	309	323	336	348	000	012	024	036	048	060	072	084	096	109	122	135	148	161	/
	7月	175	189	203	217	231	246	261	275	290	304	317	331	344	356	008	020	032	044	056	068	080	092	105	118	131	144	158	172	185	199	214
	8月	228	242	256	271	285	299	312	326	339	352	004	016	028	040	052	064	076	088	101	113	126	140	154	168	182	196	210	225	239	253	267
	9月	281	295	308	321	334	347	000	012	024	036	048	060	072	084	096	109	121	135	148	162	176	191	206	220	235	250	264	278	291	305	/
	10月	318	331	344	356	008	021	033	044	056	068	080	092	104	117	129	142	156	170	184	199	214	229	245	259	274	288	302	315	328	341	353
	11月	005	017	029	041	053	065	077	089	101	113	125	138	151	164	178	192	207	222	238	253	268	283	297	311	325	337	350	002	014	026	/
	12月	038	050	062	074	086	098	110	122	135	147	160	173	187	201	216	231	246	261	276	291	306	320	333	346	359	011	023	035	047	059	071
宮	月＼日	1	2	3	4	5	6	7	8	9	10	11	12	13	14	15	16	17	18	19	20	21	22	23	24	25	26	27	28	29	30	31
水星 ☿	1月	274	275	277	279	280	282	283	285	287	288	290	291	293	295	296	298	300	302	303	305	307	308	310	312	314	315	317	319	320	322	324
	2月	326	327	329	330	332	333	335	336	337	339	340	341	341	342	342	343	343	343	343	342	342	341	340	339	338	337	336	335	/	/	/
	3月	334	333	332	331	331	330	329	329	329	328	328	328	328	329	329	329	330	330	331	332	332	333	334	335	336	337	338	339	340	341	342
	4月	344	345	346	348	349	350	352	353	355	356	358	359	001	002	004	006	007	009	011	013	014	016	018	020	022	024	026	028	030	032	/
	5月	034	036	038	040	042	045	047	049	051	053	055	058	060	062	064	066	068	070	072	074	076	077	079	081	083	084	086	087	089	090	091
	6月	093	094	095	096	097	098	099	100	101	102	102	103	103	104	104	105	105	105	105	105	105	105	105	105	104	104	103	103	102	102	/
	7月	101	101	100	099	099	098	098	097	097	096	096	096	096	096	096	096	096	097	097	097	098	099	100	100	101	102	104	105	106	108	109
	8月	111	112	114	116	117	119	121	123	125	127	129	131	133	135	137	139	141	143	145	147	149	151	153	155	157	159	161	163	164	166	168
	9月	170	171	173	175	176	178	180	181	183	184	186	188	189	191	192	193	195	196	198	199	200	202	203	204	206	207	208	209	210	211	/
	10月	213	214	215	216	216	217	218	219	219	220	221	221	221	222	222	222	221	221	221	220	219	219	218	217	215	214	213	212	210	209	208
	11月	207	207	206	206	206	206	206	207	207	208	209	210	211	212	213	214	216	217	219	220	221	223	224	226	227	229	230	232	233	235	/
	12月	237	238	240	241	243	244	246	247	249	251	252	254	255	257	258	260	262	263	265	266	268	269	271	273	274	276	277	279	281	282	284
宮	月＼日	1	2	3	4	5	6	7	8	9	10	11	12	13	14	15	16	17	18	19	20	21	22	23	24	25	26	27	28	29	30	31
金星 ♀	1月	254	255	256	257	259	260	261	262	264	265	266	267	269	270	271	272	274	275	276	277	279	280	281	282	284	285	286	287	289	290	291
	2月	292	294	295	296	297	299	300	301	302	304	305	306	307	309	310	311	312	314	315	316	317	319	320	321	322	324	325	326	/	/	/
	3月	327	328	330	331	332	333	335	336	337	338	340	341	342	343	345	346	347	348	350	351	352	353	355	356	357	358	000	001	002	003	005
	4月	006	007	008	010	011	012	013	015	016	017	018	019	021	022	023	024	026	027	028	029	031	032	033	034	036	037	038	039	040	042	/
	5月	043	044	045	047	048	049	050	052	053	054	055	057	058	059	060	061	063	064	065	066	068	069	070	071	072	074	075	076	077	079	080
	6月	081	082	084	085	086	087	088	090	091	092	093	095	096	097	098	099	101	102	103	104	106	107	108	109	110	112	113	114	115	117	/
	7月	118	119	120	121	123	124	125	126	128	129	130	131	132	134	135	136	137	139	140	141	142	143	145	146	147	148	149	151	152	153	154
	8月	156	157	158	159	160	162	163	164	165	166	168	169	170	171	172	174	175	176	177	178	180	181	182	183	184	186	187	188	189	190	192
	9月	193	194	195	196	198	199	200	201	202	204	205	206	207	208	209	211	212	213	214	215	217	218	219	220	221	222	224	225	226	227	/
	10月	228	229	231	232	233	234	235	236	238	239	240	241	242	243	244	246	247	248	249	250	251	252	254	255	256	257	258	259	260	261	263
	11月	264	265	266	267	268	269	270	271	272	274	275	276	277	278	279	280	281	282	283	284	285	286	287	288	289	290	291	292	293	294	/
	12月	295	296	297	298	299	300	301	301	302	303	304	305	306	307	307	308	309	310	310	311	312	312	313	314	314	315	316	316	317	317	318
宮	月＼日	1	2	3	4	5	6	7	8	9	10	11	12	13	14	15	16	17	18	19	20	21	22	23	24	25	26	27	28	29	30	31
火星 ♂	1月	237	238	238	239	240	240	241	242	242	243	244	244	245	246	246	247	248	248	249	250	251	251	252	253	253	254	255	255	256	257	257
	2月	258	259	259	260	261	261	262	263	263	264	265	265	266	267	268	268	269	270	270	271	272	272	273	274	274	275	276	276	/	/	/
	3月	277	278	279	279	280	281	281	282	283	283	284	285	285	286	287	287	288	289	290	290	291	292	292	293	294	294	295	296	296	297	298
	4月	299	299	300	301	301	302	303	303	304	305	305	306	307	308	308	309	310	310	311	312	312	313	314	314	315	316	316	317	318	319	/
	5月	319	320	321	321	322	323	323	324	325	325	326	327	327	328	329	329	330	331	331	332	333	333	334	335	335	336	337	337	338	339	339
	6月	340	341	341	342	343	343	344	345	345	346	347	347	348	348	349	350	350	351	352	352	353	353	354	355	355	356	356	357	358	358	/
	7月	359	359	000	001	001	002	002	003	003	004	005	005	006	006	007	007	008	008	009	009	010	010	011	011	012	012	013	013	013	014	014
	8月	015	015	016	016	016	017	017	017	018	018	019	019	019	019	020	020	020	021	021	021	021	022	022	022	022	022	022	023	023	023	023
	9月	023	023	023	023	023	023	023	023	023	023	023	023	023	023	023	023	022	022	022	022	022	022	021	021	021	021	020	020	020	020	/
	10月	019	019	019	018	018	018	017	017	017	016	016	016	016	015	015	015	014	014	014	014	013	013	013	013	012	012	012	012	012	011	011
	11月	011	011	011	011	011	011	011	011	011	011	011	011	011	011	011	011	011	011	011	011	011	011	012	012	012	012	012	013	013	013	/
	12月	013	013	014	014	014	015	015	015	015	016	016	016	017	017	017	018	018	019	019	019	020	020	021	021	021	022	022	023	023	024	024

1942年

宮	月＼日	1	2	3	4	5	6	7	8	9	10	11	12	13	14	15	16	17	18	19	20	21	22	23	24	25	26	27	28	29	30	31
太陽 ☉	1月	280	281	282	283	284	285	286	287	288	289	290	291	292	293	294	295	296	297	298	299	300	301	302	303	304	305	306	307	308	309	310
	2月	311	312	313	314	315	316	317	318	319	320	321	322	323	324	325	326	327	328	329	330	331	332	333	334	335	336	337	338	／	／	／
	3月	339	340	341	342	343	344	345	346	347	348	349	350	351	352	353	354	355	356	357	358	359	000	001	002	003	004	005	006	007	008	009
	4月	010	011	012	013	014	015	016	017	018	019	020	021	022	023	024	025	026	027	028	029	030	031	032	033	034	035	036	037	038	039	／
	5月	040	041	042	043	043	044	045	046	047	048	049	050	051	052	053	054	055	056	057	058	059	060	061	062	063	064	065	066	067	068	069
	6月	070	070	071	072	073	074	075	076	077	078	079	080	081	082	083	084	085	086	087	088	089	090	091	091	092	093	094	095	096	097	／
	7月	098	099	100	101	102	103	104	105	106	107	108	109	110	111	112	112	113	114	115	116	117	118	119	120	121	122	123	124	125	126	127
	8月	128	129	130	131	132	133	133	134	135	136	137	138	139	140	141	142	143	144	145	146	147	148	149	150	151	152	153	154	155	156	157
	9月	158	159	159	160	161	162	163	164	165	166	167	168	169	170	171	172	173	174	175	176	177	178	179	180	181	182	183	184	185	186	／
	10月	187	188	189	190	191	192	193	194	195	196	197	198	199	200	201	202	203	204	205	206	207	208	209	210	211	212	213	214	215	216	217
	11月	218	219	220	221	222	223	224	225	226	227	228	229	230	231	232	233	234	235	236	237	238	239	240	241	242	243	244	245	246	247	／
	12月	248	249	250	251	252	253	254	255	256	257	258	259	260	261	262	263	264	265	266	267	268	269	270	271	272	273	274	275	276	277	278
宮	月＼日	1	2	3	4	5	6	7	8	9	10	11	12	13	14	15	16	17	18	19	20	21	22	23	24	25	26	27	28	29	30	31
月 ☽	1月	083	095	107	119	132	144	157	170	184	197	211	225	240	255	269	284	299	313	327	341	354	007	019	031	043	055	067	079	091	103	116
	2月	128	141	154	167	180	194	208	222	236	250	265	279	293	308	322	335	349	002	015	027	039	051	063	075	087	099	111	124	／	／	／
	3月	136	149	163	176	190	204	218	233	247	261	275	289	303	317	331	344	357	010	022	035	047	059	071	083	095	107	119	131	144	157	171
	4月	185	199	214	228	243	258	272	286	300	314	327	340	353	006	018	031	043	055	067	079	091	103	115	127	139	152	165	179	193	208	／
	5月	223	238	253	268	282	297	311	324	337	350	003	015	028	040	052	064	076	088	099	111	123	135	148	161	174	187	201	216	231	246	261
	6月	277	292	306	320	334	347	000	012	025	037	049	061	073	085	096	108	120	132	145	157	170	183	196	210	225	239	255	270	285	300	／
	7月	315	329	343	356	009	022	034	046	058	070	082	094	105	117	129	142	154	167	179	193	206	220	234	249	263	278	294	308	323	337	351
	8月	005	018	030	042	055	067	078	090	102	114	126	139	151	164	177	190	203	217	230	244	259	273	288	302	317	331	345	359	013	026	038
	9月	051	063	075	087	098	110	122	135	147	160	173	186	200	213	227	241	255	270	284	298	312	326	340	354	007	021	033	046	058	071	／
	10月	083	094	106	118	130	143	155	168	181	195	209	223	238	252	266	281	295	309	323	336	350	003	016	029	042	054	066	079	090	102	114
	11月	126	138	150	163	176	189	203	218	232	247	262	277	291	306	320	333	347	000	013	025	038	050	063	075	087	099	111	122	134	146	／
	12月	158	171	184	197	211	226	240	255	271	286	301	315	330	343	357	010	023	035	047	060	072	084	096	107	119	131	143	155	167	180	192
宮	月＼日	1	2	3	4	5	6	7	8	9	10	11	12	13	14	15	16	17	18	19	20	21	22	23	24	25	26	27	28	29	30	31
水星 ☿	1月	286	287	289	290	292	294	295	297	299	300	302	304	305	307	308	310	312	313	315	316	318	319	320	321	323	324	324	325	326	326	326
	2月	327	326	326	326	325	324	323	322	321	320	319	318	316	315	314	314	313	312	312	311	311	311	311	311	311	312	312	313	／	／	／
	3月	313	314	315	315	316	317	318	319	320	321	322	323	325	326	327	328	330	331	332	334	335	337	338	340	341	343	344	346	347	349	351
	4月	352	354	356	357	359	001	003	005	007	008	010	012	014	016	018	020	022	024	026	029	031	033	035	037	039	041	043	046	048	050	／
	5月	052	054	056	058	059	061	063	065	066	068	069	071	072	073	075	076	077	078	079	080	081	082	082	083	083	084	084	085	085	085	085
	6月	085	085	085	085	084	084	084	083	083	082	082	081	081	080	079	079	078	078	078	077	077	077	077	077	077	077	077	077	077	078	／
	7月	078	079	079	080	081	082	083	084	085	086	087	089	090	091	093	094	096	098	100	101	103	105	107	109	111	113	115	117	119	121	124
	8月	126	128	130	132	134	136	138	140	142	144	146	148	150	151	153	155	157	159	160	162	164	165	167	169	170	172	173	175	176	178	179
	9月	181	182	183	185	186	187	189	190	191	192	193	195	196	197	198	199	200	200	201	202	203	203	204	204	205	205	205	205	205	205	／
	10月	205	205	204	204	203	202	201	200	199	198	197	195	194	193	192	191	191	190	190	190	190	191	191	192	192	193	194	195	197	198	199
	11月	201	202	203	205	206	208	210	211	213	214	216	218	219	221	222	224	226	227	229	230	232	234	235	237	238	240	242	243	245	246	／
	12月	248	249	251	253	254	256	257	259	260	262	264	265	267	268	270	271	273	275	276	278	279	281	282	284	286	287	289	290	292	293	295
宮	月＼日	1	2	3	4	5	6	7	8	9	10	11	12	13	14	15	16	17	18	19	20	21	22	23	24	25	26	27	28	29	30	31
金星 ♀	1月	318	318	319	319	319	320	320	320	320	321	321	321	321	321	321	321	320	320	320	320	319	319	319	318	318	317	317	316	316	315	314
	2月	314	313	313	312	311	311	310	310	309	308	308	308	307	307	306	306	306	306	305	305	305	305	305	305	305	305	305	305	／	／	／
	3月	306	306	306	307	307	307	308	308	309	309	310	310	311	311	312	312	313	314	314	315	316	317	317	318	319	320	320	321	322	323	324
	4月	325	326	326	327	328	329	330	331	332	333	334	335	336	337	338	339	340	341	342	343	344	345	346	347	348	349	350	351	352	353	／
	5月	354	355	356	357	358	000	001	002	003	004	005	006	007	008	009	010	012	013	014	015	016	017	018	019	021	022	023	024	025	026	027
	6月	028	030	031	032	033	034	035	037	038	039	040	041	042	043	045	046	047	048	049	050	052	053	054	055	056	057	059	060	061	062	／
	7月	063	064	066	067	068	069	070	072	073	074	075	076	077	079	080	081	082	083	085	086	087	088	089	091	092	093	094	095	097	098	099
	8月	100	101	103	104	105	106	107	109	110	111	112	113	115	116	117	118	120	121	122	123	124	126	127	128	129	130	132	133	134	135	137
	9月	138	139	140	142	143	144	145	146	148	149	150	151	153	154	155	156	158	159	160	161	163	164	165	166	167	169	170	171	172	174	／
	10月	175	176	177	179	180	181	182	184	185	186	187	189	190	191	192	194	195	196	197	199	200	201	202	204	205	206	207	209	210	211	212
	11月	214	215	216	217	219	220	221	222	224	225	226	228	229	230	231	233	234	235	236	238	239	240	241	243	244	245	246	248	249	250	／
	12月	251	253	254	255	256	258	259	260	261	263	264	265	266	268	269	270	272	273	274	275	277	278	279	280	282	283	284	285	287	288	289
宮	月＼日	1	2	3	4	5	6	7	8	9	10	11	12	13	14	15	16	17	18	19	20	21	22	23	24	25	26	27	28	29	30	31
火星 ♂	1月	024	025	025	026	026	027	027	028	028	029	029	030	030	031	031	032	032	033	033	034	034	035	035	036	036	037	037	038	038	039	039
	2月	040	041	041	042	042	043	043	044	044	045	046	046	047	047	048	048	049	050	050	051	051	052	052	053	054	054	055	055	／	／	／
	3月	056	056	057	058	058	059	059	060	061	061	062	062	063	064	064	065	065	066	066	067	068	068	069	069	070	071	071	072	072	073	074
	4月	074	075	075	076	077	077	078	079	079	080	080	081	082	082	083	083	084	085	085	086	086	087	088	088	089	089	090	091	091	092	／
	5月	092	093	094	094	095	096	096	097	097	098	099	099	100	100	101	102	102	103	103	104	105	105	106	107	107	108	108	109	110	110	111
	6月	111	112	113	113	114	115	115	116	116	117	118	118	119	119	120	121	121	122	123	123	124	124	125	126	126	127	128	128	129	129	／
	7月	130	131	131	132	132	133	134	134	135	136	136	137	137	138	139	139	140	141	141	142	142	143	144	144	145	146	146	147	147	148	149
	8月	149	150	151	151	152	153	153	154	154	155	156	156	157	158	158	159	159	160	161	161	162	163	163	164	165	165	166	166	167	168	168
	9月	169	170	170	171	172	172	173	174	174	175	175	176	177	177	178	179	179	180	181	181	182	183	183	184	185	185	186	186	187	188	／
	10月	188	189	190	190	191	192	192	193	194	194	195	196	196	197	198	198	199	200	200	201	202	202	203	204	204	205	206	206	207	208	208
	11月	209	210	210	211	212	212	213	214	214	215	216	216	217	218	218	219	220	220	221	222	223	223	224	225	225	226	227	227	228	229	／
	12月	229	230	231	231	232	233	234	234	235	236	236	237	238	238	239	240	241	241	242	243	243	244	245	245	246	247	248	248	249	250	250

1943年

宮	月＼日	1	2	3	4	5	6	7	8	9	10	11	12	13	14	15	16	17	18	19	20	21	22	23	24	25	26	27	28	29	30	31
太陽 ☉	1月	279	280	281	282	283	284	285	286	287	289	290	291	292	293	294	295	296	297	298	299	300	301	302	303	304	305	306	307	308	309	310
	2月	311	312	313	314	315	316	317	318	319	320	321	322	323	324	325	326	327	328	329	330	331	332	333	334	335	336	337	338	／	／	／
	3月	339	340	341	342	343	344	345	346	347	348	349	350	351	352	353	354	355	356	357	358	359	000	001	002	003	004	005	006	007	008	009
	4月	010	011	012	013	014	015	016	017	018	019	020	021	022	023	024	025	026	027	028	029	030	031	032	033	034	035	035	036	037	038	／
	5月	039	040	041	042	043	044	045	046	047	048	049	050	051	052	053	054	055	056	057	058	059	060	061	062	063	064	064	065	066	067	068
	6月	069	070	071	072	073	074	075	076	077	078	079	080	081	082	083	084	085	086	086	087	088	089	090	091	092	093	094	095	096	097	／
	7月	098	099	100	101	102	103	104	105	106	107	107	108	109	110	111	112	113	114	115	116	117	118	119	120	121	122	123	124	125	126	127
	8月	128	128	129	130	131	132	133	134	135	136	137	138	139	140	141	142	143	144	145	146	147	148	149	150	151	152	152	153	154	155	156
	9月	157	158	159	160	161	162	163	164	165	166	167	168	169	170	171	172	173	174	175	176	177	178	179	180	181	182	183	184	185	186	／
	10月	187	188	189	190	191	191	192	193	194	195	196	197	198	199	200	201	202	203	204	205	206	207	208	209	210	211	212	213	214	215	216
	11月	217	218	219	220	221	222	223	224	225	226	227	228	229	230	231	232	233	234	235	236	237	238	239	240	241	242	243	245	246	247	／
	12月	248	249	250	251	252	253	254	255	256	257	258	259	260	261	262	263	264	265	266	267	268	269	270	271	272	273	274	275	276	277	278
宮	月＼日	1	2	3	4	5	6	7	8	9	10	11	12	13	14	15	16	17	18	19	20	21	22	23	24	25	26	27	28	29	30	31
月 ☽	1月	206	219	234	248	263	279	294	309	324	338	352	006	019	032	044	057	069	081	093	104	116	128	140	152	164	176	189	202	215	229	243
	2月	257	272	287	302	317	332	346	001	014	028	041	053	065	077	089	101	113	125	137	149	161	173	186	199	212	225	239	253	／	／	／
	3月	267	281	296	311	325	340	354	008	022	036	049	061	074	086	098	109	121	133	145	157	170	183	195	209	222	236	250	264	278	292	306
	4月	320	335	349	003	017	030	044	056	069	081	093	105	117	129	141	153	165	178	191	204	218	232	246	260	274	289	303	317	331	345	／
	5月	359	012	026	039	052	065	077	089	101	113	125	137	149	161	173	186	199	213	227	241	255	270	285	299	314	328	342	355	009	022	035
	6月	048	061	073	086	098	110	121	133	145	157	169	181	194	207	221	235	249	264	279	294	309	324	338	352	006	019	032	045	058	070	／
	7月	082	094	106	118	130	142	154	165	178	190	203	216	229	243	258	273	288	303	318	333	348	002	016	029	042	055	067	079	091	103	115
	8月	127	139	151	162	175	187	199	212	225	238	252	266	281	296	311	326	341	356	011	025	038	051	064	076	088	100	112	124	136	148	160
	9月	172	184	196	209	222	235	248	262	276	290	305	320	335	350	004	019	033	046	060	072	085	097	109	121	132	144	156	168	181	193	／
	10月	206	219	232	245	259	272	286	300	315	329	344	358	013	027	041	054	068	080	093	105	117	129	141	152	164	177	189	202	215	228	242
	11月	255	269	283	297	311	325	339	353	008	022	036	049	063	076	088	101	113	125	137	148	160	172	184	197	210	223	237	251	265	279	／
	12月	294	308	322	336	350	004	018	031	045	058	071	084	096	109	121	133	144	156	168	180	192	205	218	231	245	259	274	288	303	318	332
宮	月＼日	1	2	3	4	5	6	7	8	9	10	11	12	13	14	15	16	17	18	19	20	21	22	23	24	25	26	27	28	29	30	31
水星 ☿	1月	296	298	299	301	302	303	304	306	307	308	308	309	310	310	310	310	310	310	309	309	308	307	306	304	303	302	301	299	298	297	296
	2月	296	295	295	295	294	294	295	295	295	296	296	297	297	298	299	300	301	302	303	304	305	306	307	308	310	311	312	313	／	／	／
	3月	315	316	318	319	320	322	323	325	326	328	329	331	333	334	336	337	339	341	343	344	346	348	350	351	353	355	357	359	001	003	005
	4月	007	009	011	013	015	017	019	021	023	025	027	029	031	033	035	037	039	041	043	045	047	048	050	051	053	054	056	057	058	059	／
	5月	060	061	062	062	063	064	064	065	065	065	065	065	065	065	065	065	064	064	063	063	062	062	061	061	060	060	059	059	058	058	057
	6月	057	057	057	057	057	057	057	057	057	057	058	058	059	060	060	061	062	063	064	065	066	067	068	069	071	072	074	075	077	078	／
	7月	080	082	083	085	087	089	091	093	095	097	099	101	103	106	108	110	112	114	116	118	120	123	125	127	129	131	133	135	136	138	140
	8月	142	144	146	147	149	151	152	154	156	157	159	160	162	163	165	166	167	169	170	171	173	174	175	176	177	179	180	181	182	183	183
	9月	184	185	186	186	187	188	188	188	189	189	189	189	189	189	188	188	187	187	186	185	184	183	182	181	180	179	178	177	176	175	／
	10月	175	174	174	174	174	175	175	176	177	177	179	180	181	182	184	185	187	188	190	191	193	195	196	198	200	201	203	205	206	208	210
	11月	211	213	215	216	218	220	221	223	225	226	228	229	231	233	234	236	237	239	240	242	244	245	247	248	250	251	253	254	256	257	／
	12月	259	260	262	264	265	267	268	270	271	273	274	276	277	278	280	281	283	284	285	286	288	289	290	291	292	293	293	294	294	294	294
宮	月＼日	1	2	3	4	5	6	7	8	9	10	11	12	13	14	15	16	17	18	19	20	21	22	23	24	25	26	27	28	29	30	31
金星 ♀	1月	290	292	293	294	295	297	298	299	300	302	303	304	305	307	308	309	310	312	313	314	315	317	318	319	320	322	323	324	325	327	328
	2月	329	330	332	333	334	335	337	338	339	340	342	343	344	345	347	348	349	350	352	353	354	355	357	358	359	000	002	003	／	／	／
	3月	004	005	006	008	009	010	011	013	014	015	016	018	019	020	021	022	024	025	026	027	029	030	031	032	033	035	036	037	038	039	041
	4月	042	043	044	045	047	048	049	050	051	053	054	055	056	057	059	060	061	062	063	065	066	067	068	069	070	072	073	074	075	076	／
	5月	078	079	080	081	082	083	084	086	087	088	089	090	091	093	094	095	096	097	098	099	100	102	103	104	105	106	107	108	109	110	112
	6月	113	114	115	116	117	118	119	120	121	122	123	124	125	126	128	129	130	131	132	133	134	135	136	137	138	139	140	140	141	142	／
	7月	143	144	145	146	147	148	149	150	150	151	152	153	154	155	155	156	157	158	158	159	160	161	161	162	163	163	164	164	165	165	166
	8月	166	167	167	168	168	168	169	169	169	169	170	170	170	170	170	170	170	170	170	170	169	169	169	169	168	168	168	167	167	166	166
	9月	165	164	164	163	163	162	161	161	160	160	159	158	158	157	157	156	156	156	155	155	155	154	154	154	154	154	154	154	154	154	／
	10月	154	154	154	155	155	155	156	156	156	157	157	158	158	159	159	160	160	161	162	162	163	164	164	165	166	167	168	168	169	170	171
	11月	172	173	173	174	175	176	177	178	179	180	181	182	183	184	185	186	187	188	189	190	191	192	193	194	195	196	197	198	199	200	／
	12月	202	203	204	205	206	207	208	209	210	212	213	214	215	216	217	218	220	221	222	223	224	225	226	228	229	230	231	232	234	235	236
宮	月＼日	1	2	3	4	5	6	7	8	9	10	11	12	13	14	15	16	17	18	19	20	21	22	23	24	25	26	27	28	29	30	31
火星 ♂	1月	251	252	253	253	254	255	255	256	257	258	258	259	260	260	261	262	263	263	264	265	265	266	267	268	268	269	270	270	271	272	273
	2月	273	274	275	276	276	277	278	279	279	280	281	281	282	283	284	284	285	286	287	287	288	289	290	290	291	292	293	293	／	／	／
	3月	294	295	295	296	297	298	298	299	300	301	301	302	303	304	304	305	306	307	307	308	309	310	310	311	312	313	313	314	315	316	316
	4月	317	318	319	319	320	321	322	322	323	324	325	326	326	327	328	329	329	330	331	332	332	333	334	335	335	336	337	338	338	339	／
	5月	340	341	341	342	343	344	344	345	346	347	347	348	349	350	350	351	352	353	353	354	355	356	356	357	358	359	359	000	001	002	002
	6月	003	004	004	005	006	007	007	008	009	010	010	011	012	013	013	014	015	015	016	017	018	018	019	020	020	021	022	023	023	024	／
	7月	025	025	026	027	028	028	029	030	030	031	032	032	033	034	034	035	036	036	037	038	038	039	040	040	041	042	042	043	044	044	045
	8月	046	046	047	048	048	049	049	050	051	051	052	053	053	054	054	055	056	056	057	057	058	058	059	060	060	061	061	062	062	063	063
	9月	064	064	065	065	066	066	067	067	068	068	069	069	070	070	071	071	072	072	073	073	073	074	074	075	075	075	076	076	076	077	／
	10月	077	077	078	078	078	078	079	079	079	080	080	080	080	080	081	081	081	081	081	081	081	081	082	082	082	082	082	082	082	082	082
	11月	082	082	081	081	081	081	081	081	081	080	080	080	080	080	079	079	079	079	078	078	078	077	077	077	076	076	076	075	075	074	／
	12月	074	074	073	073	072	072	072	071	071	071	070	070	070	069	069	069	068	068	068	067	067	067	067	066	066	066	066	065	065	065	065

1944年

宮	月＼日	1	2	3	4	5	6	7	8	9	10	11	12	13	14	15	16	17	18	19	20	21	22	23	24	25	26	27	28	29	30	31
太陽 ☉	1月	279	280	281	282	283	284	285	286	287	288	289	290	291	292	293	294	295	296	297	298	299	300	301	303	304	305	306	307	308	309	310
	2月	311	312	313	314	315	316	317	318	319	320	321	322	323	324	325	326	327	328	329	330	331	332	333	334	335	336	337	338	339	／	／
	3月	340	341	342	343	344	345	346	347	348	349	350	351	352	353	354	355	356	357	358	359	000	001	002	003	004	005	006	007	008	009	010
	4月	011	012	013	014	015	016	017	018	019	020	021	022	023	024	025	026	026	027	028	029	030	031	032	033	034	035	036	037	038	039	／
	5月	040	041	042	043	044	045	046	047	048	049	050	051	052	053	054	055	056	057	058	058	059	060	061	062	063	064	065	066	067	068	069
	6月	070	071	072	073	074	075	076	077	078	079	080	081	081	082	083	084	085	086	087	088	089	090	091	092	093	094	095	096	097	098	／
	7月	099	100	101	102	102	103	104	105	106	107	108	109	110	111	112	113	114	115	116	117	118	119	120	121	122	122	123	124	125	126	127
	8月	128	129	130	131	132	133	134	135	136	137	138	139	140	141	142	143	144	145	146	146	147	148	149	150	151	152	153	154	155	156	157
	9月	158	159	160	161	162	163	164	165	166	167	168	169	170	171	172	173	174	175	176	177	178	178	179	180	181	182	183	184	185	186	／
	10月	187	188	189	190	191	192	193	194	195	196	197	198	199	200	201	202	203	204	205	206	207	208	209	210	211	212	213	214	215	216	217
	11月	218	219	220	221	222	223	224	225	226	227	228	229	230	231	232	233	234	235	236	237	238	239	240	241	242	243	244	245	246	247	／
	12月	248	249	250	251	252	253	254	255	256	257	258	259	261	262	263	264	265	266	267	268	269	270	271	272	273	274	275	276	277	278	279
宮	月＼日	1	2	3	4	5	6	7	8	9	10	11	12	13	14	15	16	17	18	19	20	21	22	23	24	25	26	27	28	29	30	31
月 ☽	1月	347	001	015	028	042	055	068	080	093	105	117	129	141	153	164	176	188	200	213	226	239	253	267	281	296	311	326	342	356	011	025
	2月	038	052	065	077	090	102	114	126	138	149	161	173	185	197	209	222	234	248	261	275	289	304	319	335	350	005	020	034	048	／	／
	3月	061	074	087	099	111	123	135	146	158	170	182	194	206	219	231	244	257	270	284	298	313	328	343	358	013	028	042	056	070	083	095
	4月	108	120	131	143	155	167	179	191	203	216	228	241	254	267	281	294	308	323	337	352	007	021	036	050	064	078	091	103	116	128	／
	5月	140	151	163	175	187	199	212	225	238	251	264	278	291	305	319	333	348	002	016	031	045	059	072	086	099	111	124	136	148	159	171
	6月	183	195	208	220	233	246	260	274	288	302	316	330	344	358	013	027	041	054	068	081	094	107	119	132	144	155	167	179	191	203	／
	7月	216	228	241	255	269	283	297	311	326	341	355	009	024	037	051	064	077	090	103	115	128	140	152	164	175	187	199	211	224	236	249
	8月	263	277	291	306	320	335	350	005	020	034	048	061	074	087	100	112	124	137	148	160	172	184	196	208	220	232	245	258	271	285	299
	9月	314	329	344	359	014	029	044	058	071	084	097	109	122	134	146	157	169	181	193	205	217	229	241	254	267	280	294	308	322	337	／
	10月	352	008	023	038	052	067	080	093	106	118	131	143	154	166	178	190	202	214	226	239	251	264	277	290	303	317	331	346	001	016	031
	11月	046	060	075	088	102	114	127	139	151	163	175	187	199	211	223	235	248	261	274	287	300	314	328	342	356	010	025	040	054	068	／
	12月	082	096	109	122	135	147	159	171	183	195	207	219	231	244	257	270	283	297	311	324	338	353	007	021	035	049	063	077	091	104	117
宮	月＼日	1	2	3	4	5	6	7	8	9	10	11	12	13	14	15	16	17	18	19	20	21	22	23	24	25	26	27	28	29	30	31
水星 ☿	1月	294	294	293	293	292	290	289	288	287	285	284	283	282	281	280	279	279	278	278	278	278	278	279	279	280	280	281	282	283	284	285
	2月	286	287	288	289	290	291	292	294	295	296	298	299	300	302	303	304	306	307	309	310	312	313	315	316	318	320	321	323	325	／	／
	3月	326	328	330	331	333	335	336	338	340	342	344	346	347	349	351	353	355	357	359	001	003	005	007	009	011	013	015	017	019	021	023
	4月	025	027	028	030	032	033	035	036	038	039	040	041	042	043	044	044	045	045	046	046	046	046	046	046	045	045	045	044	044	043	／
	5月	043	042	041	041	040	040	039	038	038	037	037	037	037	036	036	036	036	036	037	037	037	038	038	039	039	040	041	042	043	044	045
	6月	046	047	048	049	050	052	053	054	056	057	059	061	062	064	066	067	069	071	073	075	077	079	081	083	085	087	089	092	094	096	／
	7月	098	100	103	105	107	109	111	113	115	117	119	121	123	125	127	129	130	132	134	136	137	139	141	142	144	145	147	148	150	151	152
	8月	154	155	156	158	159	160	161	162	163	164	165	166	167	168	168	169	170	170	171	171	172	172	172	172	172	172	172	171	171	170	170
	9月	169	168	167	166	165	164	163	163	162	161	160	159	159	158	158	158	158	158	159	159	160	161	162	163	164	165	167	168	170	171	／
	10月	173	174	176	178	179	181	183	185	187	188	190	192	194	195	197	199	200	202	204	206	207	209	211	212	214	215	217	219	220	222	224
	11月	225	227	228	230	231	233	234	236	237	239	241	242	244	245	247	248	249	251	252	254	255	257	258	260	261	262	264	265	266	268	／
	12月	269	270	271	272	273	274	275	276	277	277	278	278	278	278	278	278	277	277	276	275	273	272	271	269	268	267	266	265	264	263	263
宮	月＼日	1	2	3	4	5	6	7	8	9	10	11	12	13	14	15	16	17	18	19	20	21	22	23	24	25	26	27	28	29	30	31
金星 ♀	1月	237	238	239	241	242	243	244	245	247	248	249	250	251	253	254	255	256	257	259	260	261	262	263	265	266	267	268	270	271	272	273
	2月	274	276	277	278	279	280	282	283	284	285	287	288	289	290	291	293	294	295	296	298	299	300	301	302	304	305	306	307	309	／	／
	3月	310	311	312	314	315	316	317	318	320	321	322	323	325	326	327	328	330	331	332	333	334	336	337	338	339	341	342	343	344	346	347
	4月	348	349	350	352	353	354	355	357	358	359	000	002	003	004	005	006	008	009	010	011	013	014	015	016	017	019	020	021	022	024	／
	5月	025	026	027	029	030	031	032	033	035	036	037	038	040	041	042	043	044	046	047	048	049	051	052	053	054	056	057	058	059	060	062
	6月	063	064	065	067	068	069	070	071	073	074	075	076	078	079	080	081	083	084	085	086	087	089	090	091	092	094	095	096	097	099	／
	7月	100	101	102	103	105	106	107	108	110	111	112	113	115	116	117	118	119	121	122	123	124	126	127	128	129	131	132	133	134	135	137
	8月	138	139	140	142	143	144	145	147	148	149	150	151	153	154	155	156	158	159	160	161	163	164	165	166	167	169	170	171	172	174	175
	9月	176	177	179	180	181	182	184	185	186	187	188	190	191	192	193	195	196	197	198	200	201	202	203	204	206	207	208	209	211	212	／
	10月	213	214	215	217	218	219	220	222	223	224	225	227	228	229	230	231	233	234	235	236	238	239	240	241	242	244	245	246	247	249	250
	11月	251	252	253	255	256	257	258	260	261	262	263	264	266	267	268	269	271	272	273	274	275	277	278	279	280	281	283	284	285	286	／
	12月	287	289	290	291	292	293	295	296	297	298	299	301	302	303	304	305	307	308	309	310	311	312	314	315	316	317	318	319	321	322	323
宮	月＼日	1	2	3	4	5	6	7	8	9	10	11	12	13	14	15	16	17	18	19	20	21	22	23	24	25	26	27	28	29	30	31
火星 ♂	1月	065	065	065	065	065	064	064	064	064	064	064	064	064	064	064	065	065	065	065	065	065	065	065	066	066	066	066	066	066	067	067
	2月	067	067	068	068	068	068	069	069	069	070	070	070	071	071	071	072	072	072	073	073	073	074	074	074	075	075	076	076	076	／	／
	3月	077	077	078	078	079	079	079	080	080	081	081	082	082	083	083	084	084	084	085	085	086	086	087	087	088	088	089	089	090	090	091
	4月	091	092	092	093	093	094	094	095	096	096	097	097	098	098	099	099	100	100	101	101	102	102	103	104	104	105	105	106	106	107	／
	5月	107	108	108	109	110	110	111	111	112	112	113	114	114	115	115	116	116	117	118	118	119	119	120	120	121	122	122	123	123	124	124
	6月	125	126	126	127	127	128	129	129	130	130	131	131	132	133	133	134	134	135	136	136	137	137	138	139	139	140	140	141	142	142	／
	7月	143	143	144	145	145	146	146	147	148	148	149	150	150	151	151	152	153	153	154	154	155	156	156	157	158	158	159	159	160	161	161
	8月	162	162	163	164	164	165	166	166	167	167	168	169	169	170	171	171	172	173	173	174	174	175	176	176	177	178	178	179	180	180	181
	9月	182	182	183	183	184	185	185	186	187	187	188	189	189	190	191	191	192	193	193	194	195	195	196	197	197	198	199	199	200	201	／
	10月	201	202	203	203	204	205	205	206	207	207	208	209	209	210	211	211	212	213	213	214	215	215	216	217	217	218	219	220	220	221	222
	11月	222	223	224	224	225	226	226	227	228	229	229	230	231	231	232	233	233	234	235	236	236	237	238	238	239	240	241	241	242	243	／
	12月	243	244	245	246	246	247	248	248	249	250	251	251	252	253	254	254	255	256	256	257	258	259	259	260	261	262	262	263	264	265	265

1945年

宮	月＼日	1	2	3	4	5	6	7	8	9	10	11	12	13	14	15	16	17	18	19	20	21	22	23	24	25	26	27	28	29	30	31
太陽 ☉	1月	280	281	282	283	284	285	286	287	288	289	290	291	292	293	294	295	296	297	298	299	300	301	302	303	304	305	306	307	308	309	310
	2月	311	312	313	314	315	316	317	319	320	321	322	323	324	325	326	327	328	329	330	331	332	333	334	335	336	337	338	339	／	／	／
	3月	340	341	342	343	344	345	346	347	348	349	350	351	352	353	354	355	356	357	358	359	000	001	002	003	004	005	006	007	008	009	010
	4月	011	012	013	013	014	015	016	017	018	019	020	021	022	023	024	025	026	027	028	029	030	031	032	033	034	035	036	037	038	039	／
	5月	040	041	042	043	044	045	046	047	048	049	050	051	051	052	053	054	055	056	057	058	059	060	061	062	063	064	065	066	067	068	069
	6月	070	071	072	073	074	075	076	076	077	078	079	080	081	082	083	084	085	086	087	088	089	090	091	092	093	094	095	096	097	097	／
	7月	098	099	100	101	102	103	104	105	106	107	108	109	110	111	112	113	114	115	116	117	117	118	119	120	121	122	123	124	125	126	127
	8月	128	129	130	131	132	133	134	135	136	137	138	139	140	140	141	142	143	144	145	146	147	148	149	150	151	152	153	154	155	156	157
	9月	158	159	160	161	162	163	164	165	166	167	168	168	169	170	171	172	173	174	175	176	177	178	179	180	181	182	183	184	185	186	／
	10月	187	188	189	190	191	192	193	194	195	196	197	198	199	200	201	202	203	204	205	206	207	208	209	210	211	212	213	214	215	216	217
	11月	218	219	220	221	222	223	224	225	226	227	228	229	230	231	232	233	234	235	236	237	238	239	240	241	242	243	244	245	246	247	／
	12月	248	249	250	251	252	253	254	255	256	257	258	259	260	261	262	263	264	265	266	267	268	269	270	271	272	273	275	276	277	278	279
宮	月＼日	1	2	3	4	5	6	7	8	9	10	11	12	13	14	15	16	17	18	19	20	21	22	23	24	25	26	27	28	29	30	31
月 ☽	1月	130	142	155	167	179	191	202	214	227	239	252	265	278	292	306	320	335	349	003	018	032	046	060	073	087	100	113	126	138	150	163
	2月	175	187	198	210	222	234	247	259	273	286	300	314	329	344	359	014	028	043	057	070	084	097	109	122	135	147	159	171	／	／	／
	3月	183	195	207	219	231	243	255	268	281	294	308	322	337	352	007	023	038	052	067	080	094	107	119	132	144	156	168	180	192	204	216
	4月	227	239	252	264	276	289	303	316	331	345	000	016	031	046	061	075	089	103	116	128	141	153	165	177	189	201	213	224	236	249	／
	5月	261	273	286	299	312	326	340	354	009	024	039	054	069	084	098	111	124	137	150	162	174	186	197	209	221	233	245	258	270	283	296
	6月	309	322	336	350	004	019	034	048	063	078	092	106	119	132	145	158	170	182	194	206	218	230	242	254	267	280	293	306	319	333	／
	7月	347	001	015	029	044	058	072	086	100	114	127	140	153	166	178	190	202	214	226	238	250	262	275	288	302	315	329	343	358	012	026
	8月	040	055	069	082	096	110	123	136	149	161	174	186	198	210	222	234	246	258	270	283	296	310	324	338	353	008	022	037	051	065	079
	9月	093	106	119	132	145	158	170	182	194	206	218	230	242	254	266	278	291	304	318	332	347	002	017	032	047	062	076	090	103	116	／
	10月	129	142	154	167	179	191	203	215	227	238	250	262	274	287	299	313	326	340	355	010	025	041	056	071	085	099	113	126	139	151	164
	11月	176	188	200	212	224	235	247	259	271	283	296	309	322	335	349	004	018	033	049	064	079	094	108	122	135	148	160	173	185	197	／
	12月	209	220	232	244	256	268	280	293	306	318	332	345	359	013	027	042	057	072	087	101	116	130	143	156	169	181	193	205	217	229	241
宮	月＼日	1	2	3	4	5	6	7	8	9	10	11	12	13	14	15	16	17	18	19	20	21	22	23	24	25	26	27	28	29	30	31
水星 ☿	1月	262	262	262	262	263	263	264	264	265	266	267	267	268	270	271	272	273	274	275	277	278	279	280	282	283	285	286	287	289	290	292
	2月	293	295	296	298	299	301	302	304	305	307	309	310	312	313	315	317	318	320	322	324	325	327	329	331	332	334	336	338	／	／	／
	3月	340	342	344	346	348	349	351	353	355	357	359	001	003	005	007	009	010	012	014	015	017	018	020	021	022	023	024	025	026	026	027
	4月	027	027	027	027	027	027	027	026	026	025	025	024	023	022	022	021	020	020	019	018	018	017	017	017	017	016	016	016	017	017	／
	5月	017	017	018	018	019	019	020	021	022	023	024	025	026	027	028	029	030	031	033	034	035	037	038	040	041	043	045	046	048	050	051
	6月	053	055	057	059	061	063	065	067	069	071	073	076	078	080	082	084	086	089	091	093	095	097	099	101	103	105	107	109	111	113	／
	7月	115	117	119	120	122	124	125	127	128	130	132	133	134	136	137	138	140	141	142	143	144	145	146	147	148	149	150	151	151	152	153
	8月	153	153	154	154	154	154	154	154	154	154	153	153	152	152	151	150	150	149	148	147	146	145	145	144	143	143	142	142	142	141	142
	9月	142	142	142	143	144	145	146	147	148	149	151	152	154	155	157	159	160	162	164	166	168	170	171	173	175	177	179	181	182	184	／
	10月	186	188	190	191	193	195	196	198	200	202	203	205	206	208	210	211	213	214	216	218	219	221	222	224	225	227	228	230	231	233	234
	11月	235	237	238	240	241	243	244	245	247	248	249	250	252	253	254	255	256	257	258	259	260	261	261	262	262	262	263	263	262	262	／
	12月	261	261	260	259	258	256	255	253	252	251	250	249	248	247	247	246	246	246	247	247	247	248	249	250	250	251	252	253	255	256	257
宮	月＼日	1	2	3	4	5	6	7	8	9	10	11	12	13	14	15	16	17	18	19	20	21	22	23	24	25	26	27	28	29	30	31
金星 ♀	1月	324	325	326	328	329	330	331	332	333	334	336	337	338	339	340	341	342	343	344	346	347	348	349	350	351	352	353	354	355	356	357
	2月	358	359	000	001	002	003	004	005	006	007	008	009	010	011	012	013	014	015	015	016	017	018	019	020	020	021	022	023	／	／	／
	3月	023	024	025	025	026	027	027	028	028	029	029	030	030	031	031	031	032	032	032	033	033	033	033	033	033	033	033	033	033	033	032
	4月	032	032	032	031	031	030	030	029	029	028	028	027	026	026	025	025	024	023	023	022	022	021	020	020	019	019	019	018	018	018	／
	5月	017	017	017	017	017	017	017	017	017	017	017	017	017	018	018	018	019	019	019	020	020	021	021	022	022	023	023	024	025	025	026
	6月	027	027	028	029	030	030	031	032	033	034	034	035	036	037	038	039	040	041	041	042	043	044	045	046	047	048	049	050	051	052	／
	7月	053	054	055	056	057	058	059	060	061	062	063	064	065	066	067	068	069	070	072	073	074	075	076	077	078	079	080	081	082	084	085
	8月	086	087	088	089	090	091	093	094	095	096	097	098	099	100	102	103	104	105	106	107	109	110	111	112	113	114	116	117	118	119	120
	9月	121	123	124	125	126	127	128	130	131	132	133	134	136	137	138	139	140	142	143	144	145	146	148	149	150	151	152	154	155	156	／
	10月	157	159	160	161	162	163	165	166	167	168	170	171	172	173	175	176	177	178	179	181	182	183	184	186	187	188	189	191	192	193	194
	11月	196	197	198	199	201	202	203	204	206	207	208	209	211	212	213	214	216	217	218	219	221	222	223	224	226	227	228	229	231	232	／
	12月	233	234	236	237	238	239	241	242	243	244	246	247	248	249	251	252	253	254	256	257	258	260	261	262	263	265	266	267	268	270	271
宮	月＼日	1	2	3	4	5	6	7	8	9	10	11	12	13	14	15	16	17	18	19	20	21	22	23	24	25	26	27	28	29	30	31
火星 ♂	1月	266	267	268	268	269	270	271	271	272	273	273	274	275	276	276	277	278	279	280	280	281	282	283	283	284	285	286	286	287	288	289
	2月	289	290	291	292	292	293	294	295	295	296	297	298	299	299	300	301	302	302	303	304	305	305	306	307	308	309	309	310	／	／	／
	3月	311	312	312	313	314	315	316	316	317	318	319	319	320	321	322	323	323	324	325	326	326	327	328	329	329	330	331	332	333	333	334
	4月	335	336	336	337	338	339	340	340	341	342	343	343	344	345	346	347	347	348	349	350	350	351	352	353	354	354	355	356	357	357	／
	5月	358	359	000	000	001	002	003	004	004	005	006	007	007	008	009	010	010	011	012	013	013	014	015	016	017	017	018	019	020	020	021
	6月	022	023	023	024	025	026	026	027	028	028	029	030	031	031	032	033	034	034	035	036	037	037	038	039	040	040	041	042	042	043	／
	7月	044	045	045	046	047	047	048	049	050	050	051	052	052	053	054	054	055	056	057	057	058	059	059	060	061	061	062	063	063	064	065
	8月	065	066	067	067	068	069	069	070	071	071	072	073	073	074	075	075	076	077	077	078	079	079	080	080	081	082	082	083	084	084	085
	9月	085	086	087	087	088	088	089	090	090	091	091	092	093	093	094	094	095	095	096	097	097	098	098	099	099	100	100	101	101	102	／
	10月	102	103	103	104	105	105	106	106	106	107	107	108	108	109	109	110	110	111	111	111	112	112	113	113	114	114	114	115	115	115	116
	11月	116	117	117	117	118	118	118	118	119	119	119	120	120	120	120	121	121	121	121	121	122	122	122	122	122	122	122	122	122	123	／
	12月	123	123	123	123	123	123	123	123	123	123	122	122	122	122	122	122	122	122	121	121	121	121	120	120	120	120	119	119	119	118	118

1946年

宮	月＼日	1	2	3	4	5	6	7	8	9	10	11	12	13	14	15	16	17	18	19	20	21	22	23	24	25	26	27	28	29	30	31
太陽 ☉	1月	280	281	282	283	284	285	286	287	288	289	290	291	292	293	294	295	296	297	298	299	300	301	302	303	304	305	306	307	308	309	310
	2月	311	312	313	314	315	316	317	318	319	320	321	322	323	324	325	326	327	328	329	330	331	332	333	334	335	336	337	338	／	／	／
	3月	339	340	341	342	343	344	345	346	347	348	349	350	351	352	353	354	355	356	357	358	359	000	001	002	003	004	005	006	007	008	009
	4月	010	011	012	013	014	015	016	017	018	019	020	021	022	023	024	025	026	027	028	029	030	031	032	033	034	035	036	037	038	039	／
	5月	040	041	042	043	044	044	045	046	047	048	049	050	051	052	053	054	055	056	057	058	059	060	061	062	063	064	065	066	067	068	069
	6月	070	070	071	072	073	074	075	076	077	078	079	080	081	082	083	084	085	086	087	088	089	090	091	092	092	093	094	095	096	097	／
	7月	098	099	100	101	102	103	104	105	106	107	108	109	110	111	112	112	113	114	115	116	117	118	119	120	121	122	123	124	125	126	127
	8月	128	129	130	131	132	133	134	134	135	136	137	138	139	140	141	142	143	144	145	146	147	148	149	150	151	152	153	154	155	156	157
	9月	158	159	160	160	161	162	163	164	165	166	167	168	169	170	171	172	173	174	175	176	177	178	179	180	181	182	183	184	185	186	／
	10月	187	188	189	190	191	192	193	194	195	196	197	198	199	200	201	202	203	204	205	206	207	208	209	210	211	212	213	214	215	216	217
	11月	218	219	220	221	222	223	224	225	226	227	228	229	230	231	232	233	234	235	236	237	238	239	240	241	242	243	244	245	246	247	／
	12月	248	249	250	251	252	253	254	255	256	257	258	259	260	261	262	263	264	265	266	267	268	269	270	271	272	273	274	275	276	277	278
宮	月＼日	1	2	3	4	5	6	7	8	9	10	11	12	13	14	15	16	17	18	19	20	21	22	23	24	25	26	27	28	29	30	31
月 ☽	1月	253	265	277	290	302	315	328	342	356	009	023	038	052	066	081	095	109	124	137	151	164	177	189	201	213	225	237	249	261	273	285
	2月	298	311	325	338	352	006	020	034	048	063	077	091	105	118	132	146	159	172	184	197	209	221	233	245	256	268	281	293	／	／	／
	3月	306	320	333	347	002	016	031	045	059	074	087	101	115	128	142	155	167	180	193	205	217	229	241	253	264	276	289	301	314	328	341
	4月	356	010	025	040	055	070	084	098	112	125	138	151	164	177	189	201	213	225	237	249	261	273	285	297	309	322	336	350	004	019	／
	5月	034	049	064	079	094	108	122	135	148	161	174	186	198	210	222	234	246	258	270	282	294	306	318	331	345	358	012	027	042	057	072
	6月	087	102	117	131	145	158	171	183	195	207	219	231	243	255	267	279	291	303	315	328	341	354	008	022	036	051	066	081	096	110	／
	7月	125	139	153	166	179	192	204	216	228	240	252	263	275	288	300	312	325	338	351	005	018	032	046	061	075	090	104	119	133	147	161
	8月	175	188	200	212	224	236	248	260	272	284	296	309	322	335	348	001	015	029	043	057	071	085	100	114	128	142	156	169	183	196	208
	9月	220	232	244	256	268	280	292	304	317	330	344	357	011	025	040	054	068	082	096	110	124	138	151	165	178	191	204	216	228	240	／
	10月	252	264	276	288	300	312	325	338	352	006	020	035	049	064	078	093	107	121	135	148	161	174	187	200	212	224	236	248	260	272	284
	11月	296	308	320	333	346	000	014	028	043	058	073	088	103	117	131	145	158	171	184	197	209	221	233	245	257	269	280	292	304	316	／
	12月	329	341	354	008	022	036	051	066	081	097	112	126	141	155	168	181	194	206	218	230	242	254	266	277	289	301	313	326	338	351	004
宮	月＼日	1	2	3	4	5	6	7	8	9	10	11	12	13	14	15	16	17	18	19	20	21	22	23	24	25	26	27	28	29	30	31
水星 ☿	1月	258	259	261	262	263	265	266	267	269	270	272	273	275	276	278	279	281	282	284	285	287	288	290	291	293	294	296	298	299	301	302
	2月	304	306	307	309	311	313	314	316	318	320	321	323	325	327	329	330	332	334	336	338	340	342	343	345	347	349	351	353	／	／	／
	3月	354	356	358	359	001	002	003	005	006	007	007	008	009	009	010	010	010	010	009	009	009	008	007	006	006	005	004	003	002	001	001
	4月	000	359	359	358	358	358	357	357	357	357	357	358	358	358	359	359	000	000	001	002	003	004	005	006	007	008	009	010	011	013	／
	5月	014	015	017	018	019	021	022	024	025	027	029	030	032	034	036	037	039	041	043	045	047	049	051	053	055	057	059	062	064	066	068
	6月	070	073	075	077	079	081	083	085	088	090	092	094	096	097	099	101	103	105	106	108	110	111	113	114	116	117	119	120	121	122	／
	7月	124	125	126	127	128	129	130	131	132	132	133	134	134	135	135	135	136	136	136	136	136	136	135	135	135	134	134	133	132	132	131
	8月	130	130	129	128	127	127	126	126	125	125	125	124	124	124	125	125	125	126	127	128	128	130	131	132	133	135	136	138	139	141	143
	9月	145	147	148	150	152	154	156	158	160	162	164	166	168	169	171	173	175	177	179	180	182	184	186	187	189	191	192	194	196	197	／
	10月	199	201	202	204	205	207	208	210	211	213	214	216	217	219	220	222	223	224	226	227	228	230	231	232	233	235	236	237	238	239	240
	11月	241	242	243	244	245	245	246	246	247	247	247	247	247	246	246	245	244	243	242	240	239	238	236	235	234	233	232	231	231	231	／
	12月	231	231	231	231	232	233	233	234	235	236	237	238	240	241	242	243	245	246	248	249	250	252	253	255	256	258	259	261	262	264	265
宮	月＼日	1	2	3	4	5	6	7	8	9	10	11	12	13	14	15	16	17	18	19	20	21	22	23	24	25	26	27	28	29	30	31
金星 ♀	1月	272	273	275	276	277	278	280	281	282	283	285	286	287	288	290	291	292	293	295	296	297	298	300	301	302	304	305	306	307	309	310
	2月	311	312	314	315	316	317	319	320	321	322	324	325	326	327	329	330	331	332	334	335	336	337	339	340	341	342	344	345	／	／	／
	3月	346	347	349	350	351	352	354	355	356	357	359	000	001	002	004	005	006	007	009	010	011	012	014	015	016	017	018	020	021	022	023
	4月	025	026	027	028	030	031	032	033	035	036	037	038	039	041	042	043	044	046	047	048	049	051	052	053	054	055	057	058	059	060	／
	5月	062	063	064	065	066	068	069	070	071	073	074	075	076	077	079	080	081	082	083	085	086	087	088	089	091	092	093	094	096	097	098
	6月	099	100	102	103	104	105	106	108	109	110	111	112	113	115	116	117	118	119	121	122	123	124	125	127	128	129	130	131	132	134	／
	7月	135	136	137	138	139	141	142	143	144	145	146	148	149	150	151	152	153	154	156	157	158	159	160	161	162	164	165	166	167	168	169
	8月	170	171	173	174	175	176	177	178	179	180	181	183	184	185	186	187	188	189	190	191	192	193	194	195	196	197	199	200	201	202	203
	9月	204	205	206	207	208	209	210	211	212	213	213	214	215	216	217	218	219	220	221	222	223	223	224	225	226	227	228	228	229	230	／
	10月	231	231	232	233	233	234	235	235	236	236	237	238	238	238	239	239	240	240	240	241	241	241	242	242	242	242	242	242	242	242	242
	11月	242	242	241	241	241	240	240	240	239	239	238	238	237	237	236	235	235	234	234	233	232	232	231	231	230	230	229	229	228	228	／
	12月	228	227	227	227	227	227	227	227	227	227	227	227	227	227	228	228	228	228	229	229	230	230	231	231	232	232	233	233	234	235	235
宮	月＼日	1	2	3	4	5	6	7	8	9	10	11	12	13	14	15	16	17	18	19	20	21	22	23	24	25	26	27	28	29	30	31
火星 ♂	1月	118	117	117	117	116	116	115	115	115	114	114	114	113	113	112	112	112	111	111	110	110	110	109	109	109	108	108	108	107	107	107
	2月	106	106	106	106	105	105	105	105	105	104	104	104	104	104	104	104	104	104	104	104	104	104	104	104	104	104	104	104	／	／	／
	3月	104	104	104	104	104	104	105	105	105	105	105	105	106	106	106	106	107	107	107	107	108	108	108	108	109	109	109	110	110	110	111
	4月	111	111	112	112	112	113	113	113	114	114	115	115	115	116	116	117	117	117	118	118	119	119	120	120	121	121	121	122	122	123	／
	5月	123	124	124	125	125	126	126	127	127	128	128	129	129	130	130	131	131	132	132	133	133	134	134	135	135	136	136	137	137	138	138
	6月	139	139	140	141	141	142	142	143	143	144	144	145	145	146	147	147	148	148	149	149	150	151	151	152	152	153	153	154	155	155	／
	7月	156	156	157	157	158	159	159	160	160	161	162	162	163	163	164	165	165	166	166	167	168	168	169	169	170	171	171	172	172	173	174
	8月	174	175	176	176	177	177	178	179	179	180	180	181	182	182	183	184	184	185	186	186	187	187	188	189	189	190	191	191	192	193	193
	9月	194	195	195	196	197	197	198	198	199	200	200	201	202	202	203	204	204	205	206	206	207	208	208	209	210	210	211	212	213	213	／
	10月	214	215	215	216	217	217	218	219	219	220	221	221	222	223	224	224	225	226	226	227	228	228	229	230	231	231	232	233	233	234	235
	11月	235	236	237	238	238	239	240	240	241	242	243	243	244	245	246	246	247	248	248	249	250	251	251	252	253	254	254	255	256	257	／
	12月	257	258	259	260	260	261	262	263	263	264	265	265	266	267	268	269	269	270	271	272	272	273	274	275	275	276	277	278	278	279	280

1947年

宮	月＼日	1	2	3	4	5	6	7	8	9	10	11	12	13	14	15	16	17	18	19	20	21	22	23	24	25	26	27	28	29	30	31
太陽	1月	279	280	281	282	283	284	285	286	288	289	290	291	292	293	294	295	296	297	298	299	300	301	302	303	304	305	306	307	308	309	310
	2月	311	312	313	314	315	316	317	318	319	320	321	322	323	324	325	326	327	328	329	330	331	332	333	334	335	336	337	338	／	／	／
	3月	339	340	341	342	343	344	345	346	347	348	349	350	351	352	353	354	355	356	357	358	359	000	001	002	003	004	005	006	007	008	009
	4月	010	011	012	013	014	015	016	017	018	019	020	021	022	023	024	025	026	027	028	029	030	031	032	033	034	035	036	037	037	038	／
	5月	039	040	041	042	043	044	045	046	047	048	049	050	051	052	053	054	055	056	057	058	059	060	061	062	063	064	065	065	066	067	068
	6月	069	070	071	072	073	074	075	076	077	078	079	080	081	082	083	084	085	086	087	087	088	089	090	091	092	093	094	095	096	097	／
	7月	098	099	100	101	102	103	104	105	106	107	107	108	109	110	111	112	113	114	115	116	117	118	119	120	121	122	123	124	125	126	127
	8月	128	128	129	130	131	132	133	134	135	136	137	138	139	140	141	142	143	144	145	146	147	148	149	150	151	152	153	153	154	155	156
☉	9月	157	158	159	160	161	162	163	164	165	166	167	168	169	170	171	172	173	174	175	176	177	178	179	180	181	182	183	184	185	186	／
	10月	187	188	189	190	191	192	193	194	194	195	196	197	198	199	200	201	202	203	204	205	206	207	208	209	210	211	212	213	214	215	216
	11月	217	218	219	220	221	222	223	224	225	226	227	228	229	230	231	232	233	234	235	236	237	238	239	240	242	243	244	245	246	247	／
	12月	248	249	250	251	252	253	254	255	256	257	258	259	260	261	262	263	264	265	266	267	268	269	270	271	272	273	274	275	276	277	278
宮	月＼日	1	2	3	4	5	6	7	8	9	10	11	12	13	14	15	16	17	18	19	20	21	22	23	24	25	26	27	28	29	30	31
月	1月	017	031	045	059	074	089	104	120	135	149	163	177	190	203	215	227	239	251	263	274	286	298	310	323	335	348	000	014	027	040	054
	2月	068	083	098	113	128	142	157	171	185	198	211	223	235	247	259	271	283	295	307	319	332	344	357	010	024	037	051	065	／	／	／
	3月	079	093	107	122	136	151	165	179	193	206	219	231	243	255	267	279	291	303	315	327	340	353	007	020	034	048	062	076	090	104	118
	4月	132	146	160	174	188	201	214	227	239	251	263	275	287	299	311	323	335	348	001	015	029	043	057	072	086	101	115	129	143	157	／
	5月	170	184	197	210	222	235	247	259	271	283	295	307	319	331	343	356	010	023	037	052	066	081	096	111	125	140	154	167	181	194	206
	6月	219	231	244	256	268	279	291	303	315	327	339	352	005	018	031	045	060	075	090	105	120	135	149	164	177	191	204	216	228	241	／
	7月	253	265	276	288	300	312	324	336	348	001	014	027	040	054	068	083	098	113	129	144	158	173	187	200	213	225	238	250	262	273	285
	8月	297	309	321	333	345	358	010	023	036	050	063	078	092	107	122	137	152	167	181	195	209	222	234	246	258	270	282	294	306	318	330
☽	9月	342	355	007	020	033	046	060	074	088	102	116	131	146	161	175	189	203	217	230	242	254	267	278	290	302	314	326	339	351	004	／
	10月	017	030	043	057	070	084	098	113	127	141	155	170	184	198	211	225	237	250	262	274	286	298	310	322	334	347	359	012	025	039	053
	11月	067	081	095	109	124	138	152	166	180	193	207	220	233	246	258	270	282	294	306	318	330	342	354	007	020	033	047	061	076	090	／
	12月	105	120	134	149	163	177	190	203	216	229	242	254	266	278	290	302	314	326	338	350	002	015	028	041	055	069	084	099	114	129	144
宮	月＼日	1	2	3	4	5	6	7	8	9	10	11	12	13	14	15	16	17	18	19	20	21	22	23	24	25	26	27	28	29	30	31
水星	1月	267	268	270	271	273	274	276	277	279	280	282	284	285	287	288	290	292	293	295	297	298	300	302	303	305	307	308	310	312	314	315
	2月	317	319	321	323	324	326	328	330	331	333	335	337	338	340	341	343	344	346	347	348	349	350	351	352	352	352	353	353	／	／	／
	3月	352	352	352	351	350	350	349	348	347	346	345	344	343	342	341	341	340	340	339	339	339	339	339	339	339	339	340	340	341	341	342
	4月	343	344	344	345	346	347	348	349	351	352	353	354	355	357	358	359	001	002	004	005	007	008	010	012	013	015	017	018	020	022	／
	5月	024	025	027	029	031	033	035	037	039	041	043	046	048	050	052	054	056	059	061	063	065	067	069	071	074	076	078	080	081	083	085
	6月	087	089	090	092	094	095	097	098	100	101	102	104	105	106	107	108	109	110	111	112	113	113	114	115	115	116	116	116	116	117	／
	7月	117	117	117	116	116	116	115	115	114	114	113	113	112	111	111	110	109	109	108	108	107	107	107	107	107	107	107	107	107	108	108
	8月	109	109	110	111	112	113	114	116	117	119	120	122	123	125	127	129	131	133	135	137	139	141	143	145	147	149	151	152	154	156	158
☿	9月	160	162	164	166	168	169	171	173	175	177	178	180	182	183	185	187	188	190	191	193	194	196	197	199	200	202	203	205	206	207	／
	10月	209	210	211	213	214	215	217	218	219	220	221	222	223	224	225	226	227	228	228	229	230	230	231	231	231	231	231	231	230	230	229
	11月	228	227	226	225	223	222	221	219	218	217	216	216	215	215	215	215	215	216	216	217	218	219	220	221	222	223	225	226	227	229	／
	12月	230	232	233	234	236	237	239	240	242	243	245	246	248	250	251	253	254	256	257	259	260	262	263	265	267	268	270	271	273	275	276
宮	月＼日	1	2	3	4	5	6	7	8	9	10	11	12	13	14	15	16	17	18	19	20	21	22	23	24	25	26	27	28	29	30	31
金星	1月	236	237	238	238	239	240	241	241	242	243	244	245	246	247	247	248	249	250	251	252	253	254	255	256	257	258	259	260	261	262	263
	2月	264	265	266	267	268	269	270	272	273	274	275	276	277	278	279	280	281	282	284	285	286	287	288	289	290	291	293	294	／	／	／
	3月	295	296	297	298	299	301	302	303	304	305	306	307	309	310	311	312	313	314	316	317	318	319	320	321	323	324	325	326	327	329	330
	4月	331	332	333	334	336	337	338	339	340	342	343	344	345	346	348	349	350	351	352	354	355	356	357	358	000	001	002	003	004	006	／
	5月	007	008	009	010	012	013	014	015	016	018	019	020	021	022	024	025	026	027	028	030	031	032	033	034	036	037	038	039	040	042	043
	6月	044	045	046	048	049	050	051	053	054	055	056	057	059	060	061	062	063	065	066	067	068	069	071	072	073	074	076	077	078	079	／
	7月	080	082	083	084	085	087	088	089	090	091	093	094	095	096	098	099	100	101	102	104	105	106	107	109	110	111	112	113	115	116	117
	8月	118	120	121	122	123	125	126	127	128	129	131	132	133	134	136	137	138	139	141	142	143	144	146	147	148	149	150	152	153	154	155
♀	9月	157	158	159	160	162	163	164	165	167	168	169	170	172	173	174	175	177	178	179	180	182	183	184	185	187	188	189	190	192	193	／
	10月	194	195	196	198	199	200	201	203	204	205	206	208	209	210	211	213	214	215	216	218	219	220	221	223	224	225	226	228	229	230	231
	11月	233	234	235	236	238	239	240	241	243	244	245	246	248	249	250	251	253	254	255	256	258	259	260	261	263	264	265	266	268	269	／
	12月	270	271	273	274	275	276	278	279	280	281	283	284	285	286	287	289	290	291	292	294	295	296	297	299	300	301	302	304	305	306	307
宮	月＼日	1	2	3	4	5	6	7	8	9	10	11	12	13	14	15	16	17	18	19	20	21	22	23	24	25	26	27	28	29	30	31
火星	1月	281	281	282	283	284	285	285	286	287	288	288	289	290	291	291	292	293	294	295	295	296	297	298	298	299	300	301	302	302	303	304
	2月	305	305	306	307	308	309	309	310	311	312	313	313	314	315	316	316	317	318	319	320	320	321	322	323	324	324	325	326	／	／	／
	3月	327	327	328	329	330	331	331	332	333	334	335	335	336	337	338	339	339	340	341	342	342	343	344	345	346	346	347	348	349	350	350
	4月	351	352	353	353	354	355	356	357	357	358	359	000	000	001	002	003	004	004	005	006	007	007	008	009	010	010	011	012	013	014	／
	5月	014	015	016	017	017	018	019	020	020	021	022	023	023	024	025	026	026	027	028	029	029	030	031	032	032	033	034	035	035	036	037
	6月	038	038	039	040	041	041	042	043	044	044	045	046	047	047	048	049	049	050	051	052	052	053	054	054	055	056	057	057	058	059	／
	7月	059	060	061	062	062	063	064	064	065	066	067	067	068	069	069	070	071	071	072	073	073	074	075	076	076	077	078	078	079	080	080
	8月	081	082	082	083	084	084	085	086	086	087	088	088	089	090	090	091	092	092	093	094	094	095	096	096	097	097	098	099	099	100	101
♂	9月	101	102	103	103	104	104	105	106	106	107	108	108	109	109	110	111	111	112	112	113	114	114	115	115	116	117	117	118	118	119	／
	10月	120	120	121	121	122	122	123	124	124	125	125	126	126	127	127	128	129	129	130	130	131	131	132	132	133	133	134	134	135	135	136
	11月	136	137	137	138	138	139	139	140	140	141	141	142	142	142	143	143	144	144	145	145	145	146	146	147	147	148	148	148	149	149	／
	12月	149	150	150	150	151	151	151	152	152	152	153	153	153	153	154	154	154	154	155	155	155	155	155	156	156	156	156	156	156	157	157

1948年

宮	月＼日	1	2	3	4	5	6	7	8	9	10	11	12	13	14	15	16	17	18	19	20	21	22	23	24	25	26	27	28	29	30	31
太陽 ☉	1月	279	280	281	282	283	284	285	286	287	288	289	290	291	292	293	294	295	296	297	298	299	301	302	303	304	305	306	307	308	309	310
	2月	311	312	313	314	315	316	317	318	319	320	321	322	323	324	325	326	327	328	329	330	331	332	333	334	335	336	337	338	339	／	／
	3月	340	341	342	343	344	345	346	347	348	349	350	351	352	353	354	355	356	357	358	359	000	001	002	003	004	005	006	007	008	009	010
	4月	011	012	013	014	015	016	017	018	019	020	021	022	023	024	025	026	027	027	028	029	030	031	032	033	034	035	036	037	038	039	／
	5月	040	041	042	043	044	045	046	047	048	049	050	051	052	053	054	055	056	057	058	059	059	060	061	062	063	064	065	066	067	068	069
	6月	070	071	072	073	074	075	076	077	078	079	080	081	082	082	083	084	085	086	087	088	089	090	091	092	093	094	095	096	097	098	／
	7月	099	100	101	102	102	103	104	105	106	107	108	109	110	111	112	113	114	115	116	117	118	119	120	121	122	123	123	124	125	126	127
	8月	128	129	130	131	132	133	134	135	136	137	138	139	140	141	142	143	144	145	146	146	147	148	149	150	151	152	153	154	155	156	157
	9月	158	159	160	161	162	163	164	165	166	167	168	169	170	171	172	173	174	175	176	177	178	179	179	180	181	182	183	184	185	186	／
	10月	187	188	189	190	191	192	193	194	195	196	197	198	199	200	201	202	203	204	205	206	207	208	209	210	211	212	213	214	215	216	217
	11月	218	219	220	221	222	223	224	225	226	227	228	229	230	231	232	233	234	235	236	237	238	239	240	241	242	243	244	245	246	247	／
	12月	248	249	250	251	252	253	254	255	256	257	259	260	261	262	263	264	265	266	267	268	269	270	271	272	273	274	275	276	277	278	279
宮	月＼日	1	2	3	4	5	6	7	8	9	10	11	12	13	14	15	16	17	18	19	20	21	22	23	24	25	26	27	28	29	30	31
月 ☽	1月	159	173	187	200	213	226	239	251	263	275	287	299	311	323	335	347	359	011	023	036	049	063	077	092	107	122	137	153	168	182	196
	2月	210	223	236	248	260	272	284	296	308	320	332	344	356	008	020	033	045	058	072	086	100	115	130	145	161	176	190	205	218	／	／
	3月	232	244	257	269	281	293	305	317	329	341	353	005	017	030	042	055	068	082	096	110	124	139	154	169	184	198	213	226	240	253	265
	4月	277	289	301	313	325	337	349	001	014	026	039	052	065	079	093	106	121	135	149	164	178	192	207	221	234	247	260	273	285	297	／
	5月	309	321	333	345	357	010	022	035	048	062	075	089	103	117	132	146	160	174	188	202	216	229	243	256	268	281	293	305	317	329	341
	6月	353	005	018	030	043	057	070	084	099	113	128	142	157	171	185	199	212	226	239	252	264	277	289	301	313	325	337	349	001	013	／
	7月	026	038	051	065	079	093	108	123	138	153	167	182	196	209	223	236	248	261	273	286	298	310	322	334	346	358	009	022	034	046	059
	8月	073	087	101	116	131	147	162	177	191	205	219	233	245	258	271	283	295	307	319	331	343	354	006	018	030	043	055	068	082	096	110
	9月	125	140	155	170	185	200	215	228	242	255	267	280	292	304	316	328	340	352	003	015	028	040	052	065	078	091	105	119	134	148	／
	10月	163	179	194	208	223	237	250	263	276	288	301	313	325	336	348	000	012	024	037	049	062	075	088	102	115	129	144	158	173	187	202
	11月	216	231	245	258	271	284	297	309	321	333	345	356	008	021	033	046	058	072	085	098	112	126	140	154	169	183	197	211	225	239	／
	12月	253	266	279	292	304	317	329	341	352	004	016	028	041	054	067	080	094	108	122	137	151	165	179	194	207	221	235	248	261	274	287
宮	月＼日	1	2	3	4	5	6	7	8	9	10	11	12	13	14	15	16	17	18	19	20	21	22	23	24	25	26	27	28	29	30	31
水星 ☿	1月	278	279	281	283	284	286	287	289	291	292	294	296	297	299	301	302	304	306	307	309	311	313	314	316	318	319	321	322	324	325	327
	2月	328	330	331	332	333	334	335	335	336	336	336	336	336	335	335	334	333	332	331	330	329	328	327	326	325	324	323	322	322	／	／
	3月	322	321	321	321	321	321	322	322	322	323	323	324	325	326	326	327	328	329	330	331	333	334	335	336	337	339	340	341	343	344	346
	4月	347	348	350	351	353	355	356	358	000	001	003	005	006	008	010	012	014	016	018	020	022	023	026	028	030	032	034	036	038	040	／
	5月	042	045	047	049	051	053	055	057	059	061	063	065	067	069	071	073	074	076	078	079	081	082	083	085	086	087	088	089	090	091	092
	6月	093	093	094	095	095	096	096	096	097	097	097	097	097	097	096	096	096	095	095	094	094	093	093	092	091	091	090	090	089	089	／
	7月	089	088	088	088	088	088	088	088	088	089	089	090	090	091	092	093	094	095	096	097	098	100	101	102	104	106	107	109	111	113	115
	8月	117	119	121	123	125	127	129	131	133	135	137	139	141	143	145	147	149	151	153	155	157	158	160	162	164	166	167	169	171	172	174
	9月	176	177	179	180	182	183	185	186	188	189	191	192	193	195	196	197	198	200	201	202	203	204	205	206	207	208	209	210	211	212	／
	10月	212	213	214	214	214	215	215	215	215	215	214	214	213	212	212	211	210	208	207	206	205	203	202	201	201	200	200	199	199	199	200
	11月	200	201	202	202	203	204	206	207	208	210	211	212	214	215	217	218	220	221	223	225	226	228	229	231	232	234	236	237	239	240	／
	12月	242	243	245	247	248	250	251	253	254	256	258	259	261	262	264	265	267	269	270	272	273	275	277	278	280	281	283	285	286	288	289
宮	月＼日	1	2	3	4	5	6	7	8	9	10	11	12	13	14	15	16	17	18	19	20	21	22	23	24	25	26	27	28	29	30	31
金星 ♀	1月	309	310	311	312	314	315	316	317	318	320	321	322	323	325	326	327	328	330	331	332	333	334	336	337	338	339	341	342	343	344	345
	2月	347	348	349	350	351	353	354	355	356	358	359	000	001	002	004	005	006	007	008	009	011	012	013	014	015	017	018	019	020	／	／
	3月	021	022	024	025	026	027	028	029	030	032	033	034	035	036	037	038	040	041	042	043	044	045	046	047	048	049	051	052	053	054	055
	4月	056	057	058	059	060	061	062	063	064	065	066	067	068	069	070	071	072	073	074	075	076	077	078	079	080	080	081	082	083	084	／
	5月	085	085	086	087	088	089	089	090	091	091	092	093	093	094	095	095	096	096	097	097	098	098	098	099	099	099	100	100	100	100	100
	6月	101	101	101	101	101	100	100	100	100	100	099	099	099	098	098	097	097	096	096	095	095	094	093	093	092	091	091	090	090	089	／
	7月	089	088	087	087	087	086	086	085	085	085	085	084	084	084	084	084	084	084	084	084	085	085	085	085	086	086	086	087	087	088	088
	8月	088	089	090	090	091	091	092	093	093	094	095	095	096	097	098	098	099	100	101	102	102	103	104	105	106	107	108	109	109	110	111
	9月	112	113	114	115	116	117	118	119	120	121	122	123	124	125	126	127	128	129	130	131	133	134	135	136	137	138	139	140	141	142	／
	10月	143	145	146	147	148	149	150	151	152	154	155	156	157	158	159	161	162	163	164	165	166	167	169	170	171	172	173	175	176	177	178
	11月	179	181	182	183	184	185	187	188	189	190	191	193	194	195	196	197	199	200	201	202	203	205	206	207	208	210	211	212	213	215	／
	12月	216	217	218	219	221	222	223	224	226	227	228	229	231	232	233	234	236	237	238	239	241	242	243	244	245	247	248	249	250	252	253
宮	月＼日	1	2	3	4	5	6	7	8	9	10	11	12	13	14	15	16	17	18	19	20	21	22	23	24	25	26	27	28	29	30	31
火星 ♂	1月	157	157	157	157	157	157	157	157	157	157	157	157	157	157	157	157	157	157	156	156	156	156	156	156	155	155	155	155	154	154	154
	2月	153	153	153	153	152	152	151	151	151	150	150	150	149	149	148	148	148	147	147	146	146	146	145	145	144	144	144	143	143	／	／
	3月	143	142	142	142	141	141	141	141	140	140	140	140	139	139	139	139	139	138	138	138	138	138	138	138	138	138	138	138	138	138	138
	4月	138	138	138	138	138	138	138	138	138	138	139	139	139	139	139	139	140	140	140	140	140	141	141	141	141	142	142	142	143	143	／
	5月	143	143	144	144	144	145	145	145	146	146	147	147	147	148	148	148	149	149	150	150	150	151	151	152	152	153	153	153	154	154	155
	6月	155	156	156	157	157	158	158	159	159	160	160	161	161	162	162	163	163	164	164	165	165	166	166	167	167	168	168	169	169	170	／
	7月	170	171	172	172	173	173	174	174	175	175	176	177	177	178	178	179	179	180	181	181	182	182	183	184	184	185	185	186	187	187	188
	8月	188	189	190	190	191	191	192	193	193	194	194	195	196	196	197	198	198	199	200	200	201	201	202	203	203	204	205	205	206	207	207
	9月	208	209	209	210	211	211	212	213	213	214	215	215	216	217	217	218	219	219	220	221	221	222	223	223	224	225	225	226	227	227	／
	10月	228	229	230	230	231	232	232	233	234	234	235	236	237	237	238	239	239	240	241	242	242	243	244	244	245	246	247	247	248	249	250
	11月	250	251	252	252	253	254	255	255	256	257	258	258	259	260	261	261	262	263	264	264	265	266	267	267	268	269	270	270	271	272	／
	12月	273	273	274	275	276	277	277	278	279	280	280	281	282	283	283	284	285	286	287	287	288	289	290	290	291	292	293	294	294	295	296

1949年

宮	月＼日	1	2	3	4	5	6	7	8	9	10	11	12	13	14	15	16	17	18	19	20	21	22	23	24	25	26	27	28	29	30	31
太陽 ⊙	1月	280	281	282	283	284	285	286	287	288	289	290	291	292	293	294	295	296	297	298	299	300	301	302	303	304	305	306	307	308	309	310
	2月	311	312	313	314	315	317	318	319	320	321	322	323	324	325	326	327	328	329	330	331	332	333	334	335	336	337	338	339	／	／	／
	3月	340	341	342	343	344	345	346	347	348	349	350	351	352	353	354	355	356	357	358	359	000	001	002	003	004	005	006	007	008	009	010
	4月	011	012	013	014	015	015	016	017	018	019	020	021	022	023	024	025	026	027	028	029	030	031	032	033	034	035	036	037	038	039	／
	5月	040	041	042	043	044	045	046	047	048	049	050	051	052	052	053	054	055	056	057	058	059	060	061	062	063	064	065	066	067	068	069
	6月	070	071	072	073	074	075	076	076	077	078	079	080	081	082	083	084	085	086	087	088	089	090	091	092	093	094	095	096	097	097	／
	7月	098	099	100	101	102	103	104	105	106	107	108	109	110	111	112	113	114	115	116	117	118	118	119	120	121	122	123	124	125	126	127
	8月	128	129	130	131	132	133	134	135	136	137	138	139	140	140	141	142	143	144	145	146	147	148	149	150	151	152	153	154	155	156	157
	9月	158	159	160	161	162	163	164	165	166	167	168	169	169	170	171	172	173	174	175	176	177	178	179	180	181	182	183	184	185	186	／
	10月	187	188	189	190	191	192	193	194	195	196	197	198	199	200	201	202	203	204	205	206	207	208	209	210	211	212	213	214	215	216	217
	11月	218	219	220	221	222	223	224	225	226	227	228	229	230	231	232	233	234	235	236	237	238	239	240	241	242	243	244	245	246	247	／
	12月	248	249	250	251	252	253	254	255	256	257	258	259	260	261	262	263	264	265	266	267	268	269	270	271	273	274	275	276	277	278	279
宮	月＼日	1	2	3	4	5	6	7	8	9	10	11	12	13	14	15	16	17	18	19	20	21	22	23	24	25	26	27	28	29	30	31
月 ☽	1月	300	312	324	336	348	000	012	024	036	049	061	075	088	103	117	132	146	161	176	190	204	218	232	245	258	271	284	296	309	321	333
	2月	345	357	008	020	032	044	057	069	083	096	110	125	140	155	170	185	200	214	228	242	255	268	281	293	305	318	330	341	／	／	／
	3月	353	005	017	029	041	053	065	078	091	105	119	133	148	163	178	194	209	223	237	251	265	278	290	302	315	327	338	350	002	014	026
	4月	038	050	062	075	087	100	114	128	142	157	171	187	202	217	231	246	260	273	286	299	311	323	335	347	359	011	023	035	047	059	／
	5月	072	084	097	110	124	138	152	166	181	195	210	225	240	254	268	281	295	307	320	332	344	356	007	019	031	043	056	068	081	094	107
	6月	121	135	148	162	177	191	205	220	234	248	262	276	289	303	315	328	340	352	004	015	027	039	052	064	077	090	103	117	131	145	／
	7月	159	173	188	202	216	230	244	258	271	285	298	311	323	336	348	000	011	023	035	047	060	072	085	099	112	126	141	155	170	184	198
	8月	213	227	240	254	267	281	294	307	319	332	344	356	008	020	031	043	055	068	080	093	107	121	135	150	164	179	194	209	223	237	251
	9月	264	278	291	303	316	328	340	352	004	016	028	040	052	064	076	089	101	115	129	143	158	173	188	203	218	233	247	261	274	288	／
	10月	300	313	325	337	349	001	013	025	037	049	060	073	085	097	110	124	137	151	166	181	196	211	226	241	256	270	284	297	310	322	334
	11月	346	358	010	022	034	046	058	070	082	094	107	120	133	147	161	175	189	204	219	234	249	264	278	292	305	318	331	343	355	007	／
	12月	019	030	042	054	066	079	091	104	117	130	144	157	171	185	199	214	228	243	257	272	286	300	313	326	339	351	003	015	027	038	050
宮	月＼日	1	2	3	4	5	6	7	8	9	10	11	12	13	14	15	16	17	18	19	20	21	22	23	24	25	26	27	28	29	30	31
水星 ☿	1月	291	293	294	296	298	299	301	302	304	305	307	308	310	311	312	314	315	316	317	318	318	319	319	320	320	320	319	319	318	317	316
	2月	315	314	313	311	310	309	308	307	306	306	305	305	304	304	304	304	304	305	305	305	306	307	307	308	309	310	311	312	／	／	／
	3月	313	314	315	316	317	318	320	321	322	324	325	326	328	329	331	332	334	335	337	338	340	341	343	345	346	348	350	351	353	355	357
	4月	359	000	002	004	006	008	010	012	014	016	018	020	022	024	026	028	031	033	035	037	039	041	043	045	047	049	051	053	055	056	／
	5月	058	060	061	063	064	065	067	068	069	070	071	072	073	074	074	075	075	076	076	076	077	077	077	077	077	076	076	076	075	075	075
	6月	074	073	073	072	072	071	071	070	070	069	069	069	068	068	068	068	068	068	069	069	069	070	070	071	071	072	073	074	075	076	／
	7月	077	078	079	080	082	083	085	086	088	089	091	093	095	097	099	101	103	105	107	109	111	113	115	117	119	121	124	126	128	130	132
	8月	134	136	138	140	142	144	145	147	149	151	153	154	156	158	159	161	163	164	166	167	169	170	172	173	175	176	177	179	180	181	183
	9月	184	185	186	187	188	190	191	192	192	193	194	195	196	196	197	197	198	198	198	199	199	199	198	198	198	197	197	196	195	194	／
	10月	193	192	191	189	188	187	186	185	185	184	184	183	183	184	184	184	185	186	187	188	189	190	191	193	194	196	197	199	200	202	204
	11月	205	207	208	210	212	213	215	217	218	220	222	223	225	226	228	230	231	233	234	236	238	239	241	242	244	245	247	249	250	252	／
	12月	253	255	256	258	259	261	263	264	266	267	269	270	272	273	275	277	278	280	281	283	284	286	287	289	290	292	293	294	296	297	298
宮	月＼日	1	2	3	4	5	6	7	8	9	10	11	12	13	14	15	16	17	18	19	20	21	22	23	24	25	26	27	28	29	30	31
金星 ♀	1月	254	255	257	258	259	260	262	263	264	265	267	268	269	270	272	273	274	275	277	278	279	280	282	283	284	285	287	288	289	290	292
	2月	293	294	295	297	298	299	300	302	303	304	305	307	308	309	310	312	313	314	315	317	318	319	320	322	323	324	325	327	／	／	／
	3月	328	329	330	332	333	334	335	337	338	339	340	342	343	344	345	347	348	349	350	352	353	354	355	357	358	359	000	002	003	004	005
	4月	007	008	009	010	011	013	014	015	016	018	019	020	021	023	024	025	026	028	029	030	031	033	034	035	036	037	039	040	041	042	／
	5月	044	045	046	047	049	050	051	052	053	055	056	057	058	060	061	062	063	065	066	067	068	069	071	072	073	074	076	077	078	079	081
	6月	082	083	084	085	087	088	089	090	092	093	094	095	096	098	099	100	101	103	104	105	106	107	109	110	111	112	114	115	116	117	／
	7月	118	120	121	122	123	125	126	127	128	129	131	132	133	134	136	137	138	139	140	142	143	144	145	146	148	149	150	151	153	154	155
	8月	156	157	159	160	161	162	163	165	166	167	168	169	171	172	173	174	175	177	178	179	180	181	183	184	185	186	187	189	190	191	192
	9月	193	195	196	197	198	199	201	202	203	204	205	206	208	209	210	211	212	214	215	216	217	218	219	221	222	223	224	225	226	228	／
	10月	229	230	231	232	233	235	236	237	238	239	240	241	243	244	245	246	247	248	249	251	252	253	254	255	256	257	258	260	261	262	263
	11月	264	265	266	267	268	269	271	272	273	274	275	276	277	278	279	280	281	282	283	284	285	286	287	288	289	290	291	292	293	294	／
	12月	295	296	297	298	299	299	300	301	302	303	304	304	305	306	307	308	308	309	310	310	311	312	312	313	313	314	314	315	315	316	316
宮	月＼日	1	2	3	4	5	6	7	8	9	10	11	12	13	14	15	16	17	18	19	20	21	22	23	24	25	26	27	28	29	30	31
火星 ♂	1月	297	297	298	299	300	301	301	302	303	304	305	305	306	307	308	308	309	310	311	312	312	313	314	315	316	316	317	318	319	320	320
	2月	321	322	323	323	324	325	326	327	327	328	329	330	331	331	332	333	334	335	335	336	337	338	338	339	340	341	342	342	／	／	／
	3月	343	344	345	346	346	347	348	349	350	350	351	352	353	353	354	355	356	357	357	358	359	000	000	001	002	003	004	004	005	006	007
	4月	007	008	009	010	011	011	012	013	014	014	015	016	017	017	018	019	020	020	021	022	023	023	024	025	026	027	027	028	029	030	／
	5月	030	031	032	033	033	034	035	036	036	037	038	038	039	040	041	041	042	043	044	044	045	046	047	047	048	049	049	050	051	052	052
	6月	053	054	055	055	056	057	057	058	059	060	060	061	062	062	063	064	065	065	066	067	067	068	069	069	070	071	072	072	073	074	／
	7月	074	075	076	076	077	078	079	079	080	081	081	082	083	083	084	085	085	086	087	087	088	089	089	090	091	091	092	093	093	094	095
	8月	095	096	097	097	098	099	099	100	101	101	102	103	103	104	105	105	106	107	107	108	109	109	110	111	111	112	112	113	114	114	115
	9月	116	116	117	118	118	119	119	120	121	121	122	123	123	124	124	125	126	126	127	128	128	129	129	130	131	131	132	132	133	134	／
	10月	134	135	135	136	137	137	138	138	139	140	140	141	141	142	143	143	144	144	145	146	146	147	147	148	148	149	150	150	151	151	152
	11月	152	153	153	154	155	155	156	156	157	157	158	158	159	159	160	161	161	162	162	163	163	164	164	165	165	166	166	167	167	168	／
	12月	168	169	169	170	170	171	171	172	172	173	173	173	174	174	175	175	176	176	177	177	177	178	178	179	179	179	180	180	181	181	181

1950年

宮	月＼日	1	2	3	4	5	6	7	8	9	10	11	12	13	14	15	16	17	18	19	20	21	22	23	24	25	26	27	28	29	30	31
太陽 ☉	1月	280	281	282	283	284	285	286	287	288	289	290	291	292	293	294	295	296	297	298	299	300	301	302	303	304	305	306	307	308	309	310
	2月	311	312	313	314	315	316	317	318	319	320	321	322	323	324	325	326	327	328	329	330	331	332	333	334	335	336	337	338	／	／	／
	3月	339	340	341	342	343	344	345	346	347	348	349	350	351	352	353	354	355	356	357	358	359	000	001	002	003	004	005	006	007	008	009
	4月	010	011	012	013	014	015	016	017	018	019	020	021	022	023	024	025	026	027	028	029	030	031	032	033	034	035	036	037	038	039	／
	5月	040	041	042	043	044	045	045	046	047	048	049	050	051	052	053	054	055	056	057	058	059	060	061	062	063	064	065	066	067	068	069
	6月	070	071	071	072	073	074	075	076	077	078	079	080	081	082	083	084	085	086	087	088	089	090	091	092	092	093	094	095	096	097	／
	7月	098	099	100	101	102	103	104	105	106	107	108	109	110	111	112	113	113	114	115	116	117	118	119	120	121	122	123	124	125	126	127
	8月	128	129	130	131	132	133	134	135	135	136	137	138	139	140	141	142	143	144	145	146	147	148	149	150	151	152	153	154	155	156	157
	9月	158	159	160	161	161	162	163	164	165	166	167	168	169	170	171	172	173	174	175	176	177	178	179	180	181	182	183	184	185	186	／
	10月	187	188	189	190	191	192	193	194	195	196	197	198	199	200	201	202	203	204	205	206	207	208	209	210	211	212	213	214	215	216	217
	11月	218	219	220	221	222	223	224	225	226	227	228	229	230	231	232	233	234	235	236	237	238	239	240	241	242	243	244	245	246	247	／
	12月	248	249	250	251	252	253	254	255	256	257	258	259	260	261	262	263	264	265	266	267	268	269	270	271	272	273	274	275	276	277	278
宮	月＼日	1	2	3	4	5	6	7	8	9	10	11	12	13	14	15	16	17	18	19	20	21	22	23	24	25	26	27	28	29	30	31
月 ☽	1月	062	075	087	100	113	127	140	154	168	182	196	210	224	238	252	266	281	294	308	321	334	346	359	011	023	034	046	058	070	083	095
	2月	109	122	136	150	164	178	192	207	221	235	249	263	276	290	303	317	329	342	354	007	019	030	042	054	066	078	091	103	／	／	／
	3月	116	130	144	158	173	187	202	217	231	246	260	273	287	300	313	326	338	351	003	015	027	039	050	062	074	086	099	111	124	138	152
	4月	166	181	196	211	226	241	256	270	284	297	310	323	335	348	000	012	024	035	047	059	071	083	095	107	120	133	146	160	174	189	／
	5月	204	219	235	250	265	279	293	307	320	332	345	357	009	021	032	044	056	068	080	092	104	117	129	142	156	169	183	198	213	228	243
	6月	258	273	288	302	315	328	341	354	006	018	029	041	053	065	077	089	101	114	127	139	152	166	179	193	208	222	237	252	267	281	／
	7月	296	310	323	337	349	002	014	026	038	050	061	073	086	098	111	123	136	149	163	176	190	204	218	232	247	261	276	290	304	318	332
	8月	345	357	010	022	034	046	058	070	082	094	106	119	132	146	159	173	187	201	215	229	243	257	272	286	300	313	327	340	353	005	018
	9月	030	042	054	066	077	090	102	114	127	141	154	168	182	197	211	226	240	254	268	282	296	310	323	336	349	001	014	026	038	050	／
	10月	062	074	086	098	110	122	135	148	162	176	191	205	220	235	250	265	279	293	307	320	333	345	358	010	022	034	046	058	070	082	094
	11月	106	118	131	143	156	170	184	199	214	229	244	259	274	289	303	316	330	343	355	007	019	031	043	055	067	079	091	103	115	127	／
	12月	140	152	165	179	193	207	222	237	252	267	283	297	312	325	339	352	004	016	028	040	052	064	076	088	100	112	124	137	149	162	175
宮	月＼日	1	2	3	4	5	6	7	8	9	10	11	12	13	14	15	16	17	18	19	20	21	22	23	24	25	26	27	28	29	30	31
水星 ☿	1月	299	300	301	302	302	303	303	304	304	303	303	302	302	301	300	299	297	296	295	293	292	291	290	289	289	288	288	288	288	288	288
	2月	288	288	289	290	290	291	292	293	293	294	295	297	298	299	300	301	302	304	305	306	307	309	310	312	313	314	316	317	／	／	／
	3月	319	320	322	323	325	327	328	330	331	333	335	337	338	340	342	344	345	347	349	351	353	355	357	358	000	002	004	006	008	010	013
	4月	015	017	019	021	023	025	027	029	031	033	035	036	038	040	042	043	045	046	047	049	050	051	052	053	054	054	055	056	056	056	／
	5月	057	057	057	057	057	057	057	056	056	055	055	054	054	053	053	052	051	051	050	050	049	049	049	048	048	048	048	048	048	048	048
	6月	049	049	050	050	051	051	052	053	054	055	056	057	058	059	060	061	063	064	065	067	068	070	072	073	075	077	079	081	083	084	／
	7月	086	088	091	093	095	097	099	101	103	106	108	110	112	114	116	118	120	122	124	126	128	130	132	134	136	138	139	141	143	145	146
	8月	148	150	151	153	154	156	157	159	160	161	163	164	165	167	168	169	170	171	172	173	174	175	176	177	178	179	179	180	180	181	181
	9月	182	182	182	182	182	182	181	181	181	180	179	178	178	177	176	175	174	173	172	171	170	169	168	168	168	167	167	168	168	169	／
	10月	169	170	171	172	173	174	176	177	179	180	182	184	185	187	189	190	192	194	195	197	199	201	202	204	206	207	209	211	212	214	216
	11月	217	219	221	222	224	225	227	229	230	232	233	235	236	238	240	241	243	244	246	247	249	250	252	253	255	256	258	259	261	262	／
	12月	264	265	267	268	270	271	272	274	275	276	278	279	280	281	282	283	284	285	286	287	287	287	288	288	287	287	286	286	285	284	282
宮	月＼日	1	2	3	4	5	6	7	8	9	10	11	12	13	14	15	16	17	18	19	20	21	22	23	24	25	26	27	28	29	30	31
金星 ♀	1月	317	317	317	317	318	318	318	318	318	318	318	318	318	318	318	318	317	317	317	316	316	316	315	315	314	313	313	312	312	311	310
	2月	310	309	309	308	307	307	306	306	305	305	305	304	304	304	303	303	303	303	303	303	303	303	303	303	303	303	303	304	／	／	／
	3月	304	304	305	305	305	306	306	307	307	308	308	309	310	310	311	312	312	313	314	314	315	316	317	318	318	319	320	321	322	323	324
	4月	324	325	326	327	328	329	330	331	332	333	334	335	336	337	338	339	340	341	342	343	344	345	346	347	348	349	350	351	352	353	／
	5月	354	356	357	358	359	000	001	002	003	004	005	006	008	009	010	011	012	013	014	015	016	018	019	020	021	022	023	024	026	027	028
	6月	029	030	031	032	034	035	036	037	038	039	040	042	043	044	045	046	047	049	050	051	052	053	054	056	057	058	059	060	061	063	／
	7月	064	065	066	067	069	070	071	072	073	074	076	077	078	079	080	082	083	084	085	086	088	089	090	091	092	094	095	096	097	098	100
	8月	101	102	103	104	106	107	108	109	110	112	113	114	115	117	118	119	120	121	123	124	125	126	127	129	130	131	132	134	135	136	137
	9月	138	140	141	142	143	145	146	147	148	150	151	152	153	155	156	157	158	159	161	162	163	164	166	167	168	169	171	172	173	174	／
	10月	176	177	178	179	181	182	183	184	186	187	188	189	191	192	193	194	196	197	198	199	201	202	203	204	206	207	208	209	211	212	213
	11月	214	216	217	218	219	221	222	223	224	226	227	228	229	231	232	233	234	236	237	238	240	241	242	243	245	246	247	248	250	251	／
	12月	252	253	255	256	257	258	260	261	262	263	265	266	267	268	270	271	272	273	275	276	277	278	280	281	282	283	285	286	287	289	290
宮	月＼日	1	2	3	4	5	6	7	8	9	10	11	12	13	14	15	16	17	18	19	20	21	22	23	24	25	26	27	28	29	30	31
火星 ♂	1月	182	182	182	183	183	184	184	184	185	185	185	185	186	186	186	187	187	187	187	188	188	188	188	188	189	189	189	189	189	190	190
	2月	190	190	190	190	190	190	190	190	190	190	191	191	191	191	190	190	190	190	190	190	190	190	190	190	189	189	189	189	／	／	／
	3月	189	188	188	188	188	187	187	187	187	186	186	186	185	185	185	184	184	183	183	183	182	182	182	181	181	180	180	180	179	179	178
	4月	178	178	177	177	177	176	176	176	175	175	175	174	174	174	174	173	173	173	173	173	173	172	172	172	172	172	172	172	172	172	／
	5月	172	172	171	171	172	172	172	172	172	172	172	172	172	172	172	172	173	173	173	173	173	173	174	174	174	174	175	175	175	175	176
	6月	176	176	177	177	177	178	178	178	179	179	179	180	180	180	181	181	182	182	182	183	183	184	184	184	185	185	186	186	187	187	／
	7月	188	188	189	189	189	190	190	191	191	192	192	193	193	194	195	195	196	196	197	197	198	198	199	199	200	200	201	202	202	203	203
	8月	204	204	205	206	206	207	207	208	209	209	210	210	211	212	212	213	213	214	215	215	216	217	217	218	218	219	220	220	221	222	222
	9月	223	224	224	225	226	226	227	227	228	229	229	230	231	232	232	233	234	234	235	236	236	237	238	238	239	240	240	241	242	243	／
	10月	243	244	245	245	246	247	247	248	249	250	250	251	252	252	253	254	255	255	256	257	258	258	259	260	260	261	262	263	263	264	265
	11月	266	266	267	268	269	269	270	271	272	272	273	274	275	275	276	277	278	278	279	280	281	282	282	283	284	285	285	286	287	288	／
	12月	288	289	290	291	292	292	293	294	295	295	296	297	298	299	299	300	301	302	302	303	304	305	306	306	307	308	309	309	310	311	312

1951年

宮	月＼日	1	2	3	4	5	6	7	8	9	10	11	12	13	14	15	16	17	18	19	20	21	22	23	24	25	26	27	28	29	30	31
太陽 ⊙	1月	279	280	281	282	283	284	286	287	288	289	290	291	292	293	294	295	296	297	298	299	300	301	302	303	304	305	306	307	308	309	310
	2月	311	312	313	314	315	316	317	318	319	320	321	322	323	324	325	326	327	328	329	330	331	332	333	334	335	336	337	338	／	／	／
	3月	339	340	341	342	343	344	345	346	347	348	349	350	351	352	353	354	355	356	357	358	359	000	001	002	003	004	005	006	007	008	009
	4月	010	011	012	013	014	015	016	017	018	019	020	021	022	023	024	025	026	027	028	029	030	031	032	033	034	035	036	037	038	038	／
	5月	039	040	041	042	043	044	045	046	047	048	049	050	051	052	053	054	055	056	057	058	059	060	061	062	063	064	065	065	066	067	068
	6月	069	070	071	072	073	074	075	076	077	078	079	080	081	082	083	084	085	086	087	087	088	089	090	091	092	093	094	095	096	097	／
	7月	098	099	100	101	102	103	104	105	106	107	108	108	109	110	111	112	113	114	115	116	117	118	119	120	121	122	123	124	125	126	127
	8月	128	129	129	130	131	132	133	134	135	136	137	138	139	140	141	142	143	144	145	146	147	148	149	150	151	152	153	154	154	155	156
	9月	157	158	159	160	161	162	163	164	165	166	167	168	169	170	171	172	173	174	175	176	177	178	179	180	181	182	183	184	185	186	／
	10月	187	188	189	190	191	192	193	194	195	196	196	197	198	199	200	201	202	203	204	205	206	207	208	209	210	211	212	213	214	215	216
	11月	217	218	219	220	221	222	223	224	225	226	227	228	229	230	231	232	233	234	235	236	237	239	240	241	242	243	244	245	246	247	／
	12月	248	249	250	251	252	253	254	255	256	257	258	259	260	261	262	263	264	265	266	267	268	269	270	271	272	273	274	275	276	277	278

宮	月＼日	1	2	3	4	5	6	7	8	9	10	11	12	13	14	15	16	17	18	19	20	21	22	23	24	25	26	27	28	29	30	31
月 ☽	1月	188	202	216	231	245	260	275	290	305	320	334	347	000	013	025	037	049	061	073	084	096	109	121	133	146	159	172	185	199	212	226
	2月	241	255	270	284	299	313	327	341	355	008	020	033	045	057	069	081	093	105	117	129	142	155	168	182	195	209	223	237	／	／	／
	3月	251	266	280	294	308	322	336	349	003	016	028	041	053	065	077	088	100	112	125	137	150	163	177	191	205	219	234	248	262	277	291
	4月	305	318	332	345	358	011	024	036	049	061	073	085	096	108	120	133	145	158	171	185	199	214	229	243	258	273	287	302	315	329	／
	5月	342	355	008	020	033	045	057	069	081	093	105	117	129	141	153	166	179	193	207	222	237	252	268	283	297	312	325	339	352	005	017
	6月	030	042	054	066	078	090	102	113	125	137	150	162	175	188	202	216	230	246	261	276	291	306	321	335	348	002	014	027	039	051	／
	7月	063	075	087	099	111	122	135	147	159	171	184	197	211	225	239	254	269	285	300	315	329	343	357	010	023	036	048	060	072	084	096
	8月	107	119	132	144	156	169	181	194	208	221	235	249	264	279	293	308	323	337	351	005	018	031	044	056	068	080	092	104	116	128	140
	9月	153	165	178	191	205	218	232	246	260	274	289	303	317	332	346	000	013	026	039	052	064	076	088	100	112	124	136	148	161	174	／
	10月	187	201	214	228	243	257	271	285	299	313	327	341	355	008	022	035	047	060	072	084	096	108	120	132	144	156	169	182	196	209	224
	11月	238	253	267	282	296	310	324	338	351	005	018	031	043	056	068	080	092	104	116	128	140	152	164	177	190	203	217	232	247	262	／
	12月	277	292	306	321	335	348	002	015	027	040	052	065	077	089	101	113	124	136	148	160	172	185	198	211	225	240	255	270	285	300	315

宮	月＼日	1	2	3	4	5	6	7	8	9	10	11	12	13	14	15	16	17	18	19	20	21	22	23	24	25	26	27	28	29	30	31
水星 ☿	1月	281	280	278	277	276	275	274	273	272	272	272	271	271	272	272	272	273	273	274	275	276	276	277	278	279	280	282	283	284	285	286
	2月	288	289	290	292	293	294	296	297	299	300	302	303	305	306	308	309	311	312	314	315	317	319	320	322	324	325	327	329	／	／	／
	3月	331	332	334	336	338	340	341	343	345	347	349	351	353	355	357	359	001	003	005	007	009	011	013	015	016	018	020	022	023	025	027
	4月	028	029	031	032	033	034	035	036	036	037	037	038	038	038	038	038	038	037	037	037	036	036	035	034	034	033	032	032	031	030	／
	5月	030	029	029	029	028	028	028	028	028	028	028	028	029	029	030	030	031	031	032	033	034	035	036	037	038	039	040	041	042	044	045
	6月	046	048	049	051	052	054	056	057	059	061	063	065	066	068	070	072	074	077	079	081	083	085	087	089	092	094	096	098	100	103	／
	7月	105	107	109	111	113	115	117	119	121	122	124	126	128	129	131	133	134	136	138	139	141	142	143	145	146	148	149	150	151	152	154
	8月	155	156	157	158	159	159	160	161	162	162	163	163	164	164	164	165	165	165	165	164	164	164	163	163	162	161	160	160	159	158	157
	9月	156	155	154	153	153	152	152	151	151	151	151	152	152	153	153	154	155	156	157	159	160	162	163	165	166	168	170	172	173	175	／
	10月	177	179	180	182	184	186	188	189	191	193	195	196	198	200	202	203	205	207	208	210	211	213	215	216	218	220	221	223	224	226	227
	11月	229	230	232	233	235	236	238	239	241	242	244	245	247	248	250	251	252	254	255	256	258	259	260	262	263	264	265	266	267	268	／
	12月	269	270	270	271	271	272	272	272	272	271	271	270	269	268	267	265	264	262	261	260	259	258	257	256	256	256	256	256	256	256	257

宮	月＼日	1	2	3	4	5	6	7	8	9	10	11	12	13	14	15	16	17	18	19	20	21	22	23	24	25	26	27	28	29	30	31
金星 ♀	1月	291	292	294	295	296	297	299	300	301	302	304	305	306	307	309	310	311	312	314	315	316	317	319	320	321	322	324	325	326	327	329
	2月	330	331	332	334	335	336	337	339	340	341	342	344	345	346	347	349	350	351	352	354	355	356	357	358	000	001	002	003	／	／	／
	3月	005	006	007	008	010	011	012	013	014	016	017	018	019	021	022	023	024	025	027	028	029	030	032	033	034	035	036	038	039	040	041
	4月	042	044	045	046	047	048	050	051	052	053	054	056	057	058	059	060	062	063	064	065	066	068	069	070	071	072	073	075	076	077	／
	5月	078	079	080	082	083	084	085	086	087	088	090	091	092	093	094	095	096	098	099	100	101	102	103	104	105	106	108	109	110	111	112
	6月	113	114	115	116	117	118	119	120	122	123	124	125	126	127	128	129	130	131	132	133	134	135	136	137	138	139	140	141	141	142	／
	7月	143	144	145	146	147	148	149	149	150	151	152	153	153	154	155	156	157	157	158	159	159	160	161	161	162	162	163	163	164	164	165
	8月	165	166	166	166	167	167	167	167	167	168	168	168	168	168	168	168	168	167	167	167	167	166	166	166	165	165	164	164	163	163	162
	9月	161	161	160	159	159	158	158	157	156	156	155	155	154	154	154	153	153	153	152	152	152	152	152	152	152	152	152	152	152	152	／
	10月	152	153	153	153	153	154	154	155	155	156	156	157	157	158	158	159	160	160	161	162	162	163	164	165	166	166	167	168	169	170	171
	11月	171	172	173	174	175	176	177	178	179	180	181	182	183	184	185	186	187	188	189	190	191	192	193	194	195	196	197	199	200	201	／
	12月	202	203	204	205	206	207	209	210	211	212	213	214	215	216	218	219	220	221	222	223	225	226	227	228	229	230	232	233	234	235	236

宮	月＼日	1	2	3	4	5	6	7	8	9	10	11	12	13	14	15	16	17	18	19	20	21	22	23	24	25	26	27	28	29	30	31
火星 ♂	1月	313	313	314	315	316	317	317	318	319	320	321	321	322	323	324	324	325	326	327	328	328	329	330	331	332	332	333	334	335	335	336
	2月	337	338	339	339	340	341	342	343	343	344	345	346	346	347	348	349	350	350	351	352	353	353	354	355	356	357	357	358	／	／	／
	3月	359	000	000	001	002	003	004	004	005	006	007	007	008	009	010	010	011	012	013	013	014	015	016	017	017	018	019	020	020	021	022
	4月	023	023	024	025	026	026	027	028	029	029	030	031	032	032	033	034	034	035	036	037	037	038	039	040	040	041	042	043	043	044	／
	5月	045	045	046	047	048	048	049	050	051	051	052	053	053	054	055	056	056	057	058	058	059	060	061	061	062	063	063	064	065	065	066
	6月	067	068	068	069	070	070	071	072	072	073	074	075	075	076	077	077	078	079	079	080	081	081	082	083	083	084	085	086	086	087	／
	7月	088	088	089	090	090	091	092	092	093	094	094	095	096	096	097	098	098	099	100	100	101	102	102	103	104	104	105	106	106	107	108
	8月	108	109	110	110	111	112	112	113	113	114	115	115	116	117	117	118	119	119	120	121	121	122	123	123	124	124	125	126	126	127	128
	9月	128	129	130	130	131	131	132	133	133	134	135	135	136	136	137	138	138	139	140	140	141	142	142	143	143	144	145	145	146	146	／
	10月	147	148	148	149	150	150	151	151	152	153	153	154	154	155	156	156	157	158	158	159	159	160	161	161	162	162	163	164	164	165	165
	11月	166	167	167	168	168	169	170	170	171	171	172	172	173	174	174	175	175	176	177	177	178	178	179	179	180	181	181	182	182	183	／
	12月	183	184	185	185	186	186	187	187	188	188	189	190	190	191	191	192	192	193	193	194	194	195	196	196	197	197	198	198	199	199	200

1952年

宮	月＼日	1	2	3	4	5	6	7	8	9	10	11	12	13	14	15	16	17	18	19	20	21	22	23	24	25	26	27	28	29	30	31
太陽 ⊙	1月	279	280	281	282	283	284	285	286	287	288	289	290	291	292	293	294	295	296	297	299	300	301	302	303	304	305	306	307	308	309	310
	2月	311	312	313	314	315	316	317	318	319	320	321	322	323	324	325	326	327	328	329	330	331	332	333	334	335	336	337	338	339	／	／
	3月	340	341	342	343	344	345	346	347	348	349	350	351	352	353	354	355	356	357	358	359	000	001	002	003	004	005	006	007	008	009	010
	4月	011	012	013	014	015	016	017	018	019	020	021	022	023	024	025	026	027	028	029	029	030	031	032	033	034	035	036	037	038	039	／
	5月	040	041	042	043	044	045	046	047	048	049	050	051	052	053	054	055	056	057	058	059	060	060	061	062	063	064	065	066	067	068	069
	6月	070	071	072	073	074	075	076	077	078	079	080	081	082	082	083	084	085	086	087	088	089	090	091	092	093	094	095	096	097	098	／
	7月	099	100	101	102	103	103	104	105	106	107	108	109	110	111	112	113	114	115	116	117	118	119	120	121	122	123	124	124	125	126	127
	8月	128	129	130	131	132	133	134	135	136	137	138	139	140	141	142	143	144	145	146	147	147	148	149	150	151	152	153	154	155	156	157
	9月	158	159	160	161	162	163	164	165	166	167	168	169	170	171	172	173	174	175	176	177	178	179	180	181	181	182	183	184	185	186	／
	10月	187	188	189	190	191	192	193	194	195	196	197	198	199	200	201	202	203	204	205	206	207	208	209	210	211	212	213	214	215	216	217
	11月	218	219	220	221	222	223	224	225	226	227	228	229	230	231	232	233	234	235	236	237	238	239	240	241	242	243	244	245	246	247	／
	12月	248	249	250	251	252	253	254	255	256	258	259	260	261	262	263	264	265	266	267	268	269	270	271	272	273	274	275	276	277	278	279
宮	月＼日	1	2	3	4	5	6	7	8	9	10	11	12	13	14	15	16	17	18	19	20	21	22	23	24	25	26	27	28	29	30	31
月 ☽	1月	330	344	358	011	024	037	049	062	074	086	098	109	121	133	145	157	169	181	194	207	220	234	248	263	278	293	308	323	338	353	007
	2月	020	033	046	059	071	083	095	106	118	130	142	154	166	178	191	204	217	230	244	258	272	287	301	316	331	346	001	015	028	／	／
	3月	042	054	067	079	091	103	115	127	139	151	163	175	188	201	214	227	240	254	268	282	297	311	325	340	354	009	023	036	049	062	075
	4月	087	099	111	123	135	147	159	171	184	197	210	223	237	251	265	279	293	307	321	336	350	004	017	031	044	058	070	083	095	107	／
	5月	119	131	143	155	167	179	192	205	219	233	247	261	275	290	304	318	332	346	000	014	027	040	053	066	079	091	103	115	127	139	151
	6月	162	175	187	200	213	227	241	256	270	285	300	314	329	343	357	011	024	037	050	063	075	087	100	112	123	135	147	159	171	183	／
	7月	195	208	221	235	249	264	279	294	309	324	339	353	007	021	034	047	060	072	084	097	108	120	132	144	156	168	180	192	204	217	230
	8月	244	258	272	287	302	317	333	348	002	016	030	044	057	069	081	094	106	117	129	141	153	165	177	189	201	214	226	240	253	267	281
	9月	296	311	326	341	356	011	025	039	052	065	078	090	102	114	126	138	150	162	174	186	198	211	223	236	250	263	277	291	305	320	／
	10月	334	349	004	019	033	047	060	074	086	099	111	123	134	146	158	170	182	195	207	220	233	247	260	274	288	302	316	330	344	359	013
	11月	027	041	055	068	081	094	106	119	130	142	154	166	178	190	203	216	229	243	256	270	284	298	313	327	341	355	009	023	036	050	／
	12月	063	077	089	102	114	126	138	150	162	174	186	198	211	224	237	251	265	280	294	309	323	337	352	006	019	033	046	060	073	085	098
宮	月＼日	1	2	3	4	5	6	7	8	9	10	11	12	13	14	15	16	17	18	19	20	21	22	23	24	25	26	27	28	29	30	31
水星 ☿	1月	257	258	259	259	260	261	262	263	264	266	267	268	269	271	272	273	275	276	277	279	280	282	283	284	286	287	289	290	292	293	295
	2月	296	298	300	301	303	304	306	308	309	311	313	314	316	318	319	321	323	325	327	328	330	332	334	336	338	339	341	343	345	／	／
	3月	347	349	351	353	355	357	358	000	002	004	006	007	009	010	012	013	014	015	016	017	018	019	019	020	020	020	020	020	020	019	019
	4月	018	018	017	016	015	015	014	013	012	011	011	010	010	009	009	009	008	008	008	008	008	009	009	009	010	010	011	011	012	013	／
	5月	014	015	016	017	018	019	020	021	022	023	025	026	027	029	030	032	033	035	036	038	040	041	043	045	047	049	051	052	054	056	058
	6月	061	063	065	067	069	071	073	076	078	080	082	084	087	089	091	093	095	097	099	101	103	105	107	109	110	112	114	116	117	119	／
	7月	121	122	124	125	127	128	129	131	132	133	134	136	137	138	139	140	141	141	142	143	144	144	145	145	146	146	146	147	147	147	147
	8月	146	146	146	145	145	144	144	143	142	142	141	140	139	138	138	137	136	136	135	135	135	134	134	135	135	135	136	136	137	138	139
	9月	140	141	143	144	146	147	149	151	152	154	156	158	160	162	163	165	167	169	171	173	175	176	178	180	182	184	186	187	189	191	／
	10月	192	194	196	198	199	201	202	204	206	207	209	210	212	214	215	217	218	220	221	223	224	226	227	228	230	231	233	234	235	237	238
	11月	239	241	242	243	244	246	247	248	249	250	251	252	253	254	254	255	255	256	256	256	256	256	255	255	254	253	252	251	249	248	／
	12月	247	245	244	243	242	241	241	240	240	240	240	240	241	241	242	242	243	244	245	246	247	248	250	251	252	253	255	256	257	259	260
宮	月＼日	1	2	3	4	5	6	7	8	9	10	11	12	13	14	15	16	17	18	19	20	21	22	23	24	25	26	27	28	29	30	31
金星 ♀	1月	238	239	240	241	242	243	245	246	247	248	249	251	252	253	254	256	257	258	259	260	262	263	264	265	266	268	269	270	271	273	274
	2月	275	276	277	279	280	281	282	283	285	286	287	288	290	291	292	293	295	296	297	298	299	301	302	303	304	306	307	308	309	／	／
	3月	310	312	313	314	315	317	318	319	320	322	323	324	325	326	328	329	330	331	333	334	335	336	338	339	340	341	342	344	345	346	347
	4月	349	350	351	352	354	355	356	357	358	000	001	002	003	005	006	007	008	010	011	012	013	014	016	017	018	019	021	022	023	024	／
	5月	026	027	028	029	030	032	033	034	035	037	038	039	040	041	043	044	045	046	048	049	050	051	053	054	055	056	057	059	060	061	062
	6月	064	065	066	067	068	070	071	072	073	075	076	077	078	080	081	082	083	084	086	087	088	089	091	092	093	094	096	097	098	099	／
	7月	100	102	103	104	105	107	108	109	110	111	113	114	115	116	118	119	120	121	123	124	125	126	127	129	130	131	132	134	135	136	137
	8月	139	140	141	142	144	145	146	147	148	150	151	152	153	155	156	157	158	160	161	162	163	164	166	167	168	169	171	172	173	174	176
	9月	177	178	179	180	182	183	184	185	187	188	189	190	192	193	194	195	196	198	199	200	201	203	204	205	206	208	209	210	211	212	／
	10月	214	215	216	217	219	220	221	222	223	225	226	227	228	230	231	232	233	235	236	237	238	239	241	242	243	244	246	247	248	249	250
	11月	252	253	254	255	256	258	259	260	261	263	264	265	266	267	269	270	271	272	273	275	276	277	278	280	281	282	283	284	286	287	／
	12月	288	289	290	292	293	294	295	296	298	299	300	301	302	303	305	306	307	308	309	311	312	313	314	315	316	318	319	320	321	322	323
宮	月＼日	1	2	3	4	5	6	7	8	9	10	11	12	13	14	15	16	17	18	19	20	21	22	23	24	25	26	27	28	29	30	31
火星 ♂	1月	200	201	201	202	202	203	203	204	204	205	205	206	206	207	207	208	208	209	209	210	210	210	211	211	212	212	213	213	214	214	214
	2月	215	215	216	216	216	217	217	218	218	218	219	219	219	220	220	221	221	221	222	222	222	223	223	223	223	224	224	224	224	／	／
	3月	225	225	225	225	226	226	226	226	226	227	227	227	227	227	227	227	228	228	228	228	228	228	228	228	228	228	228	228	228	228	228
	4月	228	228	227	227	227	227	227	227	227	226	226	226	226	226	225	225	225	224	224	224	224	223	223	223	222	222	222	221	221	220	／
	5月	220	220	219	219	219	218	218	217	217	217	216	216	216	215	215	215	214	214	214	214	213	213	213	213	212	212	212	212	212	211	211
	6月	211	211	211	211	211	211	211	211	211	211	211	211	211	211	211	211	211	211	211	211	211	212	212	212	212	212	212	213	213	213	／
	7月	213	214	214	214	214	215	215	215	216	216	216	217	217	217	218	218	218	219	219	220	220	220	221	221	222	222	223	223	224	224	225
	8月	225	225	226	226	227	227	228	228	229	230	230	231	231	232	232	233	233	234	234	235	236	236	237	237	238	238	239	240	240	241	241
	9月	242	243	243	244	245	245	246	246	247	248	248	249	250	250	251	252	252	253	254	254	255	256	256	257	258	258	259	260	260	261	／
	10月	262	262	263	264	265	265	266	267	267	268	269	269	270	271	272	272	273	274	274	275	276	277	277	278	279	280	280	281	282	282	283
	11月	284	285	285	286	287	288	288	289	290	291	291	292	293	294	294	295	296	297	297	298	299	300	300	301	302	303	304	304	305	306	／
	12月	307	307	308	309	310	310	311	312	313	313	314	315	316	317	317	318	319	320	320	321	322	323	324	324	325	326	327	327	328	329	330

1953年

宮	月＼日	1	2	3	4	5	6	7	8	9	10	11	12	13	14	15	16	17	18	19	20	21	22	23	24	25	26	27	28	29	30	31
太陽 ⊙	1月	280	281	282	283	284	285	286	287	288	289	290	291	292	293	294	295	296	297	298	299	300	301	302	303	304	305	306	307	308	309	310
	2月	311	312	314	315	316	317	318	319	320	321	322	323	324	325	326	327	328	329	330	331	332	333	334	335	336	337	338	339	／	／	／
	3月	340	341	342	343	344	345	346	347	348	349	350	351	352	353	354	355	356	357	358	359	000	001	002	003	004	005	006	007	008	009	010
	4月	011	012	013	014	015	016	017	017	018	019	020	021	022	023	024	025	026	027	028	029	030	031	032	033	034	035	036	037	038	039	／
	5月	040	041	042	043	044	045	046	047	048	049	050	051	052	053	053	054	055	056	057	058	059	060	061	062	063	064	065	066	067	068	069
	6月	070	071	072	073	074	075	076	077	077	078	079	080	081	082	083	084	085	086	087	088	089	090	091	092	093	094	095	096	097	098	／
	7月	098	099	100	101	102	103	104	105	106	107	108	109	110	111	112	113	114	115	116	117	118	119	119	120	121	122	123	124	125	126	127
	8月	128	129	130	131	132	133	134	135	136	137	138	139	140	141	141	142	143	144	145	146	147	148	149	150	151	152	153	154	155	156	157
	9月	158	159	160	161	162	163	164	165	166	167	168	169	170	171	171	172	173	174	175	176	177	178	179	180	181	182	183	184	185	186	／
	10月	187	188	189	190	191	192	193	194	195	196	197	198	199	200	201	202	203	204	205	206	207	208	209	210	211	212	213	214	215	216	217
	11月	218	219	220	221	222	223	224	225	226	227	228	229	230	231	232	233	234	235	236	237	238	239	240	241	242	243	244	245	246	247	／
	12月	248	249	250	251	252	253	254	255	256	257	258	259	260	261	262	263	264	265	266	267	268	269	270	272	273	274	275	276	277	278	279
宮	月＼日	1	2	3	4	5	6	7	8	9	10	11	12	13	14	15	16	17	18	19	20	21	22	23	24	25	26	27	28	29	30	31
月 ☽	1月	110	122	134	146	158	170	182	194	206	219	232	245	259	273	288	303	318	333	347	002	016	030	043	057	070	082	095	107	119	131	143
	2月	155	166	178	190	202	214	227	240	253	267	281	296	311	326	341	356	011	025	040	053	066	079	092	104	116	128	140	152	／	／	／
	3月	163	175	187	199	211	224	236	249	262	276	290	304	319	334	349	004	019	034	048	062	075	088	101	113	125	137	148	160	172	184	196
	4月	208	221	233	246	259	272	285	299	313	328	342	357	012	027	042	056	070	084	096	109	121	133	145	157	169	181	193	205	217	230	／
	5月	243	256	269	282	296	310	324	338	352	007	021	036	050	064	078	092	104	117	129	141	153	165	177	189	201	213	226	239	252	265	279
	6月	293	307	321	335	349	003	017	031	046	059	073	087	100	112	125	137	149	161	173	185	197	209	221	234	247	261	274	288	303	317	／
	7月	331	346	000	014	028	042	056	069	082	095	108	121	133	145	157	169	181	193	205	217	229	242	255	269	283	297	312	326	341	356	010
	8月	025	039	053	066	079	092	105	117	130	142	154	166	177	189	201	213	225	238	250	263	277	291	305	320	335	350	005	020	035	049	063
	9月	076	089	102	114	127	139	151	163	174	186	198	210	222	234	246	259	272	285	299	313	328	343	359	014	029	044	058	072	086	099	／
	10月	111	124	136	148	160	171	183	195	207	219	231	243	256	269	281	295	308	322	337	352	007	022	037	052	067	081	094	107	120	132	144
	11月	156	168	180	192	204	216	228	240	253	266	278	292	305	318	332	346	001	016	031	045	060	075	089	102	115	128	141	153	165	176	／
	12月	188	200	212	224	237	249	262	275	288	302	315	329	343	357	011	026	040	054	069	083	097	110	123	136	148	160	172	184	196	208	220
宮	月＼日	1	2	3	4	5	6	7	8	9	10	11	12	13	14	15	16	17	18	19	20	21	22	23	24	25	26	27	28	29	30	31
水星 ☿	1月	262	263	265	266	267	269	270	272	273	275	276	278	279	281	282	284	286	287	289	290	292	294	295	297	298	300	302	303	305	307	308
	2月	310	312	314	315	317	319	321	322	324	326	328	330	332	333	335	337	339	341	342	344	346	348	349	351	352	354	355	357	／	／	／
	3月	358	359	000	001	001	002	002	002	002	002	002	002	001	001	000	359	358	358	357	356	355	354	353	352	352	351	350	350	350	349	349
	4月	349	349	349	350	350	350	351	351	352	353	353	354	355	356	357	358	359	000	001	002	003	005	006	007	009	010	011	013	014	016	／
	5月	018	019	021	022	024	026	027	029	031	033	035	037	039	041	043	045	047	049	051	053	055	057	059	062	064	066	068	070	073	075	077
	6月	079	081	083	085	087	089	091	093	095	096	098	100	102	103	105	106	108	109	111	112	113	115	116	117	118	119	120	121	122	123	／
	7月	124	124	125	126	126	127	127	127	128	128	128	128	128	128	127	127	127	126	126	125	125	124	123	123	122	121	120	120	119	119	118
	8月	118	117	117	117	117	117	117	118	118	119	119	120	121	122	123	124	125	127	128	130	131	133	135	136	138	140	142	144	146	148	150
	9月	152	154	156	158	160	162	163	165	167	169	171	173	175	176	178	180	182	183	185	187	188	190	192	193	195	197	198	200	201	203	／
	10月	204	206	207	209	210	212	213	214	216	217	219	220	221	223	224	225	226	227	229	230	231	232	233	234	235	236	237	237	238	239	239
	11月	240	240	240	240	240	240	239	239	238	237	236	235	234	232	231	230	228	227	226	225	225	224	224	224	224	224	225	226	226	227	／
	12月	228	229	230	231	232	234	235	236	237	239	240	242	243	244	246	247	249	250	252	253	255	256	258	259	261	262	264	265	267	269	270
宮	月＼日	1	2	3	4	5	6	7	8	9	10	11	12	13	14	15	16	17	18	19	20	21	22	23	24	25	26	27	28	29	30	31
金星 ♀	1月	325	326	327	328	329	330	331	333	334	335	336	337	338	339	340	341	343	344	345	346	347	348	349	350	351	352	353	354	355	356	357
	2月	358	359	000	001	002	003	004	005	006	007	008	009	010	011	012	013	013	014	015	016	017	018	018	019	020	021	021	022	／	／	／
	3月	023	023	024	025	025	026	026	027	027	028	028	029	029	029	030	030	030	030	031	031	031	031	031	031	031	031	031	030	030	030	030
	4月	029	029	028	028	027	027	026	026	025	025	024	023	023	022	021	021	020	020	019	019	018	018	017	017	016	016	016	015	015	015	／
	5月	015	015	015	014	014	015	015	015	015	015	015	016	016	016	017	017	017	018	018	019	019	020	020	021	021	022	023	023	024	025	025
	6月	026	027	028	028	029	030	031	032	033	033	034	035	036	037	038	039	040	040	041	042	043	044	045	046	047	048	049	050	051	052	／
	7月	053	054	055	056	057	058	059	060	061	062	063	064	065	067	068	069	070	071	072	073	074	075	076	077	078	080	081	082	083	084	085
	8月	086	087	088	090	091	092	093	094	095	096	098	099	100	101	102	103	104	106	107	108	109	110	111	113	114	115	116	117	118	120	121
	9月	122	123	124	125	127	128	129	130	131	133	134	135	136	137	139	140	141	142	143	145	146	147	148	149	151	152	153	154	156	157	／
	10月	158	159	160	162	163	164	165	167	168	169	170	171	173	174	175	176	178	179	180	181	183	184	185	186	188	189	190	191	193	194	195
	11月	196	197	199	200	201	202	204	205	206	207	209	210	211	212	214	215	216	217	219	220	221	222	224	225	226	228	229	230	231	233	／
	12月	234	235	236	238	239	240	241	243	244	245	246	248	249	250	251	253	254	255	256	258	259	260	261	263	264	265	266	268	269	270	272
宮	月＼日	1	2	3	4	5	6	7	8	9	10	11	12	13	14	15	16	17	18	19	20	21	22	23	24	25	26	27	28	29	30	31
火星 ♂	1月	330	331	332	333	334	334	335	336	337	337	338	339	340	340	341	342	343	344	344	345	346	347	347	348	349	350	350	351	352	353	353
	2月	354	355	356	357	357	358	359	000	000	001	002	003	003	004	005	006	006	007	008	009	009	010	011	012	012	013	014	015	／	／	／
	3月	015	016	017	018	018	019	020	021	021	022	023	024	024	025	026	026	027	028	029	029	030	031	032	032	033	034	034	035	036	037	037
	4月	038	039	040	040	041	042	042	043	044	045	045	046	047	047	048	049	050	050	051	052	052	053	054	055	055	056	057	057	058	059	／
	5月	059	060	061	062	062	063	064	064	065	066	066	067	068	068	069	070	071	071	072	073	073	074	075	075	076	077	077	078	079	079	080
	6月	081	081	082	083	083	084	085	085	086	087	087	088	089	089	090	091	091	092	093	093	094	095	095	096	097	097	098	099	099	100	／
	7月	101	101	102	103	103	104	105	105	106	107	107	108	109	109	110	111	111	112	113	113	114	115	115	116	116	117	118	118	119	120	120
	8月	121	122	122	123	124	124	125	126	126	127	127	128	129	129	130	131	131	132	133	133	134	134	135	136	136	137	138	138	139	140	140
	9月	141	142	142	143	143	144	145	145	146	147	147	148	148	149	150	150	151	152	152	153	154	154	155	155	156	157	157	158	159	159	／
	10月	160	160	161	162	162	163	164	164	165	165	166	167	167	168	169	169	170	170	171	172	172	173	174	174	175	175	176	177	177	178	179
	11月	179	180	180	181	182	182	183	184	184	185	185	186	187	187	188	189	189	190	190	191	192	192	193	193	194	195	195	196	197	197	／
	12月	198	198	199	200	200	201	201	202	203	203	204	204	205	206	206	207	207	208	209	209	210	211	211	212	212	213	214	214	215	215	216

1954年

宮	月＼日	1	2	3	4	5	6	7	8	9	10	11	12	13	14	15	16	17	18	19	20	21	22	23	24	25	26	27	28	29	30	31
	1月	280	281	282	283	284	285	286	287	288	289	290	291	292	293	294	295	296	297	298	299	300	301	302	303	304	305	306	307	308	309	310
	2月	311	312	313	314	315	316	317	318	319	320	321	322	323	324	325	326	327	328	329	330	331	332	333	334	335	336	337	338	／	／	／
	3月	340	341	342	343	344	345	346	347	348	349	350	351	352	353	354	354	355	356	357	358	359	000	001	002	003	004	005	006	007	008	009
太	4月	010	011	012	013	014	015	016	017	018	019	020	021	022	023	024	025	026	027	028	029	030	031	032	033	034	035	036	037	038	039	／
陽	5月	040	041	042	043	044	045	046	046	047	048	049	050	051	052	053	054	055	056	057	058	059	060	061	062	063	064	065	066	067	068	069
	6月	070	071	072	072	073	074	075	076	077	078	079	080	081	082	083	084	085	086	087	088	089	090	091	092	093	093	094	095	096	097	／
	7月	098	099	100	101	102	103	104	105	106	107	108	109	110	111	112	113	114	114	115	116	117	118	119	120	121	122	123	124	125	126	127
	8月	128	129	130	131	132	133	134	135	135	136	137	138	139	140	141	142	143	144	145	146	147	148	149	150	151	152	153	154	155	156	157
⊙	9月	158	159	160	161	162	162	163	164	165	166	167	168	169	170	171	172	173	174	175	176	177	178	179	180	181	182	183	184	185	186	／
	10月	187	188	189	190	191	192	193	194	195	196	197	198	199	200	201	202	203	204	205	206	207	208	209	210	211	212	213	214	215	216	217
	11月	218	219	220	221	222	223	224	225	226	227	228	229	230	231	232	233	234	235	236	237	238	239	240	241	242	243	244	245	246	247	／
	12月	248	249	250	251	252	253	254	255	256	257	258	259	260	261	262	263	264	265	266	267	268	269	270	271	272	273	274	275	276	277	278
宮	月＼日	1	2	3	4	5	6	7	8	9	10	11	12	13	14	15	16	17	18	19	20	21	22	23	24	25	26	27	28	29	30	31
	1月	232	245	258	271	284	298	312	326	340	354	008	022	036	051	064	078	092	105	118	131	144	156	168	180	192	204	216	228	240	253	265
	2月	279	292	306	320	335	350	004	019	033	047	061	075	088	101	114	127	140	152	164	176	188	200	212	224	236	248	261	273	／	／	／
	3月	286	300	314	329	343	358	014	029	043	058	072	085	099	111	124	137	149	161	173	185	197	209	221	233	245	257	269	282	295	308	322
月	4月	337	351	007	022	037	052	067	081	095	108	121	134	146	158	170	182	194	206	218	230	242	254	266	278	291	304	317	331	345	000	／
	5月	015	030	046	061	075	090	104	117	130	143	155	167	179	191	203	215	227	239	251	263	275	288	301	314	327	341	355	009	024	039	054
	6月	069	084	098	112	125	138	151	163	175	187	199	211	223	235	247	260	272	285	298	311	324	338	352	006	020	034	049	063	078	092	／
	7月	106	120	133	146	159	171	184	196	207	219	231	243	256	268	281	294	307	321	334	348	002	017	031	045	059	073	087	101	115	128	142
	8月	154	167	179	192	203	215	227	239	251	264	276	289	302	316	330	344	359	013	027	042	056	070	084	098	111	124	137	150	163	175	188
☽	9月	200	212	223	235	247	259	271	284	297	310	324	338	353	008	023	038	052	067	081	095	108	121	134	147	159	172	184	196	208	220	／
	10月	232	244	255	267	280	292	305	318	332	347	001	016	032	047	062	077	091	105	118	131	144	156	169	181	193	205	217	229	241	252	264
	11月	276	288	301	314	327	341	355	009	025	040	055	070	085	100	114	127	140	153	166	178	190	202	214	226	238	249	261	273	285	298	／
	12月	310	323	336	350	004	018	033	048	063	078	093	108	122	136	149	162	174	187	199	211	222	234	246	258	270	282	295	307	320	333	347
宮	月＼日	1	2	3	4	5	6	7	8	9	10	11	12	13	14	15	16	17	18	19	20	21	22	23	24	25	26	27	28	29	30	31
	1月	272	273	275	276	278	280	281	283	284	286	288	289	291	293	294	296	297	299	301	303	304	306	308	309	311	313	315	316	318	320	322
	2月	323	325	327	328	330	332	333	335	336	338	339	340	341	343	343	344	345	345	346	346	346	345	345	344	344	343	342	341	／	／	／
	3月	340	339	338	337	336	335	334	333	333	332	332	332	331	331	331	331	332	332	332	333	333	334	334	335	336	337	338	339	340	341	342
水	4月	343	344	345	346	348	349	350	352	353	355	356	357	359	000	002	004	005	007	009	010	012	014	016	017	019	021	023	025	027	029	／
	5月	031	033	035	037	039	041	043	046	048	050	052	054	056	059	061	063	065	067	069	071	073	075	077	079	080	082	084	086	087	089	090
星	6月	092	093	094	096	097	098	099	100	101	102	103	104	105	105	106	107	107	107	108	108	108	108	108	108	108	108	108	107	107	107	／
	7月	106	106	105	104	104	103	103	102	101	101	100	100	100	099	099	099	099	099	099	099	099	100	100	101	102	102	103	104	105	107	108
	8月	109	111	112	114	115	117	119	120	122	124	126	128	130	132	134	136	138	140	142	144	146	148	150	152	154	156	158	160	162	164	165
☿	9月	167	169	171	172	174	176	178	179	181	182	184	186	187	189	190	192	193	195	196	198	199	200	202	203	204	206	207	208	209	211	／
	10月	212	213	214	215	216	217	218	219	220	221	221	222	223	223	224	224	224	224	224	224	224	223	223	222	221	220	219	218	216	215	214
	11月	213	212	211	210	209	209	208	208	209	209	209	210	211	212	213	214	215	216	217	219	220	221	223	224	226	227	229	230	232	233	／
	12月	235	236	238	239	241	242	244	245	247	249	250	252	253	255	256	258	259	261	263	264	266	267	269	270	272	274	275	277	278	280	282
宮	月＼日	1	2	3	4	5	6	7	8	9	10	11	12	13	14	15	16	17	18	19	20	21	22	23	24	25	26	27	28	29	30	31
	1月	273	274	275	277	278	279	280	282	283	284	285	287	288	289	290	292	293	294	295	297	298	299	300	302	303	304	305	307	308	309	310
	2月	312	313	314	316	317	318	319	321	322	323	324	326	327	328	329	331	332	333	334	336	337	338	339	341	342	343	344	346	／	／	／
	3月	347	348	349	351	352	353	354	356	357	358	359	001	002	003	004	006	007	008	009	010	012	013	014	015	017	018	019	020	022	023	024
金	4月	025	027	028	029	030	032	033	034	035	036	038	039	040	041	043	044	045	046	048	049	050	051	052	054	055	056	057	059	060	061	／
	5月	062	063	065	066	067	068	070	071	072	073	074	076	077	078	079	080	082	083	084	085	086	088	089	090	091	093	094	095	096	097	099
星	6月	100	101	102	103	105	106	107	108	109	110	112	113	114	115	116	118	119	120	121	122	124	125	126	127	128	129	131	132	133	134	／
	7月	135	136	138	139	140	141	142	143	145	146	147	148	149	150	152	153	154	155	156	157	158	160	161	162	163	164	165	166	167	169	170
	8月	171	172	173	174	175	176	177	179	180	181	182	183	184	185	186	187	188	189	190	191	192	194	195	196	197	198	199	200	201	202	203
♀	9月	204	205	206	207	208	209	210	211	212	212	213	214	215	216	217	218	219	220	221	221	222	223	224	225	225	226	227	228	228	229	／
	10月	230	231	231	232	233	233	234	234	235	235	236	236	237	237	238	238	238	238	239	239	239	239	239	240	240	240	240	239	239	239	239
	11月	239	238	238	238	237	237	236	236	235	235	234	234	233	233	232	231	231	230	230	229	228	228	227	227	227	226	226	225	225	225	／
	12月	225	224	224	224	224	224	224	224	224	225	225	225	225	225	226	226	227	227	227	228	228	229	229	230	231	231	232	233	233	234	235
宮	月＼日	1	2	3	4	5	6	7	8	9	10	11	12	13	14	15	16	17	18	19	20	21	22	23	24	25	26	27	28	29	30	31
	1月	217	217	218	218	219	219	220	221	221	222	222	223	224	224	225	225	226	227	227	228	228	229	229	230	231	231	232	232	233	233	234
	2月	235	235	236	236	237	237	238	239	239	240	240	241	241	242	242	243	244	244	245	245	246	246	247	247	248	248	249	249	／	／	／
	3月	250	250	251	252	252	253	253	254	254	255	255	256	256	257	257	258	258	259	259	259	260	260	261	261	262	262	263	263	264	264	264
火	4月	265	265	266	266	267	267	267	268	268	269	269	269	270	270	270	271	271	271	272	272	272	273	273	273	274	274	274	274	275	275	／
	5月	275	275	276	276	276	276	276	277	277	277	277	277	277	277	278	278	278	278	278	278	278	278	278	278	278	278	278	278	278	278	278
星	6月	278	277	277	277	277	277	277	276	276	276	276	276	275	275	275	275	274	274	274	273	273	273	273	272	272	272	271	271	271	270	／
	7月	270	270	269	269	269	269	268	268	268	268	267	267	267	267	266	266	266	266	266	266	266	265	265	265	265	265	265	265	265	265	265
	8月	265	265	265	265	265	265	266	266	266	266	266	266	266	267	267	267	267	268	268	268	268	269	269	269	270	270	270	271	271	271	272
♂	9月	272	273	273	273	274	274	275	275	276	276	276	277	277	278	278	279	279	280	280	281	281	282	283	283	284	284	285	285	286	286	／
	10月	287	288	288	289	289	290	291	291	292	292	293	294	294	295	295	296	297	297	298	299	299	300	301	301	302	302	303	304	304	305	306
	11月	306	307	308	308	309	310	311	311	312	313	313	314	315	315	316	317	317	318	319	319	320	321	322	322	323	324	324	325	326	327	／
	12月	327	328	329	329	330	331	331	332	333	334	334	335	336	336	337	338	339	339	340	341	341	342	343	344	344	345	346	347	347	348	349

1955年

宮	月＼日	1	2	3	4	5	6	7	8	9	10	11	12	13	14	15	16	17	18	19	20	21	22	23	24	25	26	27	28	29	30	31
太陽 ☉	1月	279	280	281	282	283	285	286	287	288	289	290	291	292	293	294	295	296	297	298	299	300	301	302	303	304	305	306	307	308	309	310
	2月	311	312	313	314	315	316	317	318	319	320	321	322	323	324	325	326	327	328	329	330	331	332	333	334	335	336	337	338	／	／	／
	3月	339	340	341	342	343	344	345	346	347	348	349	350	351	352	353	354	355	356	357	358	359	000	001	002	003	004	005	006	007	008	009
	4月	010	011	012	013	014	015	016	017	018	019	020	021	022	023	024	025	026	027	028	029	030	031	032	033	034	035	036	037	038	039	／
	5月	039	040	041	042	043	044	045	046	047	048	049	050	051	052	053	054	055	056	057	058	059	060	061	062	063	064	065	066	066	067	068
	6月	069	070	071	072	073	074	075	076	077	078	079	080	081	082	083	084	085	086	087	088	088	089	090	091	092	093	094	095	096	097	／
	7月	098	099	100	101	102	103	104	105	106	107	108	109	109	110	111	112	113	114	115	116	117	118	119	120	121	122	123	124	125	126	127
	8月	128	129	130	130	131	132	133	134	135	136	137	138	139	140	141	142	143	144	145	146	147	148	149	150	151	152	153	154	155	155	156
	9月	157	158	159	160	161	162	163	164	165	166	167	168	169	170	171	172	173	174	175	176	177	178	179	180	181	182	183	184	185	186	／
	10月	187	188	189	190	191	192	193	194	195	196	197	198	199	199	200	201	202	203	204	205	206	207	208	209	210	211	212	213	214	215	216
	11月	217	218	219	220	221	222	223	224	225	226	227	228	229	230	231	232	233	234	236	237	238	239	240	241	242	243	244	245	246	247	／
	12月	248	249	250	251	252	253	254	255	256	257	258	259	260	261	262	263	264	265	266	267	268	269	270	271	272	273	274	275	276	277	278

宮	月＼日	1	2	3	4	5	6	7	8	9	10	11	12	13	14	15	16	17	18	19	20	21	22	23	24	25	26	27	28	29	30	31
月 ☽	1月	000	014	028	042	057	072	086	101	116	130	143	157	170	182	195	207	219	231	242	254	266	279	291	304	317	330	343	357	011	025	039
	2月	053	067	081	096	110	124	138	151	165	178	190	203	215	227	238	250	262	274	287	299	312	325	339	353	007	021	036	050	／	／	／
	3月	064	078	092	106	120	133	147	160	173	186	198	210	223	234	246	258	270	282	294	307	320	334	348	002	016	031	046	060	075	089	103
	4月	117	130	143	156	169	182	194	207	219	231	243	254	266	278	290	302	315	328	342	356	010	025	040	055	070	085	099	113	127	140	／
	5月	153	166	179	191	203	216	227	239	251	263	275	287	299	311	324	337	350	004	018	033	048	063	078	093	108	123	136	150	163	176	188
	6月	200	213	225	236	248	260	272	284	296	308	320	333	346	359	013	027	042	057	072	087	102	117	131	145	159	172	185	197	209	221	／
	7月	233	245	257	269	281	293	305	317	330	343	356	009	023	037	051	066	081	095	110	125	139	153	167	180	193	206	218	230	242	254	265
	8月	277	289	302	314	327	340	353	006	020	034	047	062	076	090	105	119	134	148	162	175	188	201	214	226	238	250	262	273	285	298	310
	9月	323	336	349	003	016	030	044	058	072	087	101	115	129	143	157	170	184	197	209	222	234	246	258	269	281	293	306	318	331	344	／
	10月	358	012	026	040	055	069	083	098	112	125	139	153	166	179	192	205	218	230	242	254	266	277	289	301	313	326	339	352	006	020	035
	11月	049	064	079	094	108	122	136	150	163	176	189	202	214	226	238	250	262	274	286	298	309	322	334	347	000	014	028	043	057	073	／
	12月	088	103	118	132	146	160	173	186	199	211	223	235	247	259	271	283	294	306	318	331	343	356	009	022	036	051	065	080	096	111	126

宮	月＼日	1	2	3	4	5	6	7	8	9	10	11	12	13	14	15	16	17	18	19	20	21	22	23	24	25	26	27	28	29	30	31
水星 ☿	1月	283	285	287	288	290	291	293	295	296	298	300	301	303	305	306	308	310	311	313	314	316	318	319	320	322	323	324	325	326	327	328
	2月	328	329	329	329	329	329	328	328	327	326	325	324	322	321	320	319	318	317	316	316	315	314	314	314	314	314	314	314	／	／	／
	3月	315	315	315	316	317	317	318	319	320	321	322	323	324	325	326	327	329	330	331	332	334	335	337	338	339	341	342	344	345	347	349
	4月	350	352	353	355	357	359	000	002	004	006	008	009	011	013	015	017	019	021	023	025	027	030	032	034	036	038	040	042	044	047	／
	5月	049	051	053	055	057	059	061	062	064	066	068	069	071	072	074	075	076	078	079	080	081	082	083	084	085	085	086	087	087	087	088
	6月	088	088	088	088	088	088	088	088	087	087	087	086	086	085	084	084	083	083	082	082	081	081	081	080	080	080	080	080	080	080	／
	7月	080	080	081	081	082	082	083	084	085	086	087	088	089	090	091	093	094	096	097	099	101	103	104	106	108	110	112	114	116	118	120
	8月	122	125	127	129	131	133	135	137	139	141	143	145	147	149	151	152	154	156	158	160	161	163	165	166	168	170	171	173	174	176	177
	9月	179	180	182	183	185	186	187	189	190	191	193	194	195	196	197	198	199	200	201	202	203	204	205	205	206	207	207	207	208	208	／
	10月	208	208	208	208	207	207	206	205	205	204	202	201	200	199	198	197	196	195	194	193	193	193	193	193	193	194	194	195	196	197	198
	11月	199	201	202	203	205	206	208	209	211	212	214	216	217	219	220	222	223	225	227	228	230	231	233	235	236	238	239	241	243	244	／
	12月	246	247	249	250	252	254	255	257	258	260	261	263	265	266	268	269	271	272	274	276	277	279	280	282	284	285	287	288	290	291	293

宮	月＼日	1	2	3	4	5	6	7	8	9	10	11	12	13	14	15	16	17	18	19	20	21	22	23	24	25	26	27	28	29	30	31
金星 ♀	1月	235	236	237	238	239	239	240	241	242	243	244	245	245	246	247	248	249	250	251	252	253	254	255	256	257	258	259	260	261	262	263
	2月	264	265	266	267	269	270	271	272	273	274	275	276	277	278	279	281	282	283	284	285	286	287	288	290	291	292	293	294	／	／	／
	3月	295	296	298	299	300	301	302	303	304	306	307	308	309	310	311	313	314	315	316	317	318	320	321	322	323	324	326	327	328	329	330
	4月	331	333	334	335	336	337	339	340	341	342	343	345	346	347	348	349	351	352	353	354	355	356	358	359	000	001	002	004	005	006	／
	5月	007	008	010	011	012	013	015	016	017	018	019	021	022	023	024	025	027	028	029	030	031	033	034	035	036	037	039	040	041	042	043
	6月	045	046	047	048	050	051	052	053	054	056	057	058	059	060	062	063	064	065	067	068	069	070	071	073	074	075	076	077	079	080	／
	7月	081	082	084	085	086	087	088	090	091	092	093	095	096	097	098	099	101	102	103	104	106	107	108	109	110	112	113	114	115	117	118
	8月	119	120	122	123	124	125	126	128	129	130	131	133	134	135	136	138	139	140	141	142	144	145	146	147	149	150	151	152	154	155	156
	9月	157	159	160	161	162	164	165	166	167	169	170	171	172	174	175	176	177	178	180	181	182	183	185	186	187	188	190	191	192	193	／
	10月	195	196	197	198	200	201	202	203	205	206	207	208	210	211	212	213	215	216	217	218	220	221	222	223	225	226	227	228	230	231	232
	11月	233	235	236	237	238	240	241	242	243	245	246	247	248	250	251	252	253	255	256	257	258	260	261	262	263	264	266	267	268	269	／
	12月	271	272	273	274	276	277	278	279	281	282	283	284	286	287	288	289	291	292	293	294	296	297	298	299	301	302	303	304	306	307	308

宮	月＼日	1	2	3	4	5	6	7	8	9	10	11	12	13	14	15	16	17	18	19	20	21	22	23	24	25	26	27	28	29	30	31
火星 ♂	1月	349	350	351	352	352	353	354	354	355	356	357	357	358	359	359	000	001	002	002	003	004	004	005	006	007	007	008	009	009	010	011
	2月	012	012	013	014	014	015	016	017	017	018	019	019	020	021	022	022	023	024	024	025	026	026	027	028	029	029	030	031	／	／	／
	3月	031	032	033	033	034	035	036	036	037	038	038	039	040	040	041	042	043	043	044	045	045	046	047	047	048	049	049	050	051	051	052
	4月	053	053	054	055	056	056	057	058	058	059	060	060	061	062	062	063	064	064	065	066	066	067	068	068	069	070	070	071	072	072	／
	5月	073	074	074	075	076	076	077	078	078	079	080	080	081	082	082	083	084	084	085	086	086	087	088	088	089	090	090	091	092	092	093
	6月	093	094	095	095	096	097	097	098	099	099	100	101	101	102	103	103	104	105	105	106	106	107	108	108	109	110	110	111	112	112	／
	7月	113	114	114	115	115	116	117	117	118	119	119	120	121	121	122	123	123	124	124	125	126	126	127	128	128	129	130	130	131	131	132
	8月	133	133	134	135	135	136	137	137	138	138	139	140	140	141	142	142	143	144	144	145	145	146	147	147	148	149	149	150	151	151	152
	9月	152	153	154	154	155	156	156	157	158	158	159	159	160	161	161	162	163	163	164	165	165	166	167	167	168	168	169	170	170	171	／
	10月	172	172	173	174	174	175	175	176	177	177	178	179	179	180	181	181	182	182	183	184	184	185	186	186	187	188	188	189	190	190	191
	11月	191	192	193	193	194	195	195	196	197	197	198	199	199	200	200	201	202	202	203	204	204	205	206	206	207	208	208	209	210	210	／
	12月	211	211	212	213	213	214	215	215	216	217	217	218	219	219	220	221	221	222	223	223	224	224	225	226	226	227	228	228	229	230	230

1956年

宮	月＼日	1	2	3	4	5	6	7	8	9	10	11	12	13	14	15	16	17	18	19	20	21	22	23	24	25	26	27	28	29	30	31
太陽 ☉	1月	279	280	281	282	283	284	285	286	287	288	289	290	291	292	293	294	295	296	298	299	300	301	302	303	304	305	306	307	308	309	310
	2月	311	312	313	314	315	316	317	318	319	320	321	322	323	324	325	326	327	328	329	330	331	332	333	334	335	336	337	338	339	／	／
	3月	340	341	342	343	344	345	346	347	348	349	350	351	352	353	354	355	356	357	358	359	000	001	002	003	004	005	006	007	008	009	010
	4月	011	012	013	014	015	016	017	018	019	020	021	022	023	024	025	026	027	028	029	030	030	031	032	033	034	035	036	037	038	039	／
	5月	040	041	042	043	044	045	046	047	048	049	050	051	052	053	054	055	056	057	058	059	060	060	061	062	063	064	065	066	067	068	069
	6月	070	071	072	073	074	075	076	077	078	079	080	081	082	083	083	084	085	086	087	088	089	090	091	092	093	094	095	096	097	098	／
	7月	099	100	101	102	103	104	104	105	106	107	108	109	110	111	112	113	114	115	116	117	118	119	120	121	122	123	124	125	125	126	127
	8月	128	129	130	131	132	133	134	135	136	137	138	139	140	141	142	143	144	145	146	147	148	148	149	150	151	152	153	154	155	156	157
	9月	158	159	160	161	162	163	164	165	166	167	168	169	170	171	172	173	174	175	176	177	178	179	180	181	182	183	183	184	185	186	／
	10月	187	188	189	190	191	192	193	194	195	196	197	198	199	200	201	202	203	204	205	206	207	208	209	210	211	212	213	214	215	216	217
	11月	218	219	220	221	222	223	224	225	226	227	228	229	230	231	232	233	234	235	236	237	238	239	240	241	242	243	244	245	246	247	／
	12月	248	249	250	251	252	253	254	256	257	258	259	260	261	262	263	264	265	266	267	268	269	270	271	272	273	274	275	276	277	278	279

宮	月＼日	1	2	3	4	5	6	7	8	9	10	11	12	13	14	15	16	17	18	19	20	21	22	23	24	25	26	27	28	29	30	31
月 ☽	1月	141	155	169	182	195	208	220	232	244	256	268	280	291	303	315	328	340	352	005	018	032	045	059	074	089	104	119	134	149	163	177
	2月	191	204	217	229	241	253	265	276	288	300	312	324	337	349	002	015	029	042	056	069	084	098	113	127	142	157	171	185	199	／	／
	3月	212	224	237	249	261	273	284	296	308	321	333	346	359	012	025	039	053	066	080	094	109	123	137	151	166	179	193	207	220	232	245
	4月	257	269	281	292	304	316	329	341	354	007	021	035	049	063	077	091	105	120	134	148	161	175	189	202	215	228	240	253	265	277	／
	5月	288	300	312	324	337	349	002	016	029	043	058	072	087	101	116	130	144	158	172	185	199	211	224	237	249	261	273	285	297	308	320
	6月	332	345	357	010	024	037	052	066	081	096	111	126	140	155	169	182	196	208	221	233	246	258	270	282	293	305	317	329	341	353	／
	7月	006	019	032	046	060	074	089	104	120	135	150	164	178	192	205	218	231	243	255	267	279	290	302	314	326	338	350	003	015	028	041
	8月	055	069	083	098	113	128	143	158	173	187	201	214	227	239	252	264	276	287	299	311	323	335	347	000	012	025	038	051	065	078	093
	9月	107	122	137	152	167	181	195	209	223	235	248	260	272	284	296	308	320	332	344	356	009	022	035	048	062	075	089	103	117	132	／
	10月	146	161	175	190	204	217	230	243	256	268	280	292	304	316	328	340	352	005	018	031	044	058	072	086	100	114	128	142	157	171	185
	11月	198	212	225	238	251	264	276	288	300	312	324	336	348	000	013	026	039	053	067	082	096	110	125	139	153	167	181	195	208	221	／
	12月	234	247	259	272	284	296	308	320	331	343	356	008	021	034	047	061	076	090	105	120	135	150	164	178	192	205	218	231	244	256	268

宮	月＼日	1	2	3	4	5	6	7	8	9	10	11	12	13	14	15	16	17	18	19	20	21	22	23	24	25	26	27	28	29	30	31
水星 ☿	1月	295	296	298	299	301	302	303	305	306	307	308	309	310	311	312	312	313	313	313	313	312	312	311	310	309	308	307	305	304	303	302
	2月	301	300	299	298	298	297	297	297	297	297	297	298	298	299	299	300	301	302	303	303	304	305	306	308	309	310	311	312	314	／	／
	3月	315	316	318	319	320	322	323	325	326	328	329	331	332	334	335	337	339	340	342	344	345	347	349	351	352	354	356	358	000	002	004
	4月	006	008	010	012	014	016	018	020	022	024	026	028	030	032	034	037	039	040	042	044	046	048	050	051	053	054	056	057	058	060	／
	5月	061	062	063	064	065	065	066	067	067	068	068	068	068	068	068	068	068	068	068	067	067	066	066	065	065	064	064	063	062	062	062
	6月	061	061	060	060	060	060	060	060	060	060	060	061	061	061	062	063	063	064	065	066	067	068	069	070	071	072	074	075	077	078	／
	7月	080	081	083	085	086	088	090	092	094	096	098	100	102	104	106	109	111	113	115	117	119	121	123	126	128	130	132	134	136	137	139
	8月	141	143	145	147	148	150	152	153	155	157	158	160	161	163	164	166	167	169	170	171	173	174	175	177	178	179	180	181	182	183	184
	9月	185	186	187	188	188	189	190	190	191	191	191	192	192	192	192	191	191	191	190	189	188	188	187	186	185	183	182	181	180	179	／
	10月	178	178	177	177	177	177	177	177	178	179	179	180	181	183	184	185	186	188	189	191	193	194	196	197	199	201	202	204	206	207	209
	11月	211	212	214	216	217	219	221	222	224	226	227	229	230	232	234	235	237	238	240	241	243	245	246	248	249	251	252	254	255	257	／
	12月	259	260	262	263	265	266	268	269	271	272	274	275	277	278	280	281	283	284	285	287	288	289	290	292	293	294	294	295	296	296	297

宮	月＼日	1	2	3	4	5	6	7	8	9	10	11	12	13	14	15	16	17	18	19	20	21	22	23	24	25	26	27	28	29	30	31
金星 ♀	1月	309	310	312	313	314	315	317	318	319	320	322	323	324	325	326	328	329	330	331	333	334	335	336	337	339	340	341	342	344	345	346
	2月	347	348	350	351	352	353	354	356	357	358	359	000	002	003	004	005	006	008	009	010	011	012	014	015	016	017	018	019	021	／	／
	3月	022	023	024	025	026	027	029	030	031	032	033	034	035	037	038	039	040	041	042	043	044	045	047	048	049	050	051	052	053	054	055
	4月	056	057	058	059	060	061	062	063	064	065	066	067	068	069	070	071	072	073	074	075	076	077	078	079	079	080	081	082	083	084	／
	5月	084	085	086	087	087	088	089	090	090	091	091	092	093	093	094	094	095	095	096	096	096	097	097	097	098	098	098	098	098	098	099
	6月	099	098	098	098	098	098	098	097	097	097	096	096	096	095	095	094	093	093	092	092	091	090	090	089	088	088	087	087	086	086	／
	7月	085	085	084	084	084	083	083	083	082	082	082	082	082	082	082	082	082	082	083	083	083	083	084	084	084	085	085	086	086	086	087
	8月	088	088	089	089	090	091	091	092	093	093	094	095	096	096	097	098	099	100	100	101	102	103	104	105	106	107	108	108	109	110	111
	9月	112	113	114	115	116	117	118	119	120	121	122	123	124	125	126	128	129	130	131	132	133	134	135	136	137	138	139	141	142	143	／
	10月	144	145	146	147	148	149	151	152	153	154	155	156	158	159	160	161	162	163	164	166	167	168	169	170	172	173	174	175	176	177	179
	11月	180	181	182	183	185	186	187	188	189	191	192	193	194	196	197	198	199	200	202	203	204	205	207	208	209	210	211	213	214	215	／
	12月	216	218	219	220	221	223	224	225	226	227	229	230	231	232	234	235	236	237	239	240	241	242	244	245	246	247	249	250	251	252	254

宮	月＼日	1	2	3	4	5	6	7	8	9	10	11	12	13	14	15	16	17	18	19	20	21	22	23	24	25	26	27	28	29	30	31
火星 ♂	1月	231	232	232	233	234	234	235	236	236	237	238	238	239	240	240	241	241	242	243	243	244	245	245	246	247	247	248	249	249	250	251
	2月	251	252	253	253	254	255	255	256	257	257	258	259	259	260	261	261	262	262	263	264	264	265	266	266	267	268	268	269	270	／	／
	3月	270	271	272	272	273	274	274	275	276	276	277	278	278	279	280	280	281	281	282	283	283	284	285	285	286	287	287	288	289	289	290
	4月	291	291	292	293	293	294	294	295	296	296	297	298	298	299	300	300	301	302	302	303	303	304	305	305	306	307	307	308	308	309	／
	5月	310	310	311	312	312	313	313	314	315	315	316	317	317	318	318	319	320	320	321	321	322	323	323	324	324	325	325	326	327	327	328
	6月	328	329	329	330	331	331	332	332	333	333	334	334	335	335	336	336	337	337	338	338	339	339	340	340	341	341	342	342	343	343	／
	7月	343	344	344	345	345	345	346	346	347	347	347	348	348	348	349	349	349	350	350	350	350	351	351	351	351	352	352	352	352	352	352
	8月	353	353	353	353	353	353	353	353	353	353	353	353	353	353	353	353	353	353	353	353	352	352	352	352	352	352	351	351	351	351	351
	9月	350	350	350	349	349	349	349	348	348	348	348	347	347	347	346	346	346	346	345	345	345	345	345	344	344	344	344	344	343	343	／
	10月	343	343	343	343	343	343	343	343	343	343	343	343	343	343	343	343	343	343	343	343	343	344	344	344	344	344	344	345	345	345	345
	11月	346	346	346	346	347	347	347	348	348	348	349	349	349	350	350	350	351	351	352	352	352	353	353	354	354	355	355	356	356	356	／
	12月	357	357	358	358	359	359	000	000	001	001	002	002	003	003	004	004	005	005	006	007	007	008	008	009	009	010	010	011	012	012	013

1957年

宮	月＼日	1	2	3	4	5	6	7	8	9	10	11	12	13	14	15	16	17	18	19	20	21	22	23	24	25	26	27	28	29	30	31
太陽 ☉	1月	280	281	282	283	284	285	286	287	288	289	290	291	292	293	294	295	296	297	298	299	300	301	302	302	304	305	306	307	308	309	310
	2月	312	313	314	315	316	317	318	319	320	321	322	323	324	325	326	327	328	329	330	331	332	333	334	335	336	337	338	339	／	／	／
	3月	340	341	342	343	344	345	346	347	348	349	350	351	352	353	354	355	356	357	358	359	000	001	002	003	004	005	006	007	008	009	010
	4月	011	012	013	014	015	016	017	018	019	019	020	021	022	023	024	025	026	027	028	029	030	031	032	033	034	035	036	037	038	039	／
	5月	040	041	042	043	044	045	046	047	048	049	050	051	052	053	054	054	055	056	057	058	059	060	061	062	063	064	065	066	067	068	069
	6月	070	071	072	073	074	075	076	077	078	078	079	080	081	082	083	084	085	086	087	088	089	090	091	092	093	094	095	096	097	098	／
	7月	099	099	100	101	102	103	104	105	106	107	108	109	110	111	112	113	114	115	116	117	118	119	119	120	121	122	123	124	125	126	127
	8月	128	129	130	131	132	133	134	135	136	137	138	139	140	141	142	142	143	144	145	146	147	148	149	150	151	152	153	154	155	156	157
	9月	158	159	160	161	162	163	164	165	166	167	168	169	170	171	172	172	173	174	175	176	177	178	179	180	181	182	183	184	185	186	／
	10月	187	188	189	190	191	192	193	194	195	196	197	198	199	200	201	202	203	204	205	206	207	208	209	210	211	212	213	214	215	216	217
	11月	218	219	220	221	222	223	224	225	226	227	228	229	230	231	232	233	234	235	236	237	238	239	240	241	242	243	244	245	246	247	／
	12月	248	249	250	251	252	253	254	255	256	257	258	259	260	261	262	263	264	265	266	267	268	270	271	272	273	274	275	276	277	278	279
宮	月＼日	1	2	3	4	5	6	7	8	9	10	11	12	13	14	15	16	17	18	19	20	21	22	23	24	25	26	27	28	29	30	31
月 ☽	1月	280	292	304	316	328	340	352	004	016	029	042	055	069	083	098	113	128	144	159	174	188	202	215	228	241	253	265	277	289	301	313
	2月	325	337	349	001	013	025	038	050	064	077	091	106	121	136	152	167	182	197	211	224	237	250	262	274	286	298	310	322	／	／	／
	3月	334	346	358	010	022	035	047	060	073	087	101	115	130	145	160	175	190	205	219	232	246	258	271	283	295	307	319	330	342	354	007
	4月	019	032	044	057	070	084	097	111	125	140	154	169	184	198	213	227	240	253	266	279	291	303	315	327	339	351	003	015	028	041	／
	5月	054	067	080	094	108	122	136	150	165	179	193	207	221	235	248	261	274	287	299	311	323	335	347	359	011	023	036	049	062	076	090
	6月	104	118	133	147	161	176	190	203	217	231	244	257	270	282	295	307	319	331	343	355	007	019	031	044	057	071	085	099	114	128	／
	7月	143	158	172	186	200	214	227	240	253	266	279	291	303	315	327	339	351	003	015	027	039	052	065	079	093	108	122	138	153	168	182
	8月	197	211	224	237	250	263	276	288	300	312	324	336	348	000	011	023	036	048	061	074	087	101	116	131	146	161	177	191	206	220	234
	9月	247	260	273	285	297	309	321	333	345	357	009	021	033	045	057	070	083	096	110	125	139	154	170	185	200	215	229	243	256	269	／
	10月	282	294	306	318	330	342	354	005	018	030	042	054	067	080	093	106	120	134	149	163	178	193	208	223	237	251	264	277	290	302	314
	11月	326	338	350	002	014	026	038	051	064	077	090	103	117	131	145	159	173	188	202	217	231	245	259	272	285	298	310	322	334	346	／
	12月	358	010	022	034	047	059	073	086	100	113	127	142	156	170	184	198	212	226	240	253	267	280	293	306	318	330	342	354	006	018	030
宮	月＼日	1	2	3	4	5	6	7	8	9	10	11	12	13	14	15	16	17	18	19	20	21	22	23	24	25	26	27	28	29	30	31
水星 ☿	1月	297	297	297	296	296	295	294	293	292	290	289	288	286	285	284	283	282	282	281	281	281	281	281	281	281	282	282	283	284	285	285
	2月	286	287	288	289	290	291	293	294	295	296	298	299	300	302	303	304	306	307	309	310	312	313	315	316	318	319	321	322	／	／	／
	3月	324	326	327	329	331	332	334	336	338	339	341	343	345	347	348	350	352	354	356	358	000	002	004	006	008	010	012	014	016	018	020
	4月	022	024	026	028	030	032	033	035	036	038	039	041	042	043	044	045	046	046	047	048	048	048	049	049	049	049	049	049	048	048	／
	5月	047	047	046	046	045	045	044	043	043	042	042	041	041	040	040	040	040	040	039	040	040	040	040	040	041	041	042	043	043	044	045
	6月	046	047	048	049	050	051	052	053	055	056	057	059	060	062	063	065	067	069	070	072	074	076	078	080	082	084	086	088	090	093	／
	7月	095	097	099	101	103	106	108	110	112	114	116	118	120	122	124	126	128	130	132	133	135	137	139	140	142	143	145	147	148	150	151
	8月	152	154	155	157	158	159	160	162	163	164	165	166	167	168	169	170	170	171	172	173	173	174	174	174	175	175	175	175	175	174	174
	9月	174	173	172	172	171	170	169	168	167	166	165	164	163	163	162	161	161	161	161	161	161	161	162	163	163	164	166	167	168	169	／
	10月	171	172	174	176	177	179	181	182	184	186	188	189	191	193	195	196	198	200	202	203	205	207	208	210	212	213	215	217	218	220	221
	11月	223	225	226	228	229	231	232	234	235	237	239	240	242	243	245	246	248	249	251	252	254	255	257	258	259	261	262	264	265	266	／
	12月	268	269	270	272	273	274	275	276	277	278	279	280	280	281	281	281	281	281	280	280	279	278	277	276	274	273	272	270	269	268	267
宮	月＼日	1	2	3	4	5	6	7	8	9	10	11	12	13	14	15	16	17	18	19	20	21	22	23	24	25	26	27	28	29	30	31
金星 ♀	1月	255	256	257	259	260	261	262	264	265	266	267	269	270	271	272	274	275	276	277	279	280	281	282	284	285	286	287	289	290	291	292
	2月	294	295	296	297	299	300	301	302	304	305	306	307	309	310	311	312	314	315	316	317	319	320	321	322	324	325	326	327	／	／	／
	3月	329	330	331	332	334	335	336	337	339	340	341	342	344	345	346	347	349	350	351	352	354	355	356	357	358	000	001	002	003	005	006
	4月	007	008	010	011	012	013	015	016	017	018	020	021	022	023	025	026	027	028	029	031	032	033	034	036	037	038	039	041	042	043	／
	5月	044	046	047	048	049	050	052	053	054	055	057	058	059	060	062	063	064	065	066	068	069	070	071	073	074	075	076	078	079	080	081
	6月	082	084	085	086	087	089	090	091	092	093	095	096	097	098	100	101	102	103	104	106	107	108	109	111	112	113	114	115	117	118	／
	7月	119	120	122	123	124	125	126	128	129	130	131	133	134	135	136	137	139	140	141	142	143	145	146	147	148	150	151	152	153	154	156
	8月	157	158	159	160	162	163	164	165	166	168	169	170	171	172	174	175	176	177	178	180	181	182	183	184	186	187	188	189	190	192	193
	9月	194	195	196	198	199	200	201	202	203	205	206	207	208	209	211	212	213	214	215	216	218	219	220	221	222	223	225	226	227	228	／
	10月	229	230	232	233	234	235	236	237	238	240	241	242	243	244	245	246	248	249	250	251	252	253	254	255	257	258	259	260	261	262	263
	11月	264	265	266	267	269	270	271	272	273	274	275	276	277	278	279	280	281	282	283	284	285	286	287	288	289	290	291	292	293	294	／
	12月	295	296	296	297	298	299	300	301	302	302	303	304	305	305	306	307	307	308	309	309	310	311	311	312	312	313	313	313	314	314	315
宮	月＼日	1	2	3	4	5	6	7	8	9	10	11	12	13	14	15	16	17	18	19	20	21	22	23	24	25	26	27	28	29	30	31
火星 ♂	1月	013	014	014	015	016	016	017	017	018	018	019	020	020	021	021	022	023	023	024	024	025	026	026	027	027	028	029	029	030	030	031
	2月	032	032	033	033	034	035	035	036	037	037	038	038	039	040	040	041	041	042	043	043	044	045	045	046	046	047	048	048	／	／	／
	3月	049	050	050	051	051	052	053	053	054	055	055	056	056	057	058	058	059	060	060	061	062	062	063	063	064	065	065	066	067	067	068
	4月	068	069	070	070	071	072	072	073	073	074	075	075	076	077	077	078	078	079	080	080	081	082	082	083	084	084	085	085	086	087	／
	5月	087	088	089	089	090	090	091	092	092	093	094	094	095	095	096	097	097	098	099	099	100	100	101	102	102	103	104	104	105	105	106
	6月	107	107	108	109	109	110	110	111	112	112	113	114	114	115	115	116	117	117	118	119	119	120	121	121	122	122	123	124	124	125	／
	7月	126	126	127	127	128	129	129	130	131	131	132	132	133	134	134	135	136	136	137	137	138	139	139	140	141	141	142	142	143	144	144
	8月	145	146	146	147	148	148	149	149	150	151	151	152	153	153	154	155	155	156	156	157	158	158	159	160	160	161	161	162	163	163	164
	9月	165	165	166	167	167	168	169	169	170	170	171	172	172	173	174	174	175	176	176	177	178	178	179	179	180	181	181	182	183	183	／
	10月	184	185	185	186	187	187	188	189	189	190	191	191	192	192	193	194	194	195	196	196	197	198	198	199	200	200	201	202	202	203	204
	11月	204	205	206	206	207	208	208	209	210	210	211	212	212	213	214	214	215	216	216	217	218	218	219	220	220	221	222	222	223	224	／
	12月	224	225	226	227	227	228	229	229	230	231	231	232	233	233	234	235	235	236	237	237	238	239	240	240	241	242	242	243	244	244	245

1958年

宮	月＼日	1	2	3	4	5	6	7	8	9	10	11	12	13	14	15	16	17	18	19	20	21	22	23	24	25	26	27	28	29	30	31
太陽 ☉	1月	280	281	282	283	284	285	286	287	288	289	290	291	292	293	294	295	296	297	298	299	300	301	302	303	304	305	306	307	308	309	310
	2月	311	312	313	314	315	316	317	318	319	320	321	322	323	324	325	326	327	328	329	330	331	332	333	335	336	337	338	339	/	/	/
	3月	340	341	342	343	344	345	346	347	348	349	350	351	352	353	354	355	356	357	358	359	000	000	001	002	003	004	005	006	007	008	009
	4月	010	011	012	013	014	015	016	017	018	019	020	021	022	023	024	025	026	027	028	029	030	031	032	033	034	035	036	037	038	039	/
	5月	040	041	042	043	044	045	046	047	047	048	049	050	051	052	053	054	055	056	057	058	059	060	061	062	063	064	065	066	067	068	069
	6月	070	071	072	073	073	074	075	076	077	078	079	080	081	082	083	084	085	086	087	088	089	090	091	092	093	094	094	095	096	097	/
	7月	098	099	100	101	102	103	104	105	106	107	108	109	110	111	112	113	114	114	115	116	117	118	119	120	121	122	123	124	125	126	127
	8月	128	129	130	131	132	133	134	135	136	136	137	138	139	140	141	142	143	144	145	146	147	148	149	150	151	152	153	154	155	156	157
	9月	158	159	160	161	162	163	163	164	165	166	167	168	169	170	171	172	173	174	175	176	177	178	179	180	181	182	183	184	185	186	/
	10月	187	188	189	190	191	192	193	194	195	196	197	198	199	200	201	202	203	204	205	206	207	208	209	210	211	212	213	214	215	216	217
	11月	218	219	220	221	222	223	224	225	226	227	228	229	230	231	232	233	234	235	236	237	238	239	240	241	242	243	244	245	246	247	/
	12月	248	249	250	251	252	253	254	255	256	257	258	259	260	261	262	263	264	265	266	267	268	269	270	271	272	273	274	275	276	277	278
宮	月＼日	1	2	3	4	5	6	7	8	9	10	11	12	13	14	15	16	17	18	19	20	21	22	23	24	25	26	27	28	29	30	31
月 ☽	1月	042	054	067	081	094	109	123	137	152	166	181	195	209	223	236	250	263	276	289	301	314	326	338	350	002	014	026	038	050	062	075
	2月	089	102	117	131	146	161	176	191	205	219	233	247	260	273	285	298	310	323	335	347	359	010	022	034	046	058	070	083	/	/	/
	3月	097	110	125	139	154	170	185	200	215	229	243	257	270	283	295	307	320	332	344	355	007	019	031	043	055	067	079	092	105	119	133
	4月	148	163	178	193	208	223	238	252	266	279	292	304	317	329	341	352	004	016	028	040	052	064	076	089	102	115	129	143	157	171	/
	5月	186	201	216	231	246	260	274	287	300	313	325	337	349	001	013	025	037	049	061	073	086	099	112	126	139	153	167	181	196	210	225
	6月	240	254	268	282	295	308	321	333	345	357	009	021	033	045	057	070	082	095	109	122	136	150	164	178	192	206	220	235	249	263	/
	7月	277	290	303	316	329	341	353	005	017	029	041	053	065	078	091	104	118	132	146	160	175	189	203	217	231	245	259	272	286	299	312
	8月	325	337	349	001	013	025	037	049	061	073	086	099	113	127	141	156	170	185	199	214	228	242	256	269	282	295	308	321	333	346	358
	9月	010	021	033	045	057	069	081	094	107	121	135	149	164	179	194	209	224	238	252	266	279	293	305	318	330	342	354	006	018	030	/
	10月	042	054	066	078	090	103	116	129	143	157	172	187	202	218	233	247	262	276	289	302	315	327	339	351	003	015	027	039	051	063	075
	11月	087	099	112	125	138	152	166	181	195	210	226	241	256	270	284	298	311	324	336	348	000	012	024	036	048	060	072	084	096	109	/
	12月	122	135	148	162	176	190	204	219	234	249	264	278	292	306	319	332	344	357	009	020	032	044	056	068	080	093	106	119	132	145	159
宮	月＼日	1	2	3	4	5	6	7	8	9	10	11	12	13	14	15	16	17	18	19	20	21	22	23	24	25	26	27	28	29	30	31
水星 ☿	1月	266	266	265	265	265	265	265	265	266	266	267	268	268	269	270	271	272	273	274	276	277	278	279	280	282	283	284	286	287	289	290
	2月	291	293	294	296	297	299	300	302	303	305	306	308	310	311	313	314	316	318	319	321	323	325	326	328	330	332	334	335	/	/	/
	3月	337	339	341	343	345	347	349	350	352	354	356	358	000	002	004	006	008	010	012	013	015	017	018	020	021	023	024	025	026	027	028
	4月	029	029	030	030	030	030	030	030	030	030	029	029	028	028	027	026	026	025	024	023	023	022	022	021	021	020	020	020	020	019	/
	5月	020	020	020	020	020	021	021	022	022	023	024	025	026	026	027	028	030	031	032	033	034	036	037	038	040	041	043	044	046	047	049
	6月	051	053	054	056	058	060	062	064	066	068	070	072	074	076	079	081	083	085	087	090	092	094	096	098	100	102	104	106	108	110	/
	7月	112	114	116	118	120	122	123	125	127	128	130	131	133	134	136	137	139	140	141	142	144	145	146	147	148	149	150	151	152	153	153
	8月	154	155	155	156	156	157	157	157	157	157	157	157	157	156	156	155	155	154	153	153	152	151	150	149	148	147	147	146	145	145	145
	9月	144	144	144	144	145	145	146	147	147	148	150	151	152	154	155	157	158	160	162	163	165	167	169	171	173	174	176	178	180	182	/
	10月	183	185	187	189	191	192	194	196	197	199	201	203	204	206	207	209	211	212	214	216	217	219	220	222	223	225	226	228	229	231	232
	11月	234	235	237	238	240	241	242	244	245	247	248	249	250	252	253	254	255	257	258	259	260	261	262	263	263	264	264	265	265	265	/
	12月	265	265	265	264	263	262	261	260	258	257	256	254	253	252	251	250	250	249	249	249	249	249	250	250	251	251	252	253	254	255	256
宮	月＼日	1	2	3	4	5	6	7	8	9	10	11	12	13	14	15	16	17	18	19	20	21	22	23	24	25	26	27	28	29	30	31
金星 ♀	1月	315	315	315	315	316	316	316	316	316	316	316	315	315	315	315	314	314	314	313	313	312	312	311	311	310	310	309	308	308	307	306
	2月	306	305	305	304	304	303	303	302	302	302	301	301	301	301	300	300	300	300	300	300	300	300	301	301	301	301	302	302	/	/	/
	3月	302	303	303	304	304	305	305	306	306	307	308	308	309	310	310	311	312	312	313	314	315	316	316	317	318	319	320	321	322	322	323
	4月	324	325	326	327	328	329	330	331	332	333	334	335	336	337	338	339	340	341	342	343	344	345	346	347	348	349	350	352	353	354	/
	5月	355	356	357	358	359	000	001	002	003	005	006	007	008	009	010	011	012	014	015	016	017	018	019	020	021	023	024	025	026	027	028
	6月	029	031	032	033	034	035	036	038	039	040	041	042	043	044	046	047	048	049	050	051	053	054	055	056	057	059	060	061	062	063	/
	7月	064	066	067	068	069	070	072	073	074	075	076	077	079	080	081	082	083	085	086	087	088	089	091	092	093	094	095	097	098	099	100
	8月	101	103	104	105	106	107	109	110	111	112	114	115	116	117	118	120	121	122	123	124	126	127	128	129	131	132	133	134	135	137	138
	9月	139	140	142	143	144	145	147	148	149	150	151	153	154	155	156	158	159	160	161	163	164	165	166	168	169	170	171	173	174	175	/
	10月	176	178	179	180	181	183	184	185	186	188	189	190	191	193	194	195	196	198	199	200	201	203	204	205	206	208	209	210	211	213	214
	11月	215	216	218	219	220	221	223	224	225	226	228	229	230	231	233	234	235	236	238	239	240	241	243	244	245	246	248	249	250	252	/
	12月	253	254	255	257	258	259	260	262	263	264	265	267	268	269	270	272	273	274	275	277	278	279	280	282	283	284	285	287	288	289	290
宮	月＼日	1	2	3	4	5	6	7	8	9	10	11	12	13	14	15	16	17	18	19	20	21	22	23	24	25	26	27	28	29	30	31
火星 ♂	1月	246	246	247	248	249	249	250	251	251	252	253	253	254	255	256	256	257	258	258	259	260	261	261	262	263	263	264	265	265	266	267
	2月	268	268	269	270	270	271	272	273	273	274	275	275	276	277	278	278	279	280	281	281	282	283	283	284	285	286	286	287	/	/	/
	3月	288	288	289	290	291	291	292	293	294	294	295	296	296	297	298	299	299	300	301	302	302	303	304	305	305	306	307	307	308	309	310
	4月	310	311	312	313	313	314	315	316	316	317	318	318	319	320	321	321	322	323	324	324	325	326	327	327	328	329	330	330	331	332	/
	5月	332	333	334	335	335	336	337	338	338	339	340	341	341	342	343	343	344	345	346	346	347	348	349	349	350	351	351	352	353	354	354
	6月	355	356	357	357	358	359	359	000	001	002	002	003	004	004	005	006	007	007	008	009	009	010	011	011	012	013	013	014	015	016	/
	7月	016	017	018	018	019	020	020	021	022	022	023	024	024	025	026	026	027	027	028	029	029	030	031	031	032	033	033	034	034	035	036
	8月	036	037	037	038	039	039	040	040	041	041	042	043	043	044	044	045	045	046	046	047	047	048	048	049	049	050	050	051	051	052	052
	9月	052	053	053	054	054	055	055	055	056	056	056	057	057	057	058	058	058	059	059	059	059	060	060	060	060	061	061	061	061	061	/
	10月	061	062	062	062	062	062	062	062	062	062	062	062	062	062	062	062	062	062	061	061	061	061	061	061	060	060	060	060	059	059	059
	11月	059	058	058	058	057	057	057	056	056	056	055	055	055	054	054	053	053	053	052	052	052	051	051	051	050	050	050	049	049	049	/
	12月	049	048	048	048	048	047	047	047	047	047	047	047	046	046	046	046	046	046	046	046	046	046	046	046	046	046	046	046	047	047	047

1959年

宮	月＼日	1	2	3	4	5	6	7	8	9	10	11	12	13	14	15	16	17	18	19	20	21	22	23	24	25	26	27	28	29	30	31
	1月	279	280	281	283	284	285	286	287	288	289	290	291	292	293	294	295	296	297	298	299	300	301	302	303	304	305	306	307	308	309	310
	2月	311	312	313	314	315	316	317	318	319	320	321	322	323	324	325	326	327	328	329	330	331	332	333	334	335	336	337	338	／	／	／
	3月	339	340	341	342	343	344	345	346	347	348	349	350	351	352	353	354	355	356	357	358	359	000	001	002	003	004	005	006	007	008	009
太	4月	010	011	012	013	014	015	016	017	018	019	020	021	022	023	024	025	026	027	028	029	030	031	032	033	034	035	036	037	038	039	／
	5月	040	040	041	042	043	044	045	046	047	048	049	050	051	052	053	054	055	056	057	058	059	060	061	062	063	064	065	066	067	067	068
陽	6月	069	070	071	072	073	074	075	076	077	078	079	080	081	082	083	084	085	086	087	088	089	089	090	091	092	093	094	095	096	097	／
	7月	098	099	100	101	102	103	104	105	106	107	108	109	109	110	111	112	113	114	115	116	117	118	119	120	121	122	123	124	125	126	127
	8月	128	129	130	131	131	132	133	134	135	136	137	138	139	140	141	142	143	144	145	146	147	148	149	150	151	152	153	154	155	156	156
☉	9月	157	158	159	160	161	162	163	164	165	166	167	168	169	170	171	172	173	174	175	176	177	178	179	180	181	182	183	184	185	186	／
	10月	187	188	189	190	191	192	193	194	195	196	197	198	199	200	201	202	203	203	204	205	206	207	208	209	210	211	212	213	214	215	216
	11月	217	218	219	220	221	222	223	224	225	226	227	228	229	230	232	233	234	235	236	237	238	239	240	241	242	243	244	245	246	247	／
	12月	248	249	250	251	252	253	254	255	256	257	258	259	260	261	262	263	264	265	266	267	268	269	270	271	272	273	274	275	276	277	278
宮	月＼日	1	2	3	4	5	6	7	8	9	10	11	12	13	14	15	16	17	18	19	20	21	22	23	24	25	26	27	28	29	30	31
	1月	172	186	200	214	229	243	258	272	286	300	314	327	340	352	004	016	028	040	052	064	076	089	101	114	128	141	155	169	183	197	211
	2月	225	239	253	267	281	295	309	322	335	348	000	012	024	036	048	060	072	084	096	109	122	136	150	164	179	193	208	222	／	／	／
	3月	236	250	264	278	292	305	318	331	344	356	008	020	032	044	056	068	080	092	104	117	130	144	158	172	187	202	217	232	246	261	275
月	4月	289	302	315	328	340	353	005	017	029	041	052	064	076	088	100	113	125	139	152	166	181	195	210	226	241	256	270	285	298	312	／
	5月	325	337	350	002	014	026	038	049	061	073	085	097	109	122	134	147	161	175	189	204	219	234	249	264	279	294	307	321	334	347	359
	6月	011	023	035	046	058	070	082	094	106	119	131	144	157	171	184	198	213	227	242	258	273	287	302	316	329	342	355	007	019	031	／
	7月	043	055	067	079	091	103	116	128	141	154	167	181	195	209	223	237	252	267	281	296	310	324	337	351	003	016	028	040	051	063	075
	8月	087	100	112	125	138	151	164	178	192	205	219	234	248	262	276	291	305	319	332	346	359	011	023	036	047	059	071	083	095	108	120
☽	9月	133	146	160	174	188	202	216	230	245	259	273	287	301	314	328	341	354	007	019	031	043	055	067	079	091	103	116	128	141	155	／
	10月	168	182	197	211	226	241	255	270	284	298	311	325	338	350	003	015	028	040	052	064	075	087	099	111	124	136	149	162	176	190	205
	11月	220	235	250	265	280	294	308	321	335	347	000	012	024	036	048	060	072	084	096	108	120	132	145	157	171	184	198	213	228	243	／
	12月	259	274	289	303	317	331	344	357	009	022	034	045	057	069	081	093	105	117	129	141	154	167	180	193	207	221	236	251	267	282	297
宮	月＼日	1	2	3	4	5	6	7	8	9	10	11	12	13	14	15	16	17	18	19	20	21	22	23	24	25	26	27	28	29	30	31
	1月	257	258	260	261	262	263	265	266	267	269	270	271	273	274	276	277	279	280	282	283	285	286	288	289	291	292	294	295	297	299	300
	2月	302	304	305	307	309	310	312	314	315	317	319	321	322	324	326	328	330	331	333	335	337	339	341	343	345	346	348	350	／	／	／
	3月	352	354	355	357	359	001	002	004	005	006	007	009	009	010	011	012	012	012	012	013	012	012	012	011	011	010	009	009	008	007	006
水	4月	005	004	004	003	002	002	001	001	001	000	000	000	000	000	001	001	001	002	002	003	003	004	005	006	007	008	009	010	011	012	／
	5月	013	014	015	017	018	019	021	022	024	025	027	028	030	032	033	035	037	039	040	042	044	046	048	050	052	054	056	058	060	062	065
星	6月	067	069	071	073	076	078	080	082	084	086	089	091	093	095	097	099	100	102	104	106	108	109	111	113	114	116	117	119	120	122	／
	7月	123	124	125	127	128	129	130	131	132	133	134	134	135	136	137	137	138	138	138	139	139	139	139	139	139	138	138	138	137	137	136
	8月	135	135	134	133	133	132	131	130	130	129	128	128	128	127	127	127	127	127	128	128	129	130	130	131	132	134	135	136	138	139	141
☿	9月	142	144	146	148	150	151	153	155	157	159	161	163	165	167	169	170	172	174	176	178	180	181	183	185	187	188	190	192	193	195	／
	10月	197	198	200	202	203	205	206	208	209	211	212	214	215	217	218	220	221	223	224	226	227	228	230	231	232	234	235	236	237	238	240
	11月	241	242	243	244	245	246	246	247	248	248	249	249	249	249	249	249	249	248	247	246	245	244	243	241	240	239	237	236	235	235	／
	12月	234	233	233	233	233	234	234	235	235	236	237	238	239	240	241	242	244	245	246	247	249	250	252	253	254	256	257	259	260	262	263
宮	月＼日	1	2	3	4	5	6	7	8	9	10	11	12	13	14	15	16	17	18	19	20	21	22	23	24	25	26	27	28	29	30	31
	1月	292	293	294	295	297	298	299	300	302	303	304	306	307	308	309	311	312	313	314	316	317	318	319	321	322	323	324	326	327	328	329
	2月	331	332	333	334	336	337	338	339	340	342	343	344	345	347	348	349	350	352	353	354	355	357	358	359	000	002	003	004	／	／	／
	3月	005	007	008	009	010	011	013	014	015	016	018	019	020	021	022	024	025	026	027	029	030	031	032	033	035	036	037	038	039	041	042
金	4月	043	044	045	047	048	049	050	051	053	054	055	056	057	059	060	061	062	063	065	066	067	068	069	070	072	073	074	075	076	077	／
	5月	079	080	081	082	083	084	085	087	088	089	090	091	092	093	095	096	097	098	099	100	101	102	104	105	106	107	108	109	110	111	112
星	6月	113	114	115	117	118	119	120	121	122	123	124	125	126	127	128	129	130	131	132	133	134	135	136	137	138	139	140	140	141	142	／
	7月	143	144	145	146	147	148	148	149	150	151	152	152	153	154	155	155	156	157	157	158	159	159	160	160	161	161	162	162	163	163	164
	8月	164	164	164	165	165	165	165	165	166	166	166	166	166	165	165	165	165	165	164	164	164	163	163	162	162	161	161	160	159	159	158
♀	9月	158	157	156	156	155	155	154	154	153	153	152	152	151	151	151	150	150	150	150	150	149	149	149	149	149	150	150	150	150	150	／
	10月	151	151	151	152	152	153	153	154	154	155	155	156	156	157	158	158	159	160	160	161	162	163	164	164	165	166	167	168	169	169	170
	11月	171	172	173	174	175	176	177	178	179	180	181	182	183	184	185	186	187	188	189	190	191	192	193	194	196	197	198	199	200	201	／
	12月	202	203	204	205	207	208	209	210	211	212	213	215	216	217	218	219	220	222	223	224	225	226	227	229	230	231	232	233	234	236	237
宮	月＼日	1	2	3	4	5	6	7	8	9	10	11	12	13	14	15	16	17	18	19	20	21	22	23	24	25	26	27	28	29	30	31
	1月	047	047	047	047	048	048	048	048	048	049	049	049	049	050	050	050	051	051	051	051	052	052	052	053	053	053	054	054	054	055	055
	2月	056	056	056	057	057	058	058	058	059	059	060	060	061	061	062	062	062	063	063	064	064	065	065	066	066	067	067	068	／	／	／
	3月	068	069	069	070	070	071	071	072	072	073	073	074	074	075	075	076	076	077	077	078	078	079	079	080	081	081	082	082	083	083	084
火	4月	084	085	085	086	087	087	088	088	089	089	090	090	091	092	092	093	093	094	094	095	096	096	097	097	098	098	099	100	100	101	／
	5月	101	102	102	103	104	104	105	105	106	107	107	108	108	109	109	110	111	111	112	112	113	114	114	115	115	116	117	117	118	118	119
星	6月	120	120	121	121	122	123	123	124	124	125	126	126	127	127	128	129	129	130	130	131	132	132	133	133	134	135	135	136	136	137	／
	7月	138	138	139	139	140	141	141	142	143	143	144	144	145	146	146	147	147	148	149	149	150	151	151	152	152	153	154	154	155	156	156
	8月	157	157	158	159	159	160	161	161	162	162	163	164	164	165	166	166	167	167	168	169	169	170	171	171	172	173	173	174	174	175	176
♂	9月	176	177	178	178	179	180	180	181	182	182	183	184	184	185	185	186	187	187	188	189	189	190	191	191	192	193	193	194	195	195	／
	10月	196	197	197	198	199	199	200	201	201	202	203	203	204	205	205	206	207	207	208	209	209	210	211	211	212	213	213	214	215	215	216
	11月	217	217	218	219	220	220	221	222	222	223	224	224	225	226	226	227	228	229	229	230	231	231	232	233	233	234	235	236	236	237	／
	12月	238	238	239	240	240	241	242	243	243	244	245	245	246	247	248	248	249	250	250	251	252	253	253	254	255	256	256	257	258	258	259

1960年

宮	月＼日	1	2	3	4	5	6	7	8	9	10	11	12	13	14	15	16	17	18	19	20	21	22	23	24	25	26	27	28	29	30	31
	1月	279	280	281	282	283	284	285	286	287	288	289	290	291	292	293	294	296	297	298	299	300	301	302	303	304	305	306	307	308	309	310
	2月	311	312	313	314	315	316	317	318	319	320	321	322	323	324	325	326	327	328	329	330	331	332	333	334	335	336	337	338	339	／	／
	3月	340	341	342	343	344	345	346	347	348	349	350	351	352	353	354	355	356	357	358	359	000	001	002	003	004	005	006	007	008	009	010
太	4月	011	012	013	014	015	016	017	018	019	020	021	022	023	024	025	026	027	028	029	030	031	031	032	033	034	035	036	037	038	039	／
	5月	040	041	042	043	044	045	046	047	048	049	050	051	052	053	054	055	056	057	058	059	060	061	061	062	063	064	065	066	067	068	069
陽	6月	070	071	072	073	074	075	076	077	078	079	080	081	082	083	084	084	085	086	087	088	089	090	091	092	093	094	095	096	097	098	／
	7月	099	100	101	102	103	104	104	105	106	107	108	109	110	111	112	113	114	115	116	117	118	119	120	121	122	123	124	125	125	126	127
	8月	128	129	130	131	132	133	134	135	136	137	138	139	140	141	142	143	144	145	146	147	148	149	149	150	151	152	153	154	155	156	157
☉	9月	158	159	160	161	162	163	164	165	166	167	168	169	170	171	172	173	174	175	176	177	178	179	180	181	182	183	184	184	185	186	／
	10月	187	188	189	190	191	192	193	194	195	196	197	198	199	200	201	202	203	204	205	206	207	208	209	210	211	212	213	214	215	216	217
	11月	218	219	220	221	222	223	224	225	226	227	228	229	230	231	232	233	234	235	236	237	238	239	240	241	242	243	244	245	246	247	／
	12月	248	249	250	251	252	254	255	256	257	258	259	260	261	262	263	264	265	266	267	268	269	270	271	272	273	274	275	276	277	278	279

宮	月＼日	1	2	3	4	5	6	7	8	9	10	11	12	13	14	15	16	17	18	19	20	21	22	23	24	25	26	27	28	29	30	31
	1月	312	326	340	353	006	018	030	042	054	066	078	090	102	114	126	139	151	164	177	190	203	217	231	246	260	275	290	305	319	334	347
	2月	001	014	026	039	051	062	074	086	098	110	123	135	148	160	173	187	200	214	228	242	256	270	285	299	314	328	342	355	009	／	／
	3月	021	034	046	058	070	082	094	106	118	131	143	156	169	183	196	210	224	239	253	267	281	295	309	323	337	350	004	017	029	042	054
月	4月	066	078	090	102	114	126	138	151	164	177	191	205	220	234	249	263	278	292	306	320	333	347	000	013	025	038	050	062	074	086	／
	5月	098	110	122	134	146	159	172	185	199	214	228	243	258	273	288	303	317	330	344	357	010	022	035	047	059	071	083	095	107	119	131
	6月	143	155	167	180	194	208	222	237	252	267	282	297	312	326	340	354	007	019	032	044	056	068	080	092	104	116	127	139	152	164	／
	7月	176	189	203	216	231	245	260	276	291	306	321	335	349	003	016	029	041	053	065	077	089	101	113	125	137	149	161	173	186	199	212
	8月	226	240	254	269	284	299	314	329	344	358	011	024	037	050	062	074	086	098	109	121	133	146	158	170	183	196	209	223	236	250	265
☽	9月	279	294	308	323	337	352	006	019	032	045	058	070	082	094	106	118	130	142	154	167	180	193	206	220	233	247	261	275	290	304	／
	10月	318	332	346	000	014	027	040	053	066	078	090	102	114	125	137	150	162	175	188	201	215	229	244	258	272	286	301	315	329	342	356
	11月	009	023	036	049	061	074	086	098	110	121	133	145	157	170	183	196	210	224	238	253	268	282	297	311	326	339	353	006	019	032	／
	12月	045	057	070	082	094	106	118	130	141	153	165	178	191	204	217	232	246	261	276	291	306	321	336	350	003	016	029	042	054	067	079

宮	月＼日	1	2	3	4	5	6	7	8	9	10	11	12	13	14	15	16	17	18	19	20	21	22	23	24	25	26	27	28	29	30	31
	1月	265	266	268	269	271	272	274	275	277	278	280	282	283	285	286	288	289	291	293	294	296	298	299	301	303	304	306	308	309	311	313
	2月	315	316	318	320	322	324	325	327	329	331	333	334	336	338	340	341	343	344	346	347	349	350	351	352	353	354	354	355	355	／	／
	3月	355	355	355	355	354	354	353	352	351	351	350	349	348	347	346	345	344	344	343	342	342	342	342	342	342	342	342	342	343	343	344
水	4月	344	345	346	346	347	348	349	350	351	352	353	355	356	357	358	000	001	002	004	005	007	008	010	011	013	014	016	018	019	021	／
	5月	023	025	027	028	030	032	034	036	038	040	042	044	046	049	051	053	055	057	059	062	064	066	068	070	072	075	077	079	081	083	084
星	6月	086	088	090	092	093	095	097	098	100	101	103	104	105	107	108	109	110	111	112	113	114	115	116	116	117	118	118	119	119	119	／
	7月	120	120	120	120	120	119	119	119	119	118	118	117	116	116	115	115	114	113	113	112	111	111	110	110	110	110	109	109	110	110	110
	8月	110	111	112	112	113	114	115	116	117	119	120	122	123	125	126	128	130	132	134	136	138	140	142	144	146	148	150	151	153	155	157
☿	9月	159	161	163	165	167	169	170	172	174	176	178	179	181	183	184	186	188	189	191	192	194	196	197	199	200	202	203	204	206	207	／
	10月	209	210	211	213	214	215	217	218	219	220	222	223	224	225	226	227	228	229	230	230	231	232	232	233	233	233	234	234	233	233	233
	11月	232	231	230	229	228	227	226	224	223	222	221	220	219	218	218	218	218	218	218	218	219	220	221	222	223	224	225	226	227	229	／
	12月	230	231	233	234	236	237	239	240	242	243	245	246	248	249	251	252	254	255	257	258	260	261	263	265	266	268	269	271	272	274	276

宮	月＼日	1	2	3	4	5	6	7	8	9	10	11	12	13	14	15	16	17	18	19	20	21	22	23	24	25	26	27	28	29	30	31
	1月	238	239	240	242	243	244	245	246	248	249	250	251	252	254	255	256	257	258	260	261	262	263	265	266	267	268	269	271	272	273	274
	2月	276	277	278	279	280	282	283	284	285	287	288	289	290	291	293	294	295	296	298	299	300	301	302	304	305	306	307	309	310	／	／
	3月	311	312	314	315	316	317	318	320	321	322	323	325	326	327	328	330	331	332	333	334	336	337	338	339	341	342	343	344	346	347	348
金	4月	349	351	352	353	354	355	357	358	359	000	002	003	004	005	007	008	009	010	011	013	014	015	016	018	019	020	021	022	024	025	／
	5月	026	027	029	030	031	032	034	035	036	037	038	040	041	042	043	045	046	047	048	050	051	052	053	054	056	057	058	059	061	062	063
星	6月	064	065	067	068	069	070	072	073	074	075	077	078	079	080	081	083	084	085	086	088	089	090	091	093	094	095	096	097	099	100	／
	7月	101	102	104	105	106	107	108	110	111	112	113	115	116	117	118	120	121	122	123	124	126	127	128	129	131	132	133	134	136	137	138
	8月	139	140	142	143	144	145	147	148	149	150	152	153	154	155	157	158	159	160	161	163	164	165	166	168	169	170	171	173	174	175	176
♀	9月	177	179	180	181	182	184	185	186	187	189	190	191	192	193	195	196	197	198	200	201	202	203	204	206	207	208	209	211	212	213	／
	10月	214	216	217	218	219	220	222	223	224	225	227	228	229	230	231	233	234	235	236	238	239	240	241	242	244	245	246	247	249	250	251
	11月	252	253	255	256	257	258	260	261	262	263	264	266	267	268	269	270	272	273	274	275	276	278	279	280	281	282	284	285	286	287	／
	12月	288	290	291	292	293	294	296	297	298	299	300	302	303	304	305	306	308	309	310	311	312	313	315	316	317	318	319	320	321	323	324

宮	月＼日	1	2	3	4	5	6	7	8	9	10	11	12	13	14	15	16	17	18	19	20	21	22	23	24	25	26	27	28	29	30	31
	1月	260	261	261	262	263	264	264	265	266	266	267	268	269	269	270	271	272	272	273	274	275	275	276	277	278	278	279	280	281	281	282
	2月	283	284	284	285	286	287	287	288	289	290	290	291	292	293	293	294	295	296	296	297	298	299	299	300	301	302	303	303	304	／	／
	3月	305	306	306	307	308	309	309	310	311	312	312	313	314	315	316	316	317	318	319	319	320	321	322	322	323	324	325	326	326	327	328
火	4月	329	329	330	331	332	332	333	334	335	336	336	337	338	339	339	340	341	342	342	343	344	345	346	346	347	348	349	349	350	351	／
	5月	352	352	353	354	355	356	356	357	358	359	359	000	001	002	002	003	004	005	005	006	007	008	008	009	010	011	012	012	013	014	015
星	6月	015	016	017	018	018	019	020	020	021	022	023	023	024	025	026	026	027	028	029	029	030	031	032	032	033	034	034	035	036	037	／
	7月	037	038	039	039	040	041	042	042	043	044	044	045	046	046	047	048	049	049	050	051	051	052	053	053	054	055	055	056	057	057	058
	8月	059	059	060	061	061	062	063	063	064	065	065	066	067	067	068	069	069	070	070	071	072	072	073	074	074	075	075	076	077	077	078
♂	9月	078	079	080	080	081	081	082	082	083	084	084	085	085	086	086	087	087	088	088	089	089	090	091	091	092	092	093	093	093	094	／
	10月	094	095	095	096	096	097	097	098	098	098	099	099	100	100	100	101	101	102	102	102	103	103	103	104	104	104	104	105	105	105	105
	11月	106	106	106	106	107	107	107	107	107	107	108	108	108	108	108	108	108	108	108	108	108	108	108	108	108	108	108	108	108	108	／
	12月	107	107	107	107	107	106	106	106	106	106	105	105	105	104	104	104	103	103	103	102	102	102	101	101	100	100	100	099	099	098	098

1961年

宮	月＼日	1	2	3	4	5	6	7	8	9	10	11	12	13	14	15	16	17	18	19	20	21	22	23	24	25	26	27	28	29	30	31
太陽 ☉	1月	280	281	282	283	284	285	286	287	288	289	290	291	292	293	294	295	296	297	298	299	300	301	302	303	304	305	306	307	308	310	311
	2月	312	313	314	315	316	317	318	319	320	321	322	323	324	325	326	327	328	329	330	331	332	333	334	335	336	337	338	339	／	／	／
	3月	340	341	342	343	344	345	346	347	348	349	350	351	352	353	354	355	356	357	358	359	000	001	002	003	004	005	006	007	008	009	010
	4月	011	012	013	014	015	016	017	018	019	020	020	021	022	023	024	025	026	027	028	029	030	031	032	033	034	035	036	037	038	039	／
	5月	040	041	042	043	044	045	046	047	048	049	050	051	052	053	054	055	055	056	057	058	059	060	061	062	063	064	065	066	067	068	069
	6月	070	071	072	073	074	075	076	077	078	079	079	080	081	082	083	084	085	086	087	088	089	090	091	092	093	094	095	096	097	098	／
	7月	099	099	100	101	102	103	104	105	106	107	108	109	110	111	112	113	114	115	116	117	118	119	120	120	121	122	123	124	125	126	127
	8月	128	129	130	131	132	133	134	135	136	137	138	139	140	141	142	143	143	144	145	146	147	148	149	150	151	152	153	154	155	156	157
	9月	158	159	160	161	162	163	164	165	166	167	168	169	170	171	172	173	173	174	175	176	177	178	179	180	181	182	183	184	185	186	／
	10月	187	188	189	190	191	192	193	194	195	196	197	198	199	200	201	202	203	204	205	206	207	208	209	210	211	212	213	214	215	216	217
	11月	218	219	220	221	222	223	224	225	226	227	228	229	230	231	232	233	234	235	236	237	238	239	240	241	242	243	244	245	246	247	／
	12月	248	249	250	251	252	253	254	255	256	257	258	259	260	261	262	263	264	265	266	268	269	270	271	272	273	274	275	276	277	278	279

宮	月＼日	1	2	3	4	5	6	7	8	9	10	11	12	13	14	15	16	17	18	19	20	21	22	23	24	25	26	27	28	29	30	31
月 ☽	1月	091	103	115	126	138	150	162	174	186	199	212	226	240	254	269	284	300	315	330	344	359	012	026	039	051	064	076	088	100	112	123
	2月	135	147	159	171	183	196	209	222	235	249	263	278	292	308	323	338	352	007	021	034	047	060	072	085	097	108	120	132	／	／	／
	3月	144	156	168	180	193	206	218	232	245	259	273	287	302	316	331	346	000	015	029	042	055	068	081	093	105	117	128	140	152	164	177
	4月	189	202	215	228	242	256	270	284	298	312	326	341	355	009	023	037	050	063	076	089	101	113	125	136	148	160	172	185	198	211	／
	5月	224	238	252	266	280	295	309	323	337	351	005	018	032	045	059	072	084	097	109	121	132	144	156	168	180	193	206	219	233	247	261
	6月	276	291	305	319	334	348	002	015	029	042	055	068	080	093	105	117	129	141	152	164	176	188	201	214	227	241	255	270	285	300	／
	7月	315	330	344	358	012	026	039	052	065	077	089	102	114	125	137	149	161	173	185	197	209	222	236	250	264	278	293	309	324	339	353
	8月	008	022	035	049	062	074	086	099	111	122	134	146	158	170	182	194	206	219	231	245	258	272	287	302	317	332	347	002	017	031	045
	9月	058	071	083	096	108	119	131	143	155	167	179	191	203	216	228	241	254	268	282	296	311	325	340	355	010	025	039	053	066	079	／
	10月	092	104	116	128	140	152	163	175	188	200	212	225	238	251	265	278	292	306	320	335	349	004	019	033	047	061	074	087	100	112	124
	11月	136	148	160	172	184	196	209	221	235	248	262	275	289	303	317	331	345	359	014	028	042	056	069	082	095	108	120	132	144	156	／
	12月	168	179	192	204	217	230	243	257	271	285	299	314	328	342	356	010	024	038	051	065	078	091	103	116	128	140	152	164	175	187	199

宮	月＼日	1	2	3	4	5	6	7	8	9	10	11	12	13	14	15	16	17	18	19	20	21	22	23	24	25	26	27	28	29	30	31
水星 ☿	1月	277	279	280	282	284	285	287	288	290	292	293	295	297	298	300	302	303	305	307	309	310	312	314	315	317	319	320	322	324	325	327
	2月	328	330	331	333	334	335	336	337	337	338	338	339	339	339	338	338	337	336	336	335	334	332	331	330	329	328	327	326	／	／	／
	3月	326	325	325	324	324	324	324	324	324	324	325	325	326	326	327	328	328	329	330	331	332	333	334	335	336	338	339	340	341	343	344
	4月	345	347	348	350	351	353	354	356	357	359	001	002	004	006	008	009	011	013	015	017	019	021	022	024	026	029	031	033	035	037	／
	5月	039	041	043	045	048	050	052	054	056	058	060	062	064	066	068	070	072	074	076	077	079	080	082	083	085	086	088	089	090	091	092
	6月	093	094	095	096	097	097	098	098	099	099	099	100	100	100	100	100	100	100	099	099	099	098	098	097	096	096	095	095	094	094	／
	7月	093	093	092	092	091	091	091	091	091	091	091	091	092	092	093	093	094	095	096	096	097	099	100	101	102	104	105	107	109	110	112
	8月	114	116	118	120	122	124	126	128	130	132	134	136	138	140	142	144	146	148	150	152	154	156	158	159	161	163	165	167	168	170	172
	9月	173	175	177	178	180	181	183	184	186	187	189	190	192	193	195	196	197	199	200	201	202	204	205	206	207	208	209	210	211	212	／
	10月	213	214	214	215	216	216	217	217	217	217	218	217	217	217	216	216	215	214	213	212	211	209	208	207	206	205	204	203	202	202	202
	11月	202	202	202	203	203	204	205	206	207	208	210	211	212	214	215	217	218	220	221	223	224	226	227	229	230	232	234	235	237	238	／
	12月	240	241	243	244	246	248	249	251	252	254	255	257	259	260	262	263	265	266	268	270	271	273	274	276	278	279	281	282	284	286	287

宮	月＼日	1	2	3	4	5	6	7	8	9	10	11	12	13	14	15	16	17	18	19	20	21	22	23	24	25	26	27	28	29	30	31
金星 ♀	1月	325	326	327	328	329	331	332	333	334	335	336	337	338	340	341	342	343	344	345	346	347	348	349	350	351	352	353	354	355	356	357
	2月	358	359	000	001	002	003	004	005	006	007	008	009	010	011	011	012	013	014	015	016	016	017	018	019	019	020	021	021	／	／	／
	3月	022	022	023	024	024	025	025	026	026	026	027	027	027	028	028	028	028	028	029	029	029	029	028	028	028	028	028	027	027	027	026
	4月	026	026	025	024	024	023	023	022	022	021	020	020	019	018	018	017	017	016	016	015	015	014	014	014	013	013	013	013	012	012	／
	5月	012	012	012	012	012	013	013	013	013	013	014	014	014	015	015	016	016	017	017	018	018	019	019	020	021	021	022	023	024	024	025
	6月	026	027	027	028	029	030	031	031	032	033	034	035	036	037	038	039	040	040	041	042	043	044	045	046	047	048	049	050	051	052	／
	7月	053	054	055	056	057	058	059	060	062	063	064	065	066	067	068	069	070	071	072	073	074	076	077	078	079	080	081	082	083	084	086
	8月	087	088	089	090	091	092	093	095	096	097	098	099	100	101	103	104	105	106	107	108	110	111	112	113	114	115	117	118	119	120	121
	9月	122	124	125	126	127	128	130	131	132	133	134	136	137	138	139	140	142	143	144	145	146	148	149	150	151	153	154	155	156	157	／
	10月	159	160	161	162	164	165	166	167	168	170	171	172	173	175	176	177	178	180	181	182	183	184	186	187	188	189	191	192	193	194	196
	11月	197	198	199	201	202	203	204	206	207	208	209	211	212	213	214	216	217	218	219	221	222	223	224	226	227	228	229	231	232	233	／
	12月	234	236	237	238	239	241	242	243	245	246	247	248	250	251	252	253	255	256	257	258	260	261	262	263	265	266	267	268	270	271	272

宮	月＼日	1	2	3	4	5	6	7	8	9	10	11	12	13	14	15	16	17	18	19	20	21	22	23	24	25	26	27	28	29	30	31
火星 ♂	1月	098	097	097	096	096	096	095	095	095	094	094	094	093	093	093	092	092	092	092	091	091	091	091	091	090	090	090	090	090	090	090
	2月	090	090	090	090	090	089	090	090	090	090	090	090	090	090	090	090	090	090	090	091	091	091	091	091	092	092	092	092	／	／	／
	3月	092	093	093	093	093	094	094	094	095	095	095	096	096	096	097	097	097	098	098	098	099	099	099	100	100	101	101	101	102	102	103
	4月	103	103	104	104	105	105	106	106	106	107	107	108	108	109	109	110	110	111	111	112	112	113	113	114	114	114	115	115	116	116	／
	5月	117	117	118	119	119	120	120	121	121	122	122	123	123	124	124	125	125	126	126	127	127	128	129	129	130	130	131	131	132	132	133
	6月	134	134	135	135	136	136	137	137	138	139	139	140	140	141	141	142	143	143	144	144	145	145	146	147	147	148	148	149	150	150	／
	7月	151	151	152	153	153	154	154	155	156	156	157	157	158	159	159	160	160	161	162	162	163	163	164	165	165	166	166	167	168	168	169
	8月	170	170	171	171	172	173	173	174	175	175	176	176	177	178	178	179	180	180	181	181	182	183	183	184	185	185	186	187	187	188	189
	9月	189	190	190	191	192	192	193	194	194	195	196	196	197	198	198	199	200	200	201	202	202	203	204	204	205	206	206	207	208	208	／
	10月	209	210	210	211	212	212	213	214	214	215	216	217	217	218	219	219	220	221	221	222	223	223	224	225	226	226	227	228	228	229	230
	11月	230	231	232	233	233	234	235	235	236	237	238	238	239	240	240	241	242	243	243	244	245	245	246	247	248	248	249	250	251	251	／
	12月	252	253	253	254	255	256	256	257	258	259	259	260	261	262	262	263	264	265	265	266	267	268	268	269	270	271	271	272	273	274	274

1962年

宮	月＼日	1	2	3	4	5	6	7	8	9	10	11	12	13	14	15	16	17	18	19	20	21	22	23	24	25	26	27	28	29	30	31
太陽 ⊙	1月	280	281	282	283	284	285	286	287	288	289	290	291	292	293	294	295	296	297	298	299	300	301	302	303	304	305	306	307	308	309	310
	2月	311	312	313	314	315	316	317	318	319	320	321	322	323	324	325	326	327	328	329	331	332	333	334	335	336	337	338	339	／	／	／
	3月	340	341	342	343	344	345	346	347	348	349	350	351	352	353	354	355	356	357	358	359	000	001	002	003	003	004	005	006	007	008	009
	4月	010	011	012	013	014	015	016	017	018	019	020	021	022	023	024	025	026	027	028	029	030	031	032	033	034	035	036	037	038	039	／
	5月	040	041	042	043	044	045	046	047	048	048	049	050	051	052	053	054	055	056	057	058	059	060	061	062	063	064	065	066	067	068	069
	6月	070	071	072	073	073	074	075	076	077	078	079	080	081	082	083	084	085	086	087	088	089	090	091	092	093	094	095	095	096	097	／
	7月	098	099	100	101	102	103	104	105	106	107	108	109	110	111	112	113	114	115	115	116	117	118	119	120	121	122	123	124	125	126	127
	8月	128	129	130	131	132	133	134	135	136	137	137	138	139	140	141	142	143	144	145	146	147	148	149	150	151	152	153	154	155	156	157
	9月	158	159	160	161	162	163	164	164	165	166	167	168	169	170	171	172	173	174	175	176	177	178	179	180	181	182	183	184	185	186	／
	10月	187	188	189	190	191	192	193	194	195	196	197	198	199	200	201	202	203	204	205	206	207	208	209	210	211	212	213	214	215	216	217
	11月	218	219	220	221	222	223	224	225	226	227	228	229	230	231	232	233	234	235	236	237	238	239	240	241	242	243	244	245	246	247	／
	12月	248	249	250	251	252	253	254	255	256	257	258	259	260	261	262	263	264	265	266	267	268	269	270	271	272	273	274	275	276	277	278

宮	月＼日	1	2	3	4	5	6	7	8	9	10	11	12	13	14	15	16	17	18	19	20	21	22	23	24	25	26	27	28	29	30	31
月 ☽	1月	212	224	238	251	265	279	294	309	323	338	353	007	021	035	048	061	074	087	100	112	124	136	148	160	172	184	195	208	220	233	246
	2月	259	273	287	302	317	332	347	002	017	031	045	058	071	084	097	109	121	133	145	157	168	180	192	204	216	229	241	254	／	／	／
	3月	267	281	295	310	325	340	355	011	025	040	054	068	081	093	106	118	130	142	154	165	177	189	201	213	226	238	251	264	277	290	304
	4月	319	333	348	003	019	034	048	062	076	089	102	115	127	139	151	162	174	186	198	210	223	235	248	261	274	287	301	314	328	343	／
	5月	358	012	027	042	056	071	084	097	110	123	135	147	159	171	182	194	207	219	231	244	257	271	284	297	311	325	339	353	008	022	037
	6月	051	065	079	092	105	118	131	143	155	167	179	191	203	215	227	240	253	266	280	294	308	322	336	350	004	019	033	047	061	074	／
	7月	088	101	114	126	139	151	163	175	187	198	210	223	235	248	261	275	289	303	317	332	346	001	015	030	043	057	071	084	097	110	122
	8月	135	147	159	171	183	195	207	219	231	243	256	269	283	297	312	326	341	356	011	026	040	054	068	081	094	107	119	132	144	156	168
	9月	179	191	203	215	227	239	252	264	278	291	305	320	334	350	005	020	035	050	064	078	091	104	116	129	141	153	165	176	188	200	／
	10月	212	224	236	248	261	273	286	300	314	328	343	358	013	028	044	058	073	087	100	113	125	138	150	162	173	185	197	209	221	233	245
	11月	258	270	283	296	309	323	337	352	006	021	037	052	066	081	095	108	121	134	146	158	170	182	194	206	218	230	242	255	267	280	／
	12月	293	306	320	334	347	002	016	031	045	060	075	089	103	116	129	142	154	166	178	190	202	214	226	238	251	263	276	290	303	317	330

宮	月＼日	1	2	3	4	5	6	7	8	9	10	11	12	13	14	15	16	17	18	19	20	21	22	23	24	25	26	27	28	29	30	31
水星 ☿	1月	289	291	292	294	295	297	299	300	302	304	305	307	308	310	311	313	314	315	317	318	319	320	321	321	322	322	322	322	322	322	321
	2月	320	320	319	317	316	315	314	313	312	311	310	309	308	308	307	307	307	307	307	307	307	308	308	309	309	310	311	312	／	／	／
	3月	313	313	314	315	317	318	319	320	321	322	324	325	326	328	329	330	332	333	335	336	338	339	341	342	344	346	347	349	351	352	354
	4月	356	358	000	001	003	005	007	009	011	013	015	017	019	021	023	025	027	029	032	034	036	038	040	042	044	046	048	050	052	054	／
	5月	056	058	059	061	063	064	066	067	068	070	071	072	073	074	075	076	077	077	078	078	079	079	079	080	080	080	080	080	080	079	079
	6月	079	078	078	077	077	076	076	075	075	074	074	073	073	072	072	072	072	071	071	071	071	072	072	072	073	073	074	074	075	076	／
	7月	077	078	079	080	081	082	083	085	086	088	089	091	092	094	096	098	100	102	104	106	108	110	112	114	116	118	120	122	124	127	129
	8月	131	133	135	137	139	141	143	145	146	148	150	152	154	155	157	159	161	162	164	165	167	169	170	172	173	175	176	177	179	180	181
	9月	183	184	185	187	188	189	190	191	192	193	194	195	196	197	198	198	199	200	200	200	201	201	201	201	201	201	201	200	200	199	／
	10月	198	197	196	195	194	193	192	191	190	189	188	187	187	186	186	186	186	187	187	188	189	190	191	192	193	194	196	197	199	200	202
	11月	203	205	206	208	210	211	213	214	216	218	219	221	223	224	226	227	229	231	232	234	235	237	239	240	242	243	245	246	248	250	／
	12月	251	253	254	256	257	259	261	262	264	265	267	268	270	271	273	275	276	278	279	281	282	284	285	287	289	290	291	293	294	296	297

宮	月＼日	1	2	3	4	5	6	7	8	9	10	11	12	13	14	15	16	17	18	19	20	21	22	23	24	25	26	27	28	29	30	31
金星 ♀	1月	273	275	276	277	278	280	281	282	284	285	286	287	289	290	291	292	294	295	296	297	299	300	301	302	304	305	306	307	309	310	311
	2月	312	314	315	316	317	319	320	321	322	324	325	326	327	329	330	331	332	334	335	336	337	339	340	341	342	344	345	346	／	／	／
	3月	347	349	350	351	352	354	355	356	357	359	000	001	002	004	005	006	007	009	010	011	012	014	015	016	017	019	020	021	022	024	025
	4月	026	027	028	030	031	032	033	035	036	037	038	040	041	042	043	044	046	047	048	049	051	052	053	054	056	057	058	059	060	062	／
	5月	063	064	065	067	068	069	070	071	073	074	075	076	077	079	080	081	082	083	085	086	087	088	090	091	092	093	094	096	097	098	099
	6月	100	102	103	104	105	106	108	109	110	111	112	113	115	116	117	118	119	121	122	123	124	125	126	128	129	130	131	132	133	135	／
	7月	136	137	138	139	140	142	143	144	145	146	147	149	150	151	152	153	154	155	157	158	159	160	161	162	163	164	166	167	168	169	170
	8月	171	172	173	174	176	177	178	179	180	181	182	183	184	185	186	187	189	190	191	192	193	194	195	196	197	198	199	200	201	202	203
	9月	204	205	206	207	208	209	210	211	211	212	213	214	215	216	217	218	219	219	220	221	222	223	223	224	225	226	226	227	228	229	／
	10月	229	230	230	231	232	232	233	233	234	234	235	235	235	236	236	236	236	237	237	237	237	237	237	237	237	237	237	237	236	236	236
	11月	236	235	235	234	234	233	233	232	232	231	231	230	229	229	228	227	227	226	226	225	225	224	224	224	223	223	223	222	222	222	／
	12月	222	222	222	222	222	222	222	222	222	223	223	223	223	224	224	225	225	226	226	227	227	228	228	229	230	230	231	232	233	233	234

宮	月＼日	1	2	3	4	5	6	7	8	9	10	11	12	13	14	15	16	17	18	19	20	21	22	23	24	25	26	27	28	29	30	31
火星 ♂	1月	275	276	277	277	278	279	280	280	281	282	283	283	284	285	286	287	287	288	289	290	290	291	292	293	293	294	295	296	297	297	298
	2月	299	300	300	301	302	303	304	304	305	306	307	307	308	309	310	311	311	312	313	314	314	315	316	317	318	318	319	320	／	／	／
	3月	321	321	322	323	324	325	325	326	327	328	329	329	330	331	332	332	333	334	335	336	336	337	338	339	340	340	341	342	343	343	344
	4月	345	346	347	347	348	349	350	350	351	352	353	354	354	355	356	357	358	358	359	000	001	001	002	003	004	004	005	006	007	008	／
	5月	008	009	010	011	011	012	013	014	014	015	016	017	018	018	019	020	021	021	022	023	024	024	025	026	027	027	028	029	030	030	031
	6月	032	033	033	034	035	036	036	037	038	039	039	040	041	041	042	043	044	044	045	046	047	047	043	049	049	050	051	052	052	053	／
	7月	054	055	055	056	057	057	058	059	059	060	061	062	062	063	064	064	065	066	066	067	068	069	069	070	071	071	072	073	073	074	075
	8月	075	076	077	077	078	079	079	080	081	081	082	083	083	084	085	085	086	087	087	088	089	089	090	091	091	092	092	093	094	094	095
	9月	096	096	097	098	098	099	099	100	101	101	102	102	103	104	104	105	105	106	107	107	108	108	109	110	110	111	111	112	112	113	／
	10月	114	114	115	115	116	116	117	117	118	119	119	120	120	121	121	122	122	123	123	124	124	125	125	126	126	127	127	128	128	129	129
	11月	129	130	130	131	131	132	132	133	133	133	134	134	135	135	135	136	136	137	137	137	138	138	138	139	139	139	140	140	140	140	／
	12月	141	141	141	141	142	142	142	142	143	143	143	143	143	143	144	144	144	144	144	144	144	144	144	144	144	144	144	144	144	144	144

1963年

宮	月＼日	1	2	3	4	5	6	7	8	9	10	11	12	13	14	15	16	17	18	19	20	21	22	23	24	25	26	27	28	29	30	31
太陽 ☉	1月	279	281	282	283	284	285	286	287	288	289	290	291	292	293	294	295	296	297	298	299	300	301	302	303	304	305	306	307	308	309	310
	2月	311	312	313	314	315	316	317	318	319	320	321	322	323	324	325	326	327	328	329	330	331	332	333	334	335	336	337	338	/	/	/
	3月	339	340	341	342	343	344	345	346	347	348	349	350	351	352	353	354	355	356	357	358	359	000	001	002	003	004	005	006	007	008	009
	4月	010	011	012	013	014	015	016	017	018	019	020	021	022	023	024	025	026	027	028	029	030	031	032	033	034	035	036	037	038	039	/
	5月	040	041	041	042	043	044	045	046	047	048	049	050	051	052	053	054	055	056	057	058	059	060	061	062	063	064	065	066	067	068	068
	6月	069	070	071	072	073	074	075	076	077	078	079	080	081	082	083	084	085	086	087	088	089	090	090	091	092	093	094	095	096	097	/
	7月	098	099	100	101	102	103	104	105	106	107	108	109	110	110	111	112	113	114	115	116	117	118	119	120	121	122	123	124	125	126	127
	8月	128	129	130	131	131	132	133	134	135	136	137	138	139	140	141	142	143	144	145	146	147	148	149	150	151	152	153	154	155	156	157
	9月	157	158	159	160	161	162	163	164	165	166	167	168	169	170	171	172	173	174	175	176	177	178	179	180	181	182	183	184	185	186	/
	10月	187	188	189	190	191	192	193	194	195	196	197	198	199	200	201	202	203	204	205	206	207	207	208	209	210	211	212	213	214	215	216
	11月	217	218	219	220	221	222	223	224	225	227	228	229	230	231	232	233	234	235	236	237	238	239	240	241	242	243	244	245	246	247	/
	12月	248	249	250	251	252	253	254	255	256	257	258	259	260	261	262	263	264	265	266	267	268	269	270	271	272	273	274	275	276	277	278

宮	月＼日	1	2	3	4	5	6	7	8	9	10	11	12	13	14	15	16	17	18	19	20	21	22	23	24	25	26	27	28	29	30	31
月 ☽	1月	344	358	013	027	041	055	069	083	097	111	124	137	149	162	174	186	198	210	222	234	246	259	271	285	298	312	326	340	355	009	024
	2月	038	052	066	080	093	106	119	132	145	157	170	182	194	206	218	230	242	254	266	279	292	306	320	335	350	004	019	034	/	/	/
	3月	048	063	076	090	103	116	129	141	154	166	178	190	202	214	226	238	250	262	274	287	300	314	328	343	358	013	028	043	058	073	087
	4月	100	113	126	139	151	163	175	187	199	211	223	235	247	259	271	283	296	309	323	337	351	006	021	037	052	067	082	096	109	123	/
	5月	135	148	160	172	184	196	208	220	232	244	256	268	280	293	305	319	332	346	000	015	030	045	060	075	090	104	118	131	144	157	169
	6月	181	193	205	217	228	240	253	265	277	290	302	315	329	342	356	010	025	039	054	069	084	098	112	126	139	152	165	177	189	201	/
	7月	213	225	237	249	261	274	286	299	312	326	339	353	007	021	035	050	064	078	093	107	120	134	147	160	173	185	197	209	221	233	245
	8月	257	269	282	295	308	322	335	349	004	018	032	046	060	075	089	102	116	129	143	156	168	181	193	205	217	229	241	253	265	277	290
	9月	303	316	330	345	359	014	028	043	057	071	085	099	113	126	139	152	164	177	189	201	213	225	237	249	261	273	285	298	311	324	/
	10月	338	353	008	023	038	053	067	082	096	110	123	136	149	161	174	186	198	210	222	234	246	257	269	281	294	306	319	333	347	001	016
	11月	031	046	062	077	091	105	119	133	146	158	171	183	195	207	219	231	243	254	266	278	290	303	315	328	341	355	009	024	039	054	/
	12月	070	085	100	114	128	142	155	167	180	192	204	216	228	240	251	263	275	287	300	312	325	338	351	005	019	033	048	063	078	093	107

宮	月＼日	1	2	3	4	5	6	7	8	9	10	11	12	13	14	15	16	17	18	19	20	21	22	23	24	25	26	27	28	29	30	31
水星 ☿	1月	298	300	301	302	303	304	305	305	306	306	306	306	306	306	305	304	303	302	301	300	298	297	296	295	294	293	292	291	291	290	290
	2月	290	290	290	291	291	292	292	293	294	294	295	296	297	298	299	300	301	303	304	305	306	308	309	310	312	313	314	316	/	/	/
	3月	317	319	320	322	323	325	326	328	329	331	333	334	336	338	339	341	343	345	346	348	350	352	354	356	358	359	001	003	005	007	009
	4月	011	013	016	018	020	022	024	026	028	030	032	034	036	038	039	041	043	045	046	048	049	050	052	053	054	055	056	057	057	058	/
	5月	059	059	059	060	060	060	060	060	060	060	059	059	059	058	058	057	057	056	055	055	054	054	053	053	052	052	052	051	051	051	051
	6月	051	051	052	052	052	053	053	054	054	055	056	057	058	059	060	061	062	063	064	066	067	068	070	071	073	075	076	078	080	082	/
	7月	084	086	088	090	092	094	096	098	100	102	104	106	109	111	113	115	117	119	121	123	125	127	129	131	133	135	137	139	141	142	144
	8月	146	147	149	151	152	154	155	157	158	160	161	163	164	165	167	168	169	171	172	173	174	175	176	177	178	179	180	181	181	182	183
	9月	183	184	184	184	184	185	185	185	184	184	184	183	183	182	181	180	179	178	177	176	175	174	173	172	172	171	170	170	170	170	/
	10月	170	171	171	172	173	174	175	176	177	179	180	182	183	185	186	188	190	191	193	195	196	198	200	202	203	205	207	208	210	212	213
	11月	215	217	218	220	222	223	225	226	228	230	231	233	234	236	237	239	241	242	244	245	247	248	250	251	253	254	256	257	259	260	/
	12月	262	263	265	266	268	269	271	272	274	275	277	278	279	280	282	283	284	285	286	287	288	289	289	290	290	290	290	290	290	289	288

宮	月＼日	1	2	3	4	5	6	7	8	9	10	11	12	13	14	15	16	17	18	19	20	21	22	23	24	25	26	27	28	29	30	31
金星 ♀	1月	235	236	236	237	238	239	240	241	242	243	243	244	245	246	247	248	249	250	251	252	253	254	255	256	257	258	259	260	261	262	263
	2月	264	265	267	268	269	270	271	272	273	274	275	276	278	279	280	281	282	283	284	285	286	288	289	290	291	292	293	294	/	/	/
	3月	296	297	298	299	300	301	303	304	305	306	307	308	310	311	312	313	314	315	317	318	319	320	321	323	324	325	326	327	328	330	331
	4月	332	333	334	336	337	338	339	340	342	343	344	345	346	347	349	350	351	352	353	355	356	357	358	359	001	002	003	004	005	007	/
	5月	008	009	010	012	013	014	015	016	018	019	020	021	022	024	025	026	027	028	030	031	032	033	034	036	037	038	039	040	042	043	044
	6月	045	047	048	049	050	051	053	054	055	056	057	059	060	061	062	064	065	066	067	068	070	071	072	073	074	076	077	078	079	081	/
	7月	082	083	084	085	087	088	089	090	092	093	094	095	096	098	099	100	101	103	104	105	106	107	109	110	111	112	114	115	116	117	119
	8月	120	121	122	123	125	126	127	128	130	131	132	133	135	136	137	138	139	141	142	143	144	146	147	148	149	151	152	153	154	156	157
	9月	158	159	161	162	163	164	165	167	168	169	170	172	173	174	175	177	178	179	180	182	183	184	185	187	188	189	190	192	193	194	/
	10月	195	197	198	199	200	202	203	204	205	207	208	209	210	212	213	214	215	217	218	219	220	222	223	224	225	227	228	229	230	231	233
	11月	234	235	236	238	239	240	241	243	244	245	246	248	249	250	251	253	254	255	256	258	259	260	261	263	264	265	266	268	269	270	/
	12月	271	273	274	275	276	278	279	280	281	283	284	285	286	288	289	290	291	292	294	295	296	297	299	300	301	302	304	305	306	307	309

宮	月＼日	1	2	3	4	5	6	7	8	9	10	11	12	13	14	15	16	17	18	19	20	21	22	23	24	25	26	27	28	29	30	31
火星 ♂	1月	144	144	144	144	144	144	143	143	143	143	143	142	142	142	142	141	141	141	141	140	140	140	139	139	138	138	138	137	137	137	136
	2月	136	135	135	135	134	134	133	133	133	132	132	131	131	131	130	130	130	129	129	129	128	128	128	128	127	127	127	127	/	/	/
	3月	126	126	126	126	126	126	125	125	125	125	125	125	125	125	125	125	125	125	125	125	125	125	125	125	125	125	125	126	126	126	126
	4月	126	126	127	127	127	127	127	128	128	128	128	129	129	129	129	130	130	130	131	131	131	132	132	132	133	133	133	134	134	134	/
	5月	135	135	136	136	136	137	137	138	138	138	139	139	140	140	140	141	141	142	142	143	143	144	144	145	145	146	146	146	147	147	148
	6月	148	149	149	150	150	151	151	152	152	153	154	154	155	155	156	156	157	157	158	158	159	159	160	160	161	162	162	163	163	164	/
	7月	164	165	165	166	167	167	168	168	169	169	170	171	171	172	172	173	174	174	175	175	176	176	177	178	178	179	179	180	181	181	182
	8月	183	183	184	184	185	186	186	187	187	188	189	189	190	191	191	192	192	193	194	194	195	196	196	197	198	198	199	199	200	201	201
	9月	202	203	203	204	205	205	206	207	207	208	209	209	210	211	211	212	213	213	214	215	215	216	217	217	218	219	219	220	221	222	/
	10月	222	223	224	224	225	226	226	227	228	228	229	230	231	231	232	233	233	234	235	236	236	237	238	238	239	240	241	241	242	243	243
	11月	244	245	246	246	247	248	248	249	250	251	251	252	253	254	254	255	256	257	257	258	259	260	260	261	262	263	263	264	265	266	/
	12月	266	267	268	269	269	270	271	272	272	273	274	275	275	276	277	278	278	279	280	281	282	282	283	284	285	285	286	287	288	288	289

1964年

宮	月＼日	1	2	3	4	5	6	7	8	9	10	11	12	13	14	15	16	17	18	19	20	21	22	23	24	25	26	27	28	29	30	31
	1月	279	280	281	282	283	284	285	286	287	288	289	290	291	292	294	295	296	297	298	299	300	301	302	303	304	305	306	307	308	309	310
	2月	311	312	313	314	315	316	317	318	319	320	321	322	323	324	325	326	327	328	329	330	331	332	333	334	335	336	337	338	339	／	／
	3月	340	341	342	343	344	345	346	347	348	349	350	351	352	353	354	355	356	357	358	359	000	001	002	003	004	005	006	007	008	009	010
太	4月	011	012	013	014	015	016	017	018	019	020	021	022	023	024	025	026	027	028	029	030	031	032	032	033	034	035	036	037	038	039	／
	5月	040	041	042	043	044	045	046	047	048	049	050	051	052	053	054	055	056	057	058	059	060	061	062	062	063	064	065	066	067	068	069
陽	6月	070	071	072	073	074	075	076	077	078	079	080	081	082	083	084	084	085	086	087	088	089	090	091	092	093	094	095	096	097	098	／
	7月	099	100	101	102	103	104	105	105	106	107	108	109	110	111	112	113	114	115	116	117	118	119	120	121	122	123	124	125	126	126	127
	8月	128	129	130	131	132	133	134	135	136	137	138	139	140	141	142	143	144	145	146	147	148	149	150	150	151	152	153	154	155	156	157
⊙	9月	158	159	160	161	162	163	164	165	166	167	168	169	170	171	172	173	174	175	176	177	178	179	180	181	182	183	184	185	186	186	／
	10月	187	188	189	190	191	192	193	194	195	196	197	198	199	200	201	202	203	204	205	206	207	208	209	210	211	212	213	214	215	216	217
	11月	218	219	220	221	222	223	224	225	226	227	228	229	230	231	232	233	234	235	236	237	238	239	240	241	242	243	244	245	246	247	／
	12月	248	249	250	252	253	254	255	256	257	258	259	260	261	262	263	264	265	266	267	268	269	270	271	272	273	274	275	276	277	278	279
宮	月＼日	1	2	3	4	5	6	7	8	9	10	11	12	13	14	15	16	17	18	19	20	21	22	23	24	25	26	27	28	29	30	31
	1月	122	136	150	163	176	188	200	212	224	236	248	260	272	284	296	309	322	335	348	002	015	029	043	058	072	087	101	115	130	144	157
	2月	171	184	196	208	220	232	244	256	268	280	292	305	318	331	345	358	012	026	040	054	068	083	097	111	125	138	152	165	179	／	／
	3月	191	204	216	228	240	252	264	276	288	300	313	326	340	353	008	022	036	051	065	079	093	107	121	135	148	161	174	187	200	212	224
月	4月	236	248	260	272	284	296	308	321	334	348	002	016	031	046	061	075	090	104	118	132	145	158	171	184	196	208	221	233	245	256	／
	5月	268	280	292	304	316	329	342	356	010	024	039	054	070	085	099	114	128	142	155	168	181	193	205	218	230	241	253	265	277	289	301
	6月	313	325	338	351	005	019	033	048	063	078	093	108	123	137	151	164	177	190	202	215	227	238	250	262	274	286	298	310	322	335	／
	7月	348	001	014	028	042	057	071	086	101	116	131	146	160	173	186	199	211	223	235	247	259	271	283	295	307	319	332	345	358	011	024
	8月	038	052	066	081	095	110	125	139	154	168	181	194	207	220	232	244	255	267	279	291	303	316	328	341	354	008	021	035	049	063	077
☽	9月	091	105	120	134	148	162	176	189	202	215	228	240	252	263	275	287	299	311	324	337	350	004	017	031	045	060	074	088	102	116	／
	10月	130	144	158	171	185	198	211	223	235	248	259	271	283	295	307	319	332	345	358	012	026	041	055	070	084	099	113	127	141	154	168
	11月	181	194	207	219	232	244	256	267	279	291	303	315	327	340	353	006	020	034	049	064	079	094	109	123	137	151	165	178	191	203	／
	12月	216	228	240	252	264	276	288	300	311	323	336	348	001	014	028	042	057	072	087	102	117	132	147	161	174	188	201	213	225	237	249
宮	月＼日	1	2	3	4	5	6	7	8	9	10	11	12	13	14	15	16	17	18	19	20	21	22	23	24	25	26	27	28	29	30	31
	1月	287	286	285	283	282	281	279	278	277	276	275	275	274	274	274	274	274	274	275	275	276	277	277	278	279	280	281	282	283	284	285
	2月	287	288	289	290	292	293	294	296	297	298	300	301	303	304	306	307	309	310	312	313	315	316	318	320	321	323	325	326	328	／	／
	3月	330	332	333	335	337	339	341	342	344	346	348	350	352	354	356	358	000	002	004	006	008	010	012	014	016	018	019	021	023	025	027
水	4月	028	030	031	032	034	035	036	037	038	039	039	040	040	041	041	041	041	041	041	041	040	040	039	039	038	038	037	036	036	035	／
	5月	034	034	033	033	032	032	032	031	031	031	031	031	031	031	032	032	033	033	034	034	035	036	037	038	039	040	041	042	043	044	045
星	6月	047	048	049	051	052	054	055	057	059	060	062	064	066	068	069	071	073	075	078	080	082	084	086	088	090	093	095	097	099	101	／
	7月	103	106	108	110	112	114	116	118	120	122	123	125	127	129	131	132	134	136	137	139	140	142	143	145	146	148	149	150	152	153	154
	8月	155	156	157	159	160	160	161	162	163	164	164	165	166	166	167	167	167	167	167	167	167	167	167	166	166	165	165	164	163	162	161
☿	9月	160	159	159	158	157	156	155	155	154	154	154	154	154	154	155	155	156	157	158	159	160	162	163	164	166	168	169	171	173	174	／
	10月	176	178	180	182	183	185	187	189	190	192	194	196	197	199	201	203	204	206	208	209	211	213	214	216	217	219	221	222	224	225	227
	11月	228	230	231	233	234	236	238	239	241	242	243	245	246	248	249	251	252	254	255	256	258	259	260	262	263	264	265	267	268	269	／
	12月	270	271	272	272	273	274	274	274	274	274	274	274	273	272	271	270	269	267	266	265	263	262	261	260	259	259	258	258	258	258	258
宮	月＼日	1	2	3	4	5	6	7	8	9	10	11	12	13	14	15	16	17	18	19	20	21	22	23	24	25	26	27	28	29	30	31
	1月	310	311	312	314	315	316	317	318	320	321	322	323	325	326	327	328	330	331	332	333	334	336	337	338	339	341	342	343	344	345	347
	2月	348	349	350	351	353	354	355	356	357	359	000	001	002	003	005	006	007	008	009	010	012	013	014	015	016	018	019	020	021	／	／
	3月	022	023	024	026	027	028	029	030	031	032	034	035	036	037	038	039	040	041	043	044	045	046	047	048	049	050	051	052	053	054	055
金	4月	056	057	058	060	061	062	063	064	065	066	066	067	068	069	070	071	072	073	074	075	076	077	078	078	079	080	081	082	082	083	／
	5月	084	085	085	086	087	088	088	089	090	090	091	091	092	092	093	093	094	094	094	095	095	095	096	096	096	096	096	096	096	096	096
星	6月	096	096	096	096	095	095	095	095	094	094	093	093	092	092	091	090	090	089	089	088	087	087	086	086	085	084	084	083	083	082	／
	7月	082	082	081	081	081	080	080	080	080	080	080	080	080	080	080	080	080	081	081	081	082	082	082	083	083	084	084	085	085	086	086
	8月	087	087	088	089	089	090	091	091	092	093	094	094	095	096	097	098	099	099	100	101	102	103	104	105	106	107	108	109	109	110	111
♀	9月	112	113	114	115	116	117	118	119	120	121	123	124	125	126	127	128	129	130	131	132	133	134	135	136	138	139	140	141	142	143	／
	10月	144	145	147	148	149	150	151	152	153	155	156	157	158	159	160	161	163	164	165	166	167	169	170	171	172	173	174	176	177	178	179
	11月	180	182	183	184	185	186	188	189	190	191	192	194	195	196	197	199	200	201	202	203	205	206	207	208	210	211	212	213	215	216	／
	12月	217	218	219	221	222	223	224	226	227	228	229	231	232	233	234	236	237	238	239	241	242	243	244	246	247	248	249	251	252	253	254
宮	月＼日	1	2	3	4	5	6	7	8	9	10	11	12	13	14	15	16	17	18	19	20	21	22	23	24	25	26	27	28	29	30	31
	1月	290	291	292	292	293	294	295	295	296	297	298	299	299	300	301	302	303	303	304	305	306	306	307	308	309	310	310	311	312	313	314
	2月	314	315	316	317	318	318	319	320	321	321	322	323	324	325	325	326	327	328	329	329	330	331	332	333	333	334	335	336	336	／	／
	3月	337	338	339	340	340	341	342	343	344	344	345	346	347	348	348	349	350	351	351	352	353	354	355	355	356	357	358	358	359	000	001
火	4月	002	002	003	004	005	005	006	007	008	009	009	010	011	012	012	013	014	015	015	016	017	018	019	019	020	021	022	022	023	024	／
	5月	025	025	026	027	028	028	029	030	031	031	032	033	034	034	035	036	037	037	038	039	040	040	041	042	043	043	044	045	045	046	047
星	6月	048	048	049	050	051	051	052	053	054	054	055	056	056	057	058	059	059	060	061	061	062	063	064	064	065	066	066	067	068	068	／
	7月	069	070	071	071	072	073	073	074	075	075	076	077	078	078	079	080	080	081	082	082	083	084	084	085	086	086	087	088	088	089	090
	8月	090	091	092	092	093	094	094	095	096	096	097	098	098	099	100	100	101	102	102	103	104	104	105	106	106	107	107	108	109	109	110
♂	9月	111	111	112	113	113	114	114	115	116	116	117	118	118	119	119	120	121	121	122	123	123	124	124	125	126	126	127	127	128	129	／
	10月	129	130	130	131	132	132	133	133	134	134	135	136	136	137	137	138	139	139	140	140	141	141	142	142	143	144	144	145	145	146	146
	11月	147	147	148	148	149	150	150	151	151	152	152	153	153	154	154	155	155	156	156	157	157	158	158	159	159	159	160	160	161	161	／
	12月	162	162	163	163	164	164	164	165	165	166	166	166	167	167	168	168	168	169	169	170	170	170	171	171	171	172	172	172	172	173	173

1965年

宮	月＼日	1	2	3	4	5	6	7	8	9	10	11	12	13	14	15	16	17	18	19	20	21	22	23	24	25	26	27	28	29	30	31
太陽 ⊙	1月	280	281	282	283	284	285	286	287	288	289	290	291	292	293	294	295	296	297	298	299	300	301	302	303	304	305	306	307	309	310	311
	2月	312	313	314	315	316	317	318	319	320	321	322	323	324	325	326	327	328	329	330	331	332	333	334	335	336	337	338	339	／	／	／
	3月	340	341	342	343	344	345	346	347	348	349	350	351	352	353	354	355	356	357	358	359	000	001	002	003	004	005	006	007	008	009	010
	4月	011	012	013	014	015	016	017	018	019	020	021	022	022	023	024	025	026	027	028	029	030	031	032	033	034	035	036	037	038	039	／
	5月	040	041	042	043	044	045	046	047	048	049	050	051	052	053	054	055	056	056	057	058	059	060	061	062	063	064	065	066	067	068	069
	6月	070	071	072	073	074	075	076	077	078	079	079	080	081	082	083	084	085	086	087	088	089	090	091	092	093	094	095	096	097	098	／
	7月	099	100	100	101	102	103	104	105	106	107	108	109	110	111	112	113	114	115	116	117	118	119	120	121	121	122	123	124	125	126	127
	8月	128	129	130	131	132	133	134	135	136	137	138	139	140	141	142	143	144	144	145	146	147	148	149	150	151	152	153	154	155	156	157
	9月	158	159	160	161	162	163	164	165	166	167	168	169	170	171	172	173	174	174	175	176	177	178	179	180	181	182	183	184	185	186	／
	10月	187	188	189	190	191	192	193	194	195	196	197	198	199	200	201	202	203	204	205	206	207	208	209	210	211	212	213	214	215	216	217
	11月	218	219	220	221	222	223	224	225	226	227	228	229	230	231	232	233	234	235	236	237	238	239	240	241	242	243	244	245	246	247	／
	12月	248	249	250	251	252	253	254	255	256	257	258	259	260	261	262	263	264	265	267	268	269	270	271	272	273	274	275	276	277	278	279
宮	月＼日	1	2	3	4	5	6	7	8	9	10	11	12	13	14	15	16	17	18	19	20	21	22	23	24	25	26	27	28	29	30	31
月 ☽	1月	261	273	285	296	308	320	332	345	357	010	023	037	051	065	080	095	110	125	140	155	169	183	197	209	222	234	246	258	270	282	293
	2月	305	317	330	342	354	007	020	033	047	060	074	089	103	118	133	148	163	177	191	205	218	230	243	255	266	278	290	302	／	／	／
	3月	314	326	338	351	004	017	030	043	057	071	085	099	113	128	142	157	171	185	199	213	226	238	250	263	274	286	298	310	322	334	347
	4月	000	013	026	040	054	068	082	096	110	124	138	152	166	180	194	207	221	233	246	258	270	282	294	306	318	330	342	355	008	022	／
	5月	035	049	063	078	092	106	121	135	149	163	177	190	203	216	229	242	254	266	278	290	302	314	326	338	350	003	016	030	043	058	072
	6月	087	102	117	131	146	160	174	187	200	213	226	238	251	263	275	287	299	310	322	334	346	359	011	024	038	052	066	081	096	111	／
	7月	126	141	155	170	184	197	210	223	235	248	260	272	284	295	307	319	331	343	355	008	020	033	046	060	074	089	104	119	134	150	164
	8月	179	193	207	220	232	245	257	269	281	292	304	316	328	340	352	005	017	030	043	056	070	084	098	113	128	143	158	173	187	202	215
	9月	228	241	253	266	278	289	301	313	325	337	349	002	014	027	040	053	066	080	094	108	122	137	152	166	181	196	210	223	236	249	／
	10月	262	274	286	298	309	321	333	346	358	011	023	036	050	063	077	090	104	118	133	147	161	176	190	204	218	231	244	257	269	282	294
	11月	306	317	329	341	354	006	019	032	045	059	073	087	101	115	129	144	158	172	186	199	213	226	240	252	265	277	289	301	313	325	／
	12月	337	349	001	014	027	040	053	067	082	096	111	126	140	155	169	183	196	210	223	236	248	261	273	286	298	310	321	333	345	357	009
宮	月＼日	1	2	3	4	5	6	7	8	9	10	11	12	13	14	15	16	17	18	19	20	21	22	23	24	25	26	27	28	29	30	31
水星 ☿	1月	259	259	260	260	261	262	263	264	265	266	267	268	270	271	272	273	275	276	277	279	280	281	283	284	286	287	289	290	291	293	295
	2月	296	298	299	301	302	304	305	307	309	310	312	314	315	317	319	320	322	324	326	328	329	331	333	335	337	339	340	342	／	／	／
	3月	344	346	348	350	352	354	356	358	000	001	003	005	007	009	010	012	013	015	016	017	018	019	020	021	022	022	022	023	023	023	023
	4月	022	022	022	021	020	020	019	018	018	017	016	015	015	014	013	013	012	012	012	011	011	011	011	011	012	012	012	013	013	014	／
	5月	014	015	016	017	018	018	019	020	022	023	024	025	026	028	029	030	032	033	035	036	038	039	041	043	044	046	048	050	052	054	055
	6月	057	059	061	064	066	068	070	072	074	076	079	081	083	085	087	090	092	094	096	098	100	102	104	106	108	110	112	113	115	117	／
	7月	119	120	122	123	125	127	128	129	131	132	134	135	136	137	138	139	141	142	143	143	144	145	146	147	147	148	148	149	149	149	149
	8月	150	150	150	149	149	149	148	148	147	147	146	145	144	144	143	142	141	140	140	139	138	138	138	137	137	137	137	138	138	138	139
	9月	140	141	142	143	144	146	147	149	150	152	154	155	157	159	161	163	164	166	168	170	172	174	176	177	179	181	183	185	186	188	／
	10月	190	192	193	195	197	199	200	202	203	205	207	208	210	211	213	215	216	218	219	221	222	224	225	227	228	230	231	232	234	235	237
	11月	238	239	241	242	243	245	246	247	248	249	251	252	253	254	255	255	256	257	257	258	258	259	259	258	258	258	257	256	255	254	／
	12月	253	252	250	249	248	246	245	244	244	243	243	242	242	242	243	243	244	244	245	246	247	248	249	250	251	252	254	255	256	257	259
宮	月＼日	1	2	3	4	5	6	7	8	9	10	11	12	13	14	15	16	17	18	19	20	21	22	23	24	25	26	27	28	29	30	31
金星 ♀	1月	256	257	258	259	261	262	263	264	266	267	268	269	271	272	273	274	276	277	278	279	281	282	283	284	286	287	288	289	291	292	293
	2月	294	296	297	298	299	301	302	303	304	306	307	308	309	311	312	313	314	316	317	318	319	321	322	323	324	326	327	328	／	／	／
	3月	329	331	332	333	334	335	337	338	339	340	342	343	344	345	347	348	349	350	352	353	354	355	357	358	359	000	002	003	004	005	007
	4月	008	009	010	012	013	014	015	017	018	019	020	021	023	024	025	026	028	029	030	031	033	034	035	036	038	039	040	041	043	044	／
	5月	045	046	047	049	050	051	052	054	055	056	057	059	060	061	062	063	065	066	067	068	070	071	072	073	075	076	077	078	079	081	082
	6月	083	084	086	087	088	089	090	092	093	094	095	097	098	099	100	101	103	104	105	106	108	109	110	111	112	114	115	116	117	119	／
	7月	120	121	122	123	125	126	127	128	130	131	132	133	134	136	137	138	139	140	142	143	144	145	146	148	149	150	151	153	154	155	156
	8月	157	159	160	161	162	163	165	166	167	168	169	171	172	173	174	175	177	178	179	180	181	183	184	185	186	187	189	190	191	192	193
	9月	195	196	197	198	199	200	202	203	204	205	206	208	209	210	211	212	213	215	216	217	218	219	220	222	223	224	225	226	227	229	／
	10月	230	231	232	233	234	235	237	238	239	240	241	242	243	245	246	247	248	249	250	251	252	254	255	256	257	258	259	260	261	262	263
	11月	264	266	267	268	269	270	271	272	273	274	275	276	277	278	279	280	281	282	283	284	285	286	287	288	289	290	291	292	293	294	／
	12月	294	295	296	297	298	299	299	300	301	302	303	303	304	305	305	306	307	307	308	308	309	309	310	310	311	311	312	312	312	312	313
宮	月＼日	1	2	3	4	5	6	7	8	9	10	11	12	13	14	15	16	17	18	19	20	21	22	23	24	25	26	27	28	29	30	31
火星 ♂	1月	173	174	174	174	174	175	175	175	175	176	176	176	176	176	176	177	177	177	177	177	177	177	177	177	177	177	178	178	178	178	178
	2月	177	177	177	177	177	177	177	177	177	177	176	176	176	176	176	175	175	175	175	174	174	174	173	173	173	173	172	172	／	／	／
	3月	171	171	171	170	170	170	169	169	168	168	168	167	167	166	166	166	165	165	165	164	164	163	163	163	162	162	162	162	161	161	161
	4月	160	160	160	160	160	159	159	159	159	159	159	159	159	158	158	158	158	158	158	158	158	158	158	158	158	158	159	159	159	159	／
	5月	159	159	159	159	160	160	160	160	160	161	161	161	161	161	162	162	162	163	163	163	163	164	164	164	165	165	165	166	166	166	167
	6月	167	168	168	168	169	169	170	170	170	171	171	172	172	172	173	173	174	174	175	175	176	176	177	177	178	178	179	179	180	180	／
	7月	181	181	182	182	183	183	184	184	185	185	186	186	187	187	188	188	189	190	190	191	191	192	192	193	194	194	195	195	196	196	197
	8月	198	198	199	199	200	201	201	202	202	203	204	204	205	206	206	207	207	208	209	209	210	211	211	212	212	213	214	214	215	216	216
	9月	217	218	218	219	220	220	221	222	222	223	224	224	225	226	226	227	228	228	229	230	230	231	232	232	233	234	234	235	236	237	／
	10月	237	238	239	239	240	241	242	242	243	244	244	245	246	247	247	248	249	249	250	251	252	252	253	254	254	255	256	257	257	258	259
	11月	260	260	261	262	263	263	264	265	266	266	267	268	269	269	270	271	272	272	273	274	275	275	276	277	278	278	279	280	281	282	／
	12月	282	283	284	285	285	286	287	288	289	289	290	291	292	292	293	294	295	296	296	297	298	299	299	300	301	302	303	303	304	305	306

1966年

宮	月＼日	1	2	3	4	5	6	7	8	9	10	11	12	13	14	15	16	17	18	19	20	21	22	23	24	25	26	27	28	29	30	31
太陽 ☉	1月	280	281	282	283	284	285	286	287	288	289	290	291	292	293	294	295	296	297	298	299	300	301	302	303	304	305	306	307	308	309	310
	2月	311	312	313	314	315	316	317	318	319	320	321	322	323	324	325	327	328	329	330	331	332	333	334	335	336	337	338	339	／	／	／
	3月	340	341	342	343	344	345	346	347	348	349	350	351	352	353	354	355	356	357	358	359	000	001	002	003	004	005	006	006	007	008	009
	4月	010	011	012	013	014	015	016	017	018	019	020	021	022	023	024	025	026	027	028	029	030	031	032	033	034	035	036	037	038	039	／
	5月	040	041	042	043	044	045	046	047	048	049	049	050	051	052	053	054	055	056	057	058	059	060	061	062	063	064	065	066	067	068	069
	6月	070	071	072	073	074	074	075	076	077	078	079	080	081	082	083	084	085	086	087	088	089	090	091	092	093	094	095	095	096	097	／
	7月	098	099	100	101	102	103	104	105	106	107	108	109	110	111	112	113	114	115	116	116	117	118	119	120	121	122	123	124	125	126	127
	8月	128	129	130	131	132	133	134	135	136	137	138	138	139	140	141	142	143	144	145	146	147	148	149	150	151	152	153	154	155	156	157
	9月	158	159	160	161	162	163	164	165	165	166	167	168	169	170	171	172	173	174	175	176	177	178	179	180	181	182	183	184	185	186	／
	10月	187	188	189	190	191	192	193	194	195	196	197	198	199	200	201	202	203	204	205	206	207	208	209	210	211	212	213	214	215	216	217
	11月	218	219	220	221	222	223	224	225	226	227	228	229	230	231	232	233	234	235	236	237	238	239	240	241	242	243	244	245	246	247	／
	12月	248	249	250	251	252	253	254	255	256	257	258	259	260	261	262	263	264	265	266	267	268	269	270	271	272	273	274	275	276	277	278
宮	月＼日	1	2	3	4	5	6	7	8	9	10	11	12	13	14	15	16	17	18	19	20	21	22	23	24	25	26	27	28	29	30	31
月 ☽	1月	022	034	048	061	075	090	105	120	135	150	165	179	193	207	220	233	245	258	270	282	294	306	318	330	342	354	006	018	030	043	056
	2月	069	083	098	112	128	143	158	173	188	202	216	229	242	255	267	279	291	303	315	327	339	351	003	015	027	039	052	065	／	／	／
	3月	078	092	106	121	136	151	166	182	196	211	225	238	251	264	276	288	300	312	324	336	348	000	012	024	036	049	062	075	088	102	116
	4月	130	145	160	175	190	204	219	233	246	259	272	285	297	309	321	332	344	356	008	021	033	046	059	072	085	099	112	126	141	155	／
	5月	169	184	198	213	227	241	254	267	280	292	305	317	329	340	352	004	017	029	042	055	068	081	095	109	123	137	152	166	180	194	208
	6月	222	236	249	262	275	288	300	313	325	336	348	000	012	025	037	050	063	077	091	105	119	134	148	163	177	191	205	219	232	245	／
	7月	258	271	284	296	309	321	333	345	356	008	020	033	045	058	071	085	099	114	129	143	158	173	188	202	215	229	242	255	268	280	293
	8月	305	317	329	341	353	005	017	029	041	053	066	079	093	107	122	137	152	168	183	197	212	226	239	252	265	278	290	302	314	326	338
	9月	350	002	014	026	038	050	062	075	088	102	116	130	145	161	176	191	206	221	235	248	262	274	287	299	311	323	335	347	359	011	／
	10月	023	035	047	059	072	084	098	111	125	139	154	169	184	199	214	229	243	257	270	283	296	308	320	332	344	356	007	019	031	044	056
	11月	069	082	095	108	121	135	149	164	178	193	208	222	237	251	265	278	291	304	316	328	340	352	004	016	028	040	052	065	078	091	／
	12月	105	118	132	146	160	174	189	203	217	231	245	259	273	286	299	311	324	336	348	000	012	023	036	048	060	073	087	100	114	128	143
宮	月＼日	1	2	3	4	5	6	7	8	9	10	11	12	13	14	15	16	17	18	19	20	21	22	23	24	25	26	27	28	29	30	31
水星 ☿	1月	260	261	263	264	266	267	269	270	272	273	274	276	277	279	280	282	284	285	287	288	290	291	293	295	296	298	299	301	303	304	306
	2月	308	309	311	313	315	316	318	320	322	324	325	327	329	331	333	334	336	338	340	342	344	345	347	349	351	352	354	355	／	／	／
	3月	357	358	000	001	002	003	003	004	005	005	005	005	005	005	005	004	004	003	002	001	000	359	359	358	357	356	355	355	354	353	353
	4月	353	352	352	352	352	352	353	353	353	354	354	355	356	356	357	358	359	000	001	002	003	004	005	006	008	009	010	012	013	014	／
	5月	016	017	019	020	022	024	025	027	029	030	032	034	036	038	040	042	044	046	048	050	052	054	056	058	060	063	065	067	069	071	073
	6月	076	078	080	082	084	086	088	090	092	094	096	098	099	101	103	105	106	108	109	111	112	114	115	116	118	119	120	121	122	123	／
	7月	124	125	126	127	127	128	129	129	130	130	130	131	131	131	131	131	131	130	130	130	129	129	128	128	127	126	126	125	124	123	123
	8月	122	122	121	121	120	120	120	120	120	120	120	121	121	122	123	124	125	126	127	128	130	131	133	134	136	138	139	141	143	145	147
	9月	149	151	153	155	157	159	161	163	164	166	168	170	172	174	176	177	179	181	183	184	186	188	189	191	193	194	196	198	199	201	／
	10月	202	204	205	207	208	210	211	213	214	216	217	218	220	221	222	224	225	226	228	229	230	231	232	234	235	236	237	238	239	239	240
	11月	241	241	242	242	243	243	243	243	242	242	241	240	240	238	237	236	235	233	232	231	230	229	228	227	227	227	227	227	227	228	／
	12月	228	229	230	231	232	233	234	235	236	238	239	240	242	243	244	246	247	249	250	252	253	254	256	257	259	260	262	264	265	267	268
宮	月＼日	1	2	3	4	5	6	7	8	9	10	11	12	13	14	15	16	17	18	19	20	21	22	23	24	25	26	27	28	29	30	31
金星 ♀	1月	313	313	313	313	313	313	313	313	313	313	313	312	312	312	311	311	311	310	310	309	309	308	307	307	306	306	305	304	304	303	303
	2月	302	302	301	301	300	300	299	299	299	298	298	298	298	298	298	298	298	298	298	298	298	299	299	299	299	300	300	301	／	／	／
	3月	301	301	302	302	303	304	304	305	305	306	307	307	308	309	310	310	311	312	313	314	314	315	316	317	318	319	320	320	321	322	323
	4月	324	325	326	327	328	329	330	331	332	333	334	335	336	337	338	339	340	341	342	343	344	345	346	347	349	350	351	352	353	354	／
	5月	355	356	357	358	359	001	002	003	004	005	006	007	008	009	011	012	013	014	015	016	017	019	020	021	022	023	024	025	026	028	029
	6月	030	031	032	033	035	036	037	038	039	040	042	043	044	045	046	047	049	050	051	052	053	054	056	057	058	059	060	061	063	064	／
	7月	065	066	067	069	070	071	072	073	074	076	077	078	079	080	082	083	084	085	086	088	089	090	091	092	094	095	096	097	098	100	101
	8月	102	103	104	106	107	108	109	111	112	113	114	115	117	118	119	120	121	123	124	125	126	128	129	130	131	132	134	135	136	137	139
	9月	140	141	142	144	145	146	147	148	150	151	152	153	155	156	157	158	160	161	162	163	165	166	167	168	170	171	172	173	174	176	／
	10月	177	178	179	181	182	183	184	186	187	188	189	191	192	193	194	196	197	198	199	201	202	203	204	206	207	208	209	211	212	213	215
	11月	216	217	218	220	221	222	223	225	226	227	228	230	231	232	233	235	236	237	238	240	241	242	243	245	246	247	248	250	251	252	／
	12月	253	255	256	257	258	260	261	262	263	265	266	267	269	270	271	272	274	275	276	277	279	280	281	282	284	285	286	287	289	290	291
宮	月＼日	1	2	3	4	5	6	7	8	9	10	11	12	13	14	15	16	17	18	19	20	21	22	23	24	25	26	27	28	29	30	31
火星 ♂	1月	306	307	308	309	310	310	311	312	313	314	314	315	316	317	318	318	319	320	321	321	322	323	324	325	325	326	327	328	329	329	330
	2月	331	332	333	333	334	335	336	336	337	338	339	340	340	341	342	343	344	344	345	346	347	347	348	349	350	351	351	352	／	／	／
	3月	353	354	355	355	356	357	358	358	359	000	001	002	002	003	004	005	005	006	007	008	008	009	010	011	012	012	013	014	015	015	016
	4月	017	018	018	019	020	021	021	022	023	024	024	025	026	027	027	028	029	030	030	031	032	033	033	034	035	036	036	037	038	039	／
	5月	039	040	041	042	042	043	044	044	045	046	047	047	048	049	050	050	051	052	052	053	054	055	055	056	057	058	058	059	060	060	061
	6月	062	062	063	064	065	065	066	067	067	068	069	070	070	071	072	072	073	074	074	075	076	077	077	078	079	079	080	081	081	082	／
	7月	083	083	084	085	085	086	087	087	088	089	090	090	091	092	092	093	094	094	095	096	096	097	098	098	099	100	100	101	102	102	103
	8月	104	104	105	106	106	107	107	108	109	109	110	111	111	112	113	113	114	115	115	116	117	117	118	119	119	120	120	121	122	122	123
	9月	124	124	125	126	126	127	127	128	129	129	130	131	131	132	132	133	134	134	135	136	136	137	137	138	139	139	140	141	141	142	／
	10月	142	143	144	144	145	145	146	147	147	148	149	149	150	150	151	152	152	153	153	154	155	155	156	156	157	157	158	159	159	160	160
	11月	161	162	162	163	163	164	164	165	166	166	167	167	168	168	169	170	170	171	171	172	172	173	174	174	175	175	176	176	177	177	／
	12月	178	178	179	180	180	181	181	182	182	183	183	184	184	185	185	186	186	187	187	188	188	189	189	190	190	191	191	192	192	193	193

1967年

宮	月＼日	1	2	3	4	5	6	7	8	9	10	11	12	13	14	15	16	17	18	19	20	21	22	23	24	25	26	27	28	29	30	31
太陽 ⊙	1月	280	281	282	283	284	285	286	287	288	289	290	291	292	293	294	295	296	297	298	299	300	301	302	303	304	305	306	307	308	309	310
	2月	311	312	313	314	315	316	317	318	319	320	321	322	323	324	325	326	327	328	329	330	331	332	333	334	335	336	337	338	／	／	／
	3月	339	340	341	342	343	344	345	346	347	348	349	350	351	352	353	354	355	356	357	358	359	000	001	002	003	004	005	006	007	008	009
	4月	010	011	012	013	014	015	016	017	018	019	020	021	022	023	024	025	026	027	028	029	030	031	032	033	034	035	036	037	038	039	／
	5月	040	041	042	042	043	044	045	046	047	048	049	050	051	052	053	054	055	056	057	058	059	060	061	062	063	064	065	066	067	068	069
	6月	069	070	071	072	073	074	075	076	077	078	079	080	081	082	083	084	085	086	087	088	089	090	090	091	092	093	094	095	096	097	／
	7月	098	099	100	101	102	103	104	105	106	107	108	109	110	111	111	112	113	114	115	116	117	118	119	120	121	122	123	124	125	126	127
	8月	128	129	130	131	132	132	133	134	135	136	137	138	139	140	141	142	143	144	145	146	147	148	149	150	151	152	153	154	155	156	157
	9月	158	158	159	160	161	162	163	164	165	166	167	168	169	170	171	172	173	174	175	176	177	178	179	180	181	182	183	184	185	186	／
	10月	187	188	189	190	191	192	193	194	195	196	197	198	199	200	201	202	203	204	205	206	207	208	209	210	211	212	213	214	215	216	217
	11月	218	219	220	221	222	223	224	225	226	227	228	229	230	231	232	233	234	235	236	237	238	239	240	241	242	243	244	245	246	247	／
	12月	248	249	250	251	252	253	254	255	256	257	258	259	260	261	262	263	264	265	266	267	268	269	270	271	272	273	274	275	276	277	278
宮	月＼日	1	2	3	4	5	6	7	8	9	10	11	12	13	14	15	16	17	18	19	20	21	22	23	24	25	26	27	28	29	30	31
月 ☽	1月	157	171	185	199	213	227	241	254	268	281	294	307	319	332	344	356	007	019	031	043	056	068	081	095	109	123	137	152	167	182	196
	2月	210	224	238	251	264	278	290	303	315	328	340	352	004	016	027	039	051	063	076	089	103	116	131	146	161	176	191	206	／	／	／
	3月	220	234	248	262	275	287	300	312	325	337	349	001	012	024	036	048	060	072	085	098	111	125	139	154	169	184	199	214	229	244	258
	4月	271	284	297	309	322	334	346	358	009	021	033	045	057	069	081	094	107	120	134	148	162	177	192	207	223	237	252	266	280	293	／
	5月	306	318	331	343	354	006	018	030	042	054	066	078	091	104	117	130	144	158	172	186	201	216	231	246	260	274	288	301	314	327	339
	6月	351	003	015	027	038	050	063	075	088	101	114	127	141	154	168	182	197	211	225	240	254	268	282	296	309	322	335	347	359	011	／
	7月	023	035	047	059	071	084	097	110	123	137	151	165	179	193	208	222	236	250	264	278	291	304	318	330	343	355	007	019	031	042	054
	8月	067	079	092	105	119	133	147	161	176	190	204	219	233	246	260	274	287	300	313	326	339	351	003	015	027	039	050	062	075	087	100
	9月	113	127	141	156	170	185	200	215	229	243	257	271	284	297	310	323	335	347	000	012	023	035	047	059	071	083	095	108	121	135	／
	10月	149	164	179	194	209	224	239	253	267	281	294	307	320	332	344	357	008	020	032	044	056	068	080	092	104	117	130	144	157	172	187
	11月	202	217	232	247	262	276	290	304	317	329	341	354	005	017	029	041	053	065	077	089	101	114	127	140	153	167	181	195	210	225	／
	12月	240	255	270	284	298	312	325	338	350	002	014	026	038	049	061	073	086	098	111	124	137	150	163	177	191	205	219	234	249	263	278
宮	月＼日	1	2	3	4	5	6	7	8	9	10	11	12	13	14	15	16	17	18	19	20	21	22	23	24	25	26	27	28	29	30	31
水星 ☿	1月	270	271	273	274	276	277	279	281	282	284	285	287	289	290	292	294	295	297	299	300	302	304	305	307	309	310	312	314	316	317	319
	2月	321	323	324	326	328	330	331	333	335	336	338	339	341	342	343	344	345	346	347	348	348	348	348	348	348	348	347	346	／	／	／
	3月	346	345	344	343	342	341	340	339	338	337	336	336	335	335	334	334	334	334	334	334	335	335	335	336	337	337	338	339	340	340	341
	4月	342	343	345	346	347	348	349	351	352	353	355	356	357	359	000	002	003	005	007	008	010	011	013	015	017	018	020	022	024	026	／
	5月	028	030	032	034	036	038	040	042	044	046	049	051	053	055	057	059	062	064	066	068	070	072	074	076	078	080	082	083	085	087	089
	6月	090	092	093	095	096	097	099	100	101	102	103	104	105	106	107	108	108	109	110	110	110	111	111	111	111	111	111	111	111	111	／
	7月	111	110	110	109	109	108	108	107	106	106	105	105	104	103	103	103	102	102	102	102	102	102	102	102	103	103	104	105	105	106	107
	8月	108	109	111	112	113	115	117	118	120	122	123	125	127	129	131	133	135	137	139	141	143	145	147	149	151	153	155	157	159	161	163
	9月	165	166	168	170	172	173	175	177	179	180	182	183	185	187	188	190	191	193	194	196	197	199	200	202	203	204	206	207	208	210	／
	10月	211	212	213	214	216	217	218	219	220	221	222	223	223	224	225	225	226	226	227	227	227	227	227	226	226	225	224	223	222	221	220
	11月	219	217	216	215	214	213	212	212	211	211	211	211	211	212	213	213	214	215	216	217	219	220	221	223	224	225	227	228	230	231	／
	12月	233	234	236	237	239	240	242	243	245	247	248	250	251	253	254	256	257	259	261	262	264	265	267	268	270	272	273	275	276	278	280
宮	月＼日	1	2	3	4	5	6	7	8	9	10	11	12	13	14	15	16	17	18	19	20	21	22	23	24	25	26	27	28	29	30	31
金星 ♀	1月	292	294	295	296	297	299	300	301	302	304	305	306	307	309	310	311	312	314	315	316	317	319	320	321	322	324	325	326	327	329	330
	2月	331	332	334	335	336	337	339	340	341	342	344	345	346	347	349	350	351	352	354	355	356	357	359	000	001	002	003	005	／	／	／
	3月	006	007	008	010	011	012	013	015	016	017	018	019	021	022	023	024	026	027	028	029	030	032	033	034	035	036	038	039	040	041	042
	4月	044	045	046	047	048	050	051	052	053	054	056	057	058	059	060	062	063	064	065	066	067	069	070	071	072	073	074	076	077	078	／
	5月	079	080	081	083	084	085	086	087	088	089	090	092	093	094	095	096	097	098	099	101	102	103	104	105	106	107	108	109	110	111	113
	6月	114	115	116	117	118	119	120	121	122	123	124	125	126	127	128	129	130	131	132	133	134	135	136	137	138	139	140	140	141	142	／
	7月	143	144	145	146	146	147	148	149	150	150	151	152	153	153	154	155	155	156	157	157	158	158	159	159	160	160	161	161	161	162	162
	8月	162	163	163	163	163	163	163	163	163	163	163	163	163	163	163	162	162	162	161	161	160	160	159	159	158	158	157	156	156	155	155
	9月	154	153	153	152	152	151	151	150	150	149	149	149	148	148	148	148	147	147	147	147	147	147	147	147	148	148	148	148	149	149	／
	10月	149	150	150	151	151	151	152	153	153	154	154	155	156	156	157	158	158	159	160	161	162	162	163	164	165	166	167	168	168	169	170
	11月	171	172	173	174	175	176	177	178	179	180	181	182	183	184	185	186	187	188	189	190	191	193	194	195	196	197	198	199	200	201	／
	12月	202	204	205	206	207	208	209	210	212	213	214	215	216	217	218	220	221	222	223	224	225	227	228	229	230	231	233	234	235	236	237
宮	月＼日	1	2	3	4	5	6	7	8	9	10	11	12	13	14	15	16	17	18	19	20	21	22	23	24	25	26	27	28	29	30	31
火星 ♂	1月	194	194	195	195	196	196	196	197	197	198	198	199	199	199	200	200	201	201	201	202	202	203	203	203	204	204	205	205	205	206	206
	2月	206	207	207	207	207	208	208	208	209	209	209	209	210	210	210	210	211	211	211	211	211	211	212	212	212	212	212	212	／	／	／
	3月	212	212	213	213	213	213	213	213	213	213	213	213	213	213	212	212	212	212	212	212	212	212	211	211	211	211	211	210	210	210	210
	4月	209	209	209	208	208	208	207	207	207	206	206	206	205	205	204	204	204	203	203	203	202	202	201	201	201	200	200	200	199	199	／
	5月	199	198	198	198	197	197	197	197	196	196	196	196	196	195	195	195	195	195	195	195	195	195	195	195	195	194	194	195	195	195	195
	6月	195	195	195	195	195	195	195	195	196	196	196	196	196	197	197	197	197	198	198	198	198	199	199	199	200	200	200	201	201	201	／
	7月	202	202	202	203	203	203	204	204	205	205	206	206	206	207	207	208	208	209	209	210	210	211	211	212	212	213	213	214	214	215	215
	8月	216	216	217	217	218	218	219	219	220	221	221	222	222	223	223	224	225	225	226	226	227	228	228	229	229	230	231	231	232	232	233
	9月	234	234	235	236	236	237	238	238	239	240	240	241	242	242	243	244	244	245	246	246	247	248	248	249	250	250	251	252	252	253	／
	10月	254	254	255	256	257	257	258	259	259	260	261	262	262	263	264	264	265	266	267	267	268	269	270	270	271	272	272	273	274	275	275
	11月	276	277	278	278	279	280	281	281	282	283	284	284	285	286	287	287	288	289	290	291	291	292	293	294	294	295	296	297	297	298	／
	12月	299	300	300	301	302	303	304	304	305	306	307	307	308	309	310	311	311	312	313	314	314	315	316	317	318	318	319	320	321	321	322

1968年

宮	月＼日	1	2	3	4	5	6	7	8	9	10	11	12	13	14	15	16	17	18	19	20	21	22	23	24	25	26	27	28	29	30	31
太陽 ☉	1月	279	280	281	282	283	284	285	286	287	288	289	290	291	293	294	295	296	297	298	299	300	301	302	303	304	305	306	307	308	309	310
	2月	311	312	313	314	315	316	317	318	319	320	321	322	323	324	325	326	327	328	329	330	331	332	333	334	335	336	337	338	339	／	／
	3月	340	341	342	343	344	345	346	347	348	349	350	351	352	353	354	355	356	357	358	359	000	001	002	003	004	005	006	007	008	009	010
	4月	011	012	013	014	015	016	017	018	019	020	021	022	023	024	025	026	027	028	029	030	031	032	033	034	034	035	036	037	038	039	／
	5月	040	041	042	043	044	045	046	047	048	049	050	051	052	053	054	055	056	057	058	059	060	061	062	063	063	064	065	066	067	068	069
	6月	070	071	072	073	074	075	076	077	078	079	080	081	082	083	084	085	085	086	087	088	089	090	091	092	093	094	095	096	097	098	／
	7月	099	100	101	102	103	104	105	106	106	107	108	109	110	111	112	113	114	115	116	117	118	119	120	121	122	123	124	125	126	127	127
	8月	128	129	130	131	132	133	134	135	136	137	138	139	140	141	142	143	144	145	146	147	148	149	150	151	151	152	153	154	155	156	157
	9月	158	159	160	161	162	163	164	165	166	167	168	169	170	171	172	173	174	175	176	177	178	179	180	181	182	183	184	185	186	187	／
	10月	188	188	189	190	191	192	193	194	195	196	197	198	199	200	201	202	203	204	205	206	207	208	209	210	211	212	213	214	215	216	217
	11月	218	219	220	221	222	223	224	225	226	227	228	229	230	231	232	233	234	235	236	237	238	239	240	241	242	243	244	245	246	247	／
	12月	248	250	251	252	253	254	255	256	257	258	259	260	261	262	263	264	265	266	267	268	269	270	271	272	273	274	275	276	277	278	279

宮	月＼日	1	2	3	4	5	6	7	8	9	10	11	12	13	14	15	16	17	18	19	20	21	22	23	24	25	26	27	28	29	30	31
月 ☽	1月	292	306	320	333	346	358	010	022	034	046	058	070	082	094	107	120	133	147	160	174	188	202	216	230	244	258	272	287	301	314	328
	2月	341	353	006	018	030	042	054	065	077	090	102	115	128	142	156	170	184	198	212	227	241	255	269	283	296	310	323	336	349	／	／
	3月	001	014	026	038	050	061	073	085	098	110	123	136	150	164	179	193	208	223	237	252	266	280	293	307	320	333	345	358	010	022	034
	4月	046	058	070	081	093	106	118	131	144	158	172	187	202	217	232	247	261	276	290	303	317	330	342	355	007	019	031	043	054	066	／
	5月	078	090	102	114	127	140	153	166	180	195	210	225	240	255	270	285	299	313	326	339	352	004	016	028	040	052	063	075	087	099	111
	6月	124	136	149	162	176	189	204	218	233	249	264	279	294	308	322	335	348	001	013	025	037	048	060	072	084	096	108	121	133	146	／
	7月	159	172	186	199	213	228	243	257	272	287	302	316	330	343	356	009	021	033	045	057	069	081	093	105	117	130	143	156	169	183	196
	8月	210	224	238	253	267	282	296	310	324	338	351	004	017	029	041	053	065	077	089	101	113	126	139	152	165	179	193	207	221	235	249
	9月	263	278	292	306	320	333	347	000	012	025	037	049	061	073	085	097	109	121	134	147	161	174	188	203	217	231	246	260	274	288	／
	10月	302	316	329	342	355	008	021	033	045	057	069	081	093	105	117	129	142	155	168	182	197	211	226	241	256	271	285	299	313	326	339
	11月	352	005	017	029	042	054	066	077	089	101	113	125	137	150	163	176	190	205	219	234	250	265	280	295	309	323	336	349	002	014	／
	12月	026	039	051	062	074	086	098	110	122	134	146	159	172	185	199	213	227	242	258	273	288	303	318	332	345	358	011	023	036	048	059

宮	月＼日	1	2	3	4	5	6	7	8	9	10	11	12	13	14	15	16	17	18	19	20	21	22	23	24	25	26	27	28	29	30	31
水星 ☿	1月	281	283	284	286	288	289	291	293	294	296	298	299	301	303	304	306	308	309	311	313	314	316	317	319	320	322	323	325	326	327	328
	2月	329	330	331	331	332	332	332	332	331	331	330	329	328	327	326	325	324	323	322	321	320	319	318	318	317	317	317	317	317	／	／
	3月	317	317	317	318	318	319	319	320	321	322	323	324	325	326	327	328	329	330	331	333	334	335	337	338	339	341	342	344	345	347	348
	4月	350	351	353	355	356	358	000	001	003	005	007	009	010	012	014	016	018	020	022	024	026	028	030	033	035	037	039	041	043	045	／
	5月	048	050	052	054	056	058	060	062	064	065	067	069	071	072	074	075	077	078	079	081	082	083	084	085	086	087	088	088	089	090	090
	6月	091	091	091	091	091	092	091	091	091	091	091	090	090	089	089	088	088	087	087	086	086	085	085	084	084	083	083	083	083	083	／
	7月	083	083	083	083	084	084	085	085	086	087	088	089	090	091	092	093	094	096	097	099	100	102	104	106	107	109	111	113	115	117	119
	8月	121	123	125	128	130	132	134	136	138	140	142	144	146	148	150	152	153	155	157	159	161	162	164	166	168	169	171	172	174	176	177
	9月	179	180	182	183	185	186	187	189	190	191	193	194	195	196	198	199	200	201	202	203	204	205	206	207	207	208	209	209	210	210	／
	10月	210	211	211	211	211	210	210	209	209	208	207	206	205	204	202	201	200	199	198	197	196	196	195	195	195	195	196	196	197	198	199
	11月	200	201	202	203	205	206	208	209	211	212	214	215	217	218	220	221	223	225	226	228	229	231	233	234	236	237	239	240	242	244	／
	12月	245	247	248	250	251	253	255	256	258	259	261	262	264	266	267	269	270	272	274	275	277	278	280	282	283	285	286	288	289	291	293

宮	月＼日	1	2	3	4	5	6	7	8	9	10	11	12	13	14	15	16	17	18	19	20	21	22	23	24	25	26	27	28	29	30	31
金星 ♀	1月	239	240	241	242	243	245	246	247	248	249	251	252	253	254	255	257	258	259	260	261	263	264	265	266	268	269	270	271	272	274	275
	2月	276	277	279	280	281	282	283	285	286	287	288	290	291	292	293	294	296	297	298	299	301	302	303	304	306	307	308	309	310	／	／
	3月	312	313	314	315	317	318	319	320	322	323	324	325	327	328	329	330	331	333	334	335	336	338	339	340	341	343	344	345	346	347	349
	4月	350	351	352	354	355	356	357	359	000	001	002	003	005	006	007	008	010	011	012	013	015	016	017	018	019	021	022	023	024	026	／
	5月	027	028	029	031	032	033	034	035	037	038	039	040	042	043	044	045	047	048	049	050	051	053	054	055	056	058	059	060	061	062	064
	6月	065	066	067	069	070	071	072	074	075	076	077	078	080	081	082	083	085	086	087	088	089	091	092	093	094	096	097	098	099	101	／
	7月	102	103	104	105	107	108	109	110	112	113	114	115	117	118	119	120	121	123	124	125	126	128	129	130	131	133	134	135	136	137	139
	8月	140	141	142	144	145	146	147	149	150	151	152	153	155	156	157	158	160	161	162	163	165	166	167	168	169	171	172	173	174	176	177
	9月	178	179	181	182	183	184	185	187	188	189	190	192	193	194	195	197	198	199	200	201	203	204	205	206	208	209	210	211	212	214	／
	10月	215	216	217	219	220	221	222	224	225	226	227	228	230	231	232	233	235	236	237	238	239	241	242	243	244	245	247	248	249	250	252
	11月	253	254	255	256	258	259	260	261	263	264	265	266	267	269	270	271	272	273	275	276	277	278	279	281	282	283	284	285	287	288	／
	12月	289	290	291	293	294	295	296	297	299	300	301	302	303	304	306	307	308	309	310	311	313	314	315	316	317	318	320	321	322	323	324

宮	月＼日	1	2	3	4	5	6	7	8	9	10	11	12	13	14	15	16	17	18	19	20	21	22	23	24	25	26	27	28	29	30	31
火星 ♂	1月	323	324	325	325	326	327	328	328	329	330	331	332	332	333	334	335	336	336	337	338	339	339	340	341	342	343	343	344	345	346	346
	2月	347	348	349	349	350	351	352	353	353	354	355	356	356	357	358	359	359	000	001	002	003	003	004	005	006	006	007	008	009	／	／
	3月	009	010	011	012	012	013	014	015	015	016	017	018	018	019	020	021	021	022	023	024	024	025	026	027	027	028	029	030	030	031	032
	4月	033	033	034	035	035	036	037	038	038	039	040	041	041	042	043	043	044	045	046	046	047	048	049	049	050	051	051	052	053	054	／
	5月	054	055	056	056	057	058	058	059	060	061	061	062	063	063	064	065	065	066	067	068	068	069	070	070	071	072	072	073	074	074	075
	6月	076	077	077	078	079	079	080	081	081	082	083	083	084	085	085	086	087	087	088	089	089	090	091	091	092	093	093	094	095	095	／
	7月	096	097	097	098	099	099	100	101	101	102	103	103	104	105	105	106	107	107	108	109	109	110	111	111	112	113	113	114	115	115	116
	8月	117	117	118	118	119	120	120	121	122	122	123	124	124	125	126	126	127	128	128	129	129	130	131	131	132	133	133	134	135	135	136
	9月	136	137	138	138	139	140	140	141	142	142	143	143	144	145	145	146	147	147	148	148	149	150	150	151	152	152	153	153	154	155	／
	10月	155	156	157	157	158	158	159	160	160	161	162	162	163	163	164	165	165	166	167	167	168	168	169	170	170	171	171	172	173	173	174
	11月	175	175	176	176	177	178	178	179	179	180	181	181	182	182	183	184	184	185	185	186	187	187	188	188	189	190	190	191	191	192	／
	12月	193	193	194	194	195	196	196	197	197	198	199	199	200	200	201	202	202	203	203	204	204	205	206	206	207	207	208	208	209	210	210

1969年

宮	月＼日	1	2	3	4	5	6	7	8	9	10	11	12	13	14	15	16	17	18	19	20	21	22	23	24	25	26	27	28	29	30	31
太陽 ☉	1月	280	281	282	283	284	285	286	287	288	289	290	291	292	293	294	295	296	297	298	299	300	301	302	303	304	305	307	308	309	310	311
	2月	312	313	314	315	316	317	318	319	320	321	322	323	324	325	326	327	328	329	330	331	332	333	334	335	336	337	338	339	／	／	／
	3月	340	341	342	343	344	345	346	347	348	349	350	351	352	353	354	355	356	357	358	359	000	001	002	003	004	005	006	007	008	009	010
	4月	011	012	013	014	015	016	017	018	019	020	021	022	023	024	024	025	026	027	028	029	030	031	032	033	034	035	036	037	038	039	／
	5月	040	041	042	043	044	045	046	047	048	049	050	051	052	053	054	055	056	057	057	058	059	060	061	062	063	064	065	066	067	068	069
	6月	070	071	072	073	074	075	076	077	078	079	080	080	081	082	083	084	085	086	087	088	089	090	091	092	093	094	095	096	097	098	／
	7月	099	100	101	101	102	103	104	105	106	107	108	109	110	111	112	113	114	115	116	117	118	119	120	121	122	122	123	124	125	126	127
	8月	128	129	130	131	132	133	134	135	136	137	138	139	140	141	142	143	144	145	145	146	147	148	149	150	151	152	153	154	155	156	157
	9月	158	159	160	161	162	163	164	165	166	167	168	169	170	171	172	173	174	175	176	176	177	178	179	180	181	182	183	184	185	186	／
	10月	187	188	189	190	191	192	193	194	195	196	197	198	199	200	201	202	203	204	205	206	207	208	209	210	211	212	213	214	215	216	217
	11月	218	219	220	221	222	223	224	225	226	227	228	229	230	231	232	233	234	235	236	237	238	239	240	241	242	243	244	245	246	247	／
	12月	248	249	250	251	252	253	254	255	256	257	258	259	260	261	262	263	265	266	267	268	269	270	271	272	273	274	275	276	277	278	279

宮	月＼日	1	2	3	4	5	6	7	8	9	10	11	12	13	14	15	16	17	18	19	20	21	22	23	24	25	26	27	28	29	30	31
月 ☽	1月	071	083	095	107	119	131	143	156	169	181	195	208	222	236	251	266	281	296	311	326	340	354	007	020	032	044	056	068	080	092	104
	2月	116	128	140	153	166	178	192	205	218	232	246	261	275	290	305	319	334	348	001	015	027	040	052	064	076	088	100	112	／	／	／
	3月	124	136	149	162	175	188	202	215	229	243	257	271	286	300	314	328	342	356	009	022	035	048	060	072	084	096	108	120	132	144	157
	4月	170	183	197	211	225	240	254	268	283	297	311	325	338	352	005	018	031	043	056	068	080	092	104	116	128	140	152	165	178	192	／
	5月	205	220	234	249	264	279	293	308	321	335	348	002	014	027	040	052	064	076	088	100	112	124	136	148	160	173	186	200	214	228	243
	6月	258	273	288	303	318	332	345	359	012	024	037	049	061	073	085	097	109	121	133	145	157	169	182	195	208	222	236	251	266	282	／
	7月	297	312	327	341	355	008	021	034	046	058	070	082	094	106	118	130	142	154	166	178	191	204	217	231	245	260	275	290	305	321	335
	8月	350	004	017	030	043	055	067	079	091	103	115	127	139	151	163	175	188	201	214	227	241	255	270	284	299	314	329	343	358	012	025
	9月	038	051	063	076	088	099	111	123	135	147	160	172	185	198	211	224	238	252	266	280	294	309	323	338	352	006	020	033	046	059	／
	10月	071	084	096	107	119	131	143	155	168	181	194	207	221	235	249	263	277	291	305	319	333	347	001	015	028	041	054	067	079	091	103
	11月	115	127	139	151	163	176	189	202	216	230	244	258	273	288	302	316	330	344	358	011	024	037	050	063	075	087	099	111	123	135	／
	12月	147	159	171	184	196	210	224	238	252	267	282	297	312	327	341	354	008	021	034	047	059	072	084	096	108	120	132	143	155	167	179

宮	月＼日	1	2	3	4	5	6	7	8	9	10	11	12	13	14	15	16	17	18	19	20	21	22	23	24	25	26	27	28	29	30	31
水星 ☿	1月	294	296	297	299	300	302	303	305	306	308	309	310	311	312	313	314	315	315	315	316	316	315	315	314	313	313	311	310	309	308	307
	2月	305	304	303	302	302	301	300	300	300	300	300	300	300	301	301	302	302	303	304	304	305	306	307	308	309	310	311	313	／	／	／
	3月	314	315	316	318	319	320	322	323	324	326	327	329	330	332	333	335	336	338	340	341	343	345	346	348	350	352	353	355	357	359	001
	4月	003	005	007	009	011	013	015	017	019	021	023	025	027	029	031	033	036	038	040	042	044	045	047	049	051	053	054	056	057	059	／
	5月	060	061	063	064	065	066	067	068	068	069	070	070	071	071	071	071	072	072	071	071	071	071	070	070	070	069	069	068	068	067	066
	6月	066	065	065	064	064	064	063	063	063	063	063	063	063	063	064	064	065	065	066	066	067	068	069	070	071	072	073	074	075	077	／
	7月	078	080	081	083	084	086	088	089	091	093	095	097	099	101	103	105	107	110	112	114	116	118	120	122	124	126	129	131	133	135	136
	8月	138	140	142	144	146	148	149	151	153	155	156	158	159	161	163	164	166	167	169	170	171	173	174	176	177	178	179	181	182	183	184
	9月	185	186	187	188	189	190	190	191	192	192	193	193	194	194	194	194	194	194	194	194	193	193	192	191	190	189	188	187	186	185	／
	10月	184	183	182	181	180	180	180	179	179	180	180	181	181	182	183	184	185	187	188	189	191	192	194	195	197	199	200	202	204	205	207
	11月	209	210	212	214	215	217	218	220	222	223	225	227	228	230	231	233	235	236	238	239	241	242	244	246	247	249	250	252	253	255	／
	12月	256	258	260	261	263	264	266	267	269	270	272	273	275	276	278	279	281	282	284	285	287	288	289	291	292	293	294	295	296	297	298

宮	月＼日	1	2	3	4	5	6	7	8	9	10	11	12	13	14	15	16	17	18	19	20	21	22	23	24	25	26	27	28	29	30	31
金星 ♀	1月	325	326	328	329	330	331	332	333	334	335	337	338	339	340	341	342	343	344	345	346	347	348	349	350	351	352	353	354	355	356	357
	2月	358	359	000	001	002	003	004	005	006	007	008	009	009	010	011	012	013	014	014	015	016	017	017	018	019	019	020	020	／	／	／
	3月	021	022	022	023	023	024	024	024	025	025	025	026	026	026	026	026	026	026	026	026	026	026	026	026	025	025	025	024	024	024	023
	4月	023	022	021	021	020	020	019	018	018	017	017	016	015	015	014	014	013	013	012	012	012	011	011	011	010	010	010	010	010	010	／
	5月	010	010	010	010	011	011	011	011	012	012	012	013	013	014	014	015	015	016	016	017	017	018	019	019	020	021	022	022	023	024	025
	6月	025	026	027	028	029	030	030	031	032	033	034	035	036	037	038	039	040	040	041	042	043	044	045	046	047	048	049	050	051	052	／
	7月	053	054	056	057	058	059	060	061	062	063	064	065	066	067	068	069	070	072	073	074	075	076	077	078	079	080	082	083	084	085	086
	8月	087	088	089	091	092	093	094	095	096	097	099	100	101	102	103	104	105	107	108	109	110	111	112	114	115	116	117	118	120	121	122
	9月	123	124	125	127	128	129	130	131	133	134	135	136	137	139	140	141	142	143	145	146	147	148	149	151	152	153	154	156	157	158	／
	10月	159	160	162	163	164	165	167	168	169	170	172	173	174	175	176	178	179	180	181	183	184	185	186	188	189	190	191	193	194	195	196
	11月	198	199	200	201	203	204	205	206	208	209	210	211	213	214	215	216	218	219	220	221	223	224	225	226	228	229	230	231	233	234	／
	12月	235	236	238	239	240	241	243	244	245	246	248	249	250	251	253	254	255	257	258	259	260	262	263	264	265	267	268	269	270	272	273

宮	月＼日	1	2	3	4	5	6	7	8	9	10	11	12	13	14	15	16	17	18	19	20	21	22	23	24	25	26	27	28	29	30	31
火星 ♂	1月	211	211	212	212	213	214	214	215	215	216	216	217	217	218	219	219	220	220	221	221	222	222	223	223	224	225	225	226	226	227	227
	2月	228	228	229	229	230	230	231	231	232	232	233	233	234	234	235	235	236	236	237	237	238	238	239	239	239	240	240	241	／	／	／
	3月	241	242	242	243	243	243	244	244	245	245	245	246	246	247	247	247	248	248	248	249	249	249	250	250	250	251	251	251	252	252	252
	4月	252	253	253	253	253	254	254	254	254	255	255	255	255	255	255	255	255	256	256	256	256	256	256	256	256	256	256	256	256	256	／
	5月	256	256	256	256	256	256	256	256	255	255	255	255	255	255	254	254	254	254	253	253	253	253	252	252	252	251	251	251	250	250	250
	6月	249	249	249	248	248	248	247	247	247	246	246	246	245	245	245	244	244	244	244	243	243	243	243	243	242	242	242	242	242	242	／
	7月	242	241	241	241	241	241	241	241	241	241	241	241	241	241	242	242	242	242	242	242	242	242	243	243	243	243	244	244	244	244	245
	8月	245	245	245	246	246	246	247	247	248	248	248	249	249	249	250	250	251	251	252	252	253	253	253	254	254	255	255	256	256	257	257
	9月	258	258	259	260	260	261	261	262	262	263	263	264	265	265	266	266	267	268	268	269	269	270	271	271	272	273	273	274	274	275	／
	10月	276	276	277	278	278	279	280	280	281	282	282	283	284	284	285	286	286	287	288	288	289	290	291	291	292	293	293	294	295	295	296
	11月	297	298	298	299	300	300	301	302	303	303	304	305	306	306	307	308	308	309	310	311	311	312	313	314	314	315	316	317	317	318	／
	12月	319	319	320	321	322	322	323	324	325	325	326	327	328	328	329	330	331	331	332	333	334	334	335	336	337	337	338	339	340	340	341

1970年

宮	月＼日	1	2	3	4	5	6	7	8	9	10	11	12	13	14	15	16	17	18	19	20	21	22	23	24	25	26	27	28	29	30	31
太陽 ⊙	1月	280	281	282	283	284	285	286	287	288	289	290	291	292	293	294	295	296	297	298	299	300	301	302	303	304	305	306	307	308	309	310
	2月	311	312	313	314	315	316	317	318	319	320	321	322	324	325	326	327	328	329	330	331	332	333	334	335	336	337	338	339	/	/	/
	3月	340	341	342	343	344	345	346	347	348	349	350	351	352	353	354	355	356	357	358	359	000	001	002	003	004	005	006	007	008	009	009
	4月	010	011	012	013	014	015	016	017	018	019	020	021	022	023	024	025	026	027	028	029	030	031	032	033	034	035	036	037	038	039	/
	5月	040	041	042	043	044	045	046	047	048	049	050	050	051	052	053	054	055	056	057	058	059	060	061	062	063	064	065	066	067	068	069
	6月	070	071	072	073	074	075	075	076	077	078	079	080	081	082	083	084	085	086	087	088	089	090	091	092	093	094	095	096	096	097	/
	7月	098	099	100	101	102	103	104	105	106	107	108	109	110	111	112	113	114	115	116	116	117	118	119	120	121	122	123	124	125	126	127
	8月	128	129	130	131	132	133	134	135	136	137	138	139	139	140	141	142	143	144	145	146	147	148	149	150	151	152	153	154	155	156	157
	9月	158	159	160	161	162	163	164	165	166	167	167	168	169	170	171	172	173	174	175	176	177	178	179	180	181	182	183	184	185	186	/
	10月	187	188	189	190	191	192	193	194	195	196	197	198	199	200	201	202	203	204	205	206	207	208	209	210	211	212	213	214	215	216	217
	11月	218	219	220	221	222	223	224	225	226	227	228	229	230	231	232	233	234	235	236	237	238	239	240	241	242	243	244	245	246	247	/
	12月	248	249	250	251	252	253	254	255	256	257	258	259	260	261	262	263	264	265	266	267	268	269	270	271	272	273	274	275	276	278	279

宮	月＼日	1	2	3	4	5	6	7	8	9	10	11	12	13	14	15	16	17	18	19	20	21	22	23	24	25	26	27	28	29	30	31
月 ☽	1月	192	205	218	232	246	260	275	291	306	321	336	350	004	018	031	044	056	069	081	093	105	117	129	140	152	164	176	188	201	213	227
	2月	240	254	269	284	299	314	329	344	359	013	027	040	053	065	078	090	102	114	125	137	149	161	173	185	198	210	223	236	/	/	/
	3月	250	264	278	292	307	322	337	352	007	021	035	048	061	074	086	098	110	122	134	146	158	170	182	195	207	220	233	247	260	274	288
	4月	302	317	331	346	000	015	029	043	056	069	082	094	106	118	130	142	154	166	178	191	203	216	230	243	257	271	285	299	313	327	/
	5月	342	356	010	024	037	051	064	077	090	102	114	126	138	150	162	174	186	199	212	225	239	253	267	281	296	310	324	338	352	006	020
	6月	033	047	060	073	086	098	110	122	134	146	158	170	182	194	207	220	233	247	262	276	291	306	320	335	349	003	017	030	044	057	/
	7月	069	082	094	107	119	131	143	154	166	178	190	202	215	228	242	255	270	285	300	315	330	345	359	013	027	041	054	066	079	091	104
	8月	116	128	139	151	163	175	187	199	211	224	237	250	264	278	293	308	323	338	353	008	023	037	050	063	076	088	101	113	125	136	148
	9月	160	172	184	196	208	220	233	246	259	273	287	302	316	331	347	002	017	031	045	059	072	085	097	110	122	133	145	157	169	181	/
	10月	193	205	218	230	243	256	269	283	297	311	326	340	355	010	025	039	053	067	080	093	106	118	130	142	153	165	177	189	202	214	227
	11月	240	253	266	280	294	308	322	336	350	004	019	033	047	061	075	088	101	114	126	138	150	161	173	185	197	210	223	236	249	263	/
	12月	276	290	304	318	332	347	001	015	029	043	056	070	083	096	109	121	134	145	157	169	181	193	205	218	230	244	257	271	285	300	314

宮	月＼日	1	2	3	4	5	6	7	8	9	10	11	12	13	14	15	16	17	18	19	20	21	22	23	24	25	26	27	28	29	30	31
水星 ☿	1月	299	299	299	299	299	299	299	298	297	296	295	294	293	291	290	289	288	287	286	285	284	284	284	283	283	283	284	284	285	285	286
	2月	286	287	288	289	290	291	292	293	294	295	297	298	299	300	302	303	304	306	307	308	310	311	313	314	316	317	319	320	/	/	/
	3月	322	323	325	327	328	330	332	333	335	337	339	340	342	344	346	348	349	351	353	355	357	359	001	003	005	007	009	011	013	015	017
	4月	019	021	023	025	027	029	031	033	035	036	038	039	041	042	044	045	046	047	048	049	049	050	051	051	051	052	052	052	052	052	/
	5月	052	051	051	051	050	050	049	049	048	047	047	046	046	045	045	044	044	043	043	043	043	043	043	043	043	043	044	044	044	045	046
	6月	046	047	048	049	050	051	052	053	054	055	056	058	059	060	062	063	065	066	068	070	072	073	075	077	079	081	083	085	087	089	/
	7月	091	093	096	098	100	102	104	106	109	111	113	115	117	119	121	123	125	127	129	131	133	134	136	138	140	141	143	145	146	148	149
	8月	151	152	154	155	157	158	159	161	162	163	164	165	167	168	169	170	171	172	172	173	174	175	175	176	176	177	177	177	177	178	177
	9月	177	177	177	176	176	175	174	174	173	172	171	170	169	168	167	166	165	164	164	164	163	163	163	164	164	165	165	166	167	168	/
	10月	170	171	172	174	175	177	178	180	182	184	185	187	189	190	192	194	196	197	199	201	203	204	206	208	209	211	213	214	216	218	219
	11月	221	222	224	226	227	229	230	232	233	235	237	238	240	241	243	244	246	247	249	250	252	253	255	256	258	259	261	262	263	265	/
	12月	266	268	269	270	272	273	274	276	277	278	279	280	281	282	282	283	283	283	284	284	283	283	282	281	280	279	278	277	275	274	273

宮	月＼日	1	2	3	4	5	6	7	8	9	10	11	12	13	14	15	16	17	18	19	20	21	22	23	24	25	26	27	28	29	30	31
金星 ♀	1月	274	275	277	278	279	280	282	283	284	285	287	288	289	290	292	293	294	296	297	298	299	301	302	303	304	306	307	308	309	311	312
	2月	313	314	316	317	318	319	321	322	323	324	326	327	328	329	331	332	333	334	336	337	338	339	341	342	343	344	346	347	/	/	/
	3月	348	349	351	352	353	354	356	357	358	359	001	002	003	004	006	007	008	009	011	012	013	014	016	017	018	019	020	022	023	024	025
	4月	027	028	029	030	032	033	034	035	037	038	039	040	041	043	044	045	046	048	049	050	051	053	054	055	056	057	059	060	061	062	/
	5月	063	065	066	067	068	070	071	072	073	074	076	077	078	079	080	082	083	084	085	087	088	089	090	091	093	094	095	096	097	099	100
	6月	101	102	103	105	106	107	108	109	110	112	113	114	115	116	118	119	120	121	122	123	125	126	127	128	129	131	132	133	134	135	/
	7月	136	138	139	140	141	142	143	144	146	147	148	149	150	151	152	154	155	156	157	158	159	160	162	163	164	165	166	167	168	169	170
	8月	172	173	174	175	176	177	178	179	180	181	182	183	185	186	187	188	189	190	191	192	193	194	195	196	197	198	199	200	201	202	203
	9月	204	205	206	207	208	209	210	210	211	212	213	214	215	216	217	217	218	219	220	221	221	222	223	224	224	225	226	226	227	228	/
	10月	228	229	229	230	230	231	231	232	232	233	233	233	234	234	234	234	234	235	235	235	235	235	235	234	234	234	234	234	233	233	233
	11月	232	232	231	231	230	230	229	228	228	227	227	226	225	225	224	224	223	223	222	222	221	221	221	220	220	220	220	219	219	219	/
	12月	219	219	219	219	220	220	220	220	221	221	221	222	222	222	223	223	224	225	225	226	226	227	228	228	229	230	230	231	232	233	234

宮	月＼日	1	2	3	4	5	6	7	8	9	10	11	12	13	14	15	16	17	18	19	20	21	22	23	24	25	26	27	28	29	30	31
火星 ♂	1月	342	343	343	344	345	346	346	347	348	349	349	350	351	352	352	353	354	354	355	356	357	357	358	359	000	000	001	002	003	003	004
	2月	005	006	006	007	008	009	009	010	011	011	012	013	014	014	015	016	017	017	018	019	019	020	021	022	022	023	024	025	/	/	/
	3月	025	026	027	027	028	029	030	030	031	032	032	033	034	035	035	036	037	037	038	039	040	040	041	042	042	043	044	044	045	046	047
	4月	047	048	049	049	050	051	051	052	053	054	054	055	056	056	057	058	058	059	060	060	061	062	062	063	064	065	065	066	067	067	/
	5月	068	069	069	070	071	071	072	073	073	074	075	075	076	077	077	078	079	079	080	081	081	082	083	083	084	085	085	086	087	087	088
	6月	089	089	090	091	091	092	093	093	094	095	095	096	097	097	098	099	099	100	101	101	102	103	103	104	105	105	106	106	107	108	/
	7月	108	109	110	110	111	112	112	113	114	114	115	116	116	117	117	118	119	119	120	121	121	122	123	123	124	125	125	126	126	127	128
	8月	128	129	130	130	131	132	132	133	134	134	135	135	136	137	137	138	139	139	140	141	141	142	142	143	144	144	145	146	146	147	148
	9月	148	149	149	150	151	151	152	153	153	154	155	155	156	156	157	158	158	159	160	160	161	162	162	163	163	164	165	165	166	167	/
	10月	167	168	169	169	170	170	171	172	172	173	174	174	175	175	176	177	177	178	179	179	180	181	181	182	182	183	184	184	185	186	186
	11月	187	188	188	189	189	190	191	191	192	193	193	194	195	195	196	196	197	198	198	199	200	200	201	202	202	203	203	204	205	205	/
	12月	206	207	207	208	209	209	210	210	211	212	212	213	214	214	215	215	216	217	217	218	219	219	220	221	221	222	222	223	224	224	225

1971年

宮	月＼日	1	2	3	4	5	6	7	8	9	10	11	12	13	14	15	16	17	18	19	20	21	22	23	24	25	26	27	28	29	30	31
太陽 ☉	1月	280	281	282	283	284	285	286	287	288	289	290	291	292	293	294	295	296	297	298	299	300	301	302	303	304	305	306	307	308	309	310
	2月	311	312	313	314	315	316	317	318	319	320	321	322	323	324	325	326	327	328	329	330	331	332	333	334	335	336	337	338	／	／	／
	3月	339	340	341	342	343	344	345	346	347	348	349	350	351	352	353	354	355	356	357	358	359	000	001	002	003	004	005	006	007	008	009
	4月	010	011	012	013	014	015	016	017	018	019	020	021	022	023	024	025	026	027	028	029	030	031	032	033	034	035	036	037	038	039	／
	5月	040	041	042	043	043	044	045	046	047	048	049	050	051	052	053	054	055	056	057	058	059	060	061	062	063	064	065	066	067	068	069
	6月	069	070	071	072	073	074	075	076	077	078	079	080	081	082	083	084	085	086	087	088	089	090	091	091	092	093	094	095	096	097	／
	7月	098	099	100	101	102	103	104	105	106	107	108	109	110	111	111	112	113	114	115	116	117	118	119	120	121	122	123	124	125	126	127
	8月	128	129	130	131	132	133	133	134	135	136	137	138	139	140	141	142	143	144	145	146	147	148	149	150	151	152	153	154	155	156	157
	9月	158	159	159	160	161	162	163	164	165	166	167	168	169	170	171	172	173	174	175	176	177	178	179	180	181	182	183	184	185	186	／
	10月	187	188	189	190	191	192	193	194	195	196	197	198	199	200	201	202	203	204	205	206	207	208	209	210	211	212	213	214	215	216	217
	11月	218	219	220	221	222	223	224	225	226	227	228	229	230	231	232	233	234	235	236	237	238	239	240	241	242	243	244	245	246	247	／
	12月	248	249	250	251	252	253	254	255	256	257	258	259	260	261	262	263	264	265	266	267	268	269	270	271	272	273	274	275	276	277	278
宮	月＼日	1	2	3	4	5	6	7	8	9	10	11	12	13	14	15	16	17	18	19	20	21	22	23	24	25	26	27	28	29	30	31
月 ☽	1月	329	343	357	012	025	039	053	066	079	092	105	117	129	142	153	165	177	189	201	213	225	238	251	265	279	294	308	323	338	353	008
	2月	022	036	050	063	076	089	101	114	126	138	150	162	174	185	197	209	221	234	247	260	273	287	301	316	331	347	002	017	／	／	／
	3月	031	046	059	073	086	099	111	123	135	147	159	171	182	194	206	218	231	243	256	269	282	296	310	324	339	355	010	025	040	054	068
	4月	082	095	108	120	132	144	156	168	179	191	203	215	228	240	253	265	278	292	305	319	334	348	003	018	033	048	062	077	090	103	／
	5月	116	128	141	152	164	176	188	200	212	224	237	250	262	275	289	302	316	330	344	358	013	027	042	056	071	085	098	111	124	136	149
	6月	161	172	184	196	208	220	233	246	259	272	285	299	313	327	341	355	009	023	037	052	066	080	093	106	119	132	144	156	168	180	／
	7月	192	204	216	228	241	254	267	281	295	309	323	337	351	006	020	034	048	062	076	089	102	115	128	140	152	165	176	188	200	212	224
	8月	236	249	262	275	289	303	318	332	347	002	016	031	045	059	072	086	099	112	124	137	149	161	173	185	197	208	220	232	245	257	270
	9月	283	297	311	326	341	356	011	026	041	055	069	083	096	109	121	134	146	158	170	182	193	205	217	229	241	253	266	279	292	305	／
	10月	319	334	349	004	019	035	050	064	079	092	105	118	131	143	155	167	179	190	202	214	226	238	250	263	275	288	301	314	328	343	357
	11月	012	028	043	058	073	087	101	114	127	139	152	164	176	187	199	211	223	235	247	260	272	285	298	311	325	338	352	007	021	036	／
	12月	051	066	081	095	109	122	135	148	160	172	184	196	207	219	232	244	256	269	282	295	308	321	335	349	003	017	031	046	060	075	089
宮	月＼日	1	2	3	4	5	6	7	8	9	10	11	12	13	14	15	16	17	18	19	20	21	22	23	24	25	26	27	28	29	30	31
水星 ☿	1月	271	270	269	269	268	268	267	267	267	268	268	268	269	270	270	271	272	273	274	275	276	277	278	279	281	282	283	284	286	287	288
	2月	290	291	293	294	295	297	298	300	301	303	304	306	308	309	311	312	314	316	317	319	321	322	324	326	327	329	331	333	／	／	／
	3月	335	336	338	340	342	344	346	348	350	352	353	355	357	359	001	003	005	007	009	011	013	015	016	018	020	021	023	024	026	027	028
	4月	029	030	031	031	032	033	033	033	033	033	033	033	033	032	032	031	031	030	029	029	028	027	027	026	025	025	024	024	023	023	／
	5月	023	023	023	023	023	023	023	024	024	024	025	026	026	027	028	029	029	030	031	033	034	035	036	037	039	040	041	043	044	046	047
	6月	049	050	052	054	056	057	059	061	063	065	067	069	071	073	075	077	080	082	084	086	088	090	093	095	097	099	101	103	105	107	／
	7月	109	111	113	115	117	119	121	123	124	126	128	129	131	133	134	136	137	139	140	141	143	144	145	147	148	149	150	151	152	153	154
	8月	155	156	156	157	158	158	159	159	159	160	160	160	160	160	160	160	159	159	158	158	157	156	155	154	154	153	152	151	150	149	149
	9月	148	148	147	147	147	147	147	147	148	149	149	150	151	152	154	155	156	158	160	161	163	165	166	168	170	172	174	175	177	179	／
	10月	181	183	184	186	188	190	192	193	195	197	198	200	202	204	205	207	209	210	212	213	215	217	218	220	221	223	224	226	227	229	230
	11月	232	233	235	236	238	239	241	242	244	245	246	248	249	250	252	253	254	256	257	258	259	260	262	263	264	264	265	266	267	267	／
	12月	267	268	268	268	267	267	266	265	264	263	262	261	259	258	257	255	254	253	253	252	252	252	251	252	252	252	253	253	254	255	256
宮	月＼日	1	2	3	4	5	6	7	8	9	10	11	12	13	14	15	16	17	18	19	20	21	22	23	24	25	26	27	28	29	30	31
金星 ♀	1月	234	235	236	237	238	239	240	240	241	242	243	244	245	246	247	248	249	250	251	252	253	254	255	256	257	258	259	260	261	262	264
	2月	265	266	267	268	269	270	271	272	273	274	276	277	278	279	280	281	282	283	285	286	287	288	289	290	291	293	294	295	／	／	／
	3月	296	297	298	300	301	302	303	304	305	307	308	309	310	311	312	314	315	316	317	318	319	321	322	323	324	325	327	328	329	330	331
	4月	333	334	335	336	337	338	340	341	342	343	344	346	347	348	349	350	352	353	354	355	356	358	359	000	001	002	004	005	006	007	／
	5月	008	010	011	012	013	015	016	017	018	019	021	022	023	024	025	027	028	029	030	031	033	034	035	036	037	039	040	041	042	044	045
	6月	046	047	048	050	051	052	053	054	056	057	058	059	061	062	063	064	065	067	068	069	070	071	073	074	075	076	078	079	080	081	／
	7月	082	084	085	086	087	089	090	091	092	093	095	096	097	098	100	101	102	103	104	106	107	108	109	111	112	113	114	115	117	118	119
	8月	120	122	123	124	125	127	128	129	130	132	133	134	135	136	138	139	140	141	143	144	145	146	148	149	150	151	153	154	155	156	157
	9月	159	160	161	162	164	165	166	167	169	170	171	172	174	175	176	177	179	180	181	182	184	185	186	187	189	190	191	192	194	195	／
	10月	196	197	199	200	201	202	204	205	206	207	208	210	211	212	213	215	216	217	218	220	221	222	223	225	226	227	228	230	231	232	233
	11月	235	236	237	238	240	241	242	243	245	246	247	248	250	251	252	253	255	256	257	258	260	261	262	263	265	266	267	268	270	271	／
	12月	272	273	275	276	277	278	279	281	282	283	284	286	287	288	289	291	292	293	294	296	297	298	299	301	302	303	304	306	307	308	309
宮	月＼日	1	2	3	4	5	6	7	8	9	10	11	12	13	14	15	16	17	18	19	20	21	22	23	24	25	26	27	28	29	30	31
火星 ♂	1月	226	226	227	228	228	229	229	230	231	231	232	233	233	234	234	235	236	236	237	238	238	239	240	240	241	241	242	243	243	244	245
	2月	245	246	246	247	248	248	249	250	250	251	251	252	253	253	254	255	255	256	256	257	258	258	259	260	260	261	261	262	／	／	／
	3月	263	263	264	264	265	266	266	267	267	268	269	269	270	271	271	272	272	273	274	274	275	275	276	277	277	278	278	279	279	280	281
	4月	281	282	282	283	284	284	285	285	286	286	287	288	288	289	289	290	290	291	292	292	293	293	294	294	295	295	296	296	297	298	／
	5月	298	299	299	300	300	301	301	302	302	303	303	304	304	305	305	306	306	307	307	307	308	308	309	309	310	310	311	311	311	312	312
	6月	313	313	313	314	314	314	315	315	316	316	316	317	317	317	317	318	318	318	319	319	319	319	319	320	320	320	320	320	321	321	／
	7月	321	321	321	321	321	321	321	321	321	321	321	321	321	321	321	321	321	321	321	321	321	321	321	320	320	320	320	320	319	319	319
	8月	319	319	318	318	318	318	317	317	317	317	316	316	316	315	315	315	315	314	314	314	314	314	313	313	313	313	313	312	312	312	312
	9月	312	312	312	312	312	311	311	311	311	311	311	311	311	312	312	312	312	312	312	312	312	312	313	313	313	313	313	314	314	314	／
	10月	314	315	315	315	316	316	316	316	317	317	318	318	318	319	319	319	320	320	321	321	322	322	322	323	323	324	324	325	325	326	326
	11月	327	327	328	328	329	329	330	330	331	331	332	333	333	334	334	335	335	336	336	337	338	338	339	339	340	341	341	342	342	343	／
	12月	343	344	345	345	346	347	347	348	348	349	350	350	351	351	352	353	353	354	355	355	356	357	357	358	358	359	000	000	001	002	002

1972年

宮	月＼日	1	2	3	4	5	6	7	8	9	10	11	12	13	14	15	16	17	18	19	20	21	22	23	24	25	26	27	28	29	30	31
太陽 ⊙	1月	279	280	281	282	283	284	285	286	287	288	289	291	292	293	294	295	296	297	298	299	300	301	302	303	304	305	306	307	308	309	310
	2月	311	312	313	314	315	316	317	318	319	320	321	322	323	324	325	326	327	328	329	330	331	332	333	334	335	336	337	338	339	／	／
	3月	340	341	342	343	344	345	346	347	348	349	350	351	352	353	354	355	356	357	358	359	000	001	002	003	004	005	006	007	008	009	010
	4月	011	012	013	014	015	016	017	018	019	020	021	022	023	024	025	026	027	028	029	030	031	032	033	034	035	035	036	037	038	039	／
	5月	040	041	042	043	044	045	046	047	048	049	050	051	052	053	054	055	056	057	058	059	060	061	062	063	064	064	065	066	067	068	069
	6月	070	071	072	073	074	075	076	077	078	079	080	081	082	083	084	085	086	086	087	088	089	090	091	092	093	094	095	096	097	098	／
	7月	099	100	101	102	103	104	105	106	107	107	108	109	110	111	112	113	114	115	116	117	118	119	120	121	122	123	124	125	126	127	128
	8月	128	129	130	131	132	133	134	135	136	137	138	139	140	141	142	143	144	145	146	147	148	149	150	151	152	152	153	154	155	156	157
	9月	158	159	160	161	162	163	164	165	166	167	168	169	170	171	172	173	174	175	176	177	178	179	180	181	182	183	184	185	186	187	／
	10月	188	189	190	190	191	192	193	194	195	196	197	198	199	200	201	202	203	204	205	206	207	208	209	210	211	212	213	214	215	216	217
	11月	218	219	220	221	222	223	224	225	226	227	228	229	230	231	232	233	234	235	236	237	238	239	240	241	242	243	244	245	247	248	／
	12月	249	250	251	252	253	254	255	256	257	258	259	260	261	262	263	264	265	266	267	268	269	270	271	272	273	274	275	276	277	278	279

宮	月＼日	1	2	3	4	5	6	7	8	9	10	11	12	13	14	15	16	17	18	19	20	21	22	23	24	25	26	27	28	29	30	31
月 ☽	1月	103	116	130	143	155	168	180	192	204	215	227	240	252	264	277	291	304	318	332	346	000	014	028	042	056	070	084	098	112	125	138
	2月	151	163	175	187	199	211	223	235	247	260	272	285	299	312	326	341	355	010	025	039	053	067	081	095	108	121	134	147	159	／	／
	3月	171	184	196	208	219	231	243	255	267	280	293	306	320	334	349	004	019	034	049	064	078	092	105	118	131	143	156	168	180	192	204
	4月	216	228	240	252	264	276	288	301	315	328	343	357	012	028	043	058	073	087	101	115	128	140	153	165	177	189	201	213	225	237	／
	5月	249	261	273	285	298	310	324	337	351	006	021	036	051	066	081	096	110	124	137	150	162	174	186	198	210	222	234	246	258	270	282
	6月	295	307	320	333	347	001	015	030	045	060	075	090	104	118	132	145	158	170	183	195	207	219	230	242	254	267	279	292	304	317	／
	7月	330	344	358	012	026	040	055	069	084	098	112	126	140	153	166	179	191	203	215	227	239	251	263	275	288	301	314	327	341	354	008
	8月	022	037	051	065	079	093	107	121	135	148	161	174	187	199	211	223	235	247	259	271	283	296	309	322	336	350	004	019	033	048	062
	9月	076	090	104	117	131	144	157	170	182	195	207	219	231	243	254	266	279	291	304	317	331	345	359	014	029	043	058	073	087	101	／
	10月	114	128	141	154	166	179	191	203	215	227	239	251	263	275	287	299	312	325	338	353	007	022	037	053	068	082	097	111	124	138	151
	11月	163	176	188	200	212	224	236	248	260	271	283	295	308	320	333	347	001	015	030	045	061	076	091	106	120	134	147	160	173	185	／
	12月	197	209	221	233	245	257	268	280	292	305	317	330	343	356	010	024	039	054	069	084	099	114	128	142	156	169	181	194	206	218	230

宮	月＼日	1	2	3	4	5	6	7	8	9	10	11	12	13	14	15	16	17	18	19	20	21	22	23	24	25	26	27	28	29	30	31
水星 ☿	1月	257	258	259	260	261	262	263	265	266	267	269	270	271	273	274	276	277	278	280	281	283	284	286	287	289	290	292	293	295	297	298
	2月	300	301	303	305	306	308	310	311	313	315	316	318	320	322	323	325	327	329	331	332	334	336	338	340	342	344	346	347	349	／	／
	3月	351	353	355	357	358	000	002	004	005	007	008	009	010	011	012	013	014	014	015	015	015	015	015	015	015	014	014	013	012	011	011
	4月	010	009	008	007	007	006	005	005	004	004	004	003	003	003	003	003	004	004	004	005	005	006	006	007	008	009	010	011	012	013	／
	5月	014	015	016	017	018	020	021	022	024	025	027	028	030	031	033	035	036	038	040	042	043	045	047	049	051	053	055	057	059	061	063
	6月	066	068	070	072	074	077	079	081	083	085	087	090	092	094	096	098	100	102	103	105	107	109	111	112	114	116	117	119	120	122	／
	7月	123	124	126	127	128	129	131	132	133	134	135	136	137	137	138	139	139	140	140	141	141	142	142	142	142	142	142	141	141	141	140
	8月	140	139	138	138	137	136	135	135	134	133	132	132	131	131	130	130	130	130	130	130	131	131	132	132	133	134	135	136	138	139	141
	9月	142	144	145	147	149	151	153	154	156	158	160	162	164	166	168	170	171	173	175	177	179	181	182	184	186	188	189	191	193	194	／
	10月	196	198	199	201	203	204	206	207	209	211	212	214	215	217	218	220	221	222	224	225	227	228	229	231	232	234	235	236	237	239	240
	11月	241	242	243	244	245	246	247	248	249	250	250	251	251	252	252	252	252	252	251	250	250	249	248	246	245	244	242	241	240	239	／
	12月	238	237	236	236	236	236	236	236	237	237	238	239	240	241	242	243	244	245	246	248	249	250	252	253	254	256	257	258	260	261	263

宮	月＼日	1	2	3	4	5	6	7	8	9	10	11	12	13	14	15	16	17	18	19	20	21	22	23	24	25	26	27	28	29	30	31
金星 ♀	1月	310	312	313	314	315	317	318	319	320	322	323	324	325	326	328	329	330	331	333	334	335	336	337	339	340	341	342	344	345	346	347
	2月	348	350	351	352	353	354	356	357	358	359	000	002	003	004	005	006	007	009	010	011	012	013	015	016	017	018	019	020	021	／	／
	3月	023	024	025	026	027	028	029	031	032	033	034	035	036	037	038	040	041	042	043	044	045	046	047	048	049	050	051	052	054	055	056
	4月	057	058	059	060	061	062	063	064	065	066	067	067	068	069	070	071	072	073	074	075	076	076	077	078	079	080	081	081	082	083	／
	5月	084	084	085	086	086	087	088	088	089	089	090	090	091	091	092	092	092	093	093	093	094	094	094	094	094	094	094	094	094	094	094
	6月	094	094	093	093	093	092	092	091	091	090	090	089	089	088	088	087	086	086	085	084	084	083	083	082	082	081	081	080	080	079	／
	7月	079	079	078	078	078	078	078	078	078	078	078	078	078	078	078	079	079	079	079	080	080	081	081	082	082	083	083	084	084	085	085
	8月	086	087	087	088	089	090	090	091	092	093	093	094	095	096	097	098	098	099	100	101	102	103	104	105	106	107	108	109	110	111	112
	9月	113	114	115	116	117	118	119	120	121	122	123	124	125	126	127	128	129	130	131	132	134	135	136	137	138	139	140	141	142	144	／
	10月	145	146	147	148	149	150	152	153	154	155	156	157	158	160	161	162	163	164	165	167	168	169	170	171	173	174	175	176	177	179	180
	11月	181	182	183	185	186	187	188	189	191	192	193	194	196	197	198	199	200	202	203	204	205	207	208	209	210	211	213	214	215	216	／
	12月	218	219	220	221	223	224	225	226	228	229	230	231	232	234	235	236	237	239	240	241	242	244	245	246	247	249	250	251	252	254	255

宮	月＼日	1	2	3	4	5	6	7	8	9	10	11	12	13	14	15	16	17	18	19	20	21	22	23	24	25	26	27	28	29	30	31
火星 ♂	1月	003	004	004	005	006	006	007	008	008	009	009	010	011	011	012	013	013	014	015	015	016	017	017	018	019	019	020	021	021	022	023
	2月	023	024	025	025	026	027	027	028	029	029	030	031	031	032	033	033	034	034	035	036	036	037	038	038	039	040	040	041	042	／	／
	3月	042	043	044	044	045	046	046	047	048	048	049	050	050	051	052	052	053	054	054	055	056	056	057	057	058	059	059	060	061	061	062
	4月	063	063	064	065	065	066	067	067	068	069	069	070	071	071	072	072	073	074	074	075	076	076	077	078	078	079	080	080	081	082	／
	5月	082	083	083	084	085	085	086	087	087	088	089	089	090	091	091	092	092	093	094	094	095	096	096	097	098	098	099	099	100	101	101
	6月	102	103	103	104	105	105	106	106	107	108	108	109	110	110	111	112	112	113	113	114	115	115	116	117	117	118	119	119	120	120	／
	7月	121	122	122	123	124	124	125	125	126	127	127	128	129	129	130	131	131	132	132	133	134	134	135	136	136	137	138	138	139	139	140
	8月	141	141	142	143	143	144	144	145	146	146	147	148	148	149	150	150	151	151	152	153	153	154	155	155	156	157	157	158	158	159	160
	9月	160	161	162	162	163	164	164	165	165	166	167	167	168	169	169	170	171	171	172	173	173	174	174	175	176	176	177	178	178	179	／
	10月	180	180	181	182	182	183	183	184	185	185	186	187	187	188	189	189	190	191	191	192	193	193	194	195	195	196	196	197	198	198	199
	11月	200	200	201	202	202	203	204	204	205	206	206	207	208	208	209	210	210	211	212	212	213	214	214	215	216	216	217	218	218	219	／
	12月	220	220	221	222	222	223	224	224	225	226	226	227	228	228	229	230	230	231	232	232	233	234	234	235	236	236	237	238	238	239	240

1973年

宮	月＼日	1	2	3	4	5	6	7	8	9	10	11	12	13	14	15	16	17	18	19	20	21	22	23	24	25	26	27	28	29	30	31
太陽 ⊙	1月	280	281	282	283	284	285	286	287	288	289	290	291	292	293	294	295	296	297	298	299	300	301	302	303	305	306	307	308	309	310	311
	2月	312	313	314	315	316	317	318	319	320	321	322	323	324	325	326	327	328	329	330	331	332	333	334	335	336	337	338	339	／	／	／
	3月	340	341	342	343	344	345	346	347	348	349	350	351	352	353	354	355	356	357	358	359	000	001	002	003	004	005	006	007	008	009	010
	4月	011	012	013	014	015	016	017	018	019	020	021	022	023	024	025	025	026	027	028	029	030	031	032	033	034	035	036	037	038	039	／
	5月	040	041	042	043	044	045	046	047	048	049	050	051	052	053	054	055	056	057	058	058	059	060	061	062	063	064	065	066	067	068	069
	6月	070	071	072	073	074	075	076	077	078	079	080	081	081	082	083	084	085	086	087	088	089	090	091	092	093	094	095	096	097	098	／
	7月	099	100	101	102	102	103	104	105	106	107	108	109	110	111	112	113	114	115	116	117	118	119	120	121	122	122	123	124	125	126	127
	8月	128	129	130	131	132	133	134	135	136	137	138	139	140	141	142	143	144	145	145	146	147	148	149	150	151	152	153	154	155	156	157
	9月	158	159	160	161	162	163	164	165	166	167	168	169	170	171	172	173	174	175	176	177	177	178	179	180	181	182	183	184	185	186	／
	10月	187	188	189	190	191	192	193	194	195	196	197	198	199	200	201	202	203	204	205	206	207	208	209	210	211	212	213	214	215	216	217
	11月	218	219	220	221	222	223	224	225	226	227	228	229	230	231	232	233	234	235	236	237	238	239	240	241	242	243	244	245	246	247	／
	12月	248	249	250	251	252	253	254	255	256	257	258	259	260	261	263	264	265	266	267	268	269	270	271	272	273	274	275	276	277	278	279

宮	月＼日	1	2	3	4	5	6	7	8	9	10	11	12	13	14	15	16	17	18	19	20	21	22	23	24	25	26	27	28	29	30	31
月 ☽	1月	242	253	265	277	289	302	314	327	340	353	006	020	034	048	063	077	092	107	121	136	150	163	177	189	202	214	226	238	250	262	274
	2月	286	298	311	323	336	350	003	017	031	045	059	073	087	102	116	130	144	158	171	184	197	210	222	234	246	258	269	281	／	／	／
	3月	294	306	319	332	345	359	013	027	041	056	070	084	098	112	126	139	153	166	180	193	205	218	230	242	254	265	277	289	301	314	327
	4月	340	354	008	022	037	051	066	081	095	109	123	136	150	163	176	189	201	214	226	238	250	262	274	285	297	309	322	335	348	002	／
	5月	016	031	046	061	076	090	105	119	133	147	160	173	186	198	210	223	235	247	258	270	282	294	306	318	330	343	357	010	024	039	054
	6月	069	084	099	114	129	143	156	170	183	195	208	220	232	244	255	267	279	291	303	315	327	340	353	006	019	033	048	062	077	093	／
	7月	108	123	137	152	165	179	192	204	217	229	241	252	264	276	288	300	312	324	337	349	002	016	029	043	057	072	086	101	116	131	146
	8月	160	174	187	200	213	225	237	249	261	273	285	297	309	321	334	346	359	013	026	040	053	067	082	096	111	125	140	154	168	182	195
	9月	208	221	233	245	257	269	281	293	305	317	330	343	356	009	023	036	050	064	078	092	107	121	135	149	163	177	190	203	216	229	／
	10月	241	253	265	277	289	301	313	325	338	351	004	018	032	046	061	075	089	103	118	131	145	159	173	186	199	212	225	237	249	261	273
	11月	285	297	308	321	333	346	359	012	026	041	055	070	085	099	114	128	142	156	169	183	196	208	221	233	245	258	269	281	293	305	／
	12月	317	329	341	354	007	020	034	048	063	078	093	108	123	138	152	166	180	193	205	218	230	242	254	266	278	290	302	313	325	337	350

宮	月＼日	1	2	3	4	5	6	7	8	9	10	11	12	13	14	15	16	17	18	19	20	21	22	23	24	25	26	27	28	29	30	31
水星 ☿	1月	264	266	267	269	270	272	273	275	276	278	279	281	283	284	286	287	289	290	292	294	295	297	299	300	302	304	305	307	309	310	312
	2月	314	316	317	319	321	323	325	326	328	330	332	334	335	337	339	341	342	344	346	347	349	350	352	353	354	355	356	357	／	／	／
	3月	357	358	358	358	358	358	358	357	357	356	355	354	353	352	351	350	350	349	348	347	346	346	345	345	345	345	345	345	345	345	345
	4月	346	346	347	347	348	348	349	350	351	352	353	354	355	356	357	359	000	001	002	004	005	007	008	009	011	012	014	016	017	019	／
	5月	021	022	024	026	028	030	031	033	035	037	039	041	043	045	047	050	052	054	056	058	060	063	065	067	069	071	073	076	078	080	082
	6月	084	086	088	089	091	093	095	096	098	100	101	103	104	106	107	108	110	111	112	113	114	115	116	117	118	119	119	120	121	121	／
	7月	122	122	122	123	123	123	123	123	123	122	122	122	121	121	120	120	119	118	118	117	116	116	115	114	114	113	113	113	113	112	112
	8月	112	113	113	113	114	114	115	116	117	118	119	120	122	123	124	126	128	129	131	133	135	137	139	141	143	145	147	148	150	152	154
	9月	156	158	160	162	164	166	168	170	171	173	175	177	179	180	182	184	185	187	189	190	192	193	195	197	198	200	201	203	204	206	／
	10月	207	208	210	211	213	214	215	217	218	219	221	222	223	224	225	226	228	229	230	231	231	232	233	234	234	235	235	236	236	236	236
	11月	236	236	235	234	234	233	232	230	229	228	226	225	224	223	222	221	221	220	220	220	220	221	221	222	223	223	224	225	226	228	／
	12月	229	230	231	233	234	236	237	238	240	241	243	244	246	247	249	250	252	253	255	256	258	259	261	262	264	266	267	269	270	272	273

宮	月＼日	1	2	3	4	5	6	7	8	9	10	11	12	13	14	15	16	17	18	19	20	21	22	23	24	25	26	27	28	29	30	31
金星 ♀	1月	256	257	259	260	261	262	264	265	266	267	269	270	271	272	274	275	276	277	279	280	281	282	284	285	286	287	289	290	291	292	294
	2月	295	296	297	299	300	301	302	304	305	306	307	309	310	311	312	314	315	316	317	319	320	321	322	324	325	326	327	329	／	／	／
	3月	330	331	332	334	335	336	337	339	340	341	342	344	345	346	347	349	350	351	352	354	355	356	357	359	000	001	002	004	005	006	007
	4月	009	010	011	012	014	015	016	017	018	020	021	022	023	025	026	027	028	030	031	032	033	035	036	037	038	039	041	042	043	044	／
	5月	046	047	048	049	051	052	053	054	056	057	058	059	060	062	063	064	065	067	068	069	070	072	073	074	075	076	078	079	080	081	083
	6月	084	085	086	087	089	090	091	092	094	095	096	097	098	100	101	102	103	105	106	107	108	109	111	112	113	114	116	117	118	119	／
	7月	120	122	123	124	125	127	128	129	130	131	133	134	135	136	137	139	140	141	142	143	145	146	147	148	150	151	152	153	154	156	157
	8月	158	159	160	162	163	164	165	166	168	169	170	171	172	174	175	176	177	178	180	181	182	183	184	186	187	188	189	190	192	193	194
	9月	195	196	197	199	200	201	202	203	205	206	207	208	209	210	212	213	214	215	216	217	219	220	221	222	223	224	226	227	228	229	／
	10月	230	231	232	234	235	236	237	238	239	240	242	243	244	245	246	247	248	249	250	252	253	254	255	256	257	258	259	260	261	263	264
	11月	265	266	267	268	269	270	271	272	273	274	275	276	277	278	279	280	281	282	283	284	285	286	287	288	289	290	291	291	292	293	／
	12月	294	295	296	297	297	298	299	300	300	301	302	303	303	304	304	305	306	306	307	307	308	308	309	309	309	310	310	310	310	311	311

宮	月＼日	1	2	3	4	5	6	7	8	9	10	11	12	13	14	15	16	17	18	19	20	21	22	23	24	25	26	27	28	29	30	31
火星 ♂	1月	240	241	242	243	243	244	245	245	246	247	247	248	249	249	250	251	251	252	253	253	254	255	256	256	257	258	258	259	260	260	261
	2月	262	262	263	264	265	265	266	267	267	268	269	269	270	271	272	272	273	274	274	275	276	276	277	278	279	279	280	281	／	／	／
	3月	281	282	283	283	284	285	286	286	287	288	288	289	290	290	291	292	293	293	294	295	295	296	297	298	298	299	300	300	301	302	303
	4月	303	304	305	305	306	307	307	308	309	310	310	311	312	312	313	314	315	315	316	317	317	318	319	320	320	321	322	322	323	324	／
	5月	325	325	326	327	327	328	329	329	330	331	332	332	333	334	334	335	336	336	337	338	339	339	340	341	341	342	343	343	344	345	346
	6月	346	347	348	348	349	350	350	351	352	352	353	354	354	355	356	356	357	358	358	359	000	000	001	002	002	003	004	004	005	005	／
	7月	006	007	007	008	009	009	010	010	011	012	012	013	013	014	015	015	016	016	017	018	018	019	019	020	020	021	021	022	022	023	024
	8月	024	025	025	026	026	027	027	027	028	028	029	029	030	030	031	031	031	032	032	033	033	033	034	034	034	035	035	035	035	036	036
	9月	036	037	037	037	037	037	038	038	038	038	038	038	038	039	039	039	039	039	039	039	039	039	039	039	039	038	038	038	038	038	／
	10月	038	038	037	037	037	037	037	036	036	036	036	035	035	035	034	034	034	033	033	033	032	032	032	031	031	031	030	030	030	029	029
	11月	029	029	028	028	028	027	027	027	027	026	026	026	026	026	026	025	025	025	025	025	025	025	025	025	025	025	025	025	025	025	／
	12月	025	025	025	025	025	025	026	026	026	026	026	026	027	027	027	027	028	028	028	028	029	029	029	029	030	030	030	031	031	031	032

1974年

宮	月＼日	1	2	3	4	5	6	7	8	9	10	11	12	13	14	15	16	17	18	19	20	21	22	23	24	25	26	27	28	29	30	31
太陽 ⊙	1月	280	281	282	283	284	285	286	287	288	289	290	291	292	293	294	295	296	297	298	299	300	301	302	303	304	305	306	307	308	309	310
	2月	311	312	313	314	315	316	317	318	319	320	322	323	324	325	326	327	328	329	330	331	332	333	334	335	336	337	338	339	／	／	／
	3月	340	341	342	343	344	345	346	347	348	349	350	351	352	353	354	355	356	357	358	359	000	001	002	003	004	005	006	007	008	009	010
	4月	011	011	012	013	014	015	016	017	018	019	020	021	022	023	024	025	026	027	028	029	030	031	032	033	034	035	036	037	038	039	／
	5月	040	041	042	043	044	045	046	047	048	049	050	051	051	052	053	054	055	056	057	058	059	060	061	062	063	064	065	066	067	068	069
	6月	070	071	072	073	074	075	075	076	077	078	079	080	081	082	083	084	085	086	087	088	089	090	091	092	093	094	095	096	097	097	／
	7月	098	099	100	101	102	103	104	105	106	107	108	109	110	111	112	113	114	115	116	117	117	118	119	120	121	122	123	124	125	126	127
	8月	128	129	130	131	132	133	134	135	136	137	138	139	139	140	141	142	143	144	145	146	147	148	149	150	151	152	153	154	155	156	157
	9月	158	159	160	161	162	163	164	165	166	167	168	168	169	170	171	172	173	174	175	176	177	178	179	180	181	182	183	184	185	186	／
	10月	187	188	189	190	191	192	193	194	195	196	197	198	199	200	201	202	203	204	205	206	207	208	209	210	211	212	213	214	215	216	217
	11月	218	219	220	221	222	223	224	225	226	227	228	229	230	231	232	233	234	235	236	237	238	239	240	241	242	243	244	245	246	247	／
	12月	248	249	250	251	252	253	254	255	256	257	258	259	260	261	262	263	264	265	266	267	268	269	270	271	272	273	274	275	277	278	279

宮	月＼日	1	2	3	4	5	6	7	8	9	10	11	12	13	14	15	16	17	18	19	20	21	22	23	24	25	26	27	28	29	30	31
月 ☽	1月	002	015	029	042	056	071	086	101	116	132	147	161	175	189	202	215	227	239	251	263	275	287	299	310	322	335	347	359	012	025	038
	2月	051	065	080	094	109	124	140	155	169	183	197	211	223	236	248	260	272	284	295	307	319	331	344	356	009	022	035	048	／	／	／
	3月	062	075	090	104	118	133	148	163	177	191	205	219	231	244	256	268	280	292	304	316	328	340	353	005	018	032	045	059	072	086	100
	4月	114	129	143	157	172	186	200	213	226	239	252	264	276	288	300	312	324	336	348	001	014	027	041	055	069	083	097	111	125	140	／
	5月	154	168	181	195	209	222	235	247	260	272	284	296	308	319	331	344	356	009	022	036	050	064	078	093	107	122	136	150	164	178	192
	6月	205	218	231	243	256	268	280	292	304	316	328	340	352	004	017	030	044	058	072	087	102	117	132	146	161	175	189	202	215	228	／
	7月	240	253	265	277	289	301	312	324	336	348	000	013	026	039	052	066	080	095	110	125	141	156	170	185	198	212	225	237	250	262	274
	8月	286	298	309	321	333	345	357	010	022	035	048	061	075	089	104	119	134	149	164	179	193	207	221	234	246	259	271	283	295	306	318
	9月	330	342	354	007	019	032	045	058	071	084	098	113	128	142	158	172	187	202	216	229	242	255	267	279	291	303	315	327	339	351	／
	10月	003	016	029	042	055	068	081	095	109	123	137	152	167	181	196	210	224	237	250	263	275	287	299	311	323	335	347	359	012	025	038
	11月	051	064	078	092	106	120	134	148	162	177	191	205	218	232	245	258	271	283	295	307	319	331	343	355	007	020	033	046	060	073	／
	12月	087	102	116	131	145	159	173	187	201	214	228	241	254	266	279	291	303	315	327	339	351	003	015	027	040	054	067	082	096	111	126

宮	月＼日	1	2	3	4	5	6	7	8	9	10	11	12	13	14	15	16	17	18	19	20	21	22	23	24	25	26	27	28	29	30	31
水星宮 ☿	1月	275	277	278	280	281	283	285	286	288	289	291	293	294	296	298	299	301	303	305	306	308	310	311	313	315	317	318	320	322	323	325
	2月	327	328	330	331	333	334	335	337	338	339	339	340	341	341	341	341	341	340	340	339	338	337	336	335	334	333	332	／	／	／	／
	3月	331	330	329	328	328	327	327	327	327	327	327	327	327	328	328	328	329	330	330	331	332	333	334	335	336	337	338	339	340	342	343
	4月	344	346	347	348	350	351	353	354	356	357	359	000	002	004	005	007	009	010	012	014	016	018	020	022	023	025	027	029	032	034	／
	5月	036	038	040	042	044	046	049	051	053	055	057	059	061	064	066	068	069	071	073	075	077	079	080	082	083	085	086	088	089	091	092
	6月	093	094	095	096	097	098	099	100	100	101	101	102	102	103	103	103	103	103	103	103	103	102	102	102	101	101	100	100	099	099	／
	7月	098	097	097	096	096	095	095	095	094	094	094	094	094	094	094	095	095	096	096	097	098	098	099	100	102	103	104	105	107	108	110
	8月	112	113	115	117	119	121	123	125	127	129	131	133	135	137	139	141	143	145	147	149	151	153	155	157	159	160	162	164	166	168	169
	9月	171	173	174	176	178	179	181	182	184	186	187	189	190	192	193	194	196	197	199	200	201	202	204	205	206	207	209	210	211	212	／
	10月	213	214	215	216	216	217	218	218	219	219	220	220	220	220	220	220	219	219	218	217	216	215	214	213	212	211	209	208	207	206	205
	11月	205	205	204	204	205	205	205	206	207	208	209	210	211	212	214	215	216	218	219	221	222	224	225	227	228	230	232	233	235	236	／
	12月	238	239	241	242	244	246	247	249	250	252	253	255	256	258	260	261	263	264	266	268	269	271	272	274	275	277	279	280	282	284	285

宮	月＼日	1	2	3	4	5	6	7	8	9	10	11	12	13	14	15	16	17	18	19	20	21	22	23	24	25	26	27	28	29	30	31
金星 ♀	1月	311	311	311	311	311	311	311	310	310	310	310	309	309	308	308	308	307	306	306	305	305	304	303	303	302	302	301	300	300	299	299
	2月	298	298	297	297	297	296	296	296	296	296	295	295	295	295	295	295	296	296	296	296	296	297	297	297	298	298	299	299	／	／	／
	3月	300	300	301	301	302	303	303	304	305	305	306	307	308	308	309	310	311	312	312	313	314	315	316	317	318	319	319	320	321	322	323
	4月	324	325	326	327	328	329	330	331	332	333	334	335	336	337	338	339	340	341	342	343	345	346	347	348	349	350	351	352	353	354	／
	5月	355	356	358	359	000	001	002	003	004	005	007	008	009	010	011	012	013	014	016	017	018	019	020	021	022	024	025	026	027	028	029
	6月	030	032	033	034	035	036	037	039	040	041	042	043	044	046	047	048	049	050	051	053	054	055	056	057	058	060	061	062	063	064	／
	7月	066	067	068	069	070	072	073	074	075	076	077	079	080	081	082	083	085	086	087	088	089	091	092	093	094	095	097	098	099	100	101
	8月	103	104	105	106	108	109	110	111	112	114	115	116	117	118	120	121	122	123	125	126	127	128	129	131	132	133	134	136	137	138	139
	9月	140	142	143	144	145	147	148	149	150	152	153	154	155	157	158	159	160	161	163	164	165	166	168	169	170	171	173	174	175	176	／
	10月	178	179	180	181	183	184	185	186	188	189	190	191	193	194	195	196	198	199	200	201	203	204	205	206	208	209	210	211	213	214	215
	11月	216	218	219	220	221	223	224	225	226	228	229	230	232	233	234	235	237	238	239	240	242	243	244	245	247	248	249	250	252	253	／
	12月	254	255	257	258	259	260	262	263	264	265	267	268	269	270	272	273	274	275	277	278	279	280	282	283	284	286	287	288	289	291	292

宮	月＼日	1	2	3	4	5	6	7	8	9	10	11	12	13	14	15	16	17	18	19	20	21	22	23	24	25	26	27	28	29	30	31
火星 ♂	1月	032	032	033	033	034	034	034	035	035	036	036	036	037	037	038	038	039	039	039	040	040	041	041	042	042	043	043	044	044	045	045
	2月	046	046	047	047	048	048	049	049	050	050	051	051	052	052	053	053	054	054	055	056	056	057	057	058	058	059	059	060	／	／	／
	3月	060	061	062	062	063	063	064	064	065	065	066	067	067	068	068	069	069	070	071	071	072	072	073	074	074	075	075	076	076	077	078
	4月	078	079	079	080	081	081	082	082	083	083	084	085	085	086	086	087	088	088	089	089	090	091	091	092	092	093	094	094	095	095	／
	5月	096	097	097	098	098	099	100	100	101	101	102	103	103	104	104	105	106	106	107	107	108	109	109	110	110	111	112	112	113	113	114
	6月	115	115	116	117	117	118	118	119	120	120	121	121	122	123	123	124	124	125	126	126	127	128	128	129	129	130	131	131	132	132	／
	7月	133	134	134	135	136	136	137	137	138	139	139	140	140	141	142	142	143	144	144	145	145	146	147	147	148	149	149	150	150	151	152
	8月	152	153	154	154	155	155	156	157	157	158	159	159	160	161	161	162	162	163	164	164	165	166	166	167	168	168	169	169	170	171	171
	9月	172	173	173	174	175	175	176	176	177	178	178	179	180	180	181	182	182	183	184	184	185	186	186	187	188	188	189	189	190	191	／
	10月	191	192	193	193	194	195	195	196	197	197	198	199	199	200	201	201	202	203	203	204	205	205	206	207	207	208	209	209	210	211	211
	11月	212	213	213	214	215	215	216	217	218	218	219	220	220	221	222	222	223	224	224	225	226	226	227	228	228	229	230	231	231	232	／
	12月	233	233	234	235	235	236	237	238	238	239	240	240	241	242	242	243	244	245	245	246	247	247	248	249	250	250	251	252	252	253	254

975年

宮	月＼日	1	2	3	4	5	6	7	8	9	10	11	12	13	14	15	16	17	18	19	20	21	22	23	24	25	26	27	28	29	30	31
	1月	280	281	282	283	284	285	286	287	288	289	290	291	292	293	294	295	296	297	298	299	300	301	302	303	304	305	306	307	308	309	310
	2月	311	312	313	314	315	316	317	318	319	320	321	322	323	324	325	326	327	328	329	330	331	332	333	334	335	336	337	338	／	／	／
	3月	339	340	341	342	343	344	345	346	347	348	349	350	351	352	353	354	355	356	357	358	359	000	001	002	003	004	005	006	007	008	009
太	4月	010	011	012	013	014	015	016	017	018	019	020	021	022	023	024	025	026	027	028	029	030	031	032	033	034	035	036	037	038	039	／
	5月	040	041	042	043	044	044	045	046	047	048	049	050	051	052	053	054	055	056	057	058	059	060	061	062	063	064	065	066	067	068	069
陽	6月	070	070	071	072	073	074	075	076	077	078	079	080	081	082	083	084	085	086	087	088	089	090	091	092	092	093	094	095	096	097	／
	7月	098	099	100	101	102	103	104	105	106	107	108	109	110	111	112	112	113	114	115	116	117	118	119	120	121	122	123	124	125	126	127
	8月	128	129	130	131	132	133	134	134	135	136	137	138	139	140	141	142	143	144	145	146	147	148	149	150	151	152	153	154	155	156	157
⊙	9月	158	159	160	160	161	162	163	164	165	166	167	168	169	170	171	172	173	174	175	176	177	178	179	180	181	182	183	184	185	186	／
	10月	187	188	189	190	191	192	193	194	195	196	197	198	199	200	201	202	203	204	205	206	207	208	209	210	211	212	213	214	215	216	217
	11月	218	219	220	221	222	223	224	225	226	227	228	229	230	231	232	233	234	235	236	237	238	239	240	241	242	243	244	245	246	247	／
	12月	248	249	250	251	252	253	254	255	256	257	258	259	260	261	262	263	264	265	266	267	268	269	270	271	272	273	274	275	276	277	278
宮	月＼日	1	2	3	4	5	6	7	8	9	10	11	12	13	14	15	16	17	18	19	20	21	22	23	24	25	26	27	28	29	30	31
	1月	141	155	170	184	198	211	225	238	250	263	275	287	299	311	323	335	347	359	011	023	036	048	061	075	089	104	119	134	149	164	179
	2月	194	208	221	235	247	260	272	284	296	308	320	332	344	356	008	020	032	044	057	070	084	098	112	127	142	157	173	188	／	／	／
	3月	203	217	231	244	257	269	281	293	305	317	329	341	353	005	017	029	041	054	067	080	093	107	121	136	151	166	181	196	211	225	239
月	4月	252	265	278	290	302	314	326	338	350	002	014	026	038	051	064	077	090	103	117	131	145	160	175	190	204	219	233	247	260	273	／
	5月	286	298	310	322	334	346	358	010	022	035	047	060	073	087	100	114	128	142	156	171	185	199	213	227	241	255	268	281	294	306	318
	6月	330	342	354	006	018	030	043	056	069	082	096	110	124	139	153	167	181	196	210	223	237	250	264	277	289	302	314	326	338	350	／
	7月	002	014	026	038	051	064	077	091	105	120	134	149	164	178	192	206	220	234	247	260	273	286	298	310	322	335	346	358	010	022	034
	8月	046	059	072	085	099	114	128	143	158	173	188	203	217	231	244	257	270	282	295	307	319	331	343	355	007	019	031	043	055	067	080
☽	9月	094	107	122	137	152	167	182	197	212	226	240	254	267	279	292	304	316	328	340	352	004	016	028	040	052	064	077	089	103	116	／
	10月	131	145	160	175	190	206	221	235	249	263	276	288	301	313	325	337	349	001	013	025	037	049	061	074	086	099	113	126	140	154	169
	11月	184	199	214	228	243	257	271	284	297	309	322	334	346	357	009	021	033	045	058	070	083	096	110	123	137	151	165	179	193	208	／
	12月	222	237	251	265	279	292	305	317	330	342	354	005	017	029	041	054	066	079	092	106	120	133	147	162	176	190	204	218	232	246	260
宮	月＼日	1	2	3	4	5	6	7	8	9	10	11	12	13	14	15	16	17	18	19	20	21	22	23	24	25	26	27	28	29	30	31
	1月	287	288	290	292	293	295	297	298	300	301	303	305	306	308	310	311	313	314	315	317	318	319	321	322	322	323	324	324	325	325	325
	2月	325	324	324	323	322	321	320	319	318	316	315	314	313	312	311	311	310	310	310	309	309	310	310	310	310	311	311	312	／	／	／
	3月	313	314	314	315	316	317	318	319	320	321	323	324	325	326	328	329	330	332	333	335	336	338	339	341	342	344	345	347	348	350	352
水	4月	354	355	357	359	001	002	004	006	008	010	012	014	016	018	020	022	024	026	028	030	032	035	037	039	041	043	045	047	049	051	／
	5月	053	055	057	059	061	062	064	066	067	069	070	071	073	074	075	076	077	078	079	080	080	081	081	082	082	083	083	083	083	083	083
星	6月	083	083	082	082	082	081	081	080	080	079	079	078	077	077	076	076	076	075	075	075	075	075	075	075	075	075	075	076	076	077	／
	7月	077	078	079	080	081	082	083	084	085	086	088	089	091	092	094	095	097	099	101	103	105	107	109	111	113	115	117	119	121	123	125
	8月	127	130	132	134	136	138	140	142	144	146	147	149	151	153	155	156	158	160	162	163	165	167	168	170	171	173	174	176	177	179	180
☿	9月	181	183	184	185	187	188	189	190	192	193	194	195	196	197	198	199	199	200	201	202	202	203	203	203	204	204	204	204	204	203	／
	10月	203	202	202	201	200	199	198	197	195	194	193	192	191	190	190	189	189	189	189	189	189	190	190	191	192	193	195	196	197	198	200
	11月	201	203	204	206	208	209	211	212	214	216	217	219	220	222	224	225	227	228	230	232	233	235	236	238	240	241	243	244	246	247	／
	12月	249	251	252	254	255	257	258	260	262	263	265	266	268	269	271	273	274	276	277	279	280	282	284	285	287	288	290	291	293	294	296
宮	月＼日	1	2	3	4	5	6	7	8	9	10	11	12	13	14	15	16	17	18	19	20	21	22	23	24	25	26	27	28	29	30	31
	1月	293	294	296	297	298	299	301	302	303	304	306	307	308	309	311	312	313	314	316	317	318	319	321	322	323	324	326	327	328	329	331
	2月	332	333	334	336	337	338	339	341	342	343	344	346	347	348	349	350	352	353	354	355	357	358	359	000	002	003	004	005	／	／	／
	3月	007	008	009	010	011	013	014	015	016	018	019	020	021	022	024	025	026	027	029	030	031	032	033	035	036	037	038	039	041	042	043
金	4月	044	045	047	048	049	050	051	053	054	055	056	057	059	060	061	062	063	064	066	067	068	069	070	071	073	074	075	076	077	078	／
	5月	080	081	082	083	084	085	086	088	089	090	091	092	093	094	095	097	098	099	100	101	102	103	104	105	106	108	109	110	111	112	113
星	6月	114	115	116	117	118	119	120	121	122	123	124	125	126	127	128	129	130	131	132	133	134	135	136	137	138	139	139	140	141	142	／
	7月	143	144	145	145	146	147	148	149	149	150	151	151	152	153	153	154	155	155	156	156	157	157	158	158	159	159	159	160	160	160	161
	8月	161	161	161	161	161	161	161	161	161	161	161	161	160	160	160	159	159	158	158	157	157	156	156	155	155	154	153	153	152	152	151
♀	9月	150	150	149	149	148	148	147	147	147	146	146	146	145	145	145	145	145	145	145	145	145	145	145	146	146	146	146	147	147	148	／
	10月	148	148	149	149	150	151	151	152	152	153	154	154	155	156	156	157	158	159	160	160	161	162	163	164	165	166	166	167	168	169	170
	11月	171	172	173	174	175	176	177	178	179	180	181	182	183	184	185	186	187	188	190	191	192	193	194	195	196	197	198	199	201	202	／
	12月	203	204	205	206	207	208	210	211	212	213	214	215	217	218	219	220	221	222	224	225	226	227	228	229	231	232	233	234	235	237	238
宮	月＼日	1	2	3	4	5	6	7	8	9	10	11	12	13	14	15	16	17	18	19	20	21	22	23	24	25	26	27	28	29	30	31
	1月	255	255	256	257	257	258	259	260	260	261	262	262	263	264	265	265	266	267	268	268	269	270	270	271	272	273	273	274	275	276	276
	2月	277	278	279	279	280	281	282	282	283	284	284	285	286	287	287	288	289	290	290	291	292	293	293	294	295	296	296	297	／	／	／
	3月	298	299	299	300	301	302	302	303	304	305	305	306	307	308	308	309	310	311	312	312	313	314	315	315	316	317	318	318	319	320	321
火	4月	321	322	323	324	324	325	326	327	327	328	329	330	331	331	332	333	334	334	335	336	337	337	338	339	340	340	341	342	343	343	／
	5月	344	345	346	346	347	348	349	350	350	351	352	353	353	354	355	356	356	357	358	359	359	000	001	002	002	003	004	005	005	006	007
星	6月	008	008	009	010	011	011	012	013	014	014	015	016	016	017	018	019	019	020	021	022	022	023	024	024	025	026	027	027	028	029	／
	7月	029	030	031	032	032	033	034	034	035	036	037	037	038	039	039	040	041	041	042	043	043	044	045	045	046	047	047	048	049	049	050
	8月	051	051	052	053	053	054	055	055	056	057	057	058	058	059	060	060	061	062	062	063	063	064	065	065	066	066	067	067	068	069	069
♂	9月	070	070	071	071	072	072	073	073	074	075	075	076	076	077	077	078	078	079	079	079	080	080	081	081	082	082	083	083	083	084	／
	10月	084	085	085	085	086	086	086	087	087	087	088	088	088	089	089	089	089	090	090	090	090	091	091	091	091	091	091	092	092	092	092
	11月	092	092	092	092	092	092	092	092	092	092	092	092	092	092	092	091	091	091	091	091	091	090	090	090	090	089	089	089	089	088	／
	12月	088	088	087	087	086	086	086	085	085	085	084	084	083	083	083	082	082	081	081	081	080	080	080	079	079	079	078	078	078	077	077

1976年

宮	月＼日	1	2	3	4	5	6	7	8	9	10	11	12	13	14	15	16	17	18	19	20	21	22	23	24	25	26	27	28	29	30	31
太陽 ☉	1月	279	280	281	282	283	284	285	286	287	288	290	291	292	293	294	295	296	297	298	299	300	301	302	303	304	305	306	307	308	309	310
	2月	311	312	313	314	315	316	317	318	319	320	321	322	323	324	325	326	327	328	329	330	331	332	333	334	335	336	337	338	339	／	／
	3月	340	341	342	343	344	345	346	347	348	349	350	351	352	353	354	355	356	357	358	359	000	001	002	003	004	005	006	007	008	009	010
	4月	011	012	013	014	015	016	017	018	019	020	021	022	023	024	025	026	027	028	029	030	031	032	033	034	035	036	036	037	038	039	／
	5月	040	041	042	043	044	045	046	047	048	049	050	051	052	053	054	055	056	057	058	059	060	061	062	063	064	064	065	066	067	068	069
	6月	070	071	072	073	074	075	076	077	078	079	080	081	082	083	084	085	086	087	087	088	089	090	091	092	093	094	095	096	097	098	／
	7月	099	100	101	102	103	104	105	106	107	107	108	109	110	111	112	113	114	115	116	117	118	119	120	121	122	123	124	125	126	127	128
	8月	128	129	130	131	132	133	134	135	136	137	138	139	140	141	142	143	144	145	146	147	148	149	150	151	152	153	153	154	155	156	157
	9月	158	159	160	161	162	163	164	165	166	167	168	169	170	171	172	173	174	175	176	177	178	179	180	181	182	183	184	185	186	187	／
	10月	188	189	190	191	192	192	193	194	195	196	197	198	199	200	201	202	203	204	205	206	207	208	209	210	211	212	213	214	215	216	217
	11月	218	219	220	221	222	223	224	225	226	227	228	229	230	231	232	233	234	235	236	237	238	239	240	241	242	243	245	246	247	248	／
	12月	249	250	251	252	253	254	255	256	257	258	259	260	261	262	263	264	265	266	267	268	269	270	271	272	273	274	275	276	277	278	279

宮	月＼日	1	2	3	4	5	6	7	8	9	10	11	12	13	14	15	16	17	18	19	20	21	22	23	24	25	26	27	28	29	30	31
月 ☽	1月	273	287	300	313	325	337	349	001	013	025	037	049	061	074	087	101	115	129	143	158	172	187	201	215	229	242	256	269	282	295	308
	2月	321	333	345	357	009	021	033	045	057	069	082	095	109	123	137	152	167	182	197	211	225	239	253	266	279	292	305	317	330	／	／
	3月	342	354	006	018	029	041	053	065	077	090	103	117	131	145	160	175	190	206	220	235	249	263	276	289	302	314	327	339	351	003	014
	4月	026	038	050	062	074	086	099	112	125	139	154	168	183	199	214	229	244	258	272	285	299	311	324	336	348	000	012	023	035	047	／
	5月	059	071	083	096	109	122	135	149	163	177	192	207	222	237	252	266	280	294	307	320	332	345	356	008	020	032	044	056	068	080	093
	6月	106	119	132	145	159	173	187	202	216	231	246	260	274	288	302	315	328	341	353	005	017	028	040	052	064	077	089	102	115	129	／
	7月	142	156	170	184	198	212	226	241	255	269	283	297	310	323	336	348	001	013	024	036	048	060	072	085	098	111	124	138	152	166	181
	8月	195	209	223	237	251	265	279	292	306	319	332	344	357	009	021	032	044	056	068	080	093	106	119	133	147	161	176	191	205	220	234
	9月	248	262	275	289	302	315	328	340	353	005	017	029	041	052	064	076	088	101	114	127	141	155	170	185	200	215	230	244	258	272	／
	10月	286	299	312	325	337	349	002	014	025	037	049	061	073	085	097	109	122	136	149	163	178	193	208	223	238	253	268	282	296	309	322
	11月	334	347	359	011	022	034	046	058	070	082	094	106	119	131	145	158	172	186	201	216	231	246	261	276	290	304	318	331	343	355	／
	12月	007	019	031	043	055	067	079	091	103	116	128	141	155	168	182	196	210	225	240	254	269	284	298	312	326	339	352	004	016	028	039

宮	月＼日	1	2	3	4	5	6	7	8	9	10	11	12	13	14	15	16	17	18	19	20	21	22	23	24	25	26	27	28	29	30	31
水星 ☿	1月	297	299	300	301	302	304	305	306	307	307	308	308	309	309	309	308	308	307	307	306	304	303	302	301	299	298	297	296	295	294	294
	2月	293	293	293	293	293	293	293	294	294	295	296	296	297	298	299	300	301	302	303	304	305	306	308	309	310	312	313	314	316	／	／
	3月	317	318	320	321	323	324	326	327	329	330	332	334	335	337	339	340	342	344	346	347	349	351	353	355	357	359	000	002	004	006	008
	4月	010	012	014	017	019	021	023	025	027	029	031	033	035	037	039	041	043	044	046	048	049	051	052	053	055	056	057	058	059	060	／
	5月	060	061	062	062	063	063	063	063	063	063	063	063	063	062	062	061	061	060	060	059	059	058	058	057	057	056	056	055	055	055	055
	6月	054	054	054	055	055	055	055	056	056	057	057	058	059	060	061	062	063	064	065	066	067	069	070	071	073	074	076	078	079	081	／
	7月	083	085	087	089	091	093	095	097	099	101	103	105	107	110	112	114	116	118	120	122	124	126	128	130	132	134	136	138	140	142	143
	8月	145	147	149	150	152	153	155	157	158	160	161	163	164	165	167	168	169	171	172	173	174	176	177	178	179	180	181	182	182	183	184
	9月	185	185	186	186	187	187	187	187	187	187	187	187	186	186	185	185	184	183	182	181	180	179	178	177	176	175	174	173	173	173	／
	10月	173	173	173	173	174	175	176	177	178	179	180	182	183	184	186	188	189	191	193	194	196	198	199	201	203	204	206	208	209	211	213
	11月	214	216	218	219	221	223	224	226	227	229	231	232	234	235	237	238	240	242	243	245	246	248	249	251	252	254	255	257	259	260	／
	12月	262	263	265	266	268	269	271	272	274	275	276	278	279	281	282	283	285	286	287	288	289	290	291	291	292	292	293	293	293	292	292

宮	月＼日	1	2	3	4	5	6	7	8	9	10	11	12	13	14	15	16	17	18	19	20	21	22	23	24	25	26	27	28	29	30	31
金星 ♀	1月	239	240	241	243	244	245	246	247	249	250	251	252	254	255	256	257	258	260	261	262	263	264	266	267	268	269	271	272	273	274	275
	2月	277	278	279	280	282	283	284	285	287	288	289	290	291	293	294	295	296	298	299	300	301	302	304	305	306	307	309	310	311	／	／
	3月	312	314	315	316	317	319	320	321	322	323	325	326	327	328	330	331	332	333	335	336	337	338	339	341	342	343	344	346	347	348	349
	4月	351	352	353	354	356	357	358	359	000	002	003	004	005	007	008	009	010	012	013	014	015	016	018	019	020	021	023	024	025	026	／
	5月	028	029	030	031	032	034	035	036	037	039	040	041	042	043	045	046	047	048	050	051	052	053	055	056	057	058	059	061	062	063	064
	6月	066	067	068	069	071	072	073	074	075	077	078	079	080	082	083	084	085	086	088	089	090	091	093	094	095	096	098	099	100	101	／
	7月	102	104	105	106	107	109	110	111	112	114	115	116	117	118	120	121	122	123	125	126	127	128	130	131	132	133	134	136	137	138	139
	8月	141	142	143	144	146	147	148	149	150	152	153	154	155	157	158	159	160	162	163	164	165	166	168	169	170	171	173	174	175	176	178
	9月	179	180	181	182	184	185	186	187	189	190	191	192	193	195	196	197	198	200	201	202	203	205	206	207	208	209	211	212	213	214	／
	10月	216	217	218	219	220	222	223	224	225	227	228	229	230	231	233	234	235	236	238	239	240	241	242	244	245	246	247	249	250	251	252
	11月	253	255	256	257	258	259	261	262	263	264	265	267	268	269	270	272	273	274	275	276	278	279	280	281	282	284	285	286	287	288	／
	12月	290	291	292	293	294	295	297	298	299	300	301	303	304	305	306	307	308	310	311	312	313	314	315	317	318	319	320	321	322	323	325

宮	月＼日	1	2	3	4	5	6	7	8	9	10	11	12	13	14	15	16	17	18	19	20	21	22	23	24	25	26	27	28	29	30	31
火星 ♂	1月	077	077	076	076	076	076	075	075	075	075	075	075	075	075	074	074	074	074	074	074	074	074	074	074	074	074	074	075	075	075	075
	2月	075	075	075	075	076	076	076	076	076	077	077	077	077	078	078	078	078	079	079	079	080	080	080	080	081	081	081	082	082	／	／
	3月	083	083	083	084	084	084	085	085	086	086	086	087	087	088	088	088	089	089	090	090	091	091	092	092	092	093	093	094	094	095	095
	4月	096	096	097	097	098	098	099	099	100	100	101	101	102	102	103	103	104	104	105	105	106	106	107	107	108	108	109	109	110	111	／
	5月	111	112	112	113	113	114	114	115	115	116	117	117	118	118	119	119	120	120	121	122	122	123	123	124	124	125	126	126	127	127	128
	6月	128	129	130	130	131	131	132	132	133	134	134	135	135	136	136	137	138	138	139	139	140	141	141	142	142	143	144	144	145	145	／
	7月	146	147	147	148	148	149	150	150	151	151	152	153	153	154	154	155	156	156	157	158	158	159	159	160	161	161	162	162	163	164	164
	8月	165	166	166	167	167	168	169	169	170	171	171	172	172	173	174	174	175	176	176	177	178	178	179	179	180	181	181	182	183	183	184
	9月	185	185	186	187	187	188	188	189	190	190	191	192	192	193	194	194	195	196	196	197	198	198	199	200	200	201	202	202	203	204	／
	10月	204	205	206	206	207	208	208	209	210	210	211	212	212	213	214	214	215	216	217	217	218	219	219	220	221	221	222	223	223	224	225
	11月	225	226	227	228	228	229	230	230	231	232	232	233	234	235	235	236	237	237	238	239	240	240	241	242	242	243	244	245	245	246	／
	12月	247	248	248	249	250	250	251	252	253	253	254	255	256	256	257	258	258	259	260	261	261	262	263	264	264	265	266	267	267	268	269

1977年

宮	月＼日	1	2	3	4	5	6	7	8	9	10	11	12	13	14	15	16	17	18	19	20	21	22	23	24	25	26	27	28	29	30	31
太陽 ☉	1月	280	281	282	283	284	285	286	287	288	289	290	291	292	293	294	295	296	297	298	299	300	301	303	304	305	306	307	308	309	310	311
	2月	312	313	314	315	316	317	318	319	320	321	322	323	324	325	326	327	328	329	330	331	332	333	334	335	336	337	338	339	／	／	／
	3月	340	341	342	343	344	345	346	347	348	349	350	351	352	353	354	355	356	357	358	359	000	001	002	003	004	005	006	007	008	009	010
	4月	011	012	013	014	015	016	017	018	019	020	021	022	023	024	025	026	026	027	028	029	030	031	032	033	034	035	036	037	038	039	／
	5月	040	041	042	043	044	045	046	047	048	049	050	051	052	053	054	055	056	057	058	058	059	060	061	062	063	064	065	066	067	068	069
	6月	070	071	072	073	074	075	076	077	078	079	080	081	081	082	083	084	085	086	087	088	089	090	091	092	093	094	095	096	097	098	／
	7月	099	100	101	102	102	103	104	105	106	107	108	109	110	111	112	113	114	115	116	117	118	119	120	121	122	123	123	124	125	126	127
	8月	128	129	130	131	132	133	134	135	136	137	138	139	140	141	142	143	144	145	146	146	147	148	149	150	151	152	153	154	155	156	157
	9月	158	159	160	161	162	163	164	165	166	167	168	169	170	171	172	173	174	175	176	177	178	179	179	180	181	182	183	184	185	186	／
	10月	187	188	189	190	191	192	193	194	195	196	197	198	199	200	201	202	203	204	205	206	207	208	209	210	211	212	213	214	215	216	217
	11月	218	219	220	221	222	223	224	225	226	227	228	229	230	231	232	233	234	235	236	237	238	239	240	241	242	243	244	245	246	247	／
	12月	248	249	250	251	252	253	254	255	256	257	258	259	260	262	263	264	265	266	267	268	269	270	271	272	273	274	275	276	277	278	279
宮	月＼日	1	2	3	4	5	6	7	8	9	10	11	12	13	14	15	16	17	18	19	20	21	22	23	24	25	26	27	28	29	30	31
月 ☽	1月	051	063	075	087	100	112	125	138	152	165	178	192	206	220	235	249	263	278	292	306	320	334	347	359	012	024	036	047	059	071	083
	2月	096	108	121	134	148	161	175	189	203	217	231	245	259	273	287	301	315	329	342	355	007	019	031	043	055	067	079	091	／	／	／
	3月	103	116	129	142	156	170	185	199	213	228	242	256	270	284	298	311	325	338	350	003	015	027	039	051	063	075	087	099	111	124	137
	4月	150	164	178	193	208	223	238	252	267	281	295	308	321	334	347	000	012	024	036	048	060	071	083	095	107	120	132	145	159	172	／
	5月	187	201	216	231	246	261	276	291	305	318	331	344	357	009	021	033	045	057	068	080	092	104	116	129	141	154	167	181	195	210	224
	6月	240	255	270	285	300	314	327	341	353	006	018	030	042	054	065	077	089	101	113	126	138	151	164	177	190	204	219	233	248	263	／
	7月	278	293	308	322	336	349	002	015	027	039	051	062	074	086	098	110	123	135	148	161	174	187	201	215	229	243	258	272	287	302	316
	8月	330	344	357	010	023	035	047	059	071	082	094	107	119	132	144	157	171	184	198	211	225	239	254	268	282	297	311	325	339	352	005
	9月	018	031	043	055	067	079	090	102	115	127	140	153	166	180	194	208	222	236	250	265	279	293	307	321	334	348	001	014	026	039	／
	10月	051	063	075	086	098	110	123	135	148	161	175	189	203	217	232	247	261	276	290	304	317	331	344	357	010	022	035	047	059	071	083
	11月	095	106	118	131	143	156	169	182	196	211	226	241	256	271	286	300	314	328	341	354	007	019	031	044	056	068	079	091	103	115	／
	12月	127	139	152	164	177	191	204	219	234	249	264	279	295	309	324	337	351	004	016	029	041	053	065	076	088	100	112	124	136	148	161
宮	月＼日	1	2	3	4	5	6	7	8	9	10	11	12	13	14	15	16	17	18	19	20	21	22	23	24	25	26	27	28	29	30	31
水星 ☿	1月	291	290	289	288	287	286	284	283	282	281	280	279	278	277	277	277	277	277	277	277	278	278	279	279	280	281	282	283	284	285	286
	2月	287	288	289	290	292	293	294	296	297	298	300	301	303	304	305	307	308	310	311	313	314	316	318	319	321	322	324	326	／	／	／
	3月	327	329	331	333	334	336	338	340	342	343	345	347	349	351	353	355	357	359	001	003	005	007	009	011	013	015	017	019	021	023	024
	4月	026	028	030	031	033	034	035	037	038	039	040	041	042	042	043	043	044	044	044	044	044	044	044	043	043	042	042	041	041	040	／
	5月	039	039	038	038	037	036	036	035	035	035	035	034	034	034	034	034	035	035	035	036	036	037	037	038	039	040	041	041	042	044	045
	6月	046	047	048	050	051	052	054	055	057	058	060	062	063	065	067	069	071	073	074	076	079	081	083	085	087	089	091	093	096	098	／
	7月	100	102	104	106	109	111	113	115	117	119	121	123	125	126	128	130	132	133	135	137	139	140	142	143	145	146	148	149	150	152	153
	8月	154	156	157	158	159	160	161	162	163	164	165	166	167	167	168	168	169	169	170	170	170	170	170	170	170	170	169	169	168	168	167
	9月	166	165	164	163	162	161	160	159	159	158	157	157	157	156	156	157	157	157	158	159	160	161	162	163	164	166	167	169	171	172	／
	10月	174	176	177	179	181	183	184	186	188	190	191	193	195	197	198	200	202	204	205	207	209	210	212	214	215	217	218	220	222	223	225
	11月	226	228	229	231	233	234	236	237	239	240	242	243	245	246	248	249	250	252	253	255	256	258	259	260	262	263	264	266	267	268	／
	12月	269	270	272	273	273	274	275	276	276	277	277	277	277	277	276	275	275	274	272	271	270	268	267	266	265	263	263	262	261	261	261
宮	月＼日	1	2	3	4	5	6	7	8	9	10	11	12	13	14	15	16	17	18	19	20	21	22	23	24	25	26	27	28	29	30	31
金星 ♀	1月	326	327	328	329	330	331	332	333	335	336	337	338	339	340	341	342	343	344	345	346	347	348	350	351	352	353	354	355	356	357	357
	2月	358	359	000	001	002	003	004	005	006	007	007	008	009	010	011	012	012	013	014	014	015	016	017	017	018	018	019	019	／	／	／
	3月	020	020	021	021	022	022	023	023	023	023	024	024	024	024	024	024	024	024	024	024	024	023	023	023	022	022	022	021	021	020	020
	4月	019	018	018	017	017	016	015	015	014	013	013	012	012	011	011	010	010	009	009	009	009	008	008	008	008	008	008	008	008	008	／
	5月	008	008	008	009	009	009	009	010	010	011	011	012	012	013	013	014	014	015	015	016	017	017	018	019	020	020	021	022	023	023	024
	6月	025	026	027	028	029	029	030	031	032	033	034	035	036	037	038	039	040	041	042	043	044	045	046	047	048	049	050	051	052	053	／
	7月	054	055	056	057	058	059	060	061	062	063	064	065	066	068	069	070	071	072	073	074	075	076	077	079	080	081	082	083	084	085	086
	8月	088	089	090	091	092	093	094	096	097	098	099	100	101	103	104	105	106	107	108	109	111	112	113	114	115	117	118	119	120	121	122
	9月	124	125	126	127	128	130	131	132	133	134	136	137	138	139	140	142	143	144	145	146	148	149	150	151	153	154	155	156	157	159	／
	10月	160	161	162	164	165	166	167	168	170	171	172	173	175	176	177	178	180	181	182	183	185	186	187	188	190	191	192	193	194	196	197
	11月	198	199	201	202	203	204	206	207	208	209	211	212	213	214	216	217	218	219	221	222	223	224	226	227	228	230	231	232	233	235	／
	12月	236	237	238	240	241	242	243	245	246	247	248	250	251	252	253	255	256	257	258	260	261	262	263	265	266	267	269	270	271	272	274
宮	月＼日	1	2	3	4	5	6	7	8	9	10	11	12	13	14	15	16	17	18	19	20	21	22	23	24	25	26	27	28	29	30	31
火星 ♂	1月	270	270	271	272	273	273	274	275	276	276	277	278	279	279	280	281	282	282	283	284	285	285	286	287	288	288	289	290	291	292	292
	2月	293	294	295	295	296	297	298	298	299	300	301	302	302	303	304	305	305	306	307	308	308	309	310	311	312	312	313	314	／	／	／
	3月	315	315	316	317	318	319	319	320	321	322	322	323	324	325	326	326	327	328	329	330	330	331	332	333	333	334	335	336	337	337	338
	4月	339	340	340	341	342	343	344	344	345	346	347	347	348	349	350	351	351	352	353	354	354	355	356	357	358	358	359	000	001	001	／
	5月	002	003	004	004	005	006	007	008	008	009	010	011	011	012	013	014	014	015	016	017	017	018	019	020	021	021	022	023	024	024	025
	6月	026	027	027	028	029	030	030	031	032	032	033	034	035	035	036	037	038	038	039	040	041	041	042	043	043	044	045	046	046	047	／
	7月	048	049	049	050	051	051	052	053	054	054	055	056	056	057	058	058	059	060	061	061	062	063	063	064	065	065	066	067	067	068	069
	8月	069	070	071	071	072	073	073	074	075	075	076	077	077	078	079	079	080	081	081	082	083	083	084	085	085	086	086	087	088	088	089
	9月	090	090	091	091	092	093	093	094	094	095	096	096	097	097	098	099	099	100	100	101	101	102	103	103	104	104	105	105	106	106	／
	10月	107	108	108	109	109	110	110	111	111	112	112	113	113	114	114	115	115	116	116	117	117	117	118	118	119	119	120	120	120	121	121
	11月	122	122	122	123	123	124	124	124	125	125	125	126	126	126	127	127	127	127	128	128	128	128	129	129	129	129	130	130	130	130	／
	12月	130	130	130	131	131	131	131	131	131	131	131	131	131	131	131	131	131	131	131	131	131	130	130	130	130	130	130	129	129	129	129

1978年

宮	月＼日	1	2	3	4	5	6	7	8	9	10	11	12	13	14	15	16	17	18	19	20	21	22	23	24	25	26	27	28	29	30	31
	1月	280	281	282	283	284	285	286	287	288	289	290	291	292	293	294	295	296	297	298	299	300	301	302	303	304	305	306	307	308	309	310
	2月	311	312	313	314	315	316	317	319	320	321	322	323	324	325	326	327	328	329	330	331	332	333	334	335	336	337	338	339	／	／	／
	3月	340	341	342	343	344	345	346	347	348	349	350	351	352	353	354	355	356	357	358	359	000	001	002	003	004	005	006	007	008	009	010
太	4月	011	012	013	014	014	015	016	017	018	019	020	021	022	023	024	025	026	027	028	029	030	031	032	033	034	035	036	037	038	039	／
	5月	040	041	042	043	044	045	046	047	048	049	050	051	052	052	053	054	055	056	057	058	059	060	061	062	063	064	065	066	067	068	069
陽	6月	070	071	072	073	074	075	076	076	077	078	079	080	081	082	083	084	085	086	087	088	089	090	091	092	093	094	095	096	097	097	／
	7月	098	099	100	101	102	103	104	105	106	107	108	109	110	111	112	113	114	115	116	117	118	118	119	120	121	122	123	124	125	126	127
	8月	128	129	130	131	132	133	134	135	136	137	138	139	140	140	141	142	143	144	145	146	147	148	149	150	151	152	153	154	155	156	157
⊙	9月	158	159	160	161	162	163	164	165	166	167	168	169	169	170	171	172	173	174	175	176	177	178	179	180	181	182	183	184	185	186	／
	10月	187	188	189	190	191	192	193	194	195	196	197	198	199	200	201	202	203	204	205	206	207	208	209	210	211	212	213	214	215	216	217
	11月	218	219	220	221	222	223	224	225	226	227	228	229	230	231	232	233	234	235	236	237	238	239	240	241	242	243	244	245	246	247	／
	12月	248	249	250	251	252	253	254	255	256	257	258	259	260	261	262	263	264	265	266	267	268	269	270	271	272	273	275	276	277	278	279
宮	月＼日	1	2	3	4	5	6	7	8	9	10	11	12	13	14	15	16	17	18	19	20	21	22	23	24	25	26	27	28	29	30	31
	1月	173	186	200	213	227	242	257	272	287	303	317	332	346	359	012	025	037	049	061	073	085	097	109	121	133	145	158	170	183	196	209
	2月	223	237	251	266	281	296	311	325	340	354	007	021	033	046	058	070	082	093	105	117	130	142	154	167	180	193	206	220	／	／	／
	3月	234	248	262	276	291	305	319	334	348	002	015	028	041	053	066	078	090	101	113	125	138	150	163	176	189	203	216	230	244	259	273
月	4月	287	301	315	329	343	357	010	023	036	049	061	073	086	097	109	121	133	145	158	171	184	198	211	226	240	255	269	284	298	312	／
	5月	326	340	353	006	019	032	045	057	070	082	094	106	117	129	141	153	166	179	192	206	220	234	249	264	279	294	308	323	337	350	003
	6月	016	029	042	054	066	078	090	102	114	126	138	150	162	174	187	200	214	228	243	258	273	288	303	318	332	347	000	013	026	039	／
	7月	051	063	075	087	099	111	123	135	147	159	171	183	196	209	223	237	251	266	281	296	312	327	341	356	009	023	035	048	060	072	084
	8月	096	108	120	132	144	156	168	180	193	206	219	232	246	260	275	290	305	320	335	350	004	018	031	044	057	069	081	093	105	117	129
☽	9月	141	153	165	177	190	203	216	229	243	256	270	285	299	314	329	343	358	012	026	039	052	065	077	089	101	113	125	137	149	161	／
	10月	174	186	199	212	226	239	253	267	281	296	310	324	338	352	006	020	034	047	060	073	085	097	109	121	133	145	157	169	182	195	208
	11月	221	235	249	264	278	292	307	321	335	349	002	016	029	042	055	068	081	093	105	117	129	141	152	165	177	189	202	216	230	244	／
	12月	259	273	288	303	317	331	345	359	013	026	039	052	064	077	089	101	113	125	137	149	161	173	185	197	210	224	238	252	267	282	297
宮	月＼日	1	2	3	4	5	6	7	8	9	10	11	12	13	14	15	16	17	18	19	20	21	22	23	24	25	26	27	28	29	30	31
	1月	261	261	261	261	262	262	263	264	265	266	267	268	269	270	271	272	273	275	276	277	279	280	281	283	284	285	287	288	290	291	293
	2月	294	296	297	299	300	302	303	305	307	308	310	311	313	315	316	318	320	321	323	325	327	329	330	332	334	336	338	340	／	／	／
	3月	341	343	345	347	349	351	353	355	357	359	001	003	004	006	008	010	012	013	015	016	018	019	020	021	022	023	024	024	025	025	025
水	4月	026	026	026	025	025	025	024	023	023	022	021	021	020	019	018	018	017	016	016	015	015	015	015	014	014	014	015	015	015	015	／
	5月	016	016	017	017	018	019	020	021	021	022	023	024	026	027	028	029	031	032	033	035	036	038	039	041	042	044	046	047	049	051	053
星	6月	055	057	058	060	062	065	067	069	071	073	075	077	080	082	084	086	088	091	093	095	097	099	101	103	105	107	109	111	113	115	／
	7月	116	118	120	122	123	125	126	128	129	131	132	134	135	136	138	139	140	141	142	143	144	145	146	147	148	149	149	150	151	151	152
	8月	152	152	152	152	153	152	152	152	152	151	151	150	150	149	148	147	146	146	145	144	143	142	142	141	141	140	140	140	140	140	140
☿	9月	141	141	142	143	144	145	146	147	149	150	152	153	155	156	158	160	162	164	166	167	169	171	173	175	177	178	180	182	184	186	／
	10月	187	189	191	193	194	196	198	200	201	203	204	206	208	209	211	213	214	216	217	219	220	222	223	225	226	228	229	231	232	234	235
	11月	236	238	239	241	242	243	245	246	247	248	250	251	252	253	254	255	256	257	258	259	260	260	261	261	261	261	261	261	260	260	／
	12月	259	258	257	255	254	253	251	250	249	248	247	246	245	245	245	245	245	245	246	246	247	248	249	250	251	252	253	254	255	256	258
宮	月＼日	1	2	3	4	5	6	7	8	9	10	11	12	13	14	15	16	17	18	19	20	21	22	23	24	25	26	27	28	29	30	31
	1月	275	276	277	279	280	281	282	284	285	286	287	289	290	291	292	294	295	296	297	299	300	301	302	304	305	306	307	309	310	311	313
	2月	314	315	316	318	319	320	321	323	324	325	326	328	329	330	331	333	334	335	336	338	339	340	341	343	344	345	346	348	／	／	／
	3月	349	350	351	353	354	355	356	358	359	000	001	003	004	005	006	008	009	010	011	012	014	015	016	017	019	020	021	022	024	025	026
金	4月	027	029	030	031	032	034	035	036	037	038	040	041	042	043	045	046	047	048	049	051	052	053	054	056	057	058	059	060	062	063	／
	5月	064	065	067	068	069	070	071	073	074	075	076	077	079	080	081	082	084	085	086	087	088	090	091	092	093	094	096	097	098	099	100
星	6月	102	103	104	105	106	108	109	110	111	112	113	115	116	117	118	119	121	122	123	124	125	126	128	129	130	131	132	133	135	136	／
	7月	137	138	139	140	142	143	144	145	146	147	148	150	151	152	153	154	155	156	157	159	160	161	162	163	164	165	166	168	169	170	171
	8月	172	173	174	175	176	177	178	179	181	182	183	184	185	186	187	188	189	190	191	192	193	194	195	196	197	198	199	200	201	202	203
♀	9月	204	205	206	207	208	209	209	210	211	212	213	214	215	215	216	217	218	219	219	220	221	222	222	223	224	224	225	226	226	227	／
	10月	227	228	228	229	229	230	230	230	231	231	231	232	232	232	232	232	232	232	232	232	232	232	232	232	231	231	231	230	230	229	229
	11月	229	228	227	227	226	226	225	224	224	223	223	222	222	221	220	220	219	219	219	218	218	218	217	217	217	217	217	217	217	217	／
	12月	217	217	217	217	218	218	218	219	219	219	220	220	221	221	222	222	223	224	224	225	225	226	227	228	228	229	230	231	231	232	233
宮	月＼日	1	2	3	4	5	6	7	8	9	10	11	12	13	14	15	16	17	18	19	20	21	22	23	24	25	26	27	28	29	30	31
	1月	129	128	128	128	127	127	127	126	126	126	125	125	125	124	124	123	123	123	122	122	121	121	121	120	120	119	119	119	118	118	118
	2月	117	117	117	116	116	116	115	115	115	114	114	114	114	113	113	113	113	113	113	112	112	112	112	112	112	112	112	112	／	／	／
	3月	112	112	112	112	112	112	112	112	112	112	112	112	112	113	113	113	113	113	113	114	114	114	114	114	115	115	115	115	116	116	116
火	4月	116	117	117	117	118	118	118	119	119	119	120	120	120	121	121	121	122	122	123	123	123	124	124	125	125	125	126	126	127	127	／
	5月	128	128	128	129	129	130	130	131	131	132	132	133	133	134	134	134	135	135	136	136	137	137	138	138	139	139	140	140	141	142	142
星	6月	143	143	144	144	145	145	146	146	147	147	148	148	149	150	150	151	151	152	152	153	153	154	155	155	156	156	157	157	158	158	／
	7月	159	160	160	161	161	162	163	163	164	164	165	165	166	167	167	168	168	169	170	170	171	171	172	173	173	174	174	175	176	176	177
	8月	178	178	179	179	180	181	181	182	182	183	184	184	185	186	186	187	187	188	189	189	190	191	191	192	193	193	194	195	195	196	196
♂	9月	197	198	198	199	200	200	201	202	202	203	204	204	205	206	206	207	208	208	209	210	210	211	212	212	213	214	214	215	216	216	／
	10月	217	218	219	219	220	221	221	222	223	223	224	225	225	226	227	228	228	229	230	230	231	232	232	233	234	235	235	236	237	237	238
	11月	239	240	240	241	242	242	243	244	245	245	246	247	248	248	249	250	250	251	252	253	253	254	255	256	256	257	258	259	259	260	／
	12月	261	262	262	263	264	265	265	266	267	268	268	269	270	271	271	272	273	274	274	275	276	277	277	278	279	280	280	281	282	283	284

1979年

宮	月＼日	1	2	3	4	5	6	7	8	9	10	11	12	13	14	15	16	17	18	19	20	21	22	23	24	25	26	27	28	29	30	31
太陽 ☉	1月	280	281	282	283	284	285	286	287	288	289	290	291	292	293	294	295	296	297	298	299	300	301	302	303	304	305	306	307	308	309	310
	2月	311	312	313	314	315	316	317	318	319	320	321	322	323	324	325	326	327	328	329	330	331	332	333	334	335	336	337	338	／	／	／
	3月	339	340	341	342	343	344	345	346	347	348	349	350	351	352	353	354	355	356	357	358	359	000	001	002	003	004	005	006	007	008	009
	4月	010	011	012	013	014	015	016	017	018	019	020	021	022	023	024	025	026	027	028	029	030	031	032	033	034	035	036	037	038	039	／
	5月	040	041	042	043	044	045	045	046	047	048	049	050	051	052	053	054	055	056	057	058	059	060	061	062	063	064	065	066	067	068	069
	6月	070	071	071	072	073	074	075	076	077	078	079	080	081	082	083	084	085	086	087	088	089	090	091	092	092	093	094	095	096	097	／
	7月	098	099	100	101	102	103	104	105	106	107	108	109	110	111	112	113	113	114	115	116	117	118	119	120	121	122	123	124	125	126	127
	8月	128	129	130	131	132	133	134	134	135	136	137	138	139	140	141	142	143	144	145	146	147	148	149	150	151	152	153	154	155	156	157
	9月	158	159	160	161	161	162	163	164	165	166	167	168	169	170	171	172	173	174	175	176	177	178	179	180	181	182	183	184	185	186	／
	10月	187	188	189	190	191	192	193	194	195	196	197	198	199	200	201	202	203	204	205	206	207	208	209	210	211	212	213	214	215	216	217
	11月	218	219	220	221	222	223	224	225	226	227	228	229	230	231	232	233	234	235	236	237	238	239	240	241	242	243	244	245	246	247	／
	12月	248	249	250	251	252	253	254	255	256	257	258	259	260	261	262	263	264	265	266	267	268	269	270	271	272	273	274	275	276	277	278
宮	月＼日	1	2	3	4	5	6	7	8	9	10	11	12	13	14	15	16	17	18	19	20	21	22	23	24	25	26	27	28	29	30	31
月 ☽	1月	312	327	341	356	009	023	036	049	061	074	086	098	110	122	134	145	157	169	181	193	206	219	232	246	260	275	290	305	320	336	350
	2月	005	019	032	045	058	071	083	095	107	119	131	142	154	166	178	190	203	215	228	241	255	269	283	298	313	328	343	358	／	／	／
	3月	013	027	041	054	067	079	092	104	116	127	139	151	163	175	187	200	212	225	238	251	265	279	293	307	322	337	352	006	021	035	049
	4月	062	075	088	100	112	124	136	148	159	172	184	196	209	222	235	248	262	276	290	304	318	332	346	001	015	029	043	057	070	083	／
	5月	096	108	120	132	144	156	167	180	192	205	218	231	244	258	272	286	300	315	329	343	357	011	025	038	052	065	078	091	104	116	128
	6月	140	152	163	175	188	200	213	226	239	253	267	282	296	311	325	340	354	008	021	035	048	061	074	087	100	112	124	136	148	160	／
	7月	171	183	196	208	221	234	248	262	276	291	306	321	335	350	004	018	032	045	058	071	084	096	109	121	133	145	156	168	180	192	204
	8月	216	229	242	256	270	284	299	314	329	345	359	014	028	042	055	068	081	093	106	118	130	142	153	165	177	189	201	213	225	238	251
	9月	265	278	293	308	323	338	353	008	023	037	051	065	078	090	103	115	127	139	150	162	174	186	198	210	222	235	248	261	274	288	／
	10月	302	316	331	346	001	016	031	045	059	073	086	099	111	123	135	147	159	171	183	195	207	219	232	245	258	271	284	298	312	326	341
	11月	355	010	024	039	053	067	081	094	107	119	132	143	155	167	179	191	203	215	228	241	254	268	281	295	309	323	337	351	005	019	／
	12月	034	048	062	076	089	102	115	127	139	151	163	175	187	199	211	224	236	250	263	277	291	305	320	334	348	002	016	030	044	057	071
宮	月＼日	1	2	3	4	5	6	7	8	9	10	11	12	13	14	15	16	17	18	19	20	21	22	23	24	25	26	27	28	29	30	31
水星 ☿	1月	259	260	261	263	264	266	267	268	270	271	273	274	276	277	279	280	282	283	285	286	288	289	291	292	294	296	297	299	300	302	304
	2月	305	307	309	310	312	314	316	317	319	321	323	325	326	328	330	332	334	336	337	339	341	343	345	347	348	350	352	354	／	／	／
	3月	355	357	358	000	001	002	004	005	006	006	007	007	008	008	008	008	008	007	007	006	006	005	004	003	002	001	001	000	359	358	358
	4月	357	356	356	356	355	355	355	355	355	356	356	356	357	357	358	358	359	000	001	002	003	004	005	006	007	008	009	010	012	013	／
	5月	014	016	017	019	020	022	023	025	027	028	030	032	033	035	037	039	041	043	045	047	049	051	053	055	057	059	061	063	066	068	070
	6月	072	074	077	079	081	083	085	087	089	091	093	095	097	099	101	102	104	106	107	109	111	112	114	115	116	118	119	120	122	123	／
	7月	124	125	126	127	128	129	130	130	131	132	132	133	133	133	134	134	134	134	134	134	134	133	133	132	132	131	131	130	129	129	128
	8月	127	126	126	125	124	124	123	123	123	123	123	123	123	123	124	124	125	126	126	127	129	130	131	133	134	136	137	139	141	142	144
	9月	146	148	150	152	154	156	158	160	162	163	165	167	169	171	173	175	177	178	180	182	184	185	187	189	190	192	194	195	197	199	／
	10月	200	202	203	205	206	208	209	211	212	214	215	217	218	220	221	222	224	225	226	228	229	230	232	233	234	235	236	237	238	239	240
	11月	241	242	243	243	244	245	245	245	245	245	245	245	244	244	243	242	241	240	238	237	235	234	233	232	231	230	230	229	229	229	／
	12月	229	230	230	231	232	232	233	234	235	237	238	239	240	242	243	244	246	247	248	250	251	253	254	256	257	259	260	262	263	265	266
宮	月＼日	1	2	3	4	5	6	7	8	9	10	11	12	13	14	15	16	17	18	19	20	21	22	23	24	25	26	27	28	29	30	31
金星 ♀	1月	234	235	236	237	238	238	239	240	241	242	243	244	245	246	247	248	249	250	251	252	253	254	255	256	257	258	259	261	262	263	264
	2月	265	266	267	268	269	270	271	273	274	275	276	277	278	279	280	282	283	284	285	286	287	288	290	291	292	293	294	295	／	／	／
	3月	296	298	299	300	301	302	303	305	306	307	308	309	311	312	313	314	315	316	318	319	320	321	322	324	325	326	327	328	329	331	332
	4月	333	334	335	337	338	339	340	341	343	344	345	346	347	349	350	351	352	353	355	356	357	358	359	001	002	003	004	005	007	008	／
	5月	009	010	012	013	014	015	016	018	019	020	021	022	024	025	026	027	028	030	031	032	033	034	036	037	038	039	041	042	043	044	045
	6月	047	048	049	050	051	053	054	055	056	058	059	060	061	062	064	065	066	067	068	070	071	072	073	075	076	077	078	079	081	082	／
	7月	083	084	086	087	088	089	090	092	093	094	095	097	098	099	100	101	103	104	105	106	108	109	110	111	112	114	115	116	117	119	120
	8月	121	122	124	125	126	127	128	130	131	132	133	135	136	137	138	140	141	142	143	145	146	147	148	149	151	152	153	154	156	157	158
	9月	159	161	162	163	164	166	167	168	169	171	172	173	174	176	177	178	179	181	182	183	184	186	187	188	189	190	192	193	194	195	／
	10月	197	198	199	200	202	203	204	205	207	208	209	210	212	213	214	215	217	218	219	220	222	223	224	225	227	228	229	230	232	233	234
	11月	235	237	238	239	240	242	243	244	245	247	248	249	250	252	253	254	255	256	258	259	260	261	263	264	265	266	268	269	270	271	／
	12月	273	274	275	276	278	279	280	281	283	284	285	286	288	289	290	291	293	294	295	296	297	299	300	301	302	304	305	306	307	309	310
宮	月＼日	1	2	3	4	5	6	7	8	9	10	11	12	13	14	15	16	17	18	19	20	21	22	23	24	25	26	27	28	29	30	31
火星 ♂	1月	284	285	286	287	287	288	289	290	290	291	292	293	294	294	295	296	297	297	298	299	300	301	301	302	303	304	305	305	306	307	308
	2月	308	309	310	311	312	312	313	314	315	316	316	317	318	319	319	320	321	322	323	323	324	325	326	327	327	328	329	330	／	／	／
	3月	331	331	332	333	334	334	335	336	337	338	338	339	340	341	342	342	343	344	345	345	346	347	348	349	349	350	351	352	353	353	354
	4月	355	356	356	357	358	359	000	000	001	002	003	003	004	005	006	007	007	008	009	010	010	011	012	013	013	014	015	016	017	017	／
	5月	018	019	020	020	021	022	023	023	024	025	026	026	027	028	029	029	030	031	032	032	033	034	035	035	036	037	038	038	039	040	041
	6月	041	042	043	044	044	045	046	047	047	048	049	049	050	051	052	052	053	054	055	055	056	057	057	058	059	060	060	061	062	062	／
	7月	063	064	065	065	066	067	067	068	069	069	070	071	072	072	073	074	074	075	076	076	077	078	078	079	080	080	081	082	082	083	084
	8月	085	085	086	087	087	088	089	089	090	091	091	092	093	093	094	094	095	096	096	097	098	098	099	100	100	101	102	102	103	104	104
	9月	105	105	106	107	107	108	109	109	110	110	111	112	112	113	114	114	115	115	116	117	117	118	118	119	120	120	121	121	122	123	／
	10月	123	124	124	125	126	126	127	127	128	128	129	130	130	131	131	132	132	133	133	134	135	135	136	136	137	137	138	138	139	139	140
	11月	140	141	141	142	142	143	143	144	144	145	145	146	146	147	147	148	148	149	149	150	150	150	151	151	152	152	153	153	153	154	／
	12月	154	155	155	155	156	156	157	157	157	158	158	158	159	159	159	160	160	160	160	161	161	161	162	162	162	162	163	163	163	163	163

1980年

宮	月＼日	1	2	3	4	5	6	7	8	9	10	11	12	13	14	15	16	17	18	19	20	21	22	23	24	25	26	27	28	29	30	31
太陽 ☉	1月	279	280	281	282	283	284	285	286	288	289	290	291	292	293	294	295	296	297	298	299	300	301	302	303	304	305	306	307	308	309	310
	2月	311	312	313	314	315	316	317	318	319	320	321	322	323	324	325	326	327	328	329	330	331	332	333	334	335	336	337	338	339	／	／
	3月	340	341	342	343	344	345	346	347	348	349	350	351	352	353	354	355	356	357	358	359	000	001	002	003	004	005	006	007	008	009	010
	4月	011	012	013	014	015	016	017	018	019	020	021	022	023	024	025	026	027	028	029	030	031	032	033	034	035	036	037	037	038	039	／
	5月	040	041	042	043	044	045	046	047	048	049	050	051	052	053	054	055	056	057	058	059	060	061	062	063	064	065	065	066	067	068	069
	6月	070	071	072	073	074	075	076	077	078	079	080	081	082	083	084	085	086	087	087	088	089	090	091	092	093	094	095	096	097	098	／
	7月	099	100	101	102	103	104	105	106	107	108	108	109	110	111	112	113	114	115	116	117	118	119	120	121	122	123	124	125	126	127	128
	8月	129	129	130	131	132	133	134	135	136	137	138	139	140	141	142	143	144	145	146	147	148	149	150	151	152	153	154	154	155	156	157
	9月	158	159	160	161	162	163	164	165	166	167	168	169	170	171	172	173	174	175	176	177	178	179	180	181	182	183	184	185	186	187	／
	10月	188	189	190	191	192	193	194	194	195	196	197	198	199	200	201	202	203	204	205	206	207	208	209	210	211	212	213	214	215	216	217
	11月	218	219	220	221	222	223	224	225	226	227	228	229	230	231	232	233	234	235	236	237	238	239	240	241	243	244	245	246	247	248	／
	12月	249	250	251	252	253	254	255	256	257	258	259	260	261	262	263	264	265	266	267	268	269	270	271	272	273	274	275	276	277	278	279

宮	月＼日	1	2	3	4	5	6	7	8	9	10	11	12	13	14	15	16	17	18	19	20	21	22	23	24	25	26	27	28	29	30	31
月 ☽	1月	084	097	110	123	135	147	159	171	183	194	207	219	231	244	258	271	285	300	314	329	344	358	013	027	041	054	068	081	094	106	119
	2月	131	143	155	167	179	191	203	215	227	239	252	265	279	293	308	323	338	353	008	022	037	051	065	078	091	103	116	128	140	／	／
	3月	152	164	176	188	199	211	223	236	248	261	274	287	301	316	331	346	001	016	031	046	060	074	087	100	113	125	137	149	161	173	184
	4月	196	208	220	233	245	257	270	283	297	310	325	339	354	009	024	039	054	069	083	096	109	122	134	146	158	170	181	193	205	217	／
	5月	229	242	254	267	280	293	307	320	334	349	003	018	033	048	062	077	091	104	117	130	142	154	166	178	190	202	214	226	238	251	264
	6月	277	290	304	317	331	345	359	014	028	042	057	071	085	099	112	125	138	150	162	174	186	198	210	222	234	247	260	273	286	300	／
	7月	314	328	342	356	010	024	039	053	067	081	094	107	121	133	146	158	170	182	194	206	218	230	242	255	268	281	295	309	323	338	352
	8月	007	021	035	050	063	077	090	104	117	129	142	154	166	178	190	202	214	226	238	250	263	276	289	303	318	332	347	002	017	032	046
	9月	060	074	087	101	113	126	138	151	163	175	187	199	210	222	234	246	259	271	284	298	311	326	340	355	011	026	041	056	070	084	／
	10月	097	110	123	136	148	160	172	184	196	207	219	231	243	255	268	280	293	306	320	334	349	003	019	034	049	064	079	093	107	120	132
	11月	145	157	169	181	193	204	216	228	240	252	265	277	290	303	316	329	343	357	012	027	042	057	072	087	101	115	128	141	153	165	／
	12月	177	189	201	213	225	237	249	262	274	287	300	313	326	340	353	008	022	036	051	066	080	095	109	123	136	149	161	173	185	197	209

宮	月＼日	1	2	3	4	5	6	7	8	9	10	11	12	13	14	15	16	17	18	19	20	21	22	23	24	25	26	27	28	29	30	31
水星 ☿	1月	268	269	271	272	274	275	277	279	280	282	283	285	286	288	290	291	293	295	296	298	300	301	303	305	306	308	310	312	313	315	317
	2月	319	320	322	324	326	327	329	331	333	334	336	338	339	341	342	344	345	346	347	348	349	350	350	351	351	351	351	351	350	／	／
	3月	350	349	348	347	346	345	344	343	342	341	341	340	339	338	338	338	337	337	337	337	337	337	338	338	338	339	339	340	341	342	342
	4月	343	344	345	346	347	348	350	351	352	353	355	356	357	359	000	002	003	005	006	008	009	011	013	014	016	018	020	021	023	025	／
	5月	027	029	031	033	035	037	039	041	043	045	047	050	052	054	056	058	060	063	065	067	069	071	073	075	077	079	081	083	085	086	088
	6月	090	091	093	095	096	098	099	100	102	103	104	105	106	107	108	109	110	111	111	112	113	113	114	114	114	114	115	115	115	115	／
	7月	114	114	114	113	113	113	112	111	111	110	110	109	108	108	107	107	106	106	105	105	105	105	105	105	105	105	106	106	107	107	108
	8月	109	110	111	112	114	115	116	118	119	121	123	125	126	128	130	132	134	136	138	140	142	144	146	148	150	152	154	156	158	160	162
	9月	164	166	167	169	171	173	174	176	178	180	181	183	185	186	188	189	191	192	194	195	197	198	200	201	203	204	206	207	208	210	／
	10月	211	212	213	215	216	217	218	219	220	221	222	223	224	225	226	227	227	228	228	229	229	229	229	229	229	229	228	228	227	226	225
	11月	224	222	221	220	218	217	216	215	215	214	214	213	214	214	214	215	215	216	217	218	219	220	221	223	224	225	227	228	230	231	／
	12月	232	234	235	237	238	240	241	243	245	246	248	249	251	252	254	255	257	258	260	262	263	265	266	268	269	271	273	274	276	277	279

宮	月＼日	1	2	3	4	5	6	7	8	9	10	11	12	13	14	15	16	17	18	19	20	21	22	23	24	25	26	27	28	29	30	31
金星 ♀	1月	311	312	314	315	316	317	318	320	321	322	323	325	326	327	328	329	331	332	333	334	336	337	338	339	340	342	343	344	345	346	348
	2月	349	350	351	353	354	355	356	357	358	000	001	002	003	004	006	007	008	009	010	011	013	014	015	016	017	018	020	021	022	／	／
	3月	023	024	025	026	028	029	030	031	032	033	034	035	037	038	039	040	041	042	043	044	045	046	047	049	050	051	052	053	054	055	056
	4月	057	058	059	060	061	062	063	064	065	066	067	067	068	069	070	071	072	073	074	075	075	076	077	078	079	079	080	081	082	082	／
	5月	083	084	084	085	086	086	087	087	088	088	089	089	090	090	090	091	091	091	091	092	092	092	092	092	092	092	092	092	092	092	091
	6月	091	091	090	090	090	089	089	088	088	087	086	086	085	085	084	083	083	082	081	081	080	080	079	079	078	078	077	077	077	076	／
	7月	076	076	076	076	076	076	076	076	076	076	076	076	076	077	077	077	077	078	078	079	079	080	080	081	081	082	082	083	083	084	085
	8月	085	086	087	088	088	089	090	091	092	092	093	094	095	096	097	097	098	099	100	101	102	103	104	105	106	107	108	109	110	111	112
	9月	113	114	115	116	117	118	119	120	121	122	123	124	125	126	127	128	130	131	132	133	134	135	136	137	138	139	141	142	143	144	／
	10月	145	146	147	149	150	151	152	153	154	155	157	158	159	160	161	162	164	165	166	167	168	170	171	172	173	174	176	177	178	179	180
	11月	182	183	184	185	186	188	189	190	191	192	194	195	196	197	199	200	201	202	203	205	206	207	208	210	211	212	213	215	216	217	／
	12月	218	219	221	222	223	224	226	227	228	229	231	232	233	234	236	237	238	239	241	242	243	244	246	247	248	249	251	252	253	254	256

宮	月＼日	1	2	3	4	5	6	7	8	9	10	11	12	13	14	15	16	17	18	19	20	21	22	23	24	25	26	27	28	29	30	31
火星 ♂	1月	163	164	164	164	164	164	164	164	165	165	165	165	165	165	165	165	165	165	165	165	165	165	165	164	164	164	164	164	164	164	163
	2月	163	163	163	163	162	162	162	161	161	161	161	160	160	160	159	159	158	158	158	157	157	157	156	156	155	155	155	154	154	／	／
	3月	153	153	153	152	152	151	151	151	150	150	150	149	149	149	149	148	148	148	147	147	147	147	147	146	146	146	146	146	146	146	146
	4月	146	145	145	145	145	145	145	145	145	145	146	146	146	146	146	146	146	146	146	146	147	147	147	147	147	148	148	148	148	148	／
	5月	149	149	149	150	150	150	150	151	151	151	152	152	152	153	153	153	154	154	154	155	155	156	156	156	157	157	158	158	158	159	159
	6月	160	160	161	161	161	162	162	163	163	164	164	165	165	166	166	167	167	168	168	169	169	170	170	171	171	172	172	173	173	174	／
	7月	174	175	175	176	176	177	178	178	179	179	180	180	181	181	182	183	183	184	184	185	185	186	187	187	188	188	189	190	190	191	191
	8月	192	193	193	194	194	195	196	196	197	197	198	199	199	200	201	201	202	202	203	204	204	205	206	206	207	207	208	209	209	210	211
	9月	211	212	213	213	214	215	215	216	217	217	218	219	219	220	221	221	222	223	223	224	225	225	226	227	228	228	229	230	230	231	／
	10月	232	232	233	234	234	235	236	237	237	238	239	239	240	241	242	242	243	244	244	245	246	247	247	248	249	249	250	251	252	252	253
	11月	254	255	255	256	257	258	258	259	260	261	261	262	263	264	264	265	266	267	267	268	269	270	270	271	272	273	273	274	275	276	／
	12月	276	277	278	279	279	280	281	282	283	283	284	285	286	286	287	288	289	290	290	291	292	293	293	294	295	296	297	297	298	299	300

1981年

宮	月＼日	1	2	3	4	5	6	7	8	9	10	11	12	13	14	15	16	17	18	19	20	21	22	23	24	25	26	27	28	29	30	31
	1月	280	281	282	283	284	285	286	287	288	289	290	291	292	293	294	295	296	297	298	299	300	302	303	304	305	306	307	308	309	310	311
	2月	312	313	314	315	316	317	318	319	320	321	322	323	324	325	326	327	328	329	330	331	332	333	334	335	336	337	338	339	／	／	／
	3月	340	341	342	343	344	345	346	347	348	349	350	351	352	353	354	355	356	357	358	359	000	001	002	003	004	005	006	007	008	009	010
太	4月	011	012	013	014	015	016	017	018	019	020	021	022	023	024	025	026	027	028	028	029	030	031	032	033	034	035	036	037	038	039	／
	5月	040	041	042	043	044	045	046	047	048	049	050	051	052	053	054	055	056	057	058	059	059	060	061	062	063	064	065	066	067	068	069
陽	6月	070	071	072	073	074	075	076	077	078	079	080	081	082	082	083	084	085	086	087	088	089	090	091	092	093	094	095	096	097	098	／
	7月	099	100	101	102	103	103	104	105	106	107	108	109	110	111	112	113	114	115	116	117	118	119	120	121	122	123	124	124	125	126	127
	8月	128	129	130	131	132	133	134	135	136	137	138	139	140	141	142	143	144	145	146	147	147	148	149	150	151	152	153	154	155	156	157
⊙	9月	158	159	160	161	162	163	164	165	166	167	168	169	170	171	172	173	174	175	176	177	178	179	180	180	181	182	183	184	185	186	／
	10月	187	188	189	190	191	192	193	194	195	196	197	198	199	200	201	202	203	204	205	206	207	208	209	210	211	212	213	214	215	216	217
	11月	218	219	220	221	222	223	224	225	226	227	228	229	230	231	232	233	234	235	236	237	238	239	240	241	242	243	244	245	246	247	／
	12月	248	249	250	251	252	253	254	255	256	257	258	260	261	262	263	264	265	266	267	268	269	270	271	272	273	274	275	276	277	278	279

宮	月＼日	1	2	3	4	5	6	7	8	9	10	11	12	13	14	15	16	17	18	19	20	21	22	23	24	25	26	27	28	29	30	31
	1月	221	233	245	258	270	283	296	309	323	337	350	004	018	033	047	061	075	089	103	117	130	144	156	169	181	193	205	217	229	241	253
	2月	266	278	291	305	318	332	346	001	015	029	044	058	072	086	099	113	126	139	152	164	177	189	201	213	225	237	249	261	／	／	／
	3月	273	286	299	313	326	341	355	010	025	040	054	069	083	096	110	123	136	148	161	173	185	197	209	221	233	245	257	269	281	294	307
月	4月	320	334	349	004	019	034	049	064	079	093	106	120	133	145	158	170	182	194	206	218	230	242	254	266	278	290	303	316	329	343	／
	5月	357	012	027	042	058	073	088	102	116	129	142	155	167	179	191	203	215	227	239	251	263	275	287	299	312	325	338	352	006	021	036
	6月	051	066	081	096	110	124	138	151	164	176	188	200	212	224	236	248	260	272	284	297	309	322	335	348	002	016	031	045	060	075	／
	7月	090	104	118	132	146	159	172	184	196	208	220	232	244	256	268	281	293	306	319	332	345	359	013	027	041	055	070	084	099	113	127
☽	8月	141	154	167	180	192	204	217	228	240	252	264	276	289	302	315	328	342	356	010	024	038	052	066	081	095	108	122	136	149	162	175
	9月	188	200	212	224	236	248	260	272	284	297	310	323	337	351	005	019	034	049	063	077	091	105	119	132	145	158	171	184	196	209	／
	10月	221	233	244	256	268	280	292	305	318	331	345	359	014	028	043	058	073	088	102	116	129	142	155	168	181	193	205	217	229	241	253
	11月	265	277	288	301	313	326	339	353	007	022	037	052	067	082	097	112	126	139	152	165	178	190	202	214	226	238	250	262	273	285	／
	12月	297	310	322	335	348	001	015	030	045	060	075	090	105	120	134	148	161	174	187	199	211	223	235	247	259	270	282	294	307	319	332

宮	月＼日	1	2	3	4	5	6	7	8	9	10	11	12	13	14	15	16	17	18	19	20	21	22	23	24	25	26	27	28	29	30	31
	1月	281	282	284	285	287	289	290	292	294	295	297	299	300	302	304	305	307	309	310	312	314	315	317	319	320	322	323	325	326	328	329
	2月	330	331	332	333	333	334	334	334	334	334	334	333	333	332	331	330	329	327	326	325	324	323	322	322	321	320	320	320	／	／	／
	3月	319	319	319	320	320	320	321	321	322	322	323	324	325	325	326	327	328	329	331	332	333	334	335	337	338	339	341	342	343	345	346
水	4月	348	349	351	353	354	356	357	359	001	003	004	006	008	010	012	013	015	017	019	021	023	025	027	029	031	034	036	038	040	042	／
星	5月	044	046	049	051	053	055	057	059	061	063	065	067	069	070	072	074	075	077	078	080	081	082	084	085	086	087	088	089	090	091	091
	6月	092	093	093	094	094	094	095	095	095	095	095	094	094	094	094	093	093	092	092	091	091	090	089	089	088	088	087	087	087	086	／
	7月	086	086	086	086	086	086	086	087	087	088	088	089	090	091	091	093	094	095	096	097	099	100	102	103	105	107	109	110	112	114	116
☿	8月	118	120	122	124	126	129	131	133	135	137	139	141	143	145	147	149	151	153	154	156	158	160	162	163	165	167	169	170	172	174	175
	9月	177	178	180	181	183	184	186	187	189	190	191	193	194	195	197	198	199	200	201	203	204	205	206	207	208	208	209	210	211	211	／
	10月	212	212	213	213	213	213	213	213	213	212	212	211	210	209	208	207	206	205	204	202	201	200	199	199	198	198	198	198	198	198	199
	11月	200	201	201	203	204	205	206	208	209	210	212	213	215	216	218	219	221	223	224	226	227	229	230	232	234	235	237	238	240	241	／
	12月	243	245	246	248	249	251	252	254	256	257	259	260	262	264	265	267	268	270	271	273	275	276	278	279	281	283	284	286	287	289	291

宮	月＼日	1	2	3	4	5	6	7	8	9	10	11	12	13	14	15	16	17	18	19	20	21	22	23	24	25	26	27	28	29	30	31
	1月	257	258	259	261	262	263	264	266	267	268	269	271	272	273	274	276	277	278	279	281	282	283	284	286	287	288	289	291	292	293	294
	2月	296	297	298	299	301	302	303	304	306	307	308	309	311	312	313	314	316	317	318	319	321	322	323	324	326	327	328	329	／	／	／
	3月	331	332	333	334	336	337	338	339	341	342	343	344	346	347	348	349	351	352	353	354	356	357	358	359	001	002	003	004	005	007	008
金	4月	009	010	012	013	014	015	017	018	019	020	022	023	024	025	027	028	029	030	032	033	034	035	036	038	039	040	041	043	044	045	／
	5月	046	048	049	050	051	053	054	055	056	057	059	060	061	062	064	065	066	067	068	070	071	072	073	075	076	077	078	080	081	082	083
星	6月	084	086	087	088	089	091	092	093	094	095	097	098	099	100	102	103	104	105	106	108	109	110	111	113	114	115	116	117	119	120	／
	7月	121	122	124	125	126	127	128	130	131	132	133	134	136	137	138	139	140	142	143	144	145	147	148	149	150	151	153	154	155	156	157
	8月	159	160	161	162	163	165	166	167	168	169	171	172	173	174	175	177	178	179	180	181	183	184	185	186	187	189	190	191	192	193	194
♀	9月	196	197	198	199	200	202	203	204	205	206	207	209	210	211	212	213	214	216	217	218	219	220	221	223	224	225	226	227	228	229	／
	10月	231	232	233	234	235	236	237	239	240	241	242	243	244	245	246	247	249	250	251	252	253	254	255	256	257	258	260	261	262	263	264
	11月	265	266	267	268	269	270	271	272	273	274	275	276	277	278	279	280	281	282	283	284	285	286	287	288	289	289	290	291	292	293	／
	12月	294	294	295	296	297	298	298	299	300	300	301	302	302	303	303	304	304	305	305	306	306	307	307	307	308	308	308	308	308	308	308

宮	月＼日	1	2	3	4	5	6	7	8	9	10	11	12	13	14	15	16	17	18	19	20	21	22	23	24	25	26	27	28	29	30	31
	1月	300	301	302	303	304	304	305	306	307	308	308	309	310	311	311	312	313	314	315	315	316	317	318	319	319	320	321	322	323	323	324
	2月	325	326	326	327	328	329	330	330	331	332	333	334	334	335	336	337	338	338	339	340	341	342	342	343	344	345	345	346	／	／	／
	3月	347	348	349	349	350	351	352	353	353	354	355	356	356	357	358	359	000	000	001	002	003	003	004	005	006	007	007	008	009	010	010
火	4月	011	012	013	013	014	015	016	017	017	018	019	020	020	021	022	023	023	024	025	026	026	027	028	029	029	030	031	032	032	033	／
	5月	034	035	035	036	037	038	038	039	040	041	041	042	043	043	044	045	046	046	047	048	049	049	050	051	052	052	053	054	054	055	056
星	6月	057	057	058	059	059	060	061	062	062	063	064	064	065	066	067	067	068	069	069	070	071	071	072	073	074	074	075	076	076	077	／
	7月	078	078	079	080	080	081	082	083	083	084	085	085	086	087	087	088	089	089	090	091	091	092	093	093	094	095	095	096	097	097	098
	8月	099	099	100	101	101	102	103	103	104	105	105	106	107	107	108	109	109	110	111	111	112	112	113	114	114	115	116	116	117	118	118
♂	9月	119	120	120	121	121	122	123	123	124	125	125	126	126	127	128	128	129	130	130	131	131	132	133	133	134	135	135	136	136	137	／
	10月	138	138	139	139	140	141	141	142	142	143	144	144	145	145	146	147	147	148	148	149	150	150	151	151	152	152	153	154	154	155	155
	11月	156	156	157	158	158	159	159	160	160	161	161	162	163	163	164	164	165	165	166	166	167	167	168	169	169	170	170	171	171	172	／
	12月	172	173	173	174	174	175	175	176	176	177	177	178	178	179	179	180	180	180	181	181	182	182	183	183	184	184	185	185	185	186	186

1982年

宮	月＼日	1	2	3	4	5	6	7	8	9	10	11	12	13	14	15	16	17	18	19	20	21	22	23	24	25	26	27	28	29	30	31
太陽 ☉	1月	280	281	282	283	284	285	286	287	288	289	290	291	292	293	294	295	296	297	298	299	300	301	302	303	304	305	306	307	308	309	310
	2月	311	312	313	314	315	317	318	319	320	321	322	323	324	325	326	327	328	329	330	331	332	333	334	335	336	337	338	339	／	／	／
	3月	340	341	342	343	344	345	346	347	348	349	350	351	352	353	354	355	356	357	358	359	000	001	002	003	004	005	006	007	008	009	010
	4月	011	012	013	014	015	016	016	017	018	019	020	021	022	023	024	025	026	027	028	029	030	031	032	033	034	035	036	037	038	039	／
	5月	040	041	042	043	044	045	046	047	048	049	050	051	052	053	053	054	055	056	057	058	059	060	061	062	063	064	065	066	067	068	069
	6月	070	071	072	073	074	075	076	077	077	078	079	080	081	082	083	084	085	086	087	088	089	090	091	092	093	094	095	096	097	098	／
	7月	098	099	100	101	102	103	104	105	106	107	108	109	110	111	112	113	114	115	116	117	118	119	119	120	121	122	123	124	125	126	127
	8月	128	129	130	131	132	133	134	135	136	137	138	139	140	141	141	142	143	144	145	146	147	148	149	150	151	152	153	154	155	156	157
	9月	158	159	160	161	162	163	164	165	166	167	168	169	170	170	171	172	173	174	175	176	177	178	179	180	181	182	183	184	185	186	／
	10月	187	188	189	190	191	192	193	194	195	196	197	198	199	200	201	202	203	204	205	206	207	208	209	210	211	212	213	214	215	216	217
	11月	218	219	220	221	222	223	224	225	226	227	228	229	230	231	232	233	234	235	236	237	238	239	240	241	242	243	244	245	246	247	／
	12月	248	249	250	251	252	253	254	255	256	257	258	259	260	261	262	263	264	265	266	267	268	269	270	271	272	274	275	276	277	278	279
宮	月＼日	1	2	3	4	5	6	7	8	9	10	11	12	13	14	15	16	17	18	19	20	21	22	23	24	25	26	27	28	29	30	31
月 ☽	1月	344	358	011	025	039	053	068	083	098	113	128	142	156	170	183	195	208	220	232	243	255	267	279	291	303	316	329	341	355	008	021
	2月	035	049	063	078	092	107	121	136	150	164	177	190	203	216	228	240	251	263	275	287	299	312	325	338	351	004	018	032	／	／	／
	3月	046	060	074	088	103	117	131	145	158	172	185	198	211	223	235	247	259	271	283	295	307	320	333	346	000	014	028	042	057	071	085
	4月	099	113	127	141	154	168	181	194	207	219	231	243	255	267	279	291	303	315	328	341	354	008	022	037	052	066	081	096	110	124	／
	5月	138	151	165	178	190	203	215	228	240	252	264	275	287	299	311	323	336	349	002	016	031	045	060	075	090	105	120	134	148	161	175
	6月	187	200	212	225	237	249	261	272	284	296	308	320	332	345	358	011	025	039	054	069	084	099	114	129	143	157	171	184	197	209	／
	7月	222	234	246	258	269	281	293	305	317	329	342	354	007	020	034	048	062	077	092	107	122	137	152	166	180	193	206	218	231	243	254
	8月	266	278	290	302	314	326	339	351	004	017	031	044	058	072	087	101	116	131	145	160	174	188	201	214	227	239	251	263	275	286	298
	9月	310	323	335	348	001	014	028	041	055	069	083	097	111	126	140	154	168	182	196	209	222	235	247	259	271	283	294	306	318	331	／
	10月	344	357	010	024	037	051	066	080	094	108	122	136	150	164	178	191	204	217	230	243	255	267	279	290	302	314	326	339	352	005	018
	11月	032	047	061	076	090	105	119	133	147	161	174	187	200	213	226	239	251	263	275	287	298	310	322	334	347	359	013	026	040	055	／
	12月	070	085	099	114	129	143	157	171	184	197	210	223	235	247	259	271	283	295	307	319	331	343	355	008	021	034	048	063	077	093	108
宮	月＼日	1	2	3	4	5	6	7	8	9	10	11	12	13	14	15	16	17	18	19	20	21	22	23	24	25	26	27	28	29	30	31
水星 ☿	1月	292	294	295	297	299	300	302	303	305	306	308	309	310	312	313	314	315	316	317	317	318	318	318	318	318	317	317	316	315	314	313
	2月	312	310	309	308	307	306	305	304	304	303	303	303	302	302	303	303	303	304	304	305	306	306	307	308	309	310	311	312	／	／	／
	3月	313	314	315	316	318	319	320	322	323	324	326	327	329	330	331	333	335	336	338	339	341	342	344	346	347	349	351	353	354	356	358
	4月	000	002	004	006	008	010	012	014	016	018	020	022	024	026	028	030	032	034	037	039	041	043	045	047	049	050	052	054	056	057	／
	5月	059	060	062	063	064	066	067	068	069	070	071	071	072	073	073	074	074	074	075	075	075	075	075	074	074	074	073	073	072	072	071
	6月	071	070	070	069	069	068	068	067	067	067	066	066	066	066	066	066	067	067	067	068	068	069	069	070	071	072	073	074	075	076	／
	7月	077	078	080	081	08[illegible]	084	086	087	089	091	092	094	096	098	100	102	104	106	108	110	113	115	117	119	121	123	125	127	129	131	134
	8月	135	137	139	141	143	145	147	149	150	152	154	156	157	159	161	162	164	165	167	168	170	171	173	174	176	177	178	179	181	182	183
	9月	184	186	187	188	189	190	191	192	192	193	194	195	195	196	196	196	197	197	197	197	197	197	196	196	195	194	194	193	192	191	／
	10月	189	188	187	186	185	184	183	183	182	182	182	182	182	183	183	184	185	186	187	188	189	191	192	194	195	197	198	200	201	203	205
	11月	206	208	210	211	213	215	216	218	220	221	223	224	226	228	229	231	232	234	236	237	239	240	242	243	245	247	248	250	251	253	／
	12月	254	256	258	259	261	262	264	265	267	268	270	272	273	275	276	278	279	281	282	284	285	287	288	290	291	292	294	295	296	297	298
宮	月＼日	1	2	3	4	5	6	7	8	9	10	11	12	13	14	15	16	17	18	19	20	21	22	23	24	25	26	27	28	29	30	31
金星 ♀	1月	308	308	308	308	308	308	308	307	307	307	306	306	305	305	304	304	303	303	302	301	301	300	300	299	298	298	297	297	296	296	295
	2月	295	294	294	294	294	293	293	293	293	293	293	293	293	293	293	293	294	294	294	295	295	295	296	296	297	297	298	298	／	／	／
	3月	299	299	300	301	301	302	303	303	304	305	305	306	307	308	309	310	310	311	312	313	314	315	316	317	317	318	319	320	321	322	323
	4月	324	325	326	327	328	329	330	331	332	333	334	335	336	337	338	339	341	342	343	344	345	346	347	348	349	350	351	352	354	355	／
	5月	356	357	358	359	000	001	002	004	005	006	007	008	009	010	011	013	014	015	016	017	018	019	021	022	023	024	025	026	027	029	030
	6月	031	032	033	034	036	037	038	039	040	041	043	044	045	046	047	048	050	051	052	053	054	056	057	058	059	060	061	063	064	065	／
	7月	066	067	069	070	071	072	073	074	076	077	078	079	080	082	083	084	085	086	088	089	090	091	092	094	095	096	097	098	100	101	102
	8月	103	105	106	107	108	109	111	112	113	114	115	117	118	119	120	122	123	124	125	126	128	129	130	131	133	134	135	136	137	139	140
	9月	141	142	144	145	146	147	149	150	151	152	154	155	156	157	158	160	161	162	163	165	166	167	168	170	171	172	173	175	176	177	／
	10月	178	180	181	182	183	185	186	187	188	190	191	192	193	195	196	197	198	200	201	202	203	205	206	207	208	210	211	212	213	215	216
	11月	217	218	220	221	222	223	225	226	227	228	230	231	232	233	235	236	237	238	240	241	242	243	245	246	247	249	250	251	252	254	／
	12月	255	256	257	259	260	261	262	264	265	266	267	269	270	271	272	274	275	276	277	279	280	281	282	284	285	286	287	289	290	291	292
宮	月＼日	1	2	3	4	5	6	7	8	9	10	11	12	13	14	15	16	17	18	19	20	21	22	23	24	25	26	27	28	29	30	31
火星 ♂	1月	187	187	187	188	188	189	189	189	190	190	190	191	191	191	192	192	192	193	193	193	194	194	194	195	195	195	195	196	196	196	196
	2月	197	197	197	197	197	197	198	198	198	198	198	198	198	198	198	199	199	199	199	199	199	199	199	199	199	198	198	198	／	／	／
	3月	198	198	198	198	198	198	197	197	197	197	197	196	196	196	195	195	195	195	194	194	194	193	193	193	192	192	191	191	191	190	190
	4月	190	189	189	188	188	188	187	187	187	186	186	185	185	185	184	184	184	183	183	183	183	182	182	182	182	181	181	181	181	181	／
	5月	181	180	180	180	180	180	180	180	180	180	180	180	180	180	180	180	180	180	180	180	180	181	181	181	181	181	181	181	182	182	182
	6月	182	183	183	183	183	184	184	184	184	185	185	185	186	186	186	187	187	187	188	188	188	189	189	190	190	190	191	191	192	192	／
	7月	193	193	193	194	194	195	195	196	196	197	197	198	198	199	199	200	200	201	201	202	202	203	203	204	204	205	205	206	206	207	208
	8月	208	209	209	210	210	211	212	212	213	213	214	215	215	216	216	217	218	218	219	219	220	221	221	222	222	223	224	224	225	226	226
	9月	227	228	228	229	230	230	231	232	232	233	233	234	235	235	236	237	238	238	239	240	240	241	242	242	243	244	244	245	246	246	／
	10月	247	248	249	249	250	251	251	252	253	254	254	255	256	256	257	258	259	259	260	261	262	262	263	264	264	265	266	267	267	268	269
	11月	270	270	271	272	273	273	274	275	276	276	277	278	279	279	280	281	282	282	283	284	285	286	286	287	288	289	289	290	291	292	／
	12月	292	293	294	295	296	296	297	298	299	299	300	301	302	303	303	304	305	306	306	307	308	309	310	310	311	312	313	313	314	315	316

1983年

宮	月＼日	1	2	3	4	5	6	7	8	9	10	11	12	13	14	15	16	17	18	19	20	21	22	23	24	25	26	27	28	29	30	31
太陽 ⊙	1月	280	281	282	283	284	285	286	287	288	289	290	291	292	293	294	295	296	297	298	299	300	301	302	303	304	305	306	307	308	309	310
	2月	311	312	313	314	315	316	317	318	319	320	321	322	323	324	325	326	327	328	329	330	331	332	333	334	335	336	337	338	／	／	／
	3月	339	340	341	342	343	344	345	346	347	348	349	350	351	352	353	354	355	356	357	358	359	000	001	002	003	004	005	006	007	008	009
	4月	010	011	012	013	014	015	016	017	018	019	020	021	022	023	024	025	026	027	028	029	030	031	032	033	034	035	036	037	038	039	／
	5月	040	041	042	043	044	045	046	046	047	048	049	050	051	052	053	054	055	056	057	058	059	060	061	062	063	064	065	066	067	068	069
	6月	070	071	072	072	073	074	075	076	077	078	079	080	081	082	083	084	085	086	087	088	089	090	091	092	093	093	094	095	096	097	／
	7月	098	099	100	101	102	103	104	105	106	107	108	109	110	111	112	113	114	114	115	116	117	118	119	120	121	122	123	124	125	126	127
	8月	128	129	130	131	132	133	134	135	135	136	137	138	139	140	141	142	143	144	145	146	147	148	149	150	151	152	153	154	155	156	157
	9月	158	159	160	161	162	162	163	164	165	166	167	168	169	170	171	172	173	174	175	176	177	178	179	180	181	182	183	184	185	186	／
	10月	187	188	189	190	191	192	193	194	195	196	197	198	199	200	201	202	203	204	205	206	207	208	209	210	211	212	213	214	215	216	217
	11月	218	219	220	221	222	223	224	225	226	227	228	229	230	231	232	233	234	235	236	237	238	239	240	241	242	243	244	245	246	247	／
	12月	248	249	250	251	252	253	254	255	256	257	258	259	260	261	262	263	264	265	266	267	268	269	270	271	272	273	274	275	276	277	278

宮	月＼日	1	2	3	4	5	6	7	8	9	10	11	12	13	14	15	16	17	18	19	20	21	22	23	24	25	26	27	28	29	30	31
月 ☽	1月	123	138	153	167	181	194	207	220	232	244	256	268	280	292	304	316	327	339	352	004	017	030	043	057	071	086	100	116	131	146	161
	2月	175	190	203	216	229	241	253	265	277	289	301	312	324	337	349	001	014	027	040	053	066	080	095	109	124	139	154	169	／	／	／
	3月	183	198	211	225	237	250	262	274	286	297	309	321	333	345	358	011	023	037	050	063	077	091	105	119	134	148	163	177	192	206	219
	4月	232	245	258	270	282	294	305	317	329	341	354	007	020	033	046	060	074	088	102	116	130	144	158	172	186	200	214	227	240	253	／
	5月	265	278	290	301	313	325	337	349	002	015	028	042	055	069	084	098	112	127	141	155	169	183	196	210	223	236	249	261	273	286	298
	6月	309	321	333	345	357	010	023	036	050	064	078	093	108	122	137	151	166	180	193	207	220	233	245	258	270	282	294	306	318	330	／
	7月	341	354	006	018	031	044	058	072	087	101	116	132	147	161	176	190	204	217	230	242	255	267	279	291	303	315	326	338	350	002	015
	8月	027	040	053	066	080	095	110	125	140	155	170	185	199	213	226	239	252	264	276	288	300	312	323	335	347	359	012	024	036	049	062
	9月	076	090	104	118	133	149	164	179	194	208	222	235	248	261	273	285	297	308	320	332	344	356	009	021	034	046	059	072	086	100	／
	10月	114	128	143	157	172	187	202	216	230	243	256	269	281	293	305	317	329	341	353	005	017	030	043	056	069	083	096	110	124	138	153
	11月	167	182	196	210	224	238	251	264	277	289	301	313	325	337	349	001	013	026	039	052	065	079	093	107	121	135	149	164	178	192	／
	12月	206	219	233	246	259	272	284	297	309	321	333	344	356	008	021	033	046	060	074	088	102	117	131	146	160	175	189	202	216	229	242

宮	月＼日	1	2	3	4	5	6	7	8	9	10	11	12	13	14	15	16	17	18	19	20	21	22	23	24	25	26	27	28	29	30	31
水星 ☿	1月	299	300	301	301	302	302	302	302	302	301	301	300	299	297	296	295	294	292	291	290	289	288	287	287	286	286	286	286	286	286	287
	2月	287	288	288	289	290	291	292	293	294	295	296	297	298	299	300	302	303	304	306	307	308	310	311	312	314	315	317	318	／	／	／
	3月	320	321	323	325	326	328	329	331	333	334	336	338	340	341	343	345	347	349	350	352	354	356	358	000	002	004	006	008	010	012	014
	4月	016	018	020	022	024	026	028	030	032	034	036	038	039	041	042	044	045	046	048	049	050	051	052	052	053	054	054	054	055	055	／
	5月	055	055	055	055	055	054	054	053	053	052	052	051	051	050	049	049	048	048	047	047	047	046	046	046	046	046	046	046	046	047	047
	6月	048	048	049	049	050	051	052	053	054	055	056	057	058	059	061	062	063	065	066	068	069	071	073	075	076	078	080	082	084	086	／
	7月	088	090	092	094	097	099	101	103	105	107	110	112	114	116	118	120	122	124	126	128	130	132	134	135	137	139	141	142	144	146	147
	8月	149	151	152	154	155	157	158	159	161	162	163	165	166	167	168	169	170	171	172	173	174	175	176	177	177	178	179	179	179	180	180
	9月	180	180	180	180	180	180	179	178	178	177	176	175	174	173	172	171	170	169	168	168	167	167	166	166	166	166	166	167	167	168	／
	10月	169	170	171	172	174	175	177	178	180	181	183	185	186	188	190	192	193	195	197	198	200	202	204	205	207	209	210	212	214	215	217
	11月	219	220	222	223	225	227	228	230	231	233	234	236	238	239	241	242	244	245	247	248	250	251	253	254	256	257	259	260	262	263	／
	12月	265	266	268	269	270	272	273	274	276	277	278	279	281	282	283	283	284	285	285	286	286	286	286	286	285	285	284	283	281	280	279

宮	月＼日	1	2	3	4	5	6	7	8	9	10	11	12	13	14	15	16	17	18	19	20	21	22	23	24	25	26	27	28	29	30	31
金星 ♀	1月	294	295	296	297	299	300	301	302	304	305	306	308	309	310	311	313	314	315	316	318	319	320	321	323	324	325	326	328	329	330	331
	2月	333	334	335	336	337	339	340	341	342	344	345	346	347	349	350	351	352	354	355	356	357	359	000	001	002	003	005	006	／	／	／
	3月	007	008	010	011	012	013	015	016	017	018	019	021	022	023	024	026	027	028	029	030	032	033	034	035	036	038	039	040	041	042	044
	4月	045	046	047	048	050	051	052	053	054	056	057	058	059	060	061	063	064	065	066	067	068	070	071	072	073	074	075	077	078	079	／
	5月	080	081	082	083	085	086	087	088	089	090	091	093	094	095	096	097	098	099	100	101	102	104	105	106	107	108	109	110	111	112	113
	6月	114	115	116	117	118	119	120	121	122	123	124	125	126	127	128	129	130	131	132	133	134	135	136	137	138	138	139	140	141	142	／
	7月	143	143	144	145	146	147	147	148	149	149	150	151	151	152	153	153	154	154	155	155	156	156	157	157	157	158	158	158	158	159	159
	8月	159	159	159	159	159	159	159	159	158	158	158	158	157	157	157	156	156	155	155	154	153	153	152	152	151	150	150	149	149	148	147
	9月	147	146	146	145	145	145	144	144	144	143	143	143	143	143	143	143	143	143	143	143	143	143	144	144	144	145	145	145	146	146	／
	10月	147	147	148	149	149	150	150	151	152	152	153	154	155	155	156	157	158	158	159	160	161	162	163	164	165	165	166	167	168	169	170
	11月	171	172	173	174	175	176	177	178	179	180	181	182	183	184	185	187	188	189	190	191	192	193	194	195	196	198	199	200	201	202	／
	12月	203	204	205	207	208	209	210	211	212	214	215	216	217	218	219	221	222	223	224	225	226	228	229	230	231	232	234	235	236	237	238

宮	月＼日	1	2	3	4	5	6	7	8	9	10	11	12	13	14	15	16	17	18	19	20	21	22	23	24	25	26	27	28	29	30	31
火星 ♂	1月	317	317	318	319	320	321	321	322	323	324	324	325	326	327	328	328	329	330	331	332	332	333	334	335	335	336	337	338	339	339	340
	2月	341	342	343	343	344	345	346	346	347	348	349	350	350	351	352	353	353	354	355	356	357	357	358	359	000	000	001	002	／	／	／
	3月	003	003	004	005	006	007	007	008	009	010	010	011	012	013	013	014	015	016	016	017	018	019	019	020	021	022	022	023	024	025	025
	4月	026	027	028	028	029	030	031	031	032	033	034	034	035	036	037	037	038	039	040	040	041	042	042	043	044	045	045	046	047	048	／
	5月	048	049	050	050	051	052	053	053	054	055	055	056	057	058	058	059	060	060	061	062	063	063	064	065	065	066	067	067	068	069	070
	6月	070	071	072	072	073	074	074	075	076	076	077	078	079	079	080	081	081	082	083	083	084	085	085	086	087	087	088	089	089	090	／
	7月	091	091	092	093	093	094	095	095	096	097	097	098	099	099	100	101	101	102	103	103	104	105	105	106	107	107	108	109	109	110	111
	8月	111	112	113	113	114	115	115	116	117	117	118	118	119	120	120	121	122	122	123	124	124	125	126	126	127	128	128	129	129	130	131
	9月	131	132	133	133	134	135	135	136	136	137	138	138	139	140	140	141	141	142	143	143	144	145	145	146	146	147	148	148	149	150	／
	10月	150	151	151	152	153	153	154	155	155	156	156	157	158	158	159	159	160	161	161	162	163	163	164	164	165	166	166	167	167	168	169
	11月	169	170	170	171	172	172	173	173	174	175	175	176	176	177	178	178	179	179	180	181	181	182	182	183	183	184	185	185	186	186	／
	12月	187	187	188	189	189	190	190	191	192	192	193	193	194	194	195	195	196	197	197	198	198	199	199	200	200	201	202	202	203	203	204

1984年

宮	月＼日	1	2	3	4	5	6	7	8	9	10	11	12	13	14	15	16	17	18	19	20	21	22	23	24	25	26	27	28	29	30	31
太陽 ⊙	1月	279	280	281	282	283	284	285	287	288	289	290	291	292	293	294	295	296	297	298	299	300	301	302	303	304	305	306	307	308	309	310
	2月	311	312	313	314	315	316	317	318	319	320	321	322	323	324	325	326	327	328	329	330	331	332	333	334	335	336	337	338	339	/	/
	3月	340	341	342	343	344	345	346	347	348	349	350	351	352	353	354	355	356	357	358	359	000	001	002	003	004	005	006	007	008	009	010
	4月	011	012	013	014	015	016	017	018	019	020	021	022	023	024	025	026	027	028	029	030	031	032	033	034	035	036	037	038	038	039	/
	5月	040	041	042	043	044	045	046	047	048	049	050	051	052	053	054	055	056	057	058	059	060	061	062	063	064	065	066	066	067	068	069
	6月	070	071	072	073	074	075	076	077	078	079	080	081	082	083	084	085	086	087	088	088	089	090	091	092	093	094	095	096	097	098	/
	7月	099	100	101	102	103	104	105	106	107	108	109	109	110	111	112	113	114	115	116	117	118	119	120	121	122	123	124	125	126	127	128
	8月	129	130	130	131	132	133	134	135	136	137	138	139	140	141	142	143	144	145	146	147	148	149	150	151	152	153	154	155	155	156	157
	9月	158	159	160	161	162	163	164	165	166	167	168	169	170	171	172	173	174	175	176	177	178	179	180	181	182	183	184	185	186	187	/
	10月	188	189	190	191	192	193	194	195	196	197	197	198	199	200	201	202	203	204	205	206	207	208	209	210	211	212	213	214	215	216	217
	11月	218	219	220	221	222	223	224	225	226	227	228	229	230	231	232	233	234	235	236	237	238	240	241	242	243	244	245	246	247	248	/
	12月	249	250	251	252	253	254	255	256	257	258	259	260	261	262	263	264	265	266	267	268	269	270	271	272	273	274	275	276	277	278	279

宮	月＼日	1	2	3	4	5	6	7	8	9	10	11	12	13	14	15	16	17	18	19	20	21	22	23	24	25	26	27	28	29	30	31
月 ☽	1月	255	268	280	293	305	317	329	341	352	004	016	029	041	054	068	081	096	110	125	140	155	170	185	199	213	226	239	252	265	277	289
	2月	301	313	325	337	349	001	013	025	037	050	062	076	089	104	118	133	149	164	179	194	208	222	236	249	262	274	286	298	310	/	/
	3月	322	334	346	358	010	022	034	046	059	071	085	098	112	127	141	157	172	187	202	217	231	245	258	271	283	295	307	319	331	343	355
	4月	007	019	031	043	056	068	081	094	108	122	136	151	165	180	195	210	225	239	253	266	279	292	304	316	328	340	352	003	015	028	/
	5月	040	053	065	078	091	105	118	132	146	161	175	190	204	219	233	247	261	274	287	300	312	324	336	348	000	012	024	036	049	061	075
	6月	088	101	115	129	143	157	172	186	200	214	228	242	256	269	282	295	307	320	332	344	356	008	020	032	044	057	070	083	097	111	/
	7月	125	140	154	168	183	197	211	225	238	252	265	278	291	303	316	328	340	352	004	016	028	040	052	065	078	091	105	120	134	149	164
	8月	179	193	208	222	235	249	262	275	287	300	312	324	336	348	000	012	024	036	048	060	073	086	100	114	128	143	158	173	188	203	218
	9月	232	245	259	272	284	297	309	321	333	345	357	009	021	033	045	057	069	082	095	108	122	136	151	166	182	197	212	227	241	255	/
	10月	268	281	294	306	318	330	342	354	006	018	030	042	054	066	078	091	104	117	131	145	160	175	190	205	220	235	249	263	277	290	303
	11月	315	327	339	351	003	015	027	039	051	063	075	088	101	114	128	141	155	170	184	199	213	228	243	257	271	285	298	311	323	335	/
	12月	347	359	011	023	035	047	059	072	085	098	111	124	138	152	166	180	194	209	223	237	251	265	279	292	306	318	331	343	355	007	019

宮	月＼日	1	2	3	4	5	6	7	8	9	10	11	12	13	14	15	16	17	18	19	20	21	22	23	24	25	26	27	28	29	30	31
水星 ☿	1月	277	276	275	274	273	272	271	271	270	270	270	270	270	271	271	272	272	273	274	275	276	276	278	279	280	281	282	283	284	286	287
	2月	288	290	291	292	294	295	297	298	300	301	303	304	306	307	309	310	312	313	315	317	318	320	322	323	325	327	328	330	332	/	/
	3月	334	336	337	339	341	343	345	347	349	351	352	354	356	358	000	002	004	006	008	010	012	014	016	018	019	021	023	024	026	027	029
	4月	030	031	032	033	034	034	035	035	036	036	036	036	036	036	036	035	035	034	034	033	032	032	031	030	030	029	028	028	027	027	/
	5月	027	026	026	026	026	026	026	026	026	027	027	027	028	029	029	030	031	032	032	033	034	035	037	038	039	040	041	043	044	046	047
	6月	049	050	052	053	055	057	059	060	062	064	066	068	070	072	074	076	078	080	083	085	087	089	091	094	096	098	100	102	104	106	/
	7月	108	110	112	114	116	118	120	122	124	126	127	129	131	132	134	135	137	139	140	141	143	144	146	147	148	149	151	152	153	154	155
	8月	156	157	158	158	159	160	160	161	162	162	162	163	163	163	163	163	163	162	162	162	161	160	160	159	158	157	156	155	154	154	153
	9月	152	151	151	150	150	150	150	150	150	150	151	151	152	153	154	155	157	158	159	161	162	164	166	168	169	171	173	175	176	178	/
	10月	180	182	184	185	187	189	191	193	194	196	198	199	201	203	205	206	208	210	211	213	214	216	218	219	221	222	224	225	227	228	230
	11月	232	233	235	236	237	239	240	242	243	245	246	248	249	250	252	253	254	256	257	258	260	261	262	263	264	265	266	267	268	269	/
	12月	269	270	270	270	270	270	270	269	269	268	267	266	264	263	262	260	259	258	257	256	255	255	254	254	254	254	254	255	255	256	257

宮	月＼日	1	2	3	4	5	6	7	8	9	10	11	12	13	14	15	16	17	18	19	20	21	22	23	24	25	26	27	28	29	30	31
金星 ♀	1月	240	241	242	243	244	246	247	248	249	250	252	253	254	255	257	258	259	260	261	263	264	265	266	267	269	270	271	272	274	275	276
	2月	277	279	280	281	282	283	285	286	287	288	290	291	292	293	294	296	297	298	299	301	302	303	304	306	307	308	309	311	312	/	/
	3月	313	314	315	317	318	319	320	322	323	324	325	327	328	329	330	331	333	334	335	336	338	339	340	341	343	344	345	346	348	349	350
	4月	351	352	354	355	356	357	359	000	001	002	004	005	006	007	008	010	011	012	013	015	016	017	018	020	021	022	023	024	026	027	/
	5月	028	029	031	032	033	034	036	037	038	039	040	042	043	044	045	047	048	049	050	052	053	054	055	056	058	059	060	061	063	064	065
	6月	066	068	069	070	071	072	074	075	076	077	079	080	081	082	083	085	086	087	088	090	091	092	093	095	096	097	098	099	101	102	/
	7月	103	104	106	107	108	109	111	112	113	114	115	117	118	119	120	122	123	124	125	127	128	129	130	131	133	134	135	136	138	139	140
	8月	141	143	144	145	146	147	149	150	151	152	154	155	156	157	159	160	161	162	163	165	166	167	168	170	171	172	173	174	176	177	178
	9月	179	181	182	183	184	186	187	188	189	190	192	193	194	195	197	198	199	200	202	203	204	205	206	208	209	210	211	213	214	215	/
	10月	216	217	219	220	221	222	224	225	226	227	228	230	231	232	233	235	236	237	238	239	241	242	243	244	245	247	248	249	250	252	253
	11月	254	255	256	258	259	260	261	262	264	265	266	267	268	270	271	272	273	274	276	277	278	279	280	282	283	284	285	286	288	289	/
	12月	290	291	292	294	295	296	297	298	299	301	302	303	304	305	307	308	309	310	311	312	313	315	316	317	318	319	320	321	323	324	325

宮	月＼日	1	2	3	4	5	6	7	8	9	10	11	12	13	14	15	16	17	18	19	20	21	22	23	24	25	26	27	28	29	30	31
火星 ♂	1月	204	205	205	206	206	207	207	208	208	209	209	210	211	211	212	212	213	213	214	214	215	215	216	216	216	217	217	218	218	219	219
	2月	220	220	221	221	222	222	222	223	223	224	224	225	225	225	226	226	227	227	227	228	228	229	229	229	230	230	230	231	231	/	/
	3月	231	232	232	232	233	233	233	234	234	234	234	235	235	235	235	236	236	236	236	236	236	237	237	237	237	237	237	237	238	238	238
	4月	238	238	238	238	238	238	238	238	238	238	238	238	237	237	237	237	237	237	237	236	236	236	236	236	235	235	235	235	234	234	/
	5月	234	233	233	233	232	232	232	231	231	231	230	230	230	229	229	229	228	228	228	227	227	226	226	226	226	225	225	225	224	224	224
	6月	224	223	223	223	223	222	222	222	222	222	222	222	221	221	221	221	221	221	221	221	221	221	221	221	221	221	222	222	222	222	/
	7月	222	222	222	223	223	223	223	223	224	224	224	224	225	225	225	225	226	226	226	227	227	227	228	228	229	229	229	230	230	231	231
	8月	231	232	232	233	233	234	234	235	235	236	236	237	237	238	238	239	239	240	240	241	241	242	242	243	243	244	245	245	246	246	247
	9月	248	248	249	249	250	251	251	252	252	253	254	254	255	255	256	257	257	258	259	259	260	261	261	262	263	263	264	265	265	266	/
	10月	267	267	268	269	269	270	271	271	272	273	274	274	275	276	276	277	278	279	279	280	281	281	282	283	284	284	285	286	286	287	288
	11月	289	289	290	291	292	292	293	294	295	295	296	297	298	298	299	300	301	301	302	303	304	304	305	306	307	307	308	309	310	310	/
	12月	311	312	313	313	314	315	316	316	317	318	319	319	320	321	322	323	323	324	325	326	326	327	328	329	329	330	331	332	332	333	334

1985年

宮	月＼日	1	2	3	4	5	6	7	8	9	10	11	12	13	14	15	16	17	18	19	20	21	22	23	24	25	26	27	28	29	30	31
太陽 ⊙	1月	280	281	282	283	284	285	286	287	288	289	290	291	292	293	294	295	296	297	298	300	301	302	303	304	305	306	307	308	309	310	311
	2月	312	313	314	315	316	317	318	319	320	321	322	323	324	325	326	327	328	329	330	331	332	333	334	335	336	337	338	339	／	／	／
	3月	340	341	342	343	344	345	346	347	348	349	350	351	352	353	354	355	356	357	358	359	000	001	002	003	004	005	006	007	008	009	010
	4月	011	012	013	014	015	016	017	018	019	020	021	022	023	024	025	026	027	028	029	029	030	031	032	033	034	035	036	037	038	039	／
	5月	040	041	042	043	044	045	046	047	048	049	050	051	052	053	054	055	056	057	058	059	060	060	061	062	063	064	065	066	067	068	069
	6月	070	071	072	073	074	075	076	077	078	079	080	081	082	083	083	084	085	086	087	088	089	090	091	092	093	094	095	096	097	098	／
	7月	099	100	101	102	103	104	104	105	106	107	108	109	110	111	112	113	114	115	116	117	118	119	120	121	122	123	124	124	125	126	127
	8月	128	129	130	131	132	133	134	135	136	137	138	139	140	141	142	143	144	145	146	147	148	148	149	150	151	152	153	154	155	156	157
	9月	158	159	160	161	162	163	164	165	166	167	168	169	170	171	172	173	174	175	176	177	178	179	180	181	182	182	183	184	185	186	／
	10月	187	188	189	190	191	192	193	194	195	196	197	198	199	200	201	202	203	204	205	206	207	208	209	210	211	212	213	214	215	216	217
	11月	218	219	220	221	222	223	224	225	226	227	228	229	230	231	232	233	234	235	236	237	238	239	240	241	242	243	244	245	246	247	／
	12月	248	249	250	251	252	253	254	255	256	258	259	260	261	262	263	264	265	266	267	268	269	270	271	272	273	274	275	276	277	278	279

宮	月＼日	1	2	3	4	5	6	7	8	9	10	11	12	13	14	15	16	17	18	19	20	21	22	23	24	25	26	27	28	29	30	31
月 ☽	1月	031	043	055	067	080	093	107	120	134	148	163	177	191	205	219	233	247	261	274	288	301	314	326	339	351	003	015	027	038	050	063
	2月	075	088	101	115	129	143	158	173	187	202	216	230	244	258	271	284	297	310	322	335	347	359	011	023	035	046	058	071	／	／	／
	3月	083	096	109	123	137	152	166	182	197	211	226	240	254	268	281	294	307	319	332	344	356	008	020	031	043	055	067	079	091	104	117
	4月	131	145	160	175	190	205	220	235	250	264	277	291	304	316	329	341	353	005	017	028	040	052	064	076	088	101	113	127	140	154	／
	5月	168	183	198	213	228	243	258	272	286	300	313	325	338	350	002	014	025	037	049	061	073	085	098	110	123	137	150	164	178	192	207
	6月	222	237	252	266	280	294	308	321	334	346	358	010	022	034	046	058	070	082	095	107	120	133	147	161	174	188	203	217	231	246	／
	7月	260	275	289	303	316	329	342	354	006	018	030	042	054	066	078	091	103	116	130	143	157	171	185	199	213	228	242	256	270	284	298
	8月	311	324	337	350	002	014	026	038	050	062	074	086	099	112	125	139	153	167	181	196	210	224	239	253	266	280	294	307	320	333	346
	9月	358	010	022	034	046	058	070	082	094	107	120	133	147	162	176	191	206	220	235	249	263	277	291	304	317	330	342	355	007	019	／
	10月	031	043	054	066	078	090	102	115	128	141	155	170	184	199	214	229	244	259	273	287	301	314	327	339	351	004	016	028	039	051	063
	11月	075	087	099	111	124	137	150	164	178	192	207	222	238	253	268	282	296	310	323	336	348	001	013	025	036	048	060	072	084	096	／
	12月	108	121	133	146	159	173	187	201	216	231	246	261	276	290	305	318	332	345	357	009	021	033	045	057	069	081	093	105	118	130	143

宮	月＼日	1	2	3	4	5	6	7	8	9	10	11	12	13	14	15	16	17	18	19	20	21	22	23	24	25	26	27	28	29	30	31
水星 ☿	1月	258	258	259	260	261	263	264	265	266	267	269	270	271	273	274	275	277	278	280	281	282	284	285	287	288	290	291	293	295	296	298
	2月	299	301	302	304	306	307	309	311	312	314	316	317	319	321	323	324	326	328	330	332	333	335	337	339	341	343	345	347	／	／	／
	3月	349	350	352	354	356	358	000	001	003	005	006	008	009	011	012	013	014	015	016	017	017	018	018	018	018	018	018	017	017	016	016
	4月	015	014	014	013	012	011	010	010	009	008	008	007	007	007	006	006	006	006	006	007	007	007	008	008	009	009	010	011	012	013	／
	5月	013	014	015	017	018	019	020	021	023	024	025	027	028	030	031	033	034	036	037	039	041	043	044	046	048	050	052	054	056	058	060
	6月	062	064	067	069	071	073	075	077	080	082	084	086	088	090	093	095	097	099	101	103	105	106	108	110	112	113	115	117	118	120	／
	7月	122	123	124	126	127	129	130	131	132	133	135	136	137	138	139	139	140	141	142	142	143	143	144	144	144	145	145	145	145	145	144
	8月	144	144	143	143	142	141	141	140	139	138	138	137	136	135	135	134	134	133	133	133	133	133	133	133	134	134	135	136	137	138	139
	9月	141	142	143	145	147	148	150	152	154	155	157	159	161	163	165	167	169	171	172	174	176	178	180	182	183	185	187	189	190	192	／
	10月	194	196	197	199	200	202	204	205	207	208	210	212	213	215	216	218	219	221	222	224	225	226	228	229	231	232	233	235	236	237	239
	11月	240	241	243	244	245	246	247	248	249	250	251	252	252	253	254	254	254	254	254	254	254	254	253	252	251	250	249	247	246	244	／
	12月	243	242	241	240	239	239	238	238	238	238	239	239	240	241	241	242	243	244	245	247	248	249	250	252	253	254	256	257	258	260	261

宮	月＼日	1	2	3	4	5	6	7	8	9	10	11	12	13	14	15	16	17	18	19	20	21	22	23	24	25	26	27	28	29	30	31
金星 ♀	1月	326	327	328	329	330	332	333	334	335	336	337	338	339	340	341	342	343	344	345	347	348	349	350	351	352	353	354	355	356	356	357
	2月	358	359	000	001	002	003	004	005	005	006	007	008	009	010	010	011	012	012	013	014	014	015	016	016	017	017	018	018	／	／	／
	3月	019	019	020	020	020	021	021	021	021	022	022	022	022	022	022	022	022	021	021	021	021	020	020	020	019	019	018	018	017	017	016
	4月	015	015	014	013	013	012	012	011	010	010	009	009	008	008	007	007	007	006	006	006	006	006	006	006	006	006	006	006	006	006	／
	5月	006	006	007	007	007	008	008	009	009	009	010	011	011	012	012	013	013	014	015	015	016	017	018	018	019	020	021	022	022	023	024
	6月	025	026	027	027	028	029	030	031	032	033	034	035	036	037	038	039	040	041	042	043	044	045	046	047	048	049	050	051	052	053	／
	7月	054	055	056	057	058	059	060	061	063	064	065	066	067	068	069	070	071	072	073	075	076	077	078	079	080	081	082	084	085	086	087
	8月	088	089	090	092	093	094	095	096	097	098	100	101	102	103	104	105	107	108	109	110	111	112	114	115	116	117	118	119	121	122	123
	9月	124	125	127	128	129	130	131	133	134	135	136	137	139	140	141	142	143	145	146	147	148	150	151	152	153	154	156	157	158	159	／
	10月	161	162	163	164	165	167	168	169	170	172	173	174	175	177	178	179	180	181	183	184	185	186	188	189	190	191	193	194	195	196	198
	11月	199	200	201	203	204	205	206	208	209	210	211	213	214	215	216	218	219	220	221	223	224	225	226	228	229	230	231	233	234	235	／
	12月	236	238	239	240	242	243	244	245	247	248	249	250	252	253	254	255	257	258	259	260	262	263	264	265	267	268	269	270	272	273	274

宮	月＼日	1	2	3	4	5	6	7	8	9	10	11	12	13	14	15	16	17	18	19	20	21	22	23	24	25	26	27	28	29	30	31
火星 ♂	1月	335	335	336	337	338	339	339	340	341	342	342	343	344	345	345	346	347	348	348	349	350	351	351	352	353	354	355	355	356	357	358
	2月	358	359	000	001	001	002	003	004	004	005	006	007	007	008	009	010	010	011	012	013	013	014	015	015	016	017	018	018	／	／	／
	3月	019	020	021	021	022	023	024	024	025	026	027	027	028	029	029	030	031	032	032	033	034	035	035	036	037	037	038	039	040	040	041
	4月	042	042	043	044	045	045	046	047	047	048	049	050	050	051	052	052	053	054	054	055	056	057	057	058	059	059	060	061	061	062	／
	5月	063	063	064	065	066	066	067	068	068	069	070	070	071	072	072	073	074	074	075	076	077	077	078	079	079	080	081	081	082	083	083
	6月	084	085	085	086	087	087	088	089	089	090	091	091	092	093	093	094	095	095	096	097	097	098	099	099	100	101	101	102	103	103	／
	7月	104	105	105	106	106	107	108	108	109	110	110	111	112	112	113	114	114	115	116	116	117	118	118	119	119	120	121	121	122	123	123
	8月	124	125	125	126	127	127	128	129	129	130	130	131	132	132	133	134	134	135	136	136	137	137	138	139	139	140	141	141	142	143	143
	9月	144	144	145	146	146	147	148	148	149	150	150	151	151	152	153	153	154	155	155	156	157	157	158	158	159	160	160	161	162	162	／
	10月	163	163	164	165	165	166	167	167	168	169	169	170	170	171	172	172	173	174	174	175	175	176	177	177	178	179	179	180	180	181	182
	11月	182	183	184	184	185	185	186	187	187	188	189	189	190	190	191	192	192	193	194	194	195	195	196	197	197	198	199	199	200	200	／
	12月	201	202	202	203	204	204	205	205	206	207	207	208	208	209	210	210	211	212	212	213	213	214	215	215	216	216	217	218	218	219	220

1986年

宮	月＼日	1	2	3	4	5	6	7	8	9	10	11	12	13	14	15	16	17	18	19	20	21	22	23	24	25	26	27	28	29	30	31
太陽 ☉	1月	280	281	282	283	284	285	286	287	288	289	290	291	292	293	294	295	296	297	298	299	300	301	302	303	304	305	306	307	308	309	310
	2月	311	312	313	315	316	317	318	319	320	321	322	323	324	325	326	327	328	329	330	331	332	333	334	335	336	337	338	339	／	／	／
	3月	340	341	342	343	344	345	346	347	348	349	350	351	352	353	354	355	356	357	358	359	000	001	002	003	004	005	006	007	008	009	010
	4月	011	012	013	014	015	016	017	017	018	019	020	021	022	023	024	025	026	027	028	029	030	031	032	033	034	035	036	037	038	039	／
	5月	040	041	042	043	044	045	046	047	048	049	050	051	052	053	054	054	055	056	057	058	059	060	061	062	063	064	065	066	067	068	069
	6月	070	071	072	073	074	075	076	077	078	078	079	080	081	082	083	084	085	086	087	088	089	090	091	092	093	094	095	096	097	098	／
	7月	099	099	100	101	102	103	104	105	106	107	108	109	110	111	112	113	114	115	116	117	118	119	119	120	121	122	123	124	125	126	127
	8月	128	129	130	131	132	133	134	135	136	137	138	139	140	141	142	142	143	144	145	146	147	148	149	150	151	152	153	154	155	156	157
	9月	158	159	160	161	162	163	164	165	166	167	168	169	170	171	171	172	173	174	175	176	177	178	179	180	181	182	183	184	185	186	／
	10月	187	188	189	190	191	192	193	194	195	196	197	198	199	200	201	202	203	204	205	206	207	208	209	210	211	212	213	214	215	216	217
	11月	218	219	220	221	222	223	224	225	226	227	228	229	230	231	232	233	234	235	236	237	238	239	240	241	242	243	244	245	246	247	／
	12月	248	249	250	251	252	253	254	255	256	257	258	259	260	261	262	263	264	265	266	267	268	269	270	272	273	274	275	276	277	278	279
宮	月＼日	1	2	3	4	5	6	7	8	9	10	11	12	13	14	15	16	17	18	19	20	21	22	23	24	25	26	27	28	29	30	31
月 ☽	1月	156	169	183	197	211	225	240	254	269	284	298	312	326	340	353	005	017	029	041	053	065	077	089	101	114	127	140	153	166	180	194
	2月	208	222	236	250	264	278	293	307	321	334	347	000	013	025	037	049	061	073	085	097	109	122	135	148	162	176	190	204	／	／	／
	3月	218	232	247	261	275	289	303	316	330	343	356	008	021	033	045	057	069	081	092	105	117	130	143	157	170	185	199	214	228	243	257
	4月	272	286	299	313	326	339	352	005	017	029	041	053	065	077	089	101	113	125	138	151	164	178	193	207	222	237	252	267	282	296	／
	5月	310	323	336	349	002	014	026	038	050	062	074	085	097	109	121	134	146	159	173	187	201	216	231	246	261	276	291	305	319	333	346
	6月	359	011	023	035	047	059	071	082	094	106	118	131	143	156	169	182	196	210	224	239	254	270	285	300	314	328	342	355	008	020	／
	7月	032	044	056	068	079	091	103	115	128	140	153	166	179	192	205	219	234	248	263	278	293	308	322	336	350	003	016	028	040	052	064
	8月	076	088	100	112	124	137	150	163	176	189	202	216	230	244	258	273	287	302	317	331	345	358	011	024	036	049	060	072	084	096	108
	9月	120	133	146	159	172	185	199	213	227	241	255	269	283	298	312	326	340	353	006	019	032	044	056	068	080	092	104	116	128	141	／
	10月	154	167	181	194	209	223	237	252	266	280	294	308	322	336	349	002	015	028	040	052	064	076	088	100	112	124	136	149	162	175	189
	11月	203	217	232	247	262	276	291	305	319	333	346	359	012	024	036	049	061	073	085	097	108	120	132	144	157	170	183	196	211	225	／
	12月	240	255	270	286	300	315	329	343	356	009	021	033	046	058	070	081	093	105	117	129	141	153	166	178	191	205	219	233	248	263	279
宮	月＼日	1	2	3	4	5	6	7	8	9	10	11	12	13	14	15	16	17	18	19	20	21	22	23	24	25	26	27	28	29	30	31
水星 ☿	1月	263	264	265	267	268	270	271	273	274	276	277	279	281	282	284	285	287	288	290	292	293	295	296	298	300	301	303	305	306	308	310
	2月	312	313	315	317	319	320	322	324	326	328	329	331	333	335	337	338	340	342	344	345	347	349	350	352	353	354	356	357	／	／	／
	3月	358	359	359	000	000	001	001	001	001	000	000	359	359	358	357	356	355	354	353	352	351	351	350	349	349	348	348	348	348	347	347
	4月	348	348	348	348	349	349	350	351	351	352	353	354	355	356	357	358	359	000	001	003	004	005	007	008	009	011	012	014	015	017	／
	5月	019	020	022	024	025	027	029	031	032	034	036	038	040	042	044	046	048	050	053	055	057	059	061	063	066	068	070	072	074	077	079
	6月	081	083	085	087	089	091	092	094	096	098	099	101	103	104	106	107	109	110	111	112	114	115	116	117	118	119	120	121	122	122	／
	7月	123	124	124	125	125	125	126	126	126	126	126	126	126	125	125	124	124	123	123	122	121	121	120	119	119	118	117	117	116	116	116
	8月	115	115	115	115	115	116	116	117	117	118	119	120	121	122	123	125	126	127	129	131	132	134	136	138	140	142	144	146	148	149	151
	9月	153	155	157	159	161	163	165	167	169	171	172	174	176	178	180	181	183	185	186	188	190	191	193	195	196	198	199	201	202	204	／
	10月	205	207	208	210	211	213	214	215	217	218	219	221	222	223	224	226	227	228	229	230	231	232	233	234	235	236	236	237	238	238	238
	11月	239	239	239	238	238	238	237	236	235	234	233	231	230	229	227	226	225	224	224	223	223	223	223	223	223	224	224	225	226	227	／
	12月	228	229	230	232	233	234	235	237	238	240	241	243	244	245	247	248	250	251	253	254	256	257	259	260	262	264	265	267	268	270	271
宮	月＼日	1	2	3	4	5	6	7	8	9	10	11	12	13	14	15	16	17	18	19	20	21	22	23	24	25	26	27	28	29	30	31
金星 ♀	1月	275	277	278	279	281	282	283	284	286	287	288	289	291	292	293	294	296	297	298	299	301	302	303	304	306	307	308	309	311	312	313
	2月	314	316	317	318	319	321	322	323	324	326	327	328	330	331	332	333	335	336	337	338	340	341	342	343	345	346	347	348	／	／	／
	3月	350	351	352	353	355	356	357	358	359	001	002	003	004	006	007	008	009	011	012	013	014	016	017	018	019	021	022	023	024	026	027
	4月	028	029	030	032	033	034	035	037	038	039	040	042	043	044	045	046	048	049	050	051	053	054	055	056	057	059	060	061	062	064	／
	5月	065	066	067	068	070	071	072	073	074	076	077	078	079	081	082	083	084	085	087	088	089	090	091	093	094	095	096	097	099	100	101
	6月	102	103	105	106	107	108	109	110	112	113	114	115	116	118	119	120	121	122	123	125	126	127	128	129	130	132	133	134	135	136	／
	7月	137	139	140	141	142	143	144	145	147	148	149	150	151	152	153	155	156	157	158	159	160	161	162	163	165	166	167	168	169	170	171
	8月	172	173	174	176	177	178	179	180	181	182	183	184	185	186	187	188	189	190	191	192	193	194	195	196	197	198	199	200	201	202	203
	9月	204	205	206	207	207	208	209	210	211	212	213	213	214	215	216	217	217	218	219	220	220	221	222	222	223	223	224	225	225	226	／
	10月	226	227	227	227	228	228	229	229	229	229	229	230	230	230	230	230	230	230	230	230	229	229	229	228	228	228	227	227	226	226	225
	11月	225	224	224	223	222	222	221	221	220	219	219	218	218	217	217	216	216	216	215	215	215	215	215	214	214	214	214	214	215	215	／
	12月	215	215	215	216	216	216	217	217	218	218	218	219	220	220	221	221	222	223	223	224	225	225	226	227	228	229	229	230	231	232	233
宮	月＼日	1	2	3	4	5	6	7	8	9	10	11	12	13	14	15	16	17	18	19	20	21	22	23	24	25	26	27	28	29	30	31
火星 ♂	1月	220	221	221	222	223	223	224	224	225	226	226	227	227	228	229	229	230	230	231	232	232	233	233	234	235	235	236	236	237	238	238
	2月	239	239	240	241	241	242	242	243	244	244	245	245	246	246	247	248	248	249	249	250	250	251	252	252	253	253	254	254	／	／	／
	3月	255	256	256	257	257	258	258	259	259	260	261	261	262	262	263	263	264	264	265	265	266	266	267	267	268	268	269	269	270	270	271
	4月	271	272	272	273	273	274	274	275	275	276	276	277	277	278	278	279	279	279	280	280	281	281	282	282	282	283	283	284	284	284	／
	5月	285	285	285	286	286	286	287	287	287	288	288	288	289	289	289	289	290	290	290	290	291	291	291	291	291	291	292	292	292	292	292
	6月	292	292	292	292	293	293	293	293	293	293	293	293	292	292	292	292	292	292	292	292	292	292	291	291	291	291	291	290	290	290	／
	7月	290	289	289	289	289	288	288	288	287	287	287	287	286	286	286	285	285	285	285	284	284	284	284	283	283	283	283	282	282	282	282
	8月	282	282	281	281	281	281	281	281	281	281	281	281	281	281	281	281	281	281	281	281	281	282	282	282	282	282	282	283	283	283	283
	9月	284	284	284	284	285	285	285	286	286	286	287	287	287	288	288	289	289	289	290	290	291	291	291	292	292	293	293	294	294	295	／
	10月	295	296	296	297	297	298	298	299	300	300	301	301	302	302	303	303	304	305	305	306	306	307	308	308	309	309	310	311	311	312	313
	11月	313	314	314	315	316	316	317	318	318	319	320	320	321	322	322	323	323	324	325	325	326	327	327	328	329	330	330	331	332	332	／
	12月	333	334	334	335	336	336	337	338	338	339	340	340	341	342	343	343	344	345	345	346	347	347	348	349	349	350	351	352	352	353	354

1987年

宮	月＼日	1	2	3	4	5	6	7	8	9	10	11	12	13	14	15	16	17	18	19	20	21	22	23	24	25	26	27	28	29	30	31
	1月	280	281	282	283	284	285	286	287	288	289	290	291	292	293	294	295	296	297	298	299	300	301	302	303	304	305	306	307	308	309	310
	2月	311	312	313	314	315	316	317	318	319	320	321	322	323	324	325	326	327	328	329	330	331	332	333	334	335	336	337	338	／	／	／
	3月	339	341	342	343	344	345	346	347	348	349	350	351	352	353	354	354	355	356	357	358	359	000	001	002	003	004	005	006	007	008	009
太	4月	010	011	012	013	014	015	016	017	018	019	020	021	022	023	024	025	026	027	028	029	030	031	032	033	034	035	036	037	038	039	／
	5月	040	041	042	043	044	045	046	047	047	048	049	050	051	052	053	054	055	056	057	058	059	060	061	062	063	064	065	066	067	068	069
陽	6月	070	071	072	072	073	074	075	076	077	078	079	080	081	082	083	084	085	086	087	088	089	090	091	092	093	094	094	095	096	097	／
	7月	098	099	100	101	102	103	104	105	106	107	108	109	110	111	112	113	114	114	115	116	117	118	119	120	121	122	123	124	125	126	127
	8月	128	129	130	131	132	133	134	135	136	136	137	138	139	140	141	142	143	144	145	146	147	148	149	150	151	152	153	154	155	156	157
⊙	9月	158	159	160	161	162	163	163	164	165	166	167	168	169	170	171	172	173	174	175	176	177	178	179	180	181	182	183	184	185	186	／
	10月	187	188	189	190	191	192	193	194	195	196	197	198	199	200	201	202	203	204	205	206	207	208	209	210	211	212	213	214	215	216	217
	11月	218	219	220	221	222	223	224	225	226	227	228	229	230	231	232	233	234	235	236	237	238	239	240	241	242	243	244	245	246	247	／
	12月	248	249	250	251	252	253	254	255	256	257	258	259	260	261	262	263	264	265	266	267	268	269	270	271	272	273	274	275	276	277	278

宮	月＼日	1	2	3	4	5	6	7	8	9	10	11	12	13	14	15	16	17	18	19	20	21	22	23	24	25	26	27	28	29	30	31
	1月	294	309	324	338	352	005	018	030	043	055	067	078	090	102	114	126	138	150	163	175	188	201	214	228	242	257	272	287	302	317	332
	2月	346	000	013	026	039	051	063	075	087	099	111	123	135	147	160	172	185	198	211	225	238	252	267	281	296	310	325	340	／	／	／
	3月	354	008	021	034	047	059	071	083	095	107	119	131	143	156	168	181	194	208	221	235	249	263	277	292	306	320	334	348	002	016	029
月	4月	042	055	067	079	091	103	115	127	139	151	164	177	190	203	217	231	245	260	274	288	303	317	331	344	358	011	025	038	050	063	／
	5月	075	087	099	111	123	135	147	159	172	185	198	212	226	240	255	270	284	299	313	328	341	355	008	021	034	047	059	071	083	095	107
	6月	119	131	143	155	167	180	193	206	220	234	249	264	279	294	309	324	338	352	005	018	031	044	056	068	080	092	104	116	128	140	／
	7月	152	164	176	188	201	214	228	242	257	272	287	303	318	333	347	001	015	028	041	053	065	077	089	101	113	125	137	149	161	173	185
	8月	198	210	224	237	251	266	281	296	311	326	341	356	010	024	037	050	062	074	086	098	110	122	134	146	158	170	182	195	207	220	234
☽	9月	247	261	275	290	305	320	335	349	004	018	032	045	058	070	083	095	107	119	130	142	154	167	179	192	204	217	231	244	258	272	／
	10月	286	300	315	329	344	358	012	026	040	053	066	078	091	103	115	127	138	150	163	175	187	200	214	227	241	255	269	283	297	311	325
	11月	339	353	007	021	035	048	061	074	086	099	111	123	134	146	158	170	183	195	209	222	236	250	264	279	293	308	322	336	350	004	／
	12月	017	031	044	057	069	082	094	107	119	131	142	154	166	178	190	203	216	230	244	258	273	288	303	318	332	347	001	014	028	041	053

宮	月＼日	1	2	3	4	5	6	7	8	9	10	11	12	13	14	15	16	17	18	19	20	21	22	23	24	25	26	27	28	29	30	31
	1月	273	274	276	278	279	281	282	284	286	287	289	291	292	294	295	297	299	300	302	304	306	307	309	311	312	314	316	318	319	321	323
	2月	325	326	328	330	331	333	334	336	337	338	339	341	341	342	343	343	344	344	344	344	343	343	342	342	341	340	339	338	／	／	／
	3月	337	336	335	334	333	332	331	331	330	330	330	329	329	330	330	330	330	331	331	332	333	333	334	335	336	337	338	339	340	341	342
水	4月	343	344	346	347	348	350	351	352	354	355	357	358	000	002	003	005	006	008	010	012	013	015	017	019	021	023	025	026	028	030	／
	5月	033	035	037	039	041	043	045	047	050	052	054	056	058	060	062	065	067	069	071	073	074	076	078	080	082	083	085	086	088	089	091
星	6月	092	093	095	096	097	098	099	100	101	102	103	103	104	104	105	105	106	106	106	106	106	106	106	106	106	105	105	105	104	104	／
	7月	103	102	102	101	101	100	099	099	098	098	098	097	097	097	097	097	097	097	098	098	098	099	100	100	101	102	103	104	106	107	108
	8月	110	111	113	115	116	118	120	122	124	126	128	130	132	134	136	138	140	142	144	146	148	150	152	154	156	158	160	161	163	165	167
☿	9月	169	170	172	174	175	177	179	180	182	184	185	187	188	190	191	193	194	196	197	198	200	201	202	204	205	206	208	209	210	211	／
	10月	212	213	214	215	216	217	218	219	220	220	221	222	222	222	223	223	223	223	222	222	221	221	220	219	218	217	215	214	213	212	210
	11月	209	209	208	207	207	207	207	207	208	208	209	210	211	212	213	214	215	217	218	219	221	222	224	225	227	228	230	231	233	234	／
	12月	236	237	239	240	242	243	245	247	248	250	251	253	254	256	258	259	261	262	264	265	267	269	270	272	273	275	277	278	280	281	283

宮	月＼日	1	2	3	4	5	6	7	8	9	10	11	12	13	14	15	16	17	18	19	20	21	22	23	24	25	26	27	28	29	30	31
	1月	234	235	235	236	237	238	239	240	241	242	243	244	245	246	247	248	249	250	251	252	253	254	255	256	257	259	260	261	262	263	264
	2月	265	266	267	268	270	271	272	273	274	275	276	277	279	280	281	282	283	284	285	287	288	289	290	291	292	293	295	296	／	／	／
	3月	297	298	299	300	302	303	304	305	306	307	309	310	311	312	313	315	316	317	318	319	321	322	323	324	325	326	328	329	330	331	332
金	4月	334	335	336	337	338	340	341	342	343	344	346	347	348	349	350	352	353	354	355	356	358	359	000	001	002	004	005	006	007	009	／
	5月	010	011	012	013	015	016	017	018	019	021	022	023	024	025	027	028	029	030	031	033	034	035	036	038	039	040	041	042	044	045	046
星	6月	047	048	050	051	052	053	055	056	057	058	059	061	062	063	064	065	067	068	069	070	072	073	074	075	076	078	079	080	081	083	／
	7月	084	085	086	087	089	090	091	092	094	095	096	097	098	100	101	102	103	105	106	107	108	109	111	112	113	114	116	117	118	119	121
	8月	122	123	124	125	127	128	129	130	132	133	134	135	137	138	139	140	142	143	144	145	146	148	149	150	151	153	154	155	156	158	159
♀	9月	160	161	163	164	165	166	168	169	170	171	173	174	175	176	177	179	180	181	182	184	185	186	187	189	190	191	192	194	195	196	／
	10月	197	199	200	201	202	204	205	206	207	209	210	211	212	214	215	216	217	219	220	221	222	224	225	226	227	229	230	231	232	233	235
	11月	236	237	238	240	241	242	243	245	246	247	248	250	251	252	253	255	256	257	258	260	261	262	263	265	266	267	268	270	271	272	／
	12月	273	275	276	277	278	280	281	282	283	284	286	287	288	289	291	292	293	294	296	297	298	299	301	302	303	304	306	307	308	309	310

宮	月＼日	1	2	3	4	5	6	7	8	9	10	11	12	13	14	15	16	17	18	19	20	21	22	23	24	25	26	27	28	29	30	31
	1月	354	355	356	356	357	358	359	359	000	001	001	002	003	003	004	005	006	006	007	008	008	009	010	010	011	012	012	013	014	015	015
	2月	016	017	017	018	019	019	020	021	022	022	023	024	024	025	026	026	027	028	028	029	030	031	031	032	033	033	034	035	／	／	／
	3月	035	036	037	037	038	039	039	040	041	042	042	043	044	044	045	046	046	047	048	048	049	050	050	051	052	052	053	054	054	055	056
火	4月	056	057	058	058	059	060	060	061	062	062	063	064	064	065	066	066	067	068	068	069	070	070	071	072	072	073	074	074	075	076	／
	5月	076	077	078	078	079	080	080	081	082	082	083	084	084	085	086	086	087	088	088	089	090	090	091	091	092	093	093	094	095	095	096
星	6月	097	097	098	099	099	100	101	101	102	102	103	104	104	105	106	106	107	108	108	109	110	110	111	111	112	113	113	114	115	115	／
	7月	116	117	117	118	119	119	120	120	121	122	122	123	124	124	125	126	126	127	127	128	129	129	130	131	131	132	133	133	134	134	135
	8月	136	136	137	138	138	139	140	140	141	141	142	143	143	144	145	145	146	147	147	148	148	149	150	150	151	152	152	153	154	154	155
♂	9月	155	156	157	157	158	159	159	160	161	161	162	162	163	164	164	165	166	166	167	168	168	169	169	170	171	171	172	173	173	174	／
	10月	175	175	176	177	177	178	178	179	180	180	181	182	182	183	184	184	185	186	186	187	187	188	189	189	190	191	191	192	193	193	194
	11月	195	195	196	196	197	198	198	199	200	200	201	202	202	203	204	204	205	206	206	207	208	208	209	209	210	211	211	212	213	213	／
	12月	214	215	215	216	217	217	218	219	219	220	221	221	222	223	223	224	225	225	226	227	227	228	229	229	230	231	231	232	233	233	234

1988年

宮	月＼日	1	2	3	4	5	6	7	8	9	10	11	12	13	14	15	16	17	18	19	20	21	22	23	24	25	26	27	28	29	30	31
太陽 ☉	1月	279	280	281	282	283	285	286	287	288	289	290	291	292	293	294	295	296	297	298	299	300	301	302	303	304	305	306	307	308	309	310
	2月	311	312	313	314	315	316	317	318	319	320	321	322	323	324	325	326	327	328	329	330	331	332	333	334	335	336	337	338	339	／	／
	3月	340	341	342	343	344	345	346	347	348	349	350	351	352	353	354	355	356	357	358	359	000	001	002	003	004	005	006	007	008	009	010
	4月	011	012	013	014	015	016	017	018	019	020	021	022	023	024	025	026	027	028	029	030	031	032	033	034	035	036	037	038	039	039	／
	5月	040	041	042	043	044	045	046	047	048	049	050	051	052	053	054	055	056	057	058	059	060	061	062	063	064	065	066	067	067	068	069
	6月	070	071	072	073	074	075	076	077	078	079	080	081	082	083	084	085	086	087	088	089	089	090	091	092	093	094	095	096	097	098	／
	7月	099	100	101	102	103	104	105	106	107	108	109	109	110	111	112	113	114	115	116	117	118	119	120	121	122	123	124	125	126	127	128
	8月	129	130	131	131	132	133	134	135	136	137	138	139	140	141	142	143	144	145	146	147	148	149	150	151	152	153	154	155	155	156	157
	9月	158	159	160	161	162	163	164	165	166	167	168	169	170	171	172	173	174	175	176	177	178	179	180	181	182	183	184	185	186	187	／
	10月	188	189	190	191	192	193	194	195	196	197	198	199	200	200	201	202	203	204	205	206	207	208	209	210	211	212	213	214	215	216	217
	11月	218	219	220	221	222	223	224	225	226	227	228	229	230	231	232	233	234	235	237	238	239	240	241	242	243	244	245	246	247	248	／
	12月	249	250	251	252	253	254	255	256	257	258	259	260	261	262	263	264	265	266	267	268	269	270	271	272	273	274	275	276	277	278	279
宮	月＼日	1	2	3	4	5	6	7	8	9	10	11	12	13	14	15	16	17	18	19	20	21	22	23	24	25	26	27	28	29	30	31
月 ☽	1月	066	079	091	103	115	127	139	151	162	174	186	199	211	224	238	252	266	281	296	312	327	342	356	010	024	037	050	063	076	088	100
	2月	112	124	136	148	159	171	183	195	208	220	233	246	260	275	289	304	319	335	350	005	019	033	047	060	072	085	097	109	121	／	／
	3月	133	145	156	168	180	192	205	217	230	243	256	270	284	298	313	328	343	358	013	027	041	055	068	081	093	106	118	129	141	153	165
	4月	177	189	201	214	227	240	253	266	280	294	308	323	337	352	006	021	035	049	063	076	089	101	114	126	138	149	161	173	185	198	／
	5月	210	223	236	250	263	277	291	305	319	333	347	002	016	030	044	057	071	084	097	109	122	134	145	157	169	181	193	206	219	232	245
	6月	259	273	287	302	316	330	344	358	012	026	040	053	067	080	093	105	117	130	142	153	165	177	189	201	214	227	240	254	268	282	／
	7月	297	311	326	341	355	009	023	037	050	063	076	089	101	114	126	138	150	162	173	185	197	209	222	235	248	262	276	291	305	320	336
	8月	350	005	019	033	047	060	073	086	098	111	123	135	147	158	170	182	194	206	218	231	243	257	270	284	299	314	329	344	359	014	029
	9月	043	057	070	083	095	108	120	132	144	155	167	179	191	203	215	227	240	253	266	279	293	307	322	337	352	007	022	037	051	065	／
	10月	079	092	104	117	129	141	152	164	176	188	200	212	224	237	250	263	276	289	303	317	331	346	001	016	030	045	060	073	087	100	113
	11月	125	137	149	161	173	184	196	209	221	234	246	259	273	286	300	313	327	342	356	010	025	039	053	068	081	095	108	121	133	145	／
	12月	157	169	181	192	204	217	229	242	255	269	283	296	310	324	338	352	007	021	035	049	063	076	090	103	116	128	141	153	165	176	188
宮	月＼日	1	2	3	4	5	6	7	8	9	10	11	12	13	14	15	16	17	18	19	20	21	22	23	24	25	26	27	28	29	30	31
水星 ☿	1月	285	286	288	289	291	293	294	296	298	299	301	303	304	306	308	309	311	312	314	315	317	318	320	321	322	323	324	325	326	327	327
	2月	327	328	328	327	327	326	325	325	323	322	321	320	319	318	317	316	315	314	313	313	313	312	312	312	312	312	313	313	314	／	／
	3月	314	315	316	316	317	318	319	320	321	322	323	324	325	327	328	329	330	332	333	334	336	337	339	340	342	343	345	346	348	350	351
	4月	353	355	356	358	000	002	003	005	007	009	011	013	015	017	019	021	023	025	027	029	031	033	036	038	040	042	044	046	048	050	／
	5月	052	054	056	058	060	062	064	065	067	069	070	072	073	074	076	077	078	079	080	081	082	083	083	084	084	085	085	086	086	086	086
	6月	086	086	086	086	086	085	085	085	084	084	083	082	082	081	081	080	080	079	079	078	078	078	078	078	078	078	078	078	078	079	／
	7月	079	080	080	081	082	083	084	085	086	087	088	089	091	092	094	095	097	098	100	102	104	106	108	110	112	114	116	118	120	122	124
	8月	126	128	130	133	135	137	139	141	143	145	146	148	150	152	154	156	157	159	161	163	164	166	168	169	171	172	174	175	177	178	180
	9月	181	183	184	185	187	188	189	191	192	193	194	195	196	198	199	200	200	201	202	203	204	204	205	205	206	206	206	207	207	206	／
	10月	206	206	205	205	204	203	202	201	200	199	198	197	196	194	194	193	192	192	191	191	191	191	192	192	193	194	195	196	197	199	200
	11月	201	203	204	206	207	209	210	212	213	215	217	218	220	221	223	225	226	228	230	231	233	234	236	237	239	241	242	244	245	247	／
	12月	249	250	252	253	255	256	258	259	261	263	264	266	267	269	271	272	274	275	277	278	280	282	283	285	286	288	289	291	293	294	296
宮	月＼日	1	2	3	4	5	6	7	8	9	10	11	12	13	14	15	16	17	18	19	20	21	22	23	24	25	26	27	28	29	30	31
金星 ♀	1月	312	313	314	315	317	318	319	320	322	323	324	325	326	328	329	330	331	333	334	335	336	337	339	340	341	342	343	345	346	347	348
	2月	349	351	352	353	354	355	357	358	359	000	001	003	004	005	006	007	008	010	011	012	013	014	015	017	018	019	020	021	022	／	／
	3月	023	025	026	027	028	029	030	031	033	034	035	036	037	038	039	040	041	042	043	045	046	047	048	049	050	051	052	053	054	055	056
	4月	057	058	059	060	061	062	063	064	065	066	067	067	068	069	070	071	072	073	074	074	075	076	077	077	078	079	080	080	081	082	／
	5月	082	083	084	084	085	085	086	086	087	087	088	088	088	089	089	089	089	090	090	090	090	090	090	090	090	090	090	089	089	089	088
	6月	088	088	087	087	086	086	085	085	084	083	083	082	082	081	080	080	079	079	078	077	077	076	076	076	075	075	075	074	074	074	／
	7月	074	074	073	073	073	073	074	074	074	074	074	074	075	075	075	076	076	077	077	078	078	079	079	080	080	081	082	082	083	084	084
	8月	085	086	086	087	088	089	090	090	091	092	093	094	095	096	096	097	098	099	100	101	102	103	104	105	106	107	108	109	110	111	112
	9月	113	114	115	116	117	118	119	120	121	122	123	124	126	127	128	129	130	131	132	133	134	135	137	138	139	140	141	142	143	144	／
	10月	146	147	148	149	150	151	152	154	155	156	157	158	159	161	162	163	164	165	167	168	169	170	171	172	174	175	176	177	178	180	181
	11月	182	183	185	186	187	188	189	191	192	193	194	195	197	198	199	200	202	203	204	205	207	208	209	210	211	213	214	215	216	218	／
	12月	219	220	221	223	224	225	226	228	229	230	231	233	234	235	236	237	239	240	241	242	244	245	246	247	249	250	251	252	254	255	256
宮	月＼日	1	2	3	4	5	6	7	8	9	10	11	12	13	14	15	16	17	18	19	20	21	22	23	24	25	26	27	28	29	30	31
火星 ♂	1月	235	235	236	237	237	238	238	239	240	240	241	242	242	243	244	244	245	246	246	247	248	248	249	250	250	251	252	253	253	254	255
	2月	255	256	257	257	258	259	259	260	261	261	262	263	263	264	265	265	266	267	267	268	269	269	270	271	271	272	273	273	274	／	／
	3月	275	275	276	277	277	278	279	279	280	281	281	282	283	283	284	285	285	286	287	288	288	289	290	290	291	292	292	293	294	294	295
	4月	296	296	297	298	298	299	300	300	301	302	302	303	304	304	305	306	306	307	308	308	309	310	310	311	312	312	313	314	314	315	／
	5月	316	316	317	318	318	319	320	320	321	322	322	323	324	324	325	326	326	327	327	328	329	329	330	331	331	332	333	333	334	334	335
	6月	336	336	337	338	338	339	339	340	341	341	342	342	343	344	344	345	345	346	347	347	348	348	349	349	350	350	351	352	352	353	／
	7月	353	354	354	355	355	356	356	357	357	358	358	359	359	000	000	001	001	001	002	002	003	003	003	004	004	005	005	005	006	006	006
	8月	007	007	007	008	008	008	008	009	009	009	009	010	010	010	010	010	010	010	011	011	011	011	011	011	011	011	011	011	011	011	011
	9月	011	011	011	010	010	010	010	010	010	010	009	009	009	009	008	008	008	008	007	007	007	007	006	006	006	005	005	005	004	004	／
	10月	004	004	003	003	003	002	002	002	002	002	001	001	001	001	001	000	000	000	000	000	000	000	000	000	359	359	359	359	359	359	359
	11月	359	000	000	000	000	000	000	000	000	000	001	001	001	001	001	002	002	002	002	003	003	003	003	004	004	004	005	005	005	006	／
	12月	006	006	007	007	008	008	008	009	009	010	010	010	011	011	012	012	013	013	013	014	014	015	015	016	016	017	017	018	018	019	019

1989年

宮	月＼日	1	2	3	4	5	6	7	8	9	10	11	12	13	14	15	16	17	18	19	20	21	22	23	24	25	26	27	28	29	30	31
太陽 ☉	1月	280	281	282	283	284	285	286	287	288	289	290	291	292	293	294	295	296	298	299	300	301	302	303	304	305	306	307	308	309	310	311
	2月	312	313	314	315	316	317	318	319	320	321	322	323	324	325	326	327	328	329	330	331	332	333	334	335	336	337	338	339	／	／	／
	3月	340	341	342	343	344	345	346	347	348	349	350	351	352	353	354	355	356	357	358	359	000	001	002	003	004	005	006	007	008	009	010
	4月	011	012	013	014	015	016	017	018	019	020	021	022	023	024	025	026	027	028	029	030	030	031	032	033	034	035	036	037	038	039	／
	5月	040	041	042	043	044	045	046	047	048	049	050	051	052	053	054	055	056	057	058	059	060	061	061	062	063	064	065	066	067	068	069
	6月	070	071	072	073	074	075	076	077	078	079	080	081	082	083	084	084	085	086	087	088	089	090	091	092	093	094	095	096	097	098	／
	7月	099	100	101	102	103	104	104	105	106	107	108	109	110	111	112	113	114	115	116	117	118	119	120	121	122	123	124	125	125	126	127
	8月	128	129	130	131	132	133	134	135	136	137	138	139	140	141	142	143	144	145	146	147	148	149	149	150	151	152	153	154	155	156	157
	9月	158	159	160	161	162	163	164	165	166	167	168	169	170	171	172	173	174	175	176	177	178	179	180	181	182	183	183	184	185	186	／
	10月	187	188	189	190	191	192	193	194	195	196	197	198	199	200	201	202	203	204	205	206	207	208	209	210	211	212	213	214	215	216	217
	11月	218	219	220	221	222	223	224	225	226	227	228	229	230	231	232	233	234	235	236	237	238	239	240	241	242	243	244	245	246	247	／
	12月	248	249	250	251	252	253	254	256	257	258	259	260	261	262	263	264	265	266	267	268	269	270	271	272	273	274	275	276	277	278	279

宮	月＼日	1	2	3	4	5	6	7	8	9	10	11	12	13	14	15	16	17	18	19	20	21	22	23	24	25	26	27	28	29	30	31
月 ☽	1月	200	212	225	237	250	264	277	291	306	320	335	349	003	017	031	045	059	072	086	099	112	124	137	149	161	173	184	196	208	220	232
	2月	245	258	271	285	300	314	329	344	359	013	028	042	056	069	083	096	108	121	133	145	157	169	181	193	205	216	229	241	／	／	／
	3月	253	266	280	293	307	322	337	352	007	022	037	052	066	079	093	105	118	130	142	154	166	178	190	201	213	225	238	250	262	275	288
	4月	302	316	330	345	000	015	031	046	060	075	088	102	114	127	139	151	163	175	187	198	210	222	235	247	259	272	285	298	312	325	／
	5月	340	354	009	024	039	054	069	083	097	110	123	136	148	160	172	183	195	207	219	231	244	256	269	282	295	308	322	336	350	004	019
	6月	033	048	062	077	091	105	118	131	144	156	168	180	192	203	215	228	240	252	265	278	292	305	319	333	347	001	015	029	043	058	／
	7月	072	086	100	113	126	139	152	164	176	188	199	211	223	236	248	261	274	287	301	315	329	343	357	012	026	040	054	068	082	095	109
	8月	122	135	147	160	172	184	196	207	219	231	244	256	269	282	295	309	324	338	353	007	022	037	051	065	079	092	105	118	131	144	156
	9月	168	180	192	204	216	228	240	252	264	277	290	303	317	332	347	002	017	032	047	061	075	089	102	115	128	141	153	165	177	189	／
	10月	201	213	224	236	248	260	273	285	298	312	326	340	355	010	025	040	056	070	085	099	112	125	138	150	162	174	186	198	210	221	233
	11月	245	257	270	282	295	308	321	334	349	003	018	033	048	064	079	093	107	121	134	146	159	171	183	195	206	218	230	242	254	267	／
	12月	279	292	304	317	331	344	358	012	027	042	057	072	087	101	115	129	142	155	167	179	191	203	215	227	239	251	263	276	288	301	314

宮	月＼日	1	2	3	4	5	6	7	8	9	10	11	12	13	14	15	16	17	18	19	20	21	22	23	24	25	26	27	28	29	30	31
水星 ☿	1月	297	299	300	301	303	304	305	306	307	308	309	310	311	311	311	311	311	311	310	310	309	308	307	306	304	303	302	301	300	299	298
	2月	297	296	296	296	296	295	296	296	296	297	297	298	298	299	300	301	302	303	304	305	306	307	308	309	310	312	313	314	／	／	／
	3月	316	317	318	320	321	323	324	326	327	329	330	332	333	335	336	338	340	341	343	345	347	348	350	352	354	356	358	359	001	003	005
	4月	007	009	011	013	015	017	020	022	024	026	028	030	032	034	036	038	040	042	044	046	047	049	051	052	054	055	056	058	059	060	／
	5月	061	062	063	063	064	065	065	066	066	066	066	066	066	066	066	066	066	065	065	064	064	063	063	062	062	061	060	060	059	059	059
	6月	058	058	058	058	058	058	058	058	058	059	059	059	060	061	061	062	063	064	065	066	067	068	069	070	072	073	074	076	077	079	／
	7月	081	082	084	086	088	090	092	094	096	098	100	102	104	106	108	110	113	115	117	119	121	123	125	127	129	131	133	135	137	139	141
	8月	143	144	146	148	150	151	153	155	156	158	159	161	162	164	165	167	168	170	171	172	173	175	176	177	178	179	180	181	182	183	184
	9月	185	186	187	187	188	189	189	189	190	190	190	190	190	190	189	189	189	188	187	186	185	184	183	182	181	180	179	178	177	177	／
	10月	176	176	175	175	175	176	176	177	177	178	179	180	182	183	184	186	187	189	190	192	194	195	197	199	200	202	204	205	207	209	210
	11月	212	214	215	217	219	220	222	224	225	227	228	230	232	233	235	236	238	240	241	243	244	246	247	249	250	252	253	255	257	258	／
	12月	260	261	263	264	266	267	269	270	272	273	275	276	278	279	281	282	283	285	286	287	288	290	291	292	293	293	294	295	295	295	295

宮	月＼日	1	2	3	4	5	6	7	8	9	10	11	12	13	14	15	16	17	18	19	20	21	22	23	24	25	26	27	28	29	30	31
金星 ♀	1月	257	259	260	261	262	264	265	266	267	269	270	271	272	274	275	276	277	279	280	281	282	284	285	286	287	289	290	291	293	294	295
	2月	296	298	299	300	301	303	304	305	306	308	309	310	311	313	314	315	316	318	319	320	321	323	324	325	326	328	329	330	／	／	／
	3月	331	333	334	335	336	338	339	340	341	343	344	345	346	347	349	350	351	352	354	355	356	357	359	000	001	002	004	005	006	007	009
	4月	010	011	012	014	015	016	017	019	020	021	022	024	025	026	027	028	030	031	032	033	035	036	037	038	040	041	042	043	045	046	／
	5月	047	048	049	051	052	053	054	056	057	058	059	061	062	063	064	065	067	068	069	070	072	073	074	075	077	078	079	080	081	083	084
	6月	085	086	088	089	090	091	092	094	095	096	097	099	100	101	102	103	105	106	107	108	110	111	112	113	114	116	117	118	119	121	／
	7月	122	123	124	125	127	128	129	130	131	133	134	135	136	137	139	140	141	142	144	145	146	147	148	150	151	152	153	154	156	157	158
	8月	159	160	162	163	164	165	166	168	169	170	171	172	174	175	176	177	178	180	181	182	183	184	186	187	188	189	190	191	193	194	195
	9月	196	197	198	200	201	202	203	204	206	207	208	209	210	211	213	214	215	216	217	218	219	221	222	223	224	225	226	228	229	230	／
	10月	231	232	233	234	236	237	238	239	240	241	242	243	244	246	247	248	249	250	251	252	253	254	255	257	258	259	260	261	262	263	264
	11月	265	266	267	268	269	270	271	272	273	274	275	276	277	278	279	280	281	282	283	284	285	286	286	287	288	289	290	291	292	292	／
	12月	293	294	295	295	296	297	298	298	299	299	300	301	301	302	302	303	303	304	304	304	305	305	305	305	306	306	306	306	306	306	306

宮	月＼日	1	2	3	4	5	6	7	8	9	10	11	12	13	14	15	16	17	18	19	20	21	22	23	24	25	26	27	28	29	30	31
火星 ♂	1月	020	020	021	021	022	022	023	023	024	024	025	026	026	027	027	028	028	029	029	030	031	031	032	032	033	033	034	034	035	036	036
	2月	037	037	038	038	039	040	040	041	041	042	043	043	044	044	045	046	046	047	047	048	049	049	050	050	051	052	052	053	／	／	／
	3月	053	054	055	055	056	056	057	058	058	059	059	060	061	061	062	062	063	064	064	065	065	066	067	067	068	069	069	070	070	071	072
	4月	072	073	073	074	075	075	076	077	077	078	078	079	080	080	081	081	082	083	083	084	085	085	086	086	087	088	088	089	089	090	／
	5月	091	091	092	093	093	094	094	095	096	096	097	098	098	099	099	100	101	101	102	102	103	104	104	105	106	106	107	107	108	109	109
	6月	110	111	111	112	112	113	114	114	115	115	116	117	117	118	119	119	120	120	121	122	122	123	124	124	125	125	126	127	127	128	／
	7月	129	129	130	130	131	132	132	133	134	134	135	135	136	137	137	138	139	139	140	140	141	142	142	143	144	144	145	145	146	147	147
	8月	148	149	149	150	150	151	152	152	153	154	154	155	156	156	157	157	158	159	159	160	161	161	162	163	163	164	164	165	166	166	167
	9月	168	168	169	170	170	171	171	172	173	173	174	175	175	176	177	177	178	179	179	180	180	181	182	182	183	184	184	185	186	186	／
	10月	187	188	188	189	190	190	191	192	192	193	194	194	195	196	196	197	197	198	199	199	200	201	201	202	203	203	204	205	205	206	207
	11月	207	208	209	209	210	211	211	212	213	213	214	215	215	216	217	218	218	219	220	220	221	222	222	223	224	224	225	226	226	227	／
	12月	228	228	229	230	230	231	232	233	233	234	235	235	236	237	237	238	239	239	240	241	242	242	243	244	244	245	246	246	247	248	249

1990年

宮	月＼日	1	2	3	4	5	6	7	8	9	10	11	12	13	14	15	16	17	18	19	20	21	22	23	24	25	26	27	28	29	30	31
太陽 ☉	1月	280	281	282	283	284	285	286	287	288	289	290	291	292	293	294	295	296	297	298	299	300	301	302	303	304	305	306	307	308	309	310
	2月	311	313	314	315	316	317	318	319	320	321	322	323	324	325	326	327	328	329	330	331	332	333	334	335	336	337	338	339	／	／	／
	3月	340	341	342	343	344	345	346	347	348	349	350	351	352	353	354	355	356	357	358	359	000	001	002	003	004	005	006	007	008	009	010
	4月	011	012	013	014	015	016	017	018	019	019	020	021	022	023	024	025	026	027	028	029	030	031	032	033	034	035	036	037	038	039	／
	5月	040	041	042	043	044	045	046	047	048	049	050	051	052	053	054	055	055	056	057	058	059	060	061	062	063	064	065	066	067	068	069
	6月	070	071	072	073	074	075	076	077	078	078	079	080	081	082	083	084	085	086	087	088	089	090	091	092	093	094	095	096	097	098	／
	7月	099	099	100	101	102	103	104	105	106	107	108	109	110	111	112	113	114	115	116	117	118	119	120	120	121	122	123	124	125	126	127
	8月	128	129	130	131	132	133	134	135	136	137	138	139	140	141	142	143	143	144	145	146	147	148	149	150	151	152	153	154	155	156	157
	9月	158	159	160	161	162	163	164	165	166	167	168	169	170	171	172	172	173	174	175	176	177	178	179	180	181	182	183	184	185	186	／
	10月	187	188	189	190	191	192	193	194	195	196	197	198	199	200	201	202	203	204	205	206	207	208	209	210	211	212	213	214	215	216	217
	11月	218	219	220	221	222	223	224	225	226	227	228	229	230	231	232	233	234	235	236	237	238	239	240	241	242	243	244	245	246	247	／
	12月	248	249	250	251	252	253	254	255	256	257	258	259	260	261	262	263	264	265	266	267	268	269	271	272	273	274	275	276	277	278	279
宮	月＼日	1	2	3	4	5	6	7	8	9	10	11	12	13	14	15	16	17	18	19	20	21	22	23	24	25	26	27	28	29	30	31
月 ☽	1月	328	341	355	009	023	037	052	066	081	095	109	123	136	149	162	175	187	199	211	223	235	247	259	271	284	297	310	324	338	352	006
	2月	020	034	048	062	076	090	104	118	131	144	157	170	182	195	207	219	230	242	254	267	279	292	305	319	333	347	001	016	／	／	／
	3月	030	045	059	073	087	101	114	128	141	153	166	178	191	203	215	227	239	250	262	275	287	300	313	326	341	355	010	025	040	055	069
	4月	084	098	111	125	137	150	163	175	187	199	211	223	235	247	259	271	283	295	308	321	335	349	003	018	033	049	064	079	093	107	／
	5月	121	134	147	160	172	184	196	208	220	232	244	256	268	280	292	304	317	330	344	357	012	027	042	057	072	087	102	116	130	143	156
	6月	169	181	193	205	217	229	241	253	265	277	289	302	314	327	340	353	007	021	036	051	066	081	096	110	125	138	152	165	178	190	／
	7月	202	214	226	238	250	262	274	286	298	311	324	337	350	004	018	032	046	060	075	090	104	119	133	146	160	173	186	198	210	222	234
	8月	246	258	270	282	295	307	320	333	347	001	014	028	043	057	071	085	099	114	128	141	155	168	181	194	206	218	230	242	254	266	278
	9月	290	303	316	329	342	356	010	025	039	053	068	082	096	110	124	137	150	164	177	189	202	214	226	238	250	262	274	286	298	311	／
	10月	324	337	351	005	020	034	049	064	078	093	107	120	134	147	160	173	186	198	210	222	234	246	258	270	282	294	306	319	331	345	359
	11月	013	028	043	058	073	088	103	117	131	144	157	170	183	195	207	219	231	243	255	267	279	290	302	315	327	340	353	007	021	036	／
	12月	051	066	082	097	112	126	140	154	167	179	192	204	216	228	240	252	264	276	288	300	312	324	336	349	002	016	030	044	059	074	089
宮	月＼日	1	2	3	4	5	6	7	8	9	10	11	12	13	14	15	16	17	18	19	20	21	22	23	24	25	26	27	28	29	30	31
水星 ☿	1月	295	295	294	294	293	292	291	289	288	287	285	284	283	282	281	280	280	280	279	279	279	279	280	280	281	281	282	283	284	284	285
	2月	286	287	288	290	291	292	293	294	296	297	298	300	301	302	304	305	307	308	310	311	313	314	316	317	319	320	322	324	／	／	／
	3月	325	327	329	330	332	334	335	337	339	341	343	344	346	348	350	352	354	356	358	000	002	004	006	008	010	012	014	016	018	020	022
	4月	024	026	027	029	031	033	034	036	037	038	040	041	042	043	044	044	045	046	046	047	047	047	047	047	047	047	046	046	046	045	／
	5月	045	044	043	043	042	041	041	040	040	039	039	038	038	038	038	037	037	037	038	038	038	038	039	039	040	040	041	042	043	044	044
	6月	045	047	048	049	050	051	052	054	055	057	058	060	061	063	065	066	068	070	072	074	076	078	080	082	084	086	088	090	092	094	／
	7月	097	099	101	103	105	107	110	112	114	116	118	120	122	124	126	127	129	131	133	135	136	138	140	141	143	144	146	148	149	150	152
	8月	153	155	156	157	158	160	161	162	163	164	165	166	167	168	169	169	170	171	171	172	172	173	173	173	173	173	173	173	172	172	172
	9月	171	170	169	169	168	167	166	165	164	163	162	161	161	160	160	159	159	159	159	160	160	161	162	162	164	165	166	167	169	170	／
	10月	172	173	175	177	178	180	182	184	185	187	189	191	192	194	196	198	199	201	203	205	206	208	210	211	213	215	216	218	219	221	223
	11月	224	226	227	229	230	232	234	235	237	238	240	241	243	244	246	247	249	250	252	253	255	256	257	259	260	262	263	264	266	267	／
	12月	268	270	271	272	273	274	275	276	277	278	278	279	279	279	280	279	279	279	278	277	276	275	273	272	271	269	268	267	266	265	264
宮	月＼日	1	2	3	4	5	6	7	8	9	10	11	12	13	14	15	16	17	18	19	20	21	22	23	24	25	26	27	28	29	30	31
金星 ♀	1月	306	306	305	305	305	305	304	304	304	303	303	302	302	301	300	300	299	299	298	297	297	296	296	295	294	294	293	293	293	292	292
	2月	292	291	291	291	291	291	290	290	290	290	291	291	291	291	291	292	292	292	293	293	293	294	294	295	295	296	297	297	／	／	／
	3月	298	298	299	300	300	301	302	303	303	304	305	306	307	307	308	309	310	311	312	313	314	315	315	316	317	318	319	320	321	322	323
	4月	324	325	326	327	328	329	330	331	332	333	334	335	337	338	339	340	341	342	343	344	345	346	347	348	349	351	352	353	354	355	／
	5月	356	357	358	359	001	002	003	004	005	006	007	008	010	011	012	013	014	015	016	018	019	020	021	022	023	025	026	027	028	029	030
	6月	031	033	034	035	036	037	038	040	041	042	043	044	045	047	048	049	050	051	053	054	055	056	057	058	060	061	062	063	064	066	／
	7月	067	068	069	070	072	073	074	075	076	077	079	080	081	082	083	085	086	087	088	089	091	092	093	094	095	097	098	099	100	102	103
	8月	104	105	106	108	109	110	111	112	114	115	116	117	119	120	121	122	123	125	126	127	128	130	131	132	133	134	136	137	138	139	141
	9月	142	143	144	146	147	148	149	150	152	153	154	155	157	158	159	160	162	163	164	165	167	168	169	170	172	173	174	175	177	178	／
	10月	179	180	182	183	184	185	187	188	189	190	192	193	194	195	197	198	199	200	202	203	204	205	207	208	209	210	212	213	214	215	217
	11月	218	219	220	222	223	224	225	227	228	229	230	232	233	234	235	237	238	239	240	242	243	244	245	247	248	249	250	252	253	254	／
	12月	255	257	258	259	260	262	263	264	266	267	268	269	271	272	273	274	276	277	278	279	281	282	283	284	286	287	288	289	291	292	293
宮	月＼日	1	2	3	4	5	6	7	8	9	10	11	12	13	14	15	16	17	18	19	20	21	22	23	24	25	26	27	28	29	30	31
火星 ♂	1月	249	250	251	251	252	253	253	254	255	256	256	257	258	258	259	260	261	261	262	263	263	264	265	266	266	267	268	268	269	270	271
	2月	271	272	273	273	274	275	276	276	277	278	279	279	280	281	281	282	283	284	284	285	286	287	287	288	289	290	290	291	／	／	／
	3月	292	292	293	294	295	295	296	297	298	298	299	300	301	301	302	303	304	304	305	306	307	307	308	309	309	310	311	312	312	313	314
	4月	315	315	316	317	318	318	319	320	321	321	322	323	324	324	325	326	327	327	328	329	330	330	331	332	333	333	334	335	336	336	／
	5月	337	338	339	339	340	341	342	342	343	344	345	345	346	347	348	348	349	350	351	351	352	353	353	354	355	356	356	357	358	359	359
	6月	000	001	002	002	003	004	004	005	006	007	007	008	009	010	010	011	012	012	013	014	015	015	016	017	017	018	019	020	020	021	／
	7月	022	022	023	024	024	025	026	026	027	028	028	029	030	031	031	032	033	033	034	035	035	036	036	037	038	038	039	040	040	041	042
	8月	042	043	043	044	045	045	046	047	047	048	048	049	049	050	051	051	052	052	053	053	054	055	055	056	056	057	057	058	058	059	059
	9月	060	060	061	061	062	062	063	063	064	064	064	065	065	066	066	067	067	067	068	068	068	069	069	069	070	070	070	071	071	071	／
	10月	071	072	072	072	072	073	073	073	073	073	073	074	074	074	074	074	074	074	074	074	074	074	074	074	074	074	074	074	074	073	073
	11月	073	073	073	073	072	072	072	072	071	071	071	070	070	070	069	069	069	068	068	068	067	067	067	066	066	065	065	065	064	064	／
	12月	064	063	063	063	062	062	062	061	061	061	060	060	060	060	059	059	059	059	058	058	058	058	058	058	058	058	057	057	057	057	057

1991年

宮	月＼日	1	2	3	4	5	6	7	8	9	10	11	12	13	14	15	16	17	18	19	20	21	22	23	24	25	26	27	28	29	30	31
太陽 ⊙	1月	280	281	282	283	284	285	286	287	288	289	290	291	292	293	294	295	296	297	298	299	300	301	302	303	304	305	306	307	308	309	310
	2月	311	312	313	314	315	316	317	318	319	320	321	322	323	324	325	326	327	328	329	330	331	332	333	335	336	337	338	339	／	／	／
	3月	340	341	342	343	344	345	346	347	348	349	350	351	352	353	354	355	356	357	358	359	000	000	001	002	003	004	005	006	007	008	009
	4月	010	011	012	013	014	015	016	017	018	019	020	021	022	023	024	025	026	027	028	029	030	031	032	033	034	035	036	037	038	039	／
	5月	040	041	042	043	044	045	046	047	048	048	049	050	051	052	053	054	055	056	057	058	059	060	061	062	063	064	065	066	067	068	069
	6月	070	071	072	073	073	074	075	076	077	078	079	080	081	082	083	084	085	086	087	088	089	090	091	092	093	094	094	095	096	097	／
	7月	098	099	100	101	102	103	104	105	106	107	108	109	110	111	112	113	114	115	115	116	117	118	119	120	121	122	123	124	125	126	127
	8月	128	129	130	131	132	133	134	135	136	137	137	138	139	140	141	142	143	144	145	146	147	148	149	150	151	152	153	154	155	156	157
	9月	158	159	160	161	162	163	164	164	165	166	167	168	169	170	171	172	173	174	175	176	177	178	179	180	181	182	183	184	185	186	／
	10月	187	188	189	190	191	192	193	194	195	196	197	198	199	200	201	202	203	204	205	206	207	208	209	210	211	212	213	214	215	216	217
	11月	218	219	220	221	222	223	224	225	226	227	228	229	230	231	232	233	234	235	236	237	238	239	240	241	242	243	244	245	246	247	／
	12月	248	249	250	251	252	253	254	255	256	257	258	259	260	261	262	263	264	265	266	267	268	269	270	271	272	273	274	275	276	277	278

宮	月＼日	1	2	3	4	5	6	7	8	9	10	11	12	13	14	15	16	17	18	19	20	21	22	23	24	25	26	27	28	29	30	31
月 ☽	1月	105	120	134	148	162	175	188	201	213	225	237	249	261	272	284	296	309	321	334	346	359	013	026	040	054	068	083	098	113	127	142
	2月	156	170	183	196	209	221	233	245	257	269	281	293	305	317	330	343	356	009	023	037	051	065	079	093	107	122	136	150	／	／	／
	3月	164	178	191	204	217	229	241	253	265	277	289	301	313	326	339	352	005	019	033	047	062	076	090	104	118	132	146	159	173	186	199
	4月	212	225	237	249	261	273	285	296	309	321	334	347	000	014	028	043	057	072	086	101	115	129	142	156	169	182	195	208	221	233	／
	5月	245	257	269	281	293	305	317	329	342	355	008	022	037	051	066	081	096	111	125	139	153	166	179	192	205	217	230	242	254	266	278
	6月	289	301	313	325	337	350	003	017	031	045	060	075	090	105	120	135	149	163	176	189	202	215	227	239	251	263	275	286	298	310	／
	7月	322	334	347	359	012	026	039	054	068	083	098	113	128	143	158	172	185	198	211	224	236	248	260	272	283	295	307	319	331	344	356
	8月	009	022	035	049	063	077	092	107	122	137	152	166	180	194	207	220	232	244	256	268	280	292	304	316	328	340	353	006	019	032	046
	9月	059	073	088	102	116	131	145	160	174	188	202	215	228	240	253	264	276	288	300	312	324	337	349	002	015	029	043	056	070	084	／
	10月	098	112	127	141	155	169	183	197	210	223	236	248	260	272	284	296	308	320	332	345	358	011	024	038	052	067	081	095	109	123	137
	11月	151	165	179	192	206	219	231	244	256	268	280	292	304	316	328	340	352	005	019	032	047	061	076	090	105	120	134	148	162	176	／
	12月	189	202	215	228	240	253	265	277	288	300	312	324	336	348	000	013	027	040	054	069	084	099	114	129	144	158	172	186	199	212	225

宮	月＼日	1	2	3	4	5	6	7	8	9	10	11	12	13	14	15	16	17	18	19	20	21	22	23	24	25	26	27	28	29	30	31
水星 ☿	1月	264	263	263	263	263	264	264	265	265	266	267	267	268	269	270	271	272	274	275	276	277	279	280	281	282	284	285	287	288	289	291
	2月	292	294	295	297	298	300	301	303	304	306	308	309	311	312	314	316	317	319	321	323	324	326	328	330	331	333	335	337	／	／	／
	3月	339	341	342	344	346	348	350	352	354	356	358	000	002	004	006	007	009	011	013	015	016	018	019	021	022	023	024	025	026	027	027
	4月	028	028	028	029	029	028	028	028	028	027	026	026	025	024	024	023	022	022	021	020	020	019	019	018	018	018	018	017	018	018	／
	5月	018	018	018	019	019	020	020	021	022	023	023	024	025	026	027	029	030	031	032	033	035	036	038	039	041	042	044	045	047	049	050
	6月	052	054	056	058	060	062	064	066	068	070	072	074	076	078	080	083	085	087	089	091	094	096	098	100	102	104	106	108	110	112	／
	7月	114	116	118	119	121	123	124	126	128	129	131	132	134	135	137	138	139	140	142	143	144	145	146	147	148	149	150	151	152	152	153
	8月	153	154	154	155	155	155	155	155	155	155	155	155	154	154	153	152	152	151	150	149	148	148	147	146	145	144	144	143	143	143	143
	9月	143	143	143	143	144	145	146	146	148	149	150	151	153	154	156	158	159	161	163	165	167	168	170	172	174	176	178	179	181	183	／
	10月	185	187	188	190	192	194	195	197	199	201	202	204	206	207	209	210	212	214	215	217	218	220	221	223	224	226	227	229	230	232	233
	11月	235	236	238	239	240	242	243	245	246	247	249	250	251	252	254	255	256	257	258	259	260	261	262	262	263	263	263	264	264	264	／
	12月	263	263	262	261	260	259	258	256	255	253	252	251	250	249	248	248	248	247	247	248	248	248	249	250	250	251	252	253	254	255	257

宮	月＼日	1	2	3	4	5	6	7	8	9	10	11	12	13	14	15	16	17	18	19	20	21	22	23	24	25	26	27	28	29	30	31
金星 ♀	1月	294	296	297	298	299	301	302	303	304	306	307	308	309	311	312	313	314	316	317	318	319	321	322	323	324	326	327	328	329	331	332
	2月	333	334	336	337	338	339	341	342	343	344	346	347	348	349	351	352	353	354	355	357	358	359	000	002	003	004	005	007	／	／	／
	3月	008	009	010	011	013	014	015	016	018	019	020	021	022	024	025	026	027	029	030	031	032	033	035	036	037	038	039	041	042	043	044
	4月	045	047	048	049	050	051	053	054	055	056	057	058	060	061	062	063	064	066	067	068	069	070	071	072	074	075	076	077	078	079	／
	5月	081	082	083	084	085	086	087	088	090	091	092	093	094	095	096	097	098	100	101	102	103	104	105	106	107	108	109	110	111	112	113
	6月	114	115	117	118	119	120	121	122	123	124	125	126	126	127	128	129	130	131	132	133	134	135	136	137	137	138	139	140	141	142	／
	7月	142	143	144	145	145	146	147	147	148	149	149	150	151	151	152	152	153	153	154	154	155	155	155	156	156	156	156	156	157	157	157
	8月	157	157	157	157	157	156	156	156	156	155	155	155	154	154	153	153	152	152	151	150	150	149	149	148	147	147	146	146	145	144	144
	9月	143	143	143	142	142	142	141	141	141	141	141	141	140	141	141	141	141	141	141	141	142	142	142	143	143	143	144	144	145	145	／
	10月	146	146	147	148	148	149	150	150	151	152	153	153	154	155	156	157	157	158	159	160	161	162	163	164	164	165	166	167	168	169	170
	11月	171	172	173	174	175	176	177	178	179	180	181	183	184	185	186	187	188	189	190	191	192	193	195	196	197	198	199	200	201	202	／
	12月	204	205	206	207	208	209	210	212	213	214	215	216	217	219	220	221	222	223	225	226	227	228	229	230	232	233	234	235	236	238	239

宮	月＼日	1	2	3	4	5	6	7	8	9	10	11	12	13	14	15	16	17	18	19	20	21	22	23	24	25	26	27	28	29	30	31
火星 ♂	1月	057	057	057	057	057	057	057	058	058	058	058	058	058	058	058	059	059	059	059	059	060	060	060	060	060	061	061	061	062	062	062
	2月	062	063	063	063	064	064	064	065	065	065	066	066	067	067	067	068	068	069	069	069	070	070	071	071	071	072	072	073	／	／	／
	3月	073	074	074	075	075	076	076	076	077	077	078	078	079	079	080	080	081	081	082	082	083	083	084	084	085	085	086	086	087	087	088
	4月	088	089	090	090	091	091	092	092	093	093	094	094	095	095	096	097	097	098	098	099	099	100	100	101	102	102	103	103	104	104	／
	5月	105	105	106	107	107	108	108	109	109	110	111	111	112	112	113	113	114	115	115	116	116	117	118	118	119	119	120	120	121	122	122
	6月	123	123	124	125	125	126	126	127	128	128	129	129	130	130	131	132	132	133	133	134	135	135	136	136	137	138	138	139	140	140	／
	7月	141	141	142	143	143	144	144	145	146	146	147	147	148	149	149	150	150	151	152	152	153	154	154	155	155	156	157	157	158	159	159
	8月	160	160	161	162	162	163	164	164	165	165	166	167	167	168	169	169	170	170	171	172	172	173	174	174	175	176	176	177	177	178	179
	9月	179	180	181	181	182	183	183	184	185	185	186	187	187	188	188	189	190	190	191	192	192	193	194	194	195	196	196	197	198	198	／
	10月	199	200	200	201	202	202	203	204	204	205	206	206	207	208	208	209	210	210	211	212	212	213	214	214	215	216	217	217	218	219	219
	11月	220	221	221	222	223	223	224	225	225	226	227	228	228	229	230	230	231	232	232	233	234	235	235	236	237	237	238	239	240	240	／
	12月	241	242	242	243	244	245	245	246	247	247	248	249	250	250	251	252	252	253	254	255	255	256	257	258	258	259	260	260	261	262	263

1992年

宮	月＼日	1	2	3	4	5	6	7	8	9	10	11	12	13	14	15	16	17	18	19	20	21	22	23	24	25	26	27	28	29	30	31
太陽 ☉	1月	279	280	281	282	284	285	286	287	288	289	290	291	292	293	294	295	296	297	298	299	300	301	302	303	304	305	306	307	308	309	310
	2月	311	312	313	314	315	316	317	318	319	320	321	322	323	324	325	326	327	328	329	330	331	332	333	334	335	336	337	338	339	／	／
	3月	340	341	342	343	344	345	346	347	348	349	350	351	352	353	354	355	356	357	358	359	000	001	002	003	004	005	006	007	008	009	010
	4月	011	012	013	014	015	016	017	018	019	020	021	022	023	024	025	026	027	028	029	030	031	032	033	034	035	036	037	038	039	040	／
	5月	040	041	042	043	044	045	046	047	048	049	050	051	052	053	054	055	056	057	058	059	060	061	062	063	064	065	066	067	068	068	069
	6月	070	071	072	073	074	075	076	077	078	079	080	081	082	083	084	085	086	087	088	089	089	090	091	092	093	094	095	096	097	098	／
	7月	099	100	101	102	103	104	105	106	107	108	109	110	110	111	112	113	114	115	116	117	118	119	120	121	122	123	124	125	126	127	128
	8月	129	130	131	131	132	133	134	135	136	137	138	139	140	141	142	143	144	145	146	147	148	149	150	151	152	153	154	155	156	156	157
	9月	158	159	160	161	162	163	164	165	166	167	168	169	170	171	172	173	174	175	176	177	178	179	180	181	182	183	184	185	186	187	／
	10月	188	189	190	191	192	193	194	195	196	197	198	199	200	201	202	203	203	204	205	206	207	208	209	210	211	212	213	214	215	216	217
	11月	218	219	220	221	222	223	224	225	226	227	228	229	230	231	233	234	235	236	237	238	239	240	241	242	243	244	245	246	247	248	／
	12月	249	250	251	252	253	254	255	256	257	258	259	260	261	262	263	264	265	266	267	268	269	270	271	272	273	274	275	276	277	278	279

宮	月＼日	1	2	3	4	5	6	7	8	9	10	11	12	13	14	15	16	17	18	19	20	21	22	23	24	25	26	27	28	29	30	31
月 ☽	1月	237	249	261	273	285	297	309	321	333	345	357	009	022	035	049	062	077	092	107	122	137	152	167	181	195	209	222	234	246	259	270
	2月	282	294	306	318	330	342	354	006	019	031	044	058	071	086	100	115	130	145	160	175	190	204	217	230	243	255	267	279	291	／	／
	3月	303	314	326	338	351	003	016	028	041	054	068	082	095	110	124	139	154	168	183	198	212	225	238	251	263	275	287	299	311	323	335
	4月	347	359	012	025	038	051	065	078	092	106	120	134	149	163	178	192	206	220	233	246	259	271	283	295	307	319	331	343	355	008	／
	5月	021	034	047	061	075	089	103	117	131	145	160	174	188	201	215	228	241	254	267	279	291	303	315	327	339	351	003	016	029	042	056
	6月	070	084	099	113	128	142	156	170	184	198	211	225	238	250	263	275	287	299	311	323	335	347	359	011	024	037	050	064	078	093	／
	7月	108	122	137	152	167	181	195	208	222	235	247	260	272	284	296	308	320	332	343	355	007	020	032	045	058	072	086	101	116	131	146
	8月	161	176	191	205	218	231	244	257	269	281	293	305	317	329	340	352	004	017	029	041	054	067	081	095	109	124	139	155	170	185	200
	9月	214	227	241	253	266	278	290	302	314	326	337	349	002	014	026	038	051	064	077	091	104	119	133	148	163	178	193	208	222	236	／
	10月	249	262	274	287	299	310	322	334	346	358	010	023	035	048	061	074	088	101	115	129	143	158	172	187	202	216	230	244	257	270	282
	11月	295	307	318	330	342	354	006	019	031	044	057	071	084	098	112	126	140	154	168	182	197	211	225	238	252	265	278	290	302	314	／
	12月	326	338	350	002	014	027	039	052	066	080	094	108	122	136	151	165	179	193	207	221	234	247	260	273	286	298	310	322	334	346	358

宮	月＼日	1	2	3	4	5	6	7	8	9	10	11	12	13	14	15	16	17	18	19	20	21	22	23	24	25	26	27	28	29	30	31
水星 ☿	1月	258	259	260	261	263	264	265	267	268	270	271	272	274	275	277	278	280	281	283	284	286	287	289	290	292	294	295	297	298	300	302
	2月	303	305	306	308	310	312	313	315	317	318	320	322	324	326	327	329	331	333	335	337	338	340	342	344	346	348	350	351	353	／	／
	3月	355	357	358	000	001	003	004	005	006	007	008	009	010	010	011	011	011	011	011	010	010	009	008	008	007	006	005	004	004	003	002
	4月	001	001	000	359	359	359	358	358	358	358	358	359	359	359	000	000	001	001	002	003	004	005	006	007	008	009	010	011	012	013	／
	5月	015	016	017	019	020	022	023	025	026	028	029	031	033	035	036	038	040	042	044	046	048	050	052	054	056	058	060	062	064	067	069
	6月	071	073	075	078	080	082	084	086	088	090	092	094	096	098	100	102	104	105	107	109	110	112	114	115	117	118	119	121	122	123	／
	7月	125	126	127	128	129	130	131	132	132	133	134	135	135	136	136	136	137	137	137	137	137	137	137	136	136	135	135	134	134	133	132
	8月	132	131	130	129	129	128	127	127	126	126	126	126	125	126	126	126	126	127	128	128	129	130	131	133	134	135	137	138	140	142	144
	9月	145	147	149	151	153	155	157	159	161	163	164	166	168	170	172	174	176	178	179	181	183	185	186	188	190	191	193	195	196	198	／
	10月	200	201	203	204	206	208	209	211	212	214	215	217	218	219	221	222	224	225	226	228	229	230	232	233	234	235	237	238	239	240	241
	11月	242	243	244	245	245	246	247	247	248	248	248	248	248	247	247	246	245	244	243	242	240	239	238	236	235	234	233	233	232	232	／
	12月	232	232	232	232	233	234	234	235	236	237	238	239	240	242	243	244	246	247	248	250	251	252	254	255	257	258	260	261	263	264	266

宮	月＼日	1	2	3	4	5	6	7	8	9	10	11	12	13	14	15	16	17	18	19	20	21	22	23	24	25	26	27	28	29	30	31
金星 ♀	1月	240	241	243	244	245	246	247	249	250	251	252	253	255	256	257	258	260	261	262	263	264	266	267	268	269	271	272	273	274	275	277
	2月	278	279	280	282	283	284	285	286	288	289	290	291	293	294	295	296	298	299	300	301	303	304	305	306	307	309	310	311	312	／	／
	3月	314	315	316	317	319	320	321	322	323	325	326	327	328	330	331	332	333	335	336	337	338	340	341	342	343	344	346	347	348	349	351
	4月	352	353	354	356	357	358	359	001	002	003	004	005	007	008	009	010	012	013	014	015	017	018	019	020	021	023	024	025	026	028	／
	5月	029	030	031	033	034	035	036	037	039	040	041	042	044	045	046	047	049	050	051	052	053	055	056	057	058	060	061	062	063	065	066
	6月	067	068	069	071	072	073	074	076	077	078	079	080	082	083	084	085	087	088	089	090	092	093	094	095	096	098	099	100	101	103	／
	7月	104	105	106	108	109	110	111	112	114	115	116	117	119	120	121	122	124	125	126	127	128	130	131	132	133	135	136	137	138	139	141
	8月	142	143	144	146	147	148	149	151	152	153	154	155	157	158	159	160	162	163	164	165	167	168	169	170	171	173	174	175	176	178	179
	9月	180	181	183	184	185	186	187	189	190	191	192	194	195	196	197	198	200	201	202	203	205	206	207	208	209	211	212	213	214	216	／
	10月	217	218	219	220	222	223	224	225	227	228	229	230	231	233	234	235	236	238	239	240	241	242	244	245	246	247	248	250	251	252	253
	11月	255	256	257	258	259	261	262	263	264	265	267	268	269	270	271	273	274	275	276	277	279	280	281	282	283	285	286	287	288	289	／
	12月	291	292	293	294	295	296	298	299	300	301	302	303	305	306	307	308	309	310	312	313	314	315	316	317	318	320	321	322	323	324	325

宮	月＼日	1	2	3	4	5	6	7	8	9	10	11	12	13	14	15	16	17	18	19	20	21	22	23	24	25	26	27	28	29	30	31
火星 ♂	1月	263	264	265	266	266	267	268	269	269	270	271	272	272	273	274	275	275	276	277	278	278	279	280	281	281	282	283	284	284	285	286
	2月	287	287	288	289	290	290	291	292	293	293	294	295	296	296	297	298	299	299	300	301	302	303	303	304	305	306	306	307	308	／	／
	3月	309	309	310	311	312	313	313	314	315	316	316	317	318	319	319	320	321	322	323	323	324	325	326	326	327	328	329	330	330	331	332
	4月	333	333	334	335	336	337	337	338	339	340	340	341	342	343	343	344	345	346	347	347	348	349	350	350	351	352	353	354	354	355	／
	5月	356	357	357	358	359	000	000	001	002	003	004	004	005	006	007	007	008	009	010	010	011	012	013	013	014	015	016	016	017	018	019
	6月	019	020	021	022	022	023	024	025	025	026	027	028	028	029	030	031	031	032	033	034	034	035	036	036	037	038	039	039	040	041	／
	7月	041	042	043	044	044	045	046	046	047	048	049	049	050	051	051	052	053	054	054	055	056	056	057	058	058	059	060	060	061	062	062
	8月	063	064	064	065	066	066	067	068	068	069	070	070	071	072	072	073	074	074	075	076	076	077	077	078	079	079	080	081	081	082	082
	9月	083	084	084	085	085	086	087	087	088	088	089	089	090	091	091	092	092	093	093	094	094	095	095	096	097	097	098	098	099	099	／
	10月	100	100	101	101	102	102	103	103	103	104	104	105	105	106	106	107	107	107	108	108	109	109	109	110	110	110	111	111	111	112	112
	11月	112	113	113	113	114	114	114	114	115	115	115	115	115	116	116	116	116	116	116	117	117	117	117	117	117	117	117	117	117	117	／
	12月	117	117	117	117	117	117	117	117	116	116	116	116	116	115	115	115	115	115	114	114	114	113	113	113	112	112	112	111	111	111	110

1993年

宮	月＼日	1	2	3	4	5	6	7	8	9	10	11	12	13	14	15	16	17	18	19	20	21	22	23	24	25	26	27	28	29	30	31
	1月	280	281	282	283	284	285	286	287	288	289	290	291	292	293	294	295	297	298	299	300	301	302	303	304	305	306	307	308	309	310	311
	2月	312	313	314	315	316	317	318	319	320	321	322	323	324	325	326	327	328	329	330	331	332	333	334	335	336	337	338	339	／	／	／
	3月	340	341	342	343	344	345	346	347	348	349	350	351	352	353	354	355	356	357	358	359	000	001	002	003	004	005	006	007	008	009	010
太	4月	011	012	013	014	015	016	017	018	019	020	021	022	023	024	025	026	027	028	029	030	031	032	032	033	034	035	036	037	038	039	／
	5月	040	041	042	043	044	045	046	047	048	049	050	051	052	053	054	055	056	057	058	059	060	061	062	062	063	064	065	066	067	068	069
陽	6月	070	071	072	073	074	075	076	077	078	079	080	081	082	083	084	084	085	086	087	088	089	090	091	092	093	094	095	096	097	098	／
	7月	099	100	101	102	103	104	105	105	106	107	108	109	110	111	112	113	114	115	116	117	118	119	120	121	122	123	124	125	126	126	127
	8月	128	129	130	131	132	133	134	135	136	137	138	139	140	141	142	143	144	145	146	147	148	149	150	150	151	152	153	154	155	156	157
⊙	9月	158	159	160	161	162	163	164	165	166	167	168	169	170	171	172	173	174	175	176	177	178	179	180	181	182	183	184	185	185	186	／
	10月	187	188	189	190	191	192	193	194	195	196	197	198	199	200	201	202	203	204	205	206	207	208	209	210	211	212	213	214	215	216	217
	11月	218	219	220	221	222	223	224	225	226	227	228	229	230	231	232	233	234	235	236	237	238	239	240	241	242	243	244	245	246	247	／
	12月	248	249	250	251	252	254	255	256	257	258	259	260	261	262	263	264	265	266	267	268	269	270	271	272	273	274	275	276	277	278	279
宮	月＼日	1	2	3	4	5	6	7	8	9	10	11	12	13	14	15	16	17	18	19	20	21	22	23	24	25	26	27	28	29	30	31
	1月	010	022	034	047	060	074	088	102	117	131	146	161	176	190	204	218	231	244	257	270	282	294	307	319	331	342	354	006	018	030	042
	2月	055	068	081	095	110	125	140	155	170	185	200	214	228	241	254	267	279	291	303	315	327	339	351	003	015	027	039	051	／	／	／
	3月	064	077	090	104	118	133	148	163	178	194	208	223	237	250	263	276	288	301	313	324	336	348	000	012	024	036	048	061	073	086	099
月	4月	113	127	141	156	171	186	202	217	231	245	259	272	285	297	309	321	333	345	357	009	021	033	045	058	070	083	096	110	123	137	／
	5月	151	166	181	195	210	225	239	253	267	280	293	305	318	330	341	353	005	017	029	042	054	067	080	093	106	120	134	148	162	176	191
	6月	205	219	234	248	261	275	288	301	313	325	338	349	001	013	025	037	050	063	076	089	102	116	130	145	159	173	187	202	216	229	／
	7月	243	257	270	283	296	309	321	333	345	357	009	021	033	045	058	071	084	097	111	126	140	155	169	184	198	212	226	240	253	267	280
	8月	292	305	317	330	342	354	006	017	029	041	053	066	079	092	105	120	134	149	164	179	194	209	223	237	250	264	277	289	302	314	326
☽	9月	338	350	002	014	026	038	050	062	074	087	100	114	128	142	157	173	188	203	218	232	247	260	273	286	299	311	323	335	347	359	／
	10月	011	023	035	047	059	071	083	096	109	123	137	151	166	181	196	211	226	241	255	269	282	295	308	320	332	344	356	008	020	032	044
	11月	056	068	080	093	106	119	132	146	160	175	190	204	219	234	249	263	277	291	304	316	329	341	353	005	016	028	040	052	065	077	／
	12月	090	103	116	129	143	157	171	185	199	214	228	243	257	271	285	298	312	324	337	349	001	013	024	036	048	061	073	086	099	112	126
宮	月＼日	1	2	3	4	5	6	7	8	9	10	11	12	13	14	15	16	17	18	19	20	21	22	23	24	25	26	27	28	29	30	31
	1月	267	269	270	272	273	275	276	278	280	281	283	284	286	287	289	291	292	294	296	297	299	301	302	304	306	307	309	311	313	314	316
	2月	318	320	321	323	325	327	329	330	332	334	336	337	339	341	342	344	345	347	348	349	350	351	352	353	353	353	354	354	／	／	／
	3月	354	353	353	352	352	351	350	349	348	347	346	345	344	343	343	342	341	341	340	340	340	340	340	340	340	340	341	341	342	342	343
水	4月	344	344	345	346	347	348	349	350	351	352	354	355	356	357	359	000	002	003	004	006	007	009	011	012	014	016	017	019	021	022	／
	5月	024	026	028	030	032	034	036	038	040	042	044	046	048	050	053	055	057	059	061	064	066	068	070	072	074	076	078	080	082	084	086
星	6月	088	089	091	093	094	096	098	099	100	102	103	104	106	107	108	109	110	111	112	113	114	114	115	116	116	117	117	117	118	118	／
	7月	118	118	118	118	117	117	117	116	116	115	115	114	113	113	112	111	111	110	110	109	109	108	108	108	108	108	108	108	108	109	109
	8月	110	110	111	112	113	114	115	117	118	119	121	122	124	126	128	129	131	133	135	137	139	141	143	145	147	149	151	153	155	157	159
☿	9月	161	163	165	166	168	170	172	174	175	177	179	181	182	184	186	187	189	190	192	194	195	197	198	200	201	203	204	205	207	208	／
	10月	210	211	212	214	215	216	217	219	220	221	222	223	224	225	226	227	228	229	229	230	231	231	232	232	232	232	232	232	231	231	230
	11月	229	228	227	226	225	223	222	221	220	219	218	217	216	216	216	216	216	217	217	218	219	220	221	222	223	224	225	227	228	229	／
	12月	231	232	234	235	237	238	240	241	243	244	246	247	249	250	252	253	255	256	258	260	261	263	264	266	267	269	270	272	274	275	277
宮	月＼日	1	2	3	4	5	6	7	8	9	10	11	12	13	14	15	16	17	18	19	20	21	22	23	24	25	26	27	28	29	30	31
	1月	326	327	329	330	331	332	333	334	335	336	337	338	339	340	341	343	344	345	346	347	348	349	350	351	352	353	354	355	355	356	357
	2月	358	359	000	001	002	003	003	004	005	006	007	007	008	009	010	010	011	012	012	013	014	014	015	015	016	016	017	017	／	／	／
	3月	018	018	018	018	019	019	019	019	019	019	020	020	019	019	019	019	019	019	018	018	018	017	017	016	016	015	015	014	013	013	012
金	4月	012	011	010	010	009	009	008	007	007	006	006	005	005	005	004	004	004	004	003	003	003	003	003	003	003	003	004	004	004	004	／
	5月	005	005	005	006	006	006	007	007	008	008	009	010	010	011	011	012	013	014	014	015	016	016	017	018	019	020	020	021	022	023	024
星	6月	025	026	026	027	028	029	030	031	032	033	034	035	036	037	038	039	040	041	042	043	044	045	046	047	048	049	050	051	052	053	／
	7月	054	055	056	057	059	060	061	062	063	064	065	066	067	068	069	071	072	073	074	075	076	077	078	079	081	082	083	084	085	086	087
	8月	089	090	091	092	093	094	095	097	098	099	100	101	102	104	105	106	107	108	109	111	112	113	114	115	117	118	119	120	121	122	124
♀	9月	125	126	127	128	130	131	132	133	134	136	137	138	139	140	142	143	144	145	146	148	149	150	151	153	154	155	156	157	159	160	／
	10月	161	162	164	165	166	167	169	170	171	172	173	175	176	177	178	180	181	182	183	185	186	187	188	190	191	192	193	195	196	197	198
	11月	200	201	202	203	205	206	207	208	210	211	212	213	215	216	217	218	220	221	222	223	225	226	227	228	230	231	232	233	235	236	／
	12月	237	238	240	241	242	243	245	246	247	248	250	251	252	254	255	256	257	259	260	261	262	264	265	266	267	269	270	271	272	274	275
宮	月＼日	1	2	3	4	5	6	7	8	9	10	11	12	13	14	15	16	17	18	19	20	21	22	23	24	25	26	27	28	29	30	31
	1月	110	109	109	109	108	108	107	107	107	106	106	105	105	105	104	104	104	103	103	103	102	102	102	101	101	101	101	100	100	100	100
	2月	099	099	099	099	099	099	099	098	098	098	098	098	098	098	098	098	098	098	098	098	098	098	099	099	099	099	099	099	／	／	／
	3月	099	099	100	100	100	100	100	101	101	101	101	102	102	102	102	103	103	103	103	104	104	104	105	105	105	106	106	106	107	107	108
火	4月	108	108	109	109	109	110	110	111	111	111	112	112	113	113	114	114	115	115	115	116	116	117	117	118	118	119	119	120	120	121	／
	5月	121	121	122	122	123	123	124	124	125	125	126	126	127	127	128	129	129	130	130	131	131	132	132	133	133	134	134	135	135	136	136
星	6月	137	138	138	139	139	140	140	141	141	142	143	143	144	144	145	145	146	147	147	148	148	149	149	150	151	151	152	152	153	153	／
	7月	154	155	155	156	156	157	158	158	159	159	160	161	161	162	162	163	164	164	165	165	166	167	167	168	168	169	170	170	171	171	172
	8月	173	173	174	175	175	176	176	177	178	178	179	180	180	181	181	182	183	183	184	185	185	186	187	187	188	188	189	190	190	191	192
♂	9月	192	193	194	194	195	196	196	197	198	198	199	200	200	201	202	202	203	203	204	205	205	206	207	208	208	209	210	210	211	212	／
	10月	212	213	214	214	215	216	216	217	218	218	219	220	220	221	222	223	223	224	225	225	226	227	227	228	229	229	230	231	232	232	233
	11月	234	234	235	236	237	237	238	239	239	240	241	242	242	243	244	244	245	246	247	247	248	249	250	250	251	252	252	253	254	255	／
	12月	255	256	257	258	258	259	260	261	261	262	263	264	264	265	266	267	267	268	269	270	270	271	272	273	273	274	275	276	276	277	278

1994年

宮	月＼日	1	2	3	4	5	6	7	8	9	10	11	12	13	14	15	16	17	18	19	20	21	22	23	24	25	26	27	28	29	30	31
太陽 ☉	1月	280	281	282	283	284	285	286	287	288	289	290	291	292	293	294	295	296	297	298	299	300	301	302	303	304	305	306	307	308	309	311
	2月	312	313	314	315	316	317	318	319	320	321	322	323	324	325	326	327	328	329	330	331	332	333	334	335	336	337	338	339	/	/	/
	3月	340	341	342	343	344	345	346	347	348	349	350	351	352	353	354	355	356	357	358	359	000	001	002	003	004	005	006	007	008	009	010
	4月	011	012	013	014	015	016	017	018	019	020	021	021	022	023	024	025	026	027	028	029	030	031	032	033	034	035	036	037	038	039	/
	5月	040	041	042	043	044	045	046	047	048	049	050	051	052	053	054	055	055	056	057	058	059	060	061	062	063	064	065	066	067	068	069
	6月	070	071	072	073	074	075	076	077	078	079	079	080	081	082	083	084	085	086	087	088	089	090	091	092	093	094	095	096	097	098	/
	7月	099	100	100	101	102	103	104	105	106	107	108	109	110	111	112	113	114	115	116	117	118	119	120	121	121	122	123	124	125	126	127
	8月	128	129	130	131	132	133	134	135	136	137	138	139	140	141	142	143	143	144	145	146	147	148	149	150	151	152	153	154	155	156	157
	9月	158	159	160	161	162	163	164	165	166	167	168	169	170	171	172	173	174	174	175	176	177	178	179	180	181	182	183	184	185	186	/
	10月	187	188	189	190	191	192	193	194	195	196	197	198	199	200	201	202	203	204	205	206	207	208	209	210	211	212	213	214	215	216	217
	11月	218	219	220	221	222	223	224	225	226	227	228	229	230	231	232	233	234	235	236	237	238	239	240	241	242	243	244	245	246	247	/
	12月	248	249	250	251	252	253	254	255	256	257	258	259	260	261	262	263	264	265	266	267	269	270	271	272	273	274	275	276	277	278	279

宮	月＼日	1	2	3	4	5	6	7	8	9	10	11	12	13	14	15	16	17	18	19	20	21	22	23	24	25	26	27	28	29	30	31
月 ☽	1月	140	153	167	182	196	210	224	238	252	266	280	293	306	319	332	344	357	009	020	032	044	056	068	081	094	107	121	135	149	164	178
	2月	192	207	221	235	249	262	276	289	302	315	328	340	353	005	017	028	040	052	064	076	089	102	115	129	143	158	173	187	/	/	/
	3月	202	217	231	245	259	273	286	299	312	324	337	349	001	013	025	037	048	060	072	084	097	110	123	137	151	166	181	196	211	226	241
	4月	255	269	283	296	309	321	334	346	358	010	022	034	045	057	069	081	093	106	119	132	145	160	174	189	204	219	235	250	264	278	/
	5月	292	305	318	331	343	355	007	019	031	042	054	066	078	090	103	115	128	141	155	169	183	198	213	228	243	258	272	287	300	314	327
	6月	339	352	004	016	027	039	051	063	075	087	100	112	125	138	152	165	179	193	207	222	237	251	266	281	295	309	322	335	348	000	/
	7月	012	024	036	047	059	071	084	096	109	122	135	148	162	176	190	204	218	232	247	261	275	289	303	317	330	343	356	008	020	032	044
	8月	055	067	080	092	105	118	131	144	158	172	187	201	215	229	243	257	271	285	299	312	325	338	351	004	016	028	040	052	063	075	087
	9月	100	113	126	139	153	167	182	196	211	226	240	254	268	282	295	309	322	335	347	000	012	024	036	048	060	071	083	095	108	121	/
	10月	134	147	161	176	191	206	220	235	250	264	278	292	306	319	331	344	356	009	021	033	045	056	068	080	092	104	116	129	142	156	169
	11月	184	199	214	229	244	259	274	288	302	315	328	341	354	006	018	030	041	053	065	077	089	101	113	125	138	151	164	178	192	207	/
	12月	222	237	252	267	282	297	311	324	337	350	003	015	027	038	050	062	074	086	098	110	123	135	148	161	174	188	202	216	230	245	260

宮	月＼日	1	2	3	4	5	6	7	8	9	10	11	12	13	14	15	16	17	18	19	20	21	22	23	24	25	26	27	28	29	30	31
水星 ☿	1月	278	280	282	283	285	286	288	290	291	293	295	296	298	300	301	303	305	306	308	310	312	313	315	317	318	320	322	323	325	326	328
	2月	329	330	332	333	334	335	336	336	337	337	337	337	337	336	336	335	334	333	332	331	330	329	328	327	326	325	324	324	/	/	/
	3月	323	323	322	322	322	322	322	323	323	323	324	324	325	326	326	327	328	329	330	331	332	333	334	336	337	338	339	341	342	343	345
	4月	346	348	349	351	352	354	355	357	359	000	002	004	005	007	009	011	013	014	016	018	020	022	024	026	028	030	032	034	037	039	/
	5月	041	043	045	047	049	052	054	056	058	060	062	064	066	068	070	072	073	075	077	078	080	081	083	084	085	087	088	089	090	091	092
	6月	093	094	094	095	096	096	097	097	097	098	098	098	098	098	098	097	097	097	096	096	096	095	094	094	093	093	092	092	091	091	/
	7月	090	090	089	089	089	089	089	089	089	089	090	090	091	091	092	093	093	094	095	097	098	099	100	102	103	105	106	108	110	112	113
	8月	115	117	119	121	123	125	127	129	132	134	136	138	140	142	144	146	148	150	152	154	155	157	159	161	163	164	166	168	170	171	173
	9月	175	176	178	179	181	182	184	185	187	188	190	191	193	194	195	197	198	199	200	202	203	204	205	206	207	208	209	210	211	212	/
	10月	213	213	214	215	215	215	216	216	216	216	216	215	215	214	214	213	212	211	210	208	207	206	205	204	203	202	201	201	200	200	200
	11月	201	201	202	202	203	204	205	206	208	209	210	212	213	215	216	218	219	221	222	224	225	227	228	230	232	233	235	236	238	239	/
	12月	241	243	244	246	247	249	250	252	254	255	257	258	260	261	263	265	266	268	269	271	272	274	276	277	279	280	282	284	285	287	289

宮	月＼日	1	2	3	4	5	6	7	8	9	10	11	12	13	14	15	16	17	18	19	20	21	22	23	24	25	26	27	28	29	30	31
金星 ♀	1月	276	277	279	280	281	282	284	285	286	287	289	290	291	293	294	295	296	298	299	300	301	303	304	305	306	308	309	310	311	313	314
	2月	315	316	318	319	320	321	323	324	325	326	328	329	330	331	333	334	335	336	338	339	340	341	343	344	345	346	348	349	/	/	/
	3月	350	351	353	354	355	356	358	359	000	001	003	004	005	006	008	009	010	011	013	014	015	016	018	019	020	021	022	024	025	026	027
	4月	029	030	031	032	034	035	036	037	039	040	041	042	043	045	046	047	048	050	051	052	053	054	056	057	058	059	061	062	063	064	/
	5月	065	067	068	069	070	071	073	074	075	076	078	079	080	081	082	084	085	086	087	088	090	091	092	093	094	096	097	098	099	100	102
	6月	103	104	105	106	107	109	110	111	112	113	115	116	117	118	119	120	122	123	124	125	126	127	129	130	131	132	133	134	136	137	/
	7月	138	139	140	141	143	144	145	146	147	148	149	150	152	153	154	155	156	157	158	159	161	162	163	164	165	166	167	168	169	170	172
	8月	173	174	175	176	177	178	179	180	181	182	183	184	185	186	187	188	189	190	191	192	193	194	195	196	197	198	199	200	201	202	203
	9月	204	205	206	206	207	208	209	210	211	211	212	213	214	215	215	216	217	218	218	219	220	220	221	221	222	222	223	224	224	224	/
	10月	225	225	226	226	226	227	227	227	227	227	227	227	227	227	227	227	227	227	227	227	226	226	226	225	225	224	224	223	223	222	222
	11月	221	220	220	219	218	218	217	217	216	216	215	215	214	214	213	213	213	213	212	212	212	212	212	212	212	212	212	212	213	213	/
	12月	213	213	214	214	214	215	215	216	216	217	217	218	219	219	220	221	221	222	223	223	224	225	226	227	227	228	229	230	231	232	233

宮	月＼日	1	2	3	4	5	6	7	8	9	10	11	12	13	14	15	16	17	18	19	20	21	22	23	24	25	26	27	28	29	30	31
火星 ♂	1月	279	279	280	281	282	282	283	284	285	286	286	287	288	289	289	290	291	292	292	293	294	295	296	296	297	298	299	299	300	301	302
	2月	303	303	304	305	306	306	307	308	309	310	310	311	312	313	314	314	315	316	317	317	318	319	320	321	321	322	323	324	/	/	/
	3月	325	325	326	327	328	328	329	330	331	332	332	333	334	335	336	336	337	338	339	339	340	341	342	343	343	344	345	346	347	347	348
	4月	349	350	350	351	352	353	354	354	355	356	357	357	358	359	000	001	001	002	003	004	004	005	006	007	008	008	009	010	011	011	/
	5月	012	013	014	014	015	016	017	018	018	019	020	021	021	022	023	024	024	025	026	027	027	028	029	030	030	031	032	033	033	034	035
	6月	036	036	037	038	039	039	040	041	042	042	043	044	044	045	046	047	047	048	049	050	050	051	052	052	053	054	055	055	056	057	/
	7月	058	058	059	060	060	061	062	062	063	064	065	065	066	067	067	068	069	069	070	071	072	072	073	074	074	075	076	076	077	078	078
	8月	079	080	080	081	082	082	083	084	084	085	086	086	087	088	088	089	090	090	091	092	092	093	094	094	095	096	096	097	097	098	099
	9月	099	100	101	101	102	102	103	104	104	105	106	106	107	107	108	109	109	110	110	111	112	112	113	113	114	115	115	116	116	117	/
	10月	117	118	119	119	120	120	121	121	122	123	123	124	124	125	125	126	126	127	127	128	128	129	129	130	130	131	132	132	132	133	133
	11月	134	134	135	135	136	136	137	137	138	138	139	139	139	140	140	141	141	142	142	142	143	143	143	144	144	145	145	145	146	146	/
	12月	146	147	147	147	148	148	148	148	149	149	149	149	150	150	150	150	150	151	151	151	151	151	151	152	152	152	152	152	152	152	152

1995年

宮	月＼日	1	2	3	4	5	6	7	8	9	10	11	12	13	14	15	16	17	18	19	20	21	22	23	24	25	26	27	28	29	30	31
太陽 ⊙	1月	280	281	282	283	284	285	286	287	288	289	290	291	292	293	294	295	296	297	298	299	300	301	302	303	304	305	306	307	308	309	310
	2月	311	312	313	314	315	316	317	318	319	320	321	322	323	324	325	326	327	328	329	331	332	333	334	335	336	337	338	339	／	／	／
	3月	340	341	342	343	344	345	346	347	348	349	350	351	352	353	354	355	356	357	358	359	000	001	002	003	004	004	005	006	007	008	009
	4月	010	011	012	013	014	015	016	017	018	019	020	021	022	023	024	025	026	027	028	029	030	031	032	033	034	035	036	037	038	039	／
	5月	040	041	042	043	044	045	046	047	048	049	049	050	051	052	053	054	055	056	057	058	059	060	061	062	063	064	065	066	067	068	069
	6月	070	071	072	073	074	074	075	076	077	078	079	080	081	082	083	084	085	086	087	088	089	090	091	092	093	094	095	095	096	097	／
	7月	098	099	100	101	102	103	104	105	106	107	108	109	110	111	112	113	114	115	116	116	117	118	119	120	121	122	123	124	125	126	127
	8月	128	129	130	131	132	133	134	135	136	137	138	138	139	140	141	142	143	144	145	146	147	148	149	150	151	152	153	154	155	156	157
	9月	158	159	160	161	162	163	164	165	165	166	167	168	169	170	171	172	173	174	175	176	177	178	179	180	181	182	183	184	185	186	／
	10月	187	188	189	190	191	192	193	194	195	196	197	198	199	200	201	202	203	204	205	206	207	208	209	210	211	212	213	214	215	216	217
	11月	218	219	220	221	222	223	224	225	226	227	228	229	230	231	232	233	234	235	236	237	238	239	240	241	242	243	244	245	246	247	／
	12月	248	249	250	251	252	253	254	255	256	257	258	259	260	261	262	263	264	265	266	267	268	269	270	271	272	273	274	275	276	277	278

宮	月＼日	1	2	3	4	5	6	7	8	9	10	11	12	13	14	15	16	17	18	19	20	21	22	23	24	25	26	27	28	29	30	31
月 ☽	1月	275	290	305	319	332	346	358	011	023	035	047	059	070	082	094	107	119	132	145	158	171	185	198	212	226	240	255	269	284	298	313
	2月	327	340	353	006	019	031	043	055	066	078	090	103	115	128	141	154	168	181	195	209	223	237	251	265	279	294	308	321	／	／	／
	3月	335	348	001	014	027	039	051	062	074	086	098	110	123	136	149	163	176	191	205	219	234	248	262	276	290	304	318	331	344	357	010
	4月	022	035	047	059	070	082	094	106	118	131	144	157	171	185	199	214	228	243	258	273	287	301	315	328	341	354	006	019	031	043	／
	5月	055	067	079	091	102	114	127	139	152	165	179	193	207	222	237	252	267	282	297	311	325	338	351	004	016	028	040	052	064	076	088
	6月	099	111	123	136	148	161	174	187	201	215	230	245	261	276	291	306	320	334	347	000	013	025	037	049	061	073	085	096	108	120	／
	7月	133	145	158	170	183	197	210	225	239	254	269	284	299	314	329	342	356	009	022	034	046	058	070	081	093	105	117	130	142	155	167
	8月	180	194	207	221	235	249	263	278	293	308	322	337	351	004	017	030	042	054	066	078	090	102	114	126	138	151	164	177	190	204	218
	9月	231	245	260	274	288	303	317	331	345	359	012	025	038	050	062	074	086	098	110	122	134	147	160	173	186	200	214	228	242	256	／
	10月	271	285	299	313	327	341	354	007	020	033	046	058	070	082	094	106	118	130	142	155	168	181	195	209	223	238	252	267	281	296	310
	11月	324	337	351	004	017	029	042	054	066	078	090	102	114	126	138	150	163	175	189	203	217	231	246	261	276	291	306	320	334	348	／
	12月	001	013	026	038	051	063	075	087	099	110	122	134	146	158	171	184	197	211	225	239	254	270	285	300	315	330	344	357	010	023	035

宮	月＼日	1	2	3	4	5	6	7	8	9	10	11	12	13	14	15	16	17	18	19	20	21	22	23	24	25	26	27	28	29	30	31
水星 ☿	1月	290	292	293	295	297	298	300	301	303	305	306	308	309	311	312	313	314	316	317	318	319	319	320	320	321	321	321	320	320	319	318
	2月	317	316	315	314	313	312	310	309	308	307	307	306	306	305	305	305	305	305	306	306	306	307	308	308	309	310	311	312	／	／	／
	3月	313	314	315	316	317	318	319	320	322	323	324	326	327	328	330	331	333	334	336	337	339	340	342	344	345	347	349	350	352	354	356
	4月	357	359	001	003	005	007	009	011	013	015	017	019	021	023	025	027	029	031	033	035	038	040	042	044	046	048	050	052	053	055	／
	5月	057	059	060	062	063	065	066	067	069	070	071	072	073	074	074	075	076	076	077	077	077	078	078	078	078	078	078	077	077	077	076
	6月	076	075	075	074	074	073	073	072	072	071	071	070	070	070	069	069	069	069	069	070	070	070	071	071	072	072	073	074	075	076	／
	7月	077	078	079	080	081	083	084	085	087	089	090	092	094	095	097	099	101	103	105	107	109	111	114	116	118	120	122	124	126	128	130
	8月	132	134	136	138	140	142	144	146	148	150	152	153	155	157	158	160	162	163	165	167	168	170	171	173	174	175	177	178	180	181	182
	9月	183	185	186	187	188	189	190	191	192	193	194	195	196	197	197	198	198	199	199	199	200	200	200	200	199	199	198	198	197	196	／
	10月	195	194	193	192	191	190	189	188	187	186	185	185	185	185	185	185	185	186	187	188	189	190	191	192	194	195	196	198	199	201	203
	11月	204	206	207	209	211	212	214	216	217	219	221	222	224	225	227	229	230	232	233	235	237	238	240	241	243	245	246	248	249	251	／
	12月	252	254	255	257	259	260	262	263	265	266	268	270	271	273	274	276	277	279	280	282	283	285	286	288	289	291	292	294	295	296	298

宮	月＼日	1	2	3	4	5	6	7	8	9	10	11	12	13	14	15	16	17	18	19	20	21	22	23	24	25	26	27	28	29	30	31
金星 ♀	1月	233	234	235	236	237	238	239	240	241	242	243	244	245	246	247	248	249	250	251	252	253	254	256	257	258	259	260	261	262	263	264
	2月	265	266	268	269	270	271	272	273	274	275	277	278	279	280	281	282	283	285	286	287	288	289	290	292	293	294	295	296	／	／	／
	3月	297	299	300	301	302	303	304	306	307	308	309	310	312	313	314	315	316	317	319	320	321	322	323	325	326	327	328	329	331	332	333
	4月	334	335	337	338	339	340	341	343	344	345	346	347	349	350	351	352	353	355	356	357	358	359	001	002	003	004	005	007	008	009	／
	5月	010	012	013	014	015	016	018	019	020	021	022	024	025	026	027	028	030	031	032	033	035	036	037	038	039	041	042	043	044	045	047
	6月	048	049	050	052	053	054	055	056	058	059	060	061	062	064	065	066	067	069	070	071	072	073	075	076	077	078	080	081	082	083	／
	7月	084	086	087	088	089	091	092	093	094	095	097	098	099	100	102	103	104	105	106	108	109	110	111	113	114	115	116	118	119	120	121
	8月	122	124	125	126	127	129	130	131	132	134	135	136	137	138	140	141	142	143	145	146	147	148	150	151	152	153	155	156	157	158	160
	9月	161	162	163	165	166	167	168	169	171	172	173	174	176	177	178	179	181	182	183	184	186	187	188	189	191	192	193	194	196	197	／
	10月	198	199	201	202	203	204	206	207	208	209	211	212	213	214	215	217	218	219	[illegible]	[illegible]	222	223	224	225	227	228	229	230	232	233	234	235
	11月	237	238	239	240	242	243	244	245	247	248	249	250	252	253	254	255	257	258	259	260	262	263	264	265	266	268	269	270	271	273	／
	12月	274	275	276	278	279	280	281	283	284	285	286	288	289	290	291	293	294	295	296	297	299	300	301	302	304	305	306	307	309	310	311

宮	月＼日	1	2	3	4	5	6	7	8	9	10	11	12	13	14	15	16	17	18	19	20	21	22	23	24	25	26	27	28	29	30	31
火星 ♂	1月	152	152	152	152	152	152	152	152	152	152	152	152	151	151	151	151	151	151	150	150	150	150	149	149	149	149	148	148	148	147	147
	2月	147	146	146	146	145	145	144	144	144	143	143	142	142	142	141	141	140	140	140	139	139	139	138	138	137	137	137	136	／	／	／
	3月	136	136	136	135	135	135	135	134	134	134	134	134	133	133	133	133	133	133	133	133	133	133	133	133	133	133	133	133	133	133	133
	4月	133	133	133	133	133	134	134	134	134	134	134	135	135	135	135	135	136	136	136	136	137	137	137	138	138	138	138	139	139	139	／
	5月	140	140	140	141	141	141	142	142	143	143	143	144	144	145	145	145	146	146	147	147	147	148	148	149	149	150	150	151	151	152	152
	6月	152	153	153	154	154	155	155	156	156	157	157	158	158	159	159	160	160	161	161	162	163	163	164	164	165	165	166	166	167	167	／
	7月	168	168	169	170	170	171	171	172	172	173	174	174	175	175	176	176	177	178	178	179	179	180	181	181	182	182	183	184	184	185	185
	8月	186	187	187	188	188	189	190	190	191	191	192	193	193	194	195	195	196	196	197	198	198	199	200	200	201	202	202	203	204	204	205
	9月	205	206	207	207	208	209	209	210	211	211	212	213	213	214	215	215	216	217	217	218	219	219	220	221	221	222	223	224	224	225	／
	10月	226	226	227	228	228	229	230	230	231	232	233	233	234	235	235	236	237	238	238	239	240	240	241	242	243	243	244	245	245	246	247
	11月	248	248	249	250	251	251	252	253	253	254	255	256	256	257	258	259	259	260	261	262	262	263	264	265	265	266	267	268	268	269	／
	12月	270	271	271	272	273	274	274	275	276	277	278	278	279	280	281	281	282	283	284	284	285	286	287	288	288	289	290	291	291	292	293

1996年

宮	月＼日	1	2	3	4	5	6	7	8	9	10	11	12	13	14	15	16	17	18	19	20	21	22	23	24	25	26	27	28	29	30	31
太陽 ☉	1月	279	280	282	283	284	285	286	287	288	289	290	291	292	293	294	295	296	297	298	299	300	301	302	303	304	305	306	307	308	309	310
	2月	311	312	313	314	315	316	317	318	319	320	321	322	323	324	325	326	327	328	329	330	331	332	333	334	335	336	337	338	339	／	／
	3月	340	341	342	343	344	345	346	347	348	349	350	351	352	353	354	355	356	357	358	359	000	001	002	003	004	005	006	007	008	009	010
	4月	011	012	013	014	015	016	017	018	019	020	021	022	023	024	025	026	027	028	029	030	031	032	033	034	035	036	037	038	039	040	／
	5月	041	041	042	043	044	045	046	047	048	049	050	051	052	053	054	055	056	057	058	059	060	061	062	063	064	065	066	067	068	068	069
	6月	070	071	072	073	074	075	076	077	078	079	080	081	082	083	084	085	086	087	088	089	090	090	091	092	093	094	095	096	097	098	／
	7月	099	100	101	102	103	104	105	106	107	108	109	110	111	111	112	113	114	115	116	117	118	119	120	121	122	123	124	125	126	127	128
	8月	129	130	131	132	132	133	134	135	136	137	138	139	140	141	142	143	144	145	146	147	148	149	150	151	152	153	154	155	156	157	157
	9月	158	159	160	161	162	163	164	165	166	167	168	169	170	171	172	173	174	175	176	177	178	179	180	181	182	183	184	185	186	187	／
	10月	188	189	190	191	192	193	194	195	196	197	198	199	200	201	202	203	204	205	206	207	208	208	209	210	211	212	213	214	215	216	217
	11月	218	219	220	221	222	223	224	225	226	228	229	230	231	232	233	234	235	236	237	238	239	240	241	242	243	244	245	246	247	248	／
	12月	249	250	251	252	253	254	255	256	257	258	259	260	261	262	263	264	265	266	267	268	269	270	271	272	273	274	275	276	277	278	279
宮	月＼日	1	2	3	4	5	6	7	8	9	10	11	12	13	14	15	16	17	18	19	20	21	22	23	24	25	26	27	28	29	30	31
月 ☽	1月	048	060	072	084	095	107	119	131	143	155	168	180	193	206	219	233	248	263	278	293	308	323	338	352	006	019	032	044	057	069	081
	2月	092	104	116	128	140	152	165	177	190	203	216	229	243	257	272	286	301	316	331	346	000	014	027	040	053	065	077	089	101	／	／
	3月	113	125	137	149	161	174	187	200	213	226	240	254	268	282	296	311	325	340	354	008	022	035	048	061	073	085	097	109	121	133	145
	4月	157	170	182	196	209	223	236	250	264	279	293	307	321	335	349	003	017	030	043	056	068	081	093	105	117	129	141	153	165	178	／
	5月	191	204	218	232	246	260	275	289	304	318	332	346	359	013	026	039	052	064	077	089	101	113	125	137	148	161	173	186	199	212	226
	6月	240	255	270	285	300	314	329	343	356	010	023	036	048	061	073	085	097	109	121	133	145	157	169	181	194	207	220	234	249	263	／
	7月	278	294	309	324	339	353	006	020	033	046	058	070	082	094	106	118	130	142	154	166	178	190	203	216	229	243	257	272	287	302	317
	8月	333	347	002	016	029	042	055	067	079	092	103	115	127	139	151	163	175	187	200	212	225	238	252	266	281	296	311	326	341	356	010
	9月	024	038	051	064	076	088	100	112	124	136	148	160	172	184	197	209	222	235	249	262	276	291	305	320	335	349	004	018	032	046	／
	10月	059	072	084	096	108	120	132	144	156	168	181	193	206	219	232	246	259	273	287	301	316	330	344	358	013	026	040	054	067	080	092
	11月	104	116	128	140	152	164	176	189	201	214	228	242	256	270	284	298	312	327	341	355	008	022	036	049	062	075	088	100	112	124	／
	12月	136	148	160	172	184	196	209	222	236	250	264	279	294	309	323	337	351	005	019	032	045	058	071	084	096	108	120	132	144	156	168
宮	月＼日	1	2	3	4	5	6	7	8	9	10	11	12	13	14	15	16	17	18	19	20	21	22	23	24	25	26	27	28	29	30	31
水星 ☿	1月	299	300	301	302	303	303	304	304	305	305	305	304	304	303	302	301	300	299	297	296	295	294	292	291	291	290	289	289	289	289	289
	2月	289	289	289	290	290	291	292	293	293	294	295	296	297	298	300	301	302	303	304	306	307	308	310	311	312	314	315	317	318	／	／
	3月	320	321	323	324	326	327	329	331	332	334	336	337	339	341	342	344	346	348	350	351	353	355	357	359	001	003	005	007	009	011	013
	4月	015	017	019	021	023	025	027	029	031	033	035	037	039	041	042	044	045	047	048	049	051	052	053	054	055	055	056	057	057	057	／
	5月	058	058	058	058	058	058	058	057	057	057	056	056	055	055	054	053	053	052	052	051	051	050	050	050	049	049	049	049	049	049	050
	6月	050	050	051	051	052	052	053	054	055	056	057	058	059	060	061	062	063	065	066	068	069	071	072	074	076	078	079	081	083	085	／
	7月	087	089	091	093	095	098	100	102	104	106	108	110	113	115	117	119	121	123	125	127	129	131	133	135	137	138	140	142	144	145	147
	8月	149	150	152	153	155	156	158	159	161	162	163	165	166	167	169	170	171	172	173	174	175	176	177	178	179	179	180	181	181	182	182
	9月	183	183	183	183	183	183	183	182	182	181	181	180	179	178	177	176	175	174	173	172	171	170	170	169	169	169	169	169	169	169	／
	10月	170	171	172	173	174	175	177	178	179	181	183	184	186	188	189	191	193	194	196	198	199	201	203	205	206	208	210	211	213	215	216
	11月	218	220	221	223	224	226	228	229	231	232	234	236	237	239	240	242	243	245	246	248	249	251	252	254	255	257	259	260	262	263	／
	12月	264	266	267	269	270	272	273	275	276	277	279	280	281	282	283	284	285	286	287	288	288	288	289	289	289	288	288	287	286	285	284
宮	月＼日	1	2	3	4	5	6	7	8	9	10	11	12	13	14	15	16	17	18	19	20	21	22	23	24	25	26	27	28	29	30	31
金星 ♀	1月	312	314	315	316	317	318	320	321	322	323	325	326	327	328	329	331	332	333	334	336	337	338	339	340	342	343	344	345	346	348	349
	2月	350	351	352	354	355	356	357	358	000	001	002	003	004	005	007	008	009	010	011	012	014	015	016	017	018	019	021	022	023	／	／
	3月	024	025	026	027	028	030	031	032	033	034	035	036	037	038	039	041	042	043	044	045	046	047	048	049	050	051	052	053	054	055	056
	4月	057	058	059	060	061	062	063	064	065	066	066	067	068	069	070	071	072	072	073	074	075	076	076	077	078	078	079	080	080	081	／
	5月	082	082	083	083	084	084	085	085	086	086	086	087	087	087	087	087	088	088	088	088	088	088	088	087	087	087	087	087	086	086	085
	6月	085	085	084	083	083	082	082	081	081	080	079	079	078	077	077	076	076	075	075	074	074	073	073	073	072	072	072	072	071	071	／
	7月	071	071	071	071	071	072	072	072	072	072	073	073	073	074	074	075	075	076	076	077	077	078	078	079	080	080	081	082	082	083	084
	8月	085	085	086	087	088	089	089	090	091	092	093	094	095	096	096	097	098	099	100	101	102	103	104	105	106	107	108	109	110	111	112
	9月	113	114	115	116	117	118	119	120	122	123	124	125	126	127	128	129	130	131	132	134	135	136	137	138	139	140	141	143	144	145	／
	10月	146	147	148	149	151	152	153	154	155	156	158	159	160	161	162	164	165	166	167	168	169	171	172	173	174	175	177	178	179	180	181
	11月	183	184	185	186	188	189	190	191	192	194	195	196	197	199	200	201	202	203	205	206	207	208	210	211	212	213	215	216	217	218	／
	12月	219	221	222	223	224	226	227	228	229	231	232	233	234	236	237	238	239	241	242	243	244	246	247	248	249	251	252	253	254	256	257
宮	月＼日	1	2	3	4	5	6	7	8	9	10	11	12	13	14	15	16	17	18	19	20	21	22	23	24	25	26	27	28	29	30	31
火星 ♂	1月	294	295	295	296	297	298	298	299	300	301	302	302	303	304	305	306	306	307	308	309	309	310	311	312	313	313	314	315	316	317	317
	2月	318	319	320	321	321	322	323	324	324	325	326	327	328	328	329	330	331	332	332	333	334	335	336	336	337	338	339	339	340	／	／
	3月	341	342	343	343	344	345	346	347	347	348	349	350	351	351	352	353	354	354	355	356	357	358	358	359	000	001	001	002	003	004	005
	4月	005	006	007	008	008	009	010	011	012	012	013	014	015	015	016	017	018	018	019	020	021	021	022	023	024	024	025	026	027	028	／
	5月	028	029	030	031	031	032	033	034	034	035	036	037	037	038	039	039	040	041	042	042	043	044	045	045	046	047	048	048	049	050	051
	6月	051	052	053	053	054	055	056	056	057	058	058	059	060	061	061	062	063	063	064	065	066	066	067	068	068	069	070	070	071	072	／
	7月	073	073	074	075	075	076	077	077	078	079	080	080	081	082	082	083	084	084	085	086	086	087	088	088	089	090	090	091	092	092	093
	8月	094	094	095	096	096	097	098	098	099	100	100	101	102	102	103	104	104	105	106	106	107	108	108	109	110	110	111	111	112	113	113
	9月	114	115	115	116	117	117	118	118	119	120	120	121	122	122	123	123	124	125	125	126	127	127	128	128	129	130	130	131	131	132	／
	10月	133	133	134	134	135	136	136	137	137	138	139	139	140	140	141	141	142	143	143	144	144	145	145	146	147	147	148	148	149	149	150
	11月	151	151	152	152	153	153	154	154	155	155	156	156	157	158	158	159	159	160	160	161	161	162	162	163	163	164	164	165	165	166	／
	12月	166	166	167	167	168	168	169	169	170	170	171	171	171	172	172	173	173	174	174	174	175	175	176	176	176	177	177	177	178	178	178

1997年

宮	月＼日	1	2	3	4	5	6	7	8	9	10	11	12	13	14	15	16	17	18	19	20	21	22	23	24	25	26	27	28	29	30	31
太陽 ☉	1月	280	281	282	283	284	285	286	287	288	289	290	291	292	293	295	296	297	298	299	300	301	302	303	304	305	306	307	308	309	310	311
	2月	312	313	314	315	316	317	318	319	320	321	322	323	324	325	326	327	328	329	330	331	332	333	334	335	336	337	338	339	／	／	／
	3月	340	341	342	343	344	345	346	347	348	349	350	351	352	353	354	355	356	357	358	359	000	001	002	003	004	005	006	007	008	009	010
	4月	011	012	013	014	015	016	017	018	019	020	021	022	023	024	025	026	027	028	029	030	031	032	033	033	034	035	036	037	038	039	／
	5月	040	041	042	043	044	045	046	047	048	049	050	051	052	053	054	055	056	057	058	059	060	061	062	062	063	064	065	066	067	068	069
	6月	070	071	072	073	074	075	076	077	078	079	080	081	082	083	084	085	085	086	087	088	089	090	091	092	093	094	095	096	097	098	／
	7月	099	100	101	102	103	104	105	106	106	107	108	109	110	111	112	113	114	115	116	117	118	119	120	121	122	123	124	125	126	127	127
	8月	128	129	130	131	132	133	134	135	136	137	138	139	140	141	142	143	144	145	146	147	148	149	150	151	151	152	153	154	155	156	157
	9月	158	159	160	161	162	163	164	165	166	167	168	169	170	171	172	173	174	175	176	177	178	179	180	181	182	183	184	185	186	187	／
	10月	187	188	189	190	191	192	193	194	195	196	197	198	199	200	201	202	203	204	205	206	207	208	209	210	211	212	213	214	215	216	217
	11月	218	219	220	221	222	223	224	225	226	227	228	229	230	231	232	233	234	235	236	237	238	239	240	241	242	243	244	245	246	247	／
	12月	248	249	250	252	253	254	255	256	257	258	259	260	261	262	263	264	265	266	267	268	269	270	271	272	273	274	275	276	277	278	279

宮	月＼日	1	2	3	4	5	6	7	8	9	10	11	12	13	14	15	16	17	18	19	20	21	22	23	24	25	26	27	28	29	30	31
月 ☽	1月	180	192	204	217	230	244	258	273	288	303	318	333	347	002	016	029	042	055	068	080	093	105	117	129	141	153	165	176	188	200	213
	2月	225	238	252	266	281	295	311	326	341	356	011	025	039	052	065	078	090	102	114	126	138	150	161	173	185	197	210	222	／	／	／
	3月	235	248	261	275	289	304	319	334	349	004	019	033	047	061	074	086	099	111	123	135	147	158	170	182	194	207	219	232	245	258	271
	4月	285	299	313	328	343	357	012	027	041	055	069	082	095	107	119	131	143	155	167	179	191	203	216	228	241	255	268	282	296	310	／
	5月	324	338	352	007	021	035	049	063	077	090	103	115	127	139	151	163	175	187	199	211	224	237	251	264	278	292	306	320	335	349	003
	6月	017	031	045	058	072	085	098	111	123	135	147	159	171	183	195	207	220	233	246	260	274	288	302	317	331	346	000	014	028	041	／
	7月	055	068	081	094	107	119	131	143	155	167	179	191	203	215	228	241	254	268	282	297	312	326	341	356	010	024	038	052	065	078	091
	8月	103	116	128	140	152	164	175	187	199	211	223	236	249	262	276	290	305	320	335	350	005	020	034	048	062	075	088	100	113	125	137
	9月	149	161	172	184	196	208	220	232	245	258	271	285	299	313	328	343	359	014	029	043	057	071	084	097	110	122	134	146	158	169	／
	10月	181	193	205	217	229	242	254	267	280	294	308	322	337	352	007	022	037	051	066	080	093	106	118	131	143	154	166	178	190	202	214
	11月	226	239	251	264	277	291	304	318	332	346	001	016	030	045	059	074	087	101	114	126	139	151	163	174	186	198	210	222	235	248	／
	12月	261	274	288	301	315	329	343	357	011	025	040	054	068	082	095	109	122	134	146	158	170	182	194	206	218	230	243	256	270	283	297

宮	月＼日	1	2	3	4	5	6	7	8	9	10	11	12	13	14	15	16	17	18	19	20	21	22	23	24	25	26	27	28	29	30	31
水星 ☿	1月	282	281	280	278	277	276	275	274	274	273	273	273	272	273	273	273	274	274	275	276	276	277	278	279	280	281	282	284	285	286	287
	2月	288	290	291	292	294	295	296	298	299	301	302	304	305	307	308	310	311	313	314	316	318	319	321	323	324	326	328	329	／	／	／
	3月	331	333	335	337	338	340	342	344	346	348	350	352	353	355	357	359	001	003	005	007	009	011	013	015	017	019	021	023	024	026	027
	4月	029	030	032	033	034	035	036	037	037	038	038	039	039	039	039	039	039	039	038	038	037	037	036	036	035	034	034	033	032	032	／
	5月	031	031	030	030	029	029	029	029	029	029	029	029	030	030	031	031	032	032	033	034	035	035	036	037	038	040	041	042	043	044	046
	6月	047	049	050	052	053	055	056	058	060	062	063	065	067	069	071	073	075	077	079	081	084	086	088	090	092	094	097	099	101	103	／
	7月	105	107	109	111	113	115	117	119	121	123	125	127	128	130	132	134	135	137	138	140	141	143	144	146	147	148	150	151	152	153	154
	8月	156	157	158	159	159	160	161	162	163	163	164	164	165	165	165	166	166	166	166	165	165	165	164	164	163	163	162	161	160	159	158
	9月	157	156	155	155	154	153	153	152	152	152	152	153	153	153	154	155	156	157	158	159	161	162	164	165	167	169	170	172	174	176	／
	10月	178	179	181	183	185	187	188	190	192	194	195	197	199	200	202	204	206	207	209	211	212	214	215	217	219	220	222	223	225	226	228
	11月	230	231	233	234	236	237	239	240	242	243	244	246	247	249	250	252	253	254	256	257	258	260	261	262	264	265	266	267	268	269	／
	12月	270	271	271	272	272	273	273	273	273	272	272	271	270	269	268	267	265	264	262	261	260	259	258	258	257	257	257	257	257	257	258

宮	月＼日	1	2	3	4	5	6	7	8	9	10	11	12	13	14	15	16	17	18	19	20	21	22	23	24	25	26	27	28	29	30	31
金星 ♀	1月	258	259	261	262	263	264	266	267	268	269	271	272	273	274	276	277	278	279	281	282	283	284	286	287	288	289	291	292	293	294	296
	2月	297	298	299	301	302	303	304	306	307	308	309	311	312	313	314	316	317	318	319	321	322	323	324	326	327	328	329	331	／	／	／
	3月	332	333	334	336	337	338	339	341	342	343	344	346	347	348	349	351	352	353	354	356	357	358	359	001	002	003	004	006	007	008	009
	4月	011	012	013	014	016	017	018	019	020	022	023	024	025	027	028	029	030	032	033	034	035	037	038	039	040	042	043	044	045	046	／
	5月	048	049	050	051	053	054	055	056	058	059	060	061	062	064	065	066	067	069	070	071	072	074	075	076	077	078	080	081	082	083	085
	6月	086	087	088	089	091	092	093	094	096	097	098	099	100	102	103	104	105	107	108	109	110	111	113	114	115	116	118	119	120	121	／
	7月	122	124	125	126	127	128	130	131	132	133	134	136	137	138	139	141	142	143	144	145	147	148	149	150	151	153	154	155	156	157	159
	8月	160	161	162	163	165	166	167	168	169	171	172	173	174	175	177	178	179	180	181	183	184	185	186	187	188	190	191	192	193	194	196
	9月	197	198	199	200	201	203	204	205	206	207	208	210	211	212	213	214	215	216	218	219	220	221	222	223	225	226	227	228	229	230	／
	10月	231	233	234	235	236	237	238	239	240	241	243	244	245	246	247	248	249	250	251	252	254	255	256	257	258	259	260	261	262	263	264
	11月	265	266	267	268	269	270	271	272	273	274	275	276	277	278	279	280	281	282	283	284	284	285	286	287	288	289	289	290	291	292	／
	12月	293	293	294	295	295	296	297	297	298	298	299	299	300	300	301	301	302	302	302	303	303	303	303	303	303	303	303	303	303	303	303

宮	月＼日	1	2	3	4	5	6	7	8	9	10	11	12	13	14	15	16	17	18	19	20	21	22	23	24	25	26	27	28	29	30	31
火星 ♂	1月	179	179	179	180	180	180	181	181	181	181	182	182	182	183	183	183	183	183	184	184	184	184	184	184	185	185	185	185	185	185	185
	2月	185	185	185	185	185	185	185	185	185	185	185	185	185	185	185	185	185	184	184	184	184	184	184	183	183	183	183	182	／	／	／
	3月	182	182	181	181	181	180	180	180	179	179	179	178	178	177	177	177	176	176	176	175	175	174	174	174	173	173	172	172	172	171	171
	4月	171	170	170	170	170	169	169	169	168	168	168	168	168	167	167	167	167	167	167	167	167	166	166	166	166	166	166	166	166	166	／
	5月	166	166	166	166	167	167	167	167	167	167	167	167	168	168	168	168	168	169	169	169	169	170	170	170	170	171	171	171	172	172	172
	6月	172	173	173	173	174	174	175	175	175	176	176	176	177	177	178	178	179	179	179	180	180	181	181	182	182	183	183	183	184	184	／
	7月	185	185	186	186	187	187	188	188	189	189	190	190	191	192	192	193	193	194	194	195	195	196	196	197	198	198	199	199	200	200	201
	8月	202	202	203	203	204	205	205	206	206	207	208	208	209	209	210	211	211	212	212	213	214	214	215	216	216	217	218	218	219	219	220
	9月	221	221	222	223	223	224	225	225	226	227	227	228	229	229	230	231	231	232	233	233	234	235	235	236	237	238	238	239	240	240	／
	10月	241	242	242	243	244	245	245	246	247	247	248	249	250	250	251	252	252	253	254	255	255	256	257	258	258	259	260	260	261	262	263
	11月	263	264	265	266	266	267	268	269	269	270	271	272	272	273	274	275	275	276	277	278	279	279	280	281	282	282	283	284	285	285	／
	12月	286	287	288	289	289	290	291	292	292	293	294	295	295	296	297	298	299	299	300	301	302	303	303	304	305	306	306	307	308	309	310

1998年

宮	月＼日	1	2	3	4	5	6	7	8	9	10	11	12	13	14	15	16	17	18	19	20	21	22	23	24	25	26	27	28	29	30	31
太陽 ☉	1月	280	281	282	283	284	285	286	287	288	289	290	291	292	293	294	295	296	297	298	299	300	301	302	303	304	305	306	307	309	310	311
	2月	312	313	314	315	316	317	318	319	320	321	322	323	324	325	326	327	328	329	330	331	332	333	334	335	336	337	338	339	／	／	／
	3月	340	341	342	343	344	345	346	347	348	349	350	351	352	353	354	355	356	357	358	359	000	001	002	003	004	005	006	007	008	009	010
	4月	011	012	013	014	015	016	017	018	019	020	021	022	022	023	024	025	026	027	028	029	030	031	032	033	034	035	036	037	038	039	／
	5月	040	041	042	043	044	045	046	047	048	049	050	051	052	053	054	055	056	056	057	058	059	060	061	062	063	064	065	066	067	068	069
	6月	070	071	072	073	074	075	076	077	078	079	080	080	081	082	083	084	085	086	087	088	089	090	091	092	093	094	095	096	097	098	／
	7月	099	100	101	101	102	103	104	105	106	107	108	109	110	111	112	113	114	115	116	117	118	119	120	121	121	122	123	124	125	126	127
	8月	128	129	130	131	132	133	134	135	136	137	138	139	140	141	142	143	144	144	145	146	147	148	149	150	151	152	153	154	155	156	157
	9月	158	159	160	161	162	163	164	165	166	167	168	169	170	171	172	173	174	175	175	176	177	178	179	180	181	182	183	184	185	186	／
	10月	187	188	189	190	191	192	193	194	195	196	197	198	199	200	201	202	203	204	205	206	207	208	209	210	211	212	213	214	215	216	217
	11月	218	219	220	221	222	223	224	225	226	227	228	229	230	231	232	233	234	235	236	237	238	239	240	241	242	243	244	245	246	247	／
	12月	248	249	250	251	252	253	254	255	256	257	258	259	260	261	262	263	264	265	267	268	269	270	271	272	273	274	275	276	277	278	279

宮	月＼日	1	2	3	4	5	6	7	8	9	10	11	12	13	14	15	16	17	18	19	20	21	22	23	24	25	26	27	28	29	30	31
月 ☽	1月	311	325	340	354	008	022	036	050	064	077	091	104	117	130	142	154	166	178	190	202	214	226	238	251	264	278	292	306	320	335	350
	2月	004	019	033	047	061	074	087	100	113	126	138	150	162	174	186	198	210	222	234	246	259	272	285	299	314	328	343	358	／	／	／
	3月	013	028	043	057	071	084	097	110	123	135	147	159	171	183	195	207	218	230	243	255	268	280	294	308	322	336	351	007	022	037	052
	4月	066	080	094	107	120	132	144	156	168	180	192	204	215	227	240	252	264	277	290	303	317	331	345	000	015	030	045	060	075	089	／
	5月	103	116	129	141	153	165	177	189	200	212	224	237	249	261	274	287	300	313	327	340	355	009	024	039	054	068	083	097	111	124	137
	6月	149	161	173	185	197	209	221	233	245	258	271	284	297	310	323	337	351	005	019	034	048	063	077	091	105	119	132	145	157	169	／
	7月	181	193	205	217	229	241	254	267	280	293	306	320	334	348	002	016	030	045	059	073	087	101	114	127	140	153	165	177	189	201	213
	8月	225	237	249	262	275	288	301	315	329	344	358	013	027	041	056	069	083	097	110	123	136	149	161	173	185	197	209	221	233	245	257
	9月	270	283	296	310	324	338	353	008	023	037	052	066	080	094	107	120	133	145	158	170	182	194	206	218	230	241	253	266	278	291	／
	10月	304	318	332	346	001	016	031	047	062	076	090	104	117	130	143	155	167	179	191	203	215	226	238	250	262	275	287	300	313	326	340
	11月	354	009	024	040	055	070	085	099	113	126	139	152	164	176	188	200	212	223	235	247	259	272	284	296	309	322	336	349	003	018	／
	12月	033	048	063	078	093	107	121	135	148	160	173	185	197	208	220	232	244	256	268	281	294	306	319	332	346	359	013	028	042	057	072

宮	月＼日	1	2	3	4	5	6	7	8	9	10	11	12	13	14	15	16	17	18	19	20	21	22	23	24	25	26	27	28	29	30	31
水星 ☿	1月	258	259	259	260	261	262	263	264	265	266	268	269	270	271	273	274	275	277	278	279	281	282	284	285	287	288	290	291	293	294	296
	2月	297	299	300	302	303	305	307	308	310	312	313	315	317	318	320	322	324	325	327	329	331	333	334	336	338	340	342	344	／	／	／
	3月	346	348	350	352	353	355	357	359	001	003	005	006	008	009	011	012	014	015	016	017	018	019	020	020	021	021	021	021	021	021	020
	4月	020	019	019	018	017	017	016	015	014	013	013	012	011	011	010	010	010	010	009	009	009	009	010	010	010	011	011	012	012	013	／
	5月	014	015	015	016	017	018	019	021	022	023	024	025	027	028	030	031	032	034	036	037	039	040	042	044	046	047	049	051	053	055	057
	6月	059	061	063	065	067	070	072	074	076	078	081	083	085	087	089	091	094	096	098	100	102	104	106	107	109	111	113	115	116	118	／
	7月	120	121	123	124	126	127	129	130	131	133	134	135	136	137	139	140	141	141	142	143	144	145	145	146	146	147	147	147	148	148	148
	8月	148	148	147	147	147	146	146	145	144	144	143	142	141	140	140	139	138	137	137	136	136	136	136	135	136	136	136	137	137	138	139
	9月	140	141	142	143	145	146	148	150	151	153	155	157	158	160	162	164	166	168	170	172	173	175	177	179	181	183	184	186	188	190	／
	10月	191	193	195	197	198	200	201	203	205	206	208	210	211	213	214	216	217	219	220	222	223	225	226	228	229	231	232	233	235	236	237
	11月	239	240	241	243	244	245	246	248	249	250	251	252	253	254	254	255	256	256	257	257	257	257	257	256	256	255	254	253	252	251	／
	12月	249	248	247	245	244	243	242	242	241	241	241	241	241	241	242	243	243	244	245	246	247	248	249	250	252	253	254	256	257	258	260

宮	月＼日	1	2	3	4	5	6	7	8	9	10	11	12	13	14	15	16	17	18	19	20	21	22	23	24	25	26	27	28	29	30	31
金星 ♀	1月	303	303	302	302	302	301	301	300	300	299	299	298	298	297	296	296	295	295	294	293	293	292	292	291	291	290	290	290	289	289	289
	2月	288	288	288	288	288	288	288	288	288	288	289	289	289	289	290	290	290	291	291	292	292	293	293	294	294	295	296	296	／	／	／
	3月	297	298	298	299	300	301	301	302	303	304	305	305	306	307	308	309	310	311	312	313	314	314	315	316	317	318	319	320	321	322	323
	4月	324	325	326	327	328	329	330	331	333	334	335	336	337	338	339	340	341	342	343	344	345	347	348	349	350	351	352	353	354	355	／
	5月	357	358	359	000	001	002	003	004	006	007	008	009	010	011	012	014	015	016	017	018	019	020	022	023	024	025	026	027	029	030	031
	6月	032	033	034	036	037	038	039	040	041	043	044	045	046	047	048	050	051	052	053	054	055	057	058	059	060	061	063	064	065	066	／
	7月	067	069	070	071	072	073	075	076	077	078	079	080	082	083	084	085	086	088	089	090	091	093	094	095	096	097	099	100	101	102	103
	8月	105	106	107	108	109	111	112	113	114	116	117	118	119	120	122	123	124	125	127	128	129	130	131	133	134	135	136	138	139	140	141
	9月	142	144	145	146	147	149	150	151	152	154	155	156	157	159	160	161	162	164	165	166	167	169	170	171	172	173	175	176	177	178	／
	10月	180	181	182	183	185	186	187	188	190	191	192	193	195	196	197	198	200	201	202	203	205	206	207	208	210	211	212	213	215	216	217
	11月	218	220	221	222	224	225	226	227	229	230	231	232	234	235	236	237	239	240	241	242	244	245	246	247	249	250	251	252	254	255	／
	12月	256	257	259	260	261	262	264	265	266	267	269	270	271	272	274	275	276	277	279	280	281	283	284	285	286	288	289	290	291	293	294

宮	月＼日	1	2	3	4	5	6	7	8	9	10	11	12	13	14	15	16	17	18	19	20	21	22	23	24	25	26	27	28	29	30	31
火星 ♂	1月	310	311	312	313	314	314	315	316	317	317	318	319	320	321	321	322	323	324	325	325	326	327	328	329	329	330	331	332	332	333	334
	2月	335	336	336	337	338	339	340	340	341	342	343	343	344	345	346	347	347	348	349	350	351	351	352	353	354	354	355	356	／	／	／
	3月	357	358	358	359	000	001	001	002	003	004	004	005	006	007	008	008	009	010	011	011	012	013	014	014	015	016	017	018	018	019	020
	4月	021	021	022	023	024	024	025	026	027	027	028	029	030	030	031	032	033	033	034	035	036	036	037	038	038	039	040	041	041	042	／
	5月	043	044	044	045	046	047	047	048	049	049	050	051	052	052	053	054	054	055	056	057	057	058	059	059	060	061	062	062	063	064	064
	6月	065	066	067	067	068	069	069	070	071	071	072	073	074	074	075	076	076	077	078	078	079	080	080	081	082	083	083	084	085	085	／
	7月	086	087	087	088	089	089	090	091	091	092	093	093	094	095	095	096	097	097	098	099	099	100	101	101	102	103	103	104	105	105	106
	8月	107	107	108	109	109	110	111	111	112	113	113	114	115	115	116	116	117	118	118	119	120	120	121	122	122	123	124	124	125	125	126
	9月	127	127	128	129	129	130	131	131	132	132	133	134	134	135	136	136	137	138	138	139	139	140	141	141	142	142	143	144	144	145	／
	10月	146	146	147	147	148	149	149	150	150	151	152	152	153	154	154	155	155	156	157	157	158	158	159	160	160	161	161	162	163	163	164
	11月	164	165	166	166	167	167	168	168	169	170	170	171	171	172	173	173	174	174	175	175	176	177	177	178	178	179	179	180	180	181	／
	12月	182	182	183	183	184	184	185	185	186	187	187	188	188	189	189	190	190	191	191	192	192	193	193	194	194	195	195	196	196	197	197

1999年

宮	月＼日	1	2	3	4	5	6	7	8	9	10	11	12	13	14	15	16	17	18	19	20	21	22	23	24	25	26	27	28	29	30	31
	1月	280	281	282	283	284	285	286	287	288	289	290	291	292	293	294	295	296	297	298	299	300	301	302	303	304	305	306	307	308	309	310
	2月	311	312	313	314	315	316	317	318	319	320	321	322	323	324	325	326	328	329	330	331	332	333	334	335	336	337	338	339	／	／	／
	3月	340	341	342	343	344	345	346	347	348	349	350	351	352	353	354	355	356	357	358	359	000	001	002	003	004	005	006	007	007	008	009
太	4月	010	011	012	013	014	015	016	017	018	019	020	021	022	023	024	025	026	027	028	029	030	031	032	033	034	035	036	037	038	039	／
	5月	040	041	042	043	044	045	046	047	048	049	050	050	051	052	053	054	055	056	057	058	059	060	061	062	063	064	065	066	067	068	069
陽	6月	070	071	072	073	074	075	075	076	077	078	079	080	081	082	083	084	085	086	087	088	089	090	091	092	093	094	095	096	096	097	／
	7月	098	099	100	101	102	103	104	105	106	107	108	109	110	111	112	113	114	115	116	116	117	118	119	120	121	122	123	124	125	126	127
	8月	128	129	130	131	132	133	134	135	136	137	138	138	139	140	141	142	143	144	145	146	147	148	149	150	151	152	153	154	155	156	157
⊙	9月	158	159	160	161	162	163	164	165	166	166	167	168	169	170	171	172	173	174	175	176	177	178	179	180	181	182	183	184	185	186	／
	10月	187	188	189	190	191	192	193	194	195	196	197	198	199	200	201	202	203	204	205	206	207	208	209	210	211	212	213	214	215	216	217
	11月	218	219	220	221	222	223	224	225	226	227	228	229	230	231	232	233	234	235	236	237	238	239	240	241	242	243	244	245	246	247	／
	12月	248	249	250	251	252	253	254	255	256	257	258	259	260	261	262	263	264	265	266	267	268	269	270	271	272	273	274	275	276	277	278

宮	月＼日	1	2	3	4	5	6	7	8	9	10	11	12	13	14	15	16	17	18	19	20	21	22	23	24	25	26	27	28	29	30	31
	1月	086	101	115	129	142	156	168	181	193	205	217	228	240	252	265	277	290	303	316	329	343	356	010	024	038	053	067	081	095	109	123
	2月	137	150	163	176	188	200	212	224	236	248	260	273	285	298	311	325	338	352	007	021	035	049	064	078	092	105	119	132	／	／	／
	3月	146	159	171	184	196	208	220	232	244	256	268	280	293	306	319	333	347	001	016	031	045	060	074	089	102	116	129	142	155	168	180
月	4月	192	205	217	229	240	252	264	276	288	301	314	327	341	355	009	024	040	055	070	084	099	113	126	139	152	165	177	189	201	213	／
	5月	225	237	249	261	273	285	297	310	322	335	349	003	018	033	048	063	078	093	108	122	136	149	162	174	186	198	210	222	234	246	258
	6月	270	282	294	306	319	332	345	358	012	027	041	056	072	087	102	116	131	144	158	171	183	195	207	219	231	243	255	267	279	291	／
	7月	303	316	329	342	355	008	022	036	051	066	081	095	110	125	139	153	166	179	191	204	216	228	240	251	263	275	288	300	313	325	338
	8月	352	005	019	033	047	061	076	090	105	119	133	147	161	174	187	199	212	224	236	248	260	272	284	296	309	321	335	348	002	016	030
☽	9月	044	058	072	086	101	115	128	142	156	169	182	195	207	220	232	244	256	267	279	291	304	317	330	343	357	011	025	040	054	069	／
	10月	083	097	111	125	139	152	165	178	191	203	216	228	240	252	264	275	287	299	312	324	337	351	005	019	034	049	064	079	094	108	122
	11月	136	149	162	175	187	200	212	224	236	248	260	272	284	296	308	320	333	345	359	013	027	042	057	073	088	103	118	132	145	159	／
	12月	172	184	197	209	221	233	245	257	269	281	293	304	317	329	341	354	008	021	036	050	065	081	096	111	126	140	154	168	181	194	206

宮	月＼日	1	2	3	4	5	6	7	8	9	10	11	12	13	14	15	16	17	18	19	20	21	22	23	24	25	26	27	28	29	30	31
	1月	261	262	264	265	267	268	270	271	273	274	276	277	279	280	282	283	285	286	288	289	291	293	294	296	297	299	301	302	304	306	307
	2月	309	311	313	314	316	318	320	321	323	325	327	329	330	332	334	336	338	340	341	343	345	347	348	350	352	353	355	356	／	／	／
	3月	357	359	000	001	002	002	003	003	003	004	004	003	003	003	002	001	001	000	359	358	357	356	355	354	354	353	352	352	351	351	351
水	4月	350	350	350	351	351	351	351	352	352	353	354	354	355	356	357	358	359	000	001	002	003	004	006	007	008	009	011	012	014	015	／
	5月	017	018	020	021	023	025	026	028	030	032	034	035	037	039	041	043	045	047	049	051	054	056	058	060	062	064	067	069	071	073	075
星	6月	077	080	082	084	086	088	090	092	094	095	097	099	101	102	104	106	107	109	110	111	113	114	115	117	118	119	120	121	122	123	／
	7月	124	125	125	126	127	127	128	128	128	129	129	129	129	129	129	129	128	128	128	127	126	126	125	125	124	123	122	122	121	120	120
	8月	119	119	119	118	118	118	118	118	119	119	119	120	121	122	123	124	125	126	127	129	130	132	134	135	137	139	141	143	145	147	149
☿	9月	150	152	154	156	158	160	162	164	166	168	170	172	173	175	177	179	181	182	184	186	187	189	191	192	194	196	197	199	200	202	／
	10月	203	205	206	208	209	211	212	214	215	217	218	219	221	222	223	225	226	227	228	229	231	232	233	234	235	236	237	238	238	239	240
	11月	240	241	241	241	241	241	241	241	240	239	238	237	236	235	234	232	231	230	229	228	227	226	226	225	225	225	225	226	226	227	／
	12月	228	229	230	231	232	233	234	236	237	238	240	241	242	244	245	247	248	250	251	253	254	256	257	259	260	262	263	265	266	268	269

宮	月＼日	1	2	3	4	5	6	7	8	9	10	11	12	13	14	15	16	17	18	19	20	21	22	23	24	25	26	27	28	29	30	31
	1月	295	296	298	299	300	301	303	304	305	306	308	309	310	311	313	314	315	316	318	319	320	321	323	324	325	326	328	329	330	331	333
	2月	334	335	336	338	339	340	341	343	344	345	346	347	349	350	351	352	354	355	356	357	359	000	001	002	004	005	006	007	／	／	／
	3月	008	010	011	012	013	015	016	017	018	019	021	022	023	024	026	027	028	029	030	032	033	034	035	036	038	039	040	041	042	044	045
金	4月	046	047	048	050	051	052	053	054	055	057	058	059	060	061	063	064	065	066	067	068	070	071	072	073	074	075	076	078	079	080	／
	5月	081	082	083	084	086	087	088	089	090	091	092	093	094	096	097	098	099	100	101	102	103	104	105	106	107	108	110	111	112	113	114
星	6月	115	116	117	118	119	120	121	122	123	124	125	126	127	127	128	129	130	131	132	133	134	135	136	136	137	138	139	140	140	141	／
	7月	142	143	143	144	145	146	146	147	147	148	149	149	150	150	151	151	152	152	152	153	153	153	154	154	154	154	154	155	155	155	155
	8月	155	154	154	154	154	154	153	153	153	152	152	151	151	150	150	149	149	148	147	147	146	146	145	144	144	143	143	142	142	141	141
♀	9月	140	140	140	139	139	139	139	138	138	138	138	138	138	138	139	139	139	139	140	140	140	141	141	141	142	142	143	143	144	144	／
	10月	145	146	146	147	148	148	149	150	151	151	152	153	154	155	155	156	157	158	159	160	161	162	163	163	164	165	166	167	168	169	170
	11月	171	172	173	174	175	176	177	178	180	181	182	183	184	185	186	187	188	189	190	191	193	194	195	196	197	198	199	201	202	203	／
	12月	204	205	206	207	209	210	211	212	213	214	216	217	218	219	220	221	223	224	225	226	227	229	230	231	232	233	235	236	237	238	239

宮	月＼日	1	2	3	4	5	6	7	8	9	10	11	12	13	14	15	16	17	18	19	20	21	22	23	24	25	26	27	28	29	30	31
	1月	198	198	199	199	200	200	201	201	202	202	203	203	204	204	205	205	205	206	206	207	207	208	208	209	209	209	210	210	211	211	211
	2月	212	212	212	213	213	214	214	214	215	215	215	216	216	216	217	217	217	217	218	218	218	218	219	219	219	219	220	220	／	／	／
	3月	220	220	220	220	221	221	221	221	221	221	221	221	221	222	222	222	222	222	222	222	222	222	222	221	221	221	221	221	221	221	221
火	4月	221	220	220	220	220	220	219	219	219	218	218	218	218	217	217	217	216	216	216	215	215	215	214	214	213	213	213	212	212	212	／
	5月	211	211	210	210	210	209	209	209	208	208	208	207	207	207	207	206	206	206	206	205	205	205	205	205	205	204	204	204	204	204	204
星	6月	204	204	204	204	204	204	204	204	204	204	204	204	204	205	205	205	205	205	205	205	206	206	206	206	207	207	207	207	208	208	／
	7月	208	209	209	209	209	210	210	210	211	211	212	212	212	213	213	214	214	214	215	215	216	216	217	217	218	218	218	219	219	220	220
	8月	221	221	222	222	223	223	224	225	225	226	226	227	227	228	228	229	230	230	231	231	232	232	233	234	234	235	235	236	237	237	238
♂	9月	238	239	240	240	241	242	242	243	243	244	245	245	246	247	247	248	249	249	250	251	251	252	253	253	254	255	255	256	257	258	／
	10月	258	259	260	260	261	262	262	263	264	265	265	266	267	267	268	269	270	270	271	272	272	273	274	275	275	276	277	278	278	279	280
	11月	281	281	282	283	283	284	285	286	286	287	288	289	290	290	291	292	293	293	294	295	296	296	297	298	299	299	300	301	302	302	／
	12月	303	304	305	306	306	307	308	309	309	310	311	312	312	313	314	315	316	316	317	318	319	319	320	321	322	323	323	324	325	326	326

2000年

宮	月＼日	1	2	3	4	5	6	7	8	9	10	11	12	13	14	15	16	17	18	19	20	21	22	23	24	25	26	27	28	29	30	31
太陽 ⊙	1月	279	281	282	283	284	285	286	287	288	289	290	291	292	293	294	295	296	297	298	299	300	301	302	303	304	305	306	307	308	309	310
	2月	311	312	313	314	315	316	317	318	319	320	321	322	323	324	325	326	327	328	329	330	331	332	333	334	335	336	337	338	339	/	/
	3月	340	341	342	343	344	345	346	347	348	349	350	351	352	353	354	355	356	357	358	359	000	001	002	003	004	005	006	007	008	009	010
	4月	011	012	013	014	015	016	017	018	019	020	021	022	023	024	025	026	027	028	029	030	031	032	033	034	035	036	037	038	039	040	/
	5月	041	042	042	043	044	045	046	047	048	049	050	051	052	053	054	055	056	057	058	059	060	061	062	063	064	065	066	067	068	069	069
	6月	070	071	072	073	074	075	076	077	078	079	080	081	082	083	084	085	086	087	088	089	090	091	091	092	093	094	095	096	097	098	/
	7月	099	100	101	102	103	104	105	106	107	108	109	110	111	111	112	113	114	115	116	117	118	119	120	121	122	123	124	125	126	127	128
	8月	129	130	131	132	133	133	134	135	136	137	138	139	140	141	142	143	144	145	146	147	148	149	150	151	152	153	154	155	156	157	158
	9月	158	159	160	161	162	163	164	165	166	167	168	169	170	171	172	173	174	175	176	177	178	179	180	181	182	183	184	185	186	187	/
	10月	188	189	190	191	192	193	194	195	196	197	198	199	200	201	202	203	204	205	206	207	208	209	210	211	212	213	214	215	216	217	218
	11月	219	220	221	222	223	224	225	226	227	228	229	230	231	232	233	234	235	236	237	238	239	240	241	242	243	244	245	246	247	248	/
	12月	249	250	251	252	253	254	255	256	257	258	259	260	261	262	263	264	265	266	267	268	269	270	271	272	273	274	275	276	277	278	279
宮	月＼日	1	2	3	4	5	6	7	8	9	10	11	12	13	14	15	16	17	18	19	20	21	22	23	24	25	26	27	28	29	30	31
月 ☽	1月	218	230	242	254	266	278	290	302	314	326	338	351	004	017	031	045	059	074	089	104	119	134	148	162	176	189	202	215	227	239	251
	2月	263	274	286	298	310	323	335	348	001	014	028	041	055	069	084	098	113	127	142	156	170	184	197	210	223	235	247	259	271	/	/
	3月	282	294	306	319	331	344	357	011	024	038	052	066	080	094	108	123	137	151	165	178	192	205	218	230	243	255	267	278	290	302	314
	4月	327	340	353	006	020	034	048	062	077	091	105	119	133	147	161	174	187	201	213	226	238	251	263	275	286	298	310	322	335	347	/
	5月	001	014	028	043	057	072	087	102	116	130	144	158	171	184	197	210	222	235	247	259	271	283	295	306	318	330	343	356	009	022	037
	6月	051	066	081	096	111	126	140	154	168	181	194	207	219	232	244	256	268	280	291	303	315	327	339	352	004	017	031	045	060	074	/
	7月	089	105	120	135	149	164	177	191	204	216	229	241	253	265	277	288	300	312	324	336	348	001	014	027	040	054	068	083	098	113	128
	8月	143	158	172	186	200	213	225	238	250	262	274	285	297	309	321	333	346	358	011	024	037	050	064	078	092	107	122	137	151	166	180
	9月	194	208	221	234	246	258	270	282	294	306	318	330	342	355	008	021	034	047	061	075	089	103	117	131	146	160	175	189	202	216	/
	10月	229	242	254	266	278	290	302	314	326	338	350	003	017	030	044	058	072	086	100	114	128	142	156	170	184	197	211	224	237	250	262
	11月	274	286	298	310	321	333	346	358	011	025	039	053	067	081	096	110	125	139	153	167	180	194	207	220	233	245	258	270	282	294	/
	12月	306	317	329	341	354	006	019	033	047	061	075	090	105	120	135	149	163	177	191	204	217	230	242	254	267	279	290	302	314	326	338
宮	月＼日	1	2	3	4	5	6	7	8	9	10	11	12	13	14	15	16	17	18	19	20	21	22	23	24	25	26	27	28	29	30	31
水星 ☿	1月	271	272	274	276	277	279	280	282	283	285	287	288	290	292	293	295	296	298	300	302	303	305	307	308	310	312	314	315	317	319	321
	2月	322	324	326	327	329	331	332	334	336	337	339	340	341	342	343	344	345	346	346	347	347	347	346	346	346	345	344	343	342	/	/
	3月	341	340	339	338	337	336	335	335	334	333	333	333	332	332	332	332	333	333	333	334	334	335	335	336	337	338	339	339	340	341	343
	4月	344	345	346	347	348	350	351	352	354	355	357	358	000	001	003	004	006	008	009	011	013	014	016	018	020	022	024	026	027	029	/
	5月	031	033	036	038	040	042	044	046	048	050	053	055	057	059	061	063	066	068	070	072	074	076	077	079	081	083	085	086	088	089	091
	6月	092	094	095	096	098	099	100	101	102	103	104	105	106	106	107	107	108	108	109	109	109	109	109	109	109	109	109	109	108	108	/
	7月	107	107	106	106	105	104	104	103	103	102	102	101	101	100	100	100	100	100	100	100	100	101	101	102	103	103	104	105	106	107	109
	8月	110	111	113	114	116	118	119	121	123	125	127	129	131	133	135	137	139	141	143	145	147	149	151	153	155	157	159	161	162	164	166
	9月	168	170	171	173	175	177	178	180	181	183	185	186	188	189	191	192	194	195	197	198	200	201	202	204	205	206	208	209	210	211	/
	10月	213	214	215	216	217	218	219	220	221	222	222	223	224	224	225	225	225	225	225	225	225	224	224	223	222	221	220	219	218	216	215
	11月	214	213	212	211	210	210	210	209	210	210	210	211	212	212	213	214	216	217	218	219	221	222	223	225	226	228	229	231	232	234	/
	12月	235	237	238	240	241	243	245	246	248	249	251	252	254	255	257	259	260	262	263	265	266	268	270	271	273	274	276	278	279	281	282
宮	月＼日	1	2	3	4	5	6	7	8	9	10	11	12	13	14	15	16	17	18	19	20	21	22	23	24	25	26	27	28	29	30	31
金星 ♀	1月	241	242	243	244	245	247	248	249	250	252	253	254	255	256	258	259	260	261	263	264	265	266	267	269	270	271	272	274	275	276	277
	2月	278	280	281	282	283	285	286	287	288	290	291	292	293	294	296	297	298	299	301	302	303	304	306	307	308	309	311	312	313	/	/
	3月	314	315	317	318	319	320	322	323	324	325	327	328	329	330	332	333	334	335	336	338	339	340	341	343	344	345	346	348	349	350	351
	4月	353	354	355	356	357	359	000	001	002	004	005	006	007	009	010	011	012	014	015	016	017	018	020	021	022	023	025	026	027	028	/
	5月	030	031	032	033	034	036	037	038	039	041	042	043	044	046	047	048	049	050	052	053	054	055	057	058	059	060	062	063	064	065	066
	6月	068	069	070	071	073	074	075	076	077	079	080	081	082	084	085	086	087	089	090	091	092	093	095	096	097	098	100	101	102	103	/
	7月	105	106	107	108	109	111	112	113	114	116	117	118	119	120	122	123	124	125	127	128	129	130	132	133	134	135	136	138	139	140	141
	8月	143	144	145	146	148	149	150	151	152	154	155	156	157	159	160	161	162	164	165	166	167	168	170	171	172	173	175	176	177	178	179
	9月	181	182	183	184	186	187	188	189	191	192	193	194	195	197	198	199	200	202	203	204	205	206	208	209	210	211	213	214	215	216	/
	10月	217	219	220	221	222	224	225	226	227	228	230	231	232	233	234	236	237	238	239	241	242	243	244	245	247	248	249	250	251	253	254
	11月	255	256	258	259	260	261	262	264	265	266	267	268	270	271	272	273	274	276	277	278	279	280	282	283	284	285	286	287	289	290	/
	12月	291	292	293	295	296	297	298	299	300	302	303	304	305	306	307	309	310	311	312	313	314	315	317	318	319	320	321	322	323	324	326
宮	月＼日	1	2	3	4	5	6	7	8	9	10	11	12	13	14	15	16	17	18	19	20	21	22	23	24	25	26	27	28	29	30	31
火星 ♂	1月	327	328	329	330	330	331	332	333	333	334	335	336	336	337	338	339	340	340	341	342	343	343	344	345	346	347	347	348	349	350	350
	2月	351	352	353	353	354	355	356	357	357	358	359	000	000	001	002	003	003	004	005	006	006	007	008	009	009	010	011	012	012	/	/
	3月	013	014	015	015	016	017	018	018	019	020	021	021	022	023	024	024	025	026	027	027	028	029	030	030	031	032	032	033	034	035	035
	4月	036	037	038	038	039	040	041	041	042	043	043	044	045	046	046	047	048	048	049	050	051	051	052	053	053	054	055	056	056	057	/
	5月	058	058	059	060	060	061	062	063	063	064	065	065	066	067	067	068	069	069	070	071	072	072	073	074	074	075	076	076	077	078	078
	6月	079	080	080	081	082	082	083	084	085	085	086	087	087	088	089	089	090	091	091	092	093	093	094	095	095	096	097	097	098	099	/
	7月	099	100	101	101	102	103	103	104	105	105	106	107	107	108	108	109	110	110	111	112	112	113	114	114	115	116	116	117	118	118	119
	8月	120	120	121	122	122	123	123	124	125	125	126	127	127	128	129	129	130	131	131	132	132	133	134	134	135	136	136	137	138	138	139
	9月	139	140	141	141	142	143	143	144	145	145	146	146	147	148	148	149	150	150	151	151	152	153	153	154	155	155	156	157	157	158	/
	10月	158	159	160	160	161	162	162	163	163	164	165	165	166	167	167	168	168	169	170	170	171	171	172	173	173	174	175	175	176	176	177
	11月	178	178	179	180	180	181	181	182	183	183	184	184	185	186	186	187	188	188	189	189	190	191	191	192	192	193	194	194	195	195	/
	12月	196	197	197	198	198	199	200	200	201	201	202	203	203	204	204	205	206	206	207	207	208	209	209	210	210	211	212	212	213	213	214

2001年

宮	月＼日	1	2	3	4	5	6	7	8	9	10	11	12	13	14	15	16	17	18	19	20	21	22	23	24	25	26	27	28	29	30	31
太陽 ☉	1月	280	281	282	283	284	285	286	287	288	289	290	291	293	294	295	296	297	298	299	300	301	302	303	304	305	306	307	308	309	310	311
	2月	312	313	314	315	316	317	318	319	320	321	322	323	324	325	326	327	328	329	330	331	332	333	334	335	336	337	338	339	／	／	／
	3月	340	341	342	343	344	345	346	347	348	349	350	351	352	353	354	355	356	357	358	359	000	001	002	003	004	005	006	007	008	009	010
	4月	011	012	013	014	015	016	017	018	019	020	021	022	023	024	025	026	027	028	029	030	031	032	033	034	034	035	036	037	038	039	／
	5月	040	041	042	043	044	045	046	047	048	049	050	051	052	053	054	055	056	057	058	059	060	061	062	063	063	064	065	066	067	068	069
	6月	070	071	072	073	074	075	076	077	078	079	080	081	082	083	084	085	086	086	087	088	089	090	091	092	093	094	095	096	097	098	／
	7月	099	100	101	102	103	104	105	106	106	107	108	109	110	111	112	113	114	115	116	117	118	119	120	121	122	123	124	125	126	127	127
	8月	128	129	130	131	132	133	134	135	136	137	138	139	140	141	142	143	144	145	146	147	148	149	150	151	151	152	153	154	155	156	157
	9月	158	159	160	161	162	163	164	165	166	167	168	169	170	171	172	173	174	175	176	177	178	179	180	181	182	183	184	185	186	187	／
	10月	188	188	189	190	191	192	193	194	195	196	197	198	199	200	201	202	203	204	205	206	207	208	209	210	211	212	213	214	215	216	217
	11月	218	219	220	221	222	223	224	225	226	227	228	229	230	231	232	233	234	235	236	237	238	239	240	241	242	243	244	245	246	247	／
	12月	248	250	251	252	253	254	255	256	257	258	259	260	261	262	263	264	265	266	267	268	269	270	271	272	273	274	275	276	277	278	279

宮	月＼日	1	2	3	4	5	6	7	8	9	10	11	12	13	14	15	16	17	18	19	20	21	22	23	24	25	26	27	28	29	30	31
月 ☽	1月	350	002	014	027	041	054	069	083	098	113	129	144	158	173	187	201	214	227	239	251	264	275	287	299	311	323	335	347	359	011	023
	2月	036	049	063	077	091	106	121	136	152	167	181	196	210	223	236	248	260	272	284	296	308	320	332	344	356	008	020	033	／	／	／
	3月	046	059	073	086	100	115	130	145	160	175	189	204	218	231	244	257	269	281	293	305	316	328	340	352	005	017	030	043	056	069	083
	4月	097	111	125	139	154	169	183	198	212	226	239	252	265	277	289	301	313	325	336	349	001	013	026	039	053	066	080	094	108	122	／
	5月	136	150	164	178	193	207	220	234	247	260	273	285	297	309	321	332	344	357	009	022	035	048	062	076	090	104	118	132	147	161	175
	6月	189	203	216	230	243	256	268	281	293	305	317	329	340	352	005	017	030	043	056	070	084	099	113	128	143	157	172	186	200	213	／
	7月	226	239	252	265	277	289	301	313	325	337	349	001	013	025	038	051	064	078	093	107	122	137	152	167	182	196	210	223	236	249	262
	8月	274	286	298	310	322	334	346	357	009	022	034	047	060	073	087	101	116	131	146	161	176	191	205	219	233	246	259	271	283	295	307
	9月	319	331	343	354	007	019	031	043	056	069	082	096	110	124	139	154	169	185	199	214	228	242	255	268	280	292	304	316	328	339	／
	10月	351	003	016	028	040	053	066	079	092	106	120	134	148	163	178	193	208	222	236	250	263	276	288	300	312	324	336	348	000	012	024
	11月	037	050	063	076	089	103	116	130	144	159	173	187	202	216	230	244	258	271	284	296	308	320	332	344	356	008	020	033	045	058	／
	12月	072	085	099	113	127	141	155	169	184	198	212	226	239	253	266	279	291	304	316	328	340	352	004	016	028	040	053	066	080	094	108

宮	月＼日	1	2	3	4	5	6	7	8	9	10	11	12	13	14	15	16	17	18	19	20	21	22	23	24	25	26	27	28	29	30	31
水星 ☿	1月	284	286	287	289	291	292	294	295	297	299	300	302	304	305	307	309	310	312	314	315	317	318	320	321	323	324	325	326	327	328	329
	2月	329	330	330	330	330	330	329	329	328	327	326	325	324	323	321	320	319	318	317	317	316	316	315	315	315	315	315	315	／	／	／
	3月	316	316	316	317	318	318	319	320	321	322	323	324	325	326	327	328	329	331	332	333	335	336	337	339	340	342	343	345	346	348	349
	4月	351	352	354	356	357	359	001	003	005	006	008	010	012	014	016	018	020	022	024	026	028	030	032	034	037	039	041	043	045	047	／
	5月	049	051	053	055	057	059	061	063	065	067	068	070	072	073	075	076	077	079	080	081	082	083	084	085	086	086	087	088	088	088	089
	6月	089	089	089	089	089	089	089	089	089	088	088	087	087	086	086	085	085	084	084	083	083	082	082	081	081	081	081	081	081	081	／
	7月	081	081	082	082	083	083	084	085	086	087	088	089	090	091	092	094	095	097	098	100	101	103	105	107	109	111	113	115	117	119	121
	8月	123	125	127	129	131	133	136	138	140	142	144	146	147	149	151	153	155	157	159	160	162	164	165	167	169	170	172	174	175	177	178
	9月	180	181	183	184	185	187	188	189	191	192	193	195	196	197	198	199	200	201	202	203	204	205	206	206	207	208	208	208	209	209	／
	10月	209	209	209	209	209	208	207	207	206	205	204	203	201	200	199	198	197	196	195	194	194	194	194	194	194	195	195	196	197	198	199
	11月	200	201	203	204	205	207	208	210	212	213	215	216	218	219	221	223	224	226	227	229	231	232	234	235	237	239	240	242	243	245	／
	12月	246	248	250	251	253	254	256	257	259	261	262	264	265	267	268	270	272	273	275	276	278	279	281	283	284	286	287	289	291	292	294

宮	月＼日	1	2	3	4	5	6	7	8	9	10	11	12	13	14	15	16	17	18	19	20	21	22	23	24	25	26	27	28	29	30	31
金星 ♀	1月	327	328	329	330	331	332	333	334	335	336	337	338	340	341	342	343	344	345	346	347	348	349	350	351	352	353	353	354	355	356	357
	2月	358	359	000	001	001	002	003	004	005	005	006	007	008	008	009	010	010	011	012	012	013	013	014	014	015	015	015	016	／	／	／
	3月	016	016	017	017	017	017	017	017	017	017	017	017	017	017	016	016	016	016	015	015	014	014	013	013	012	012	011	010	010	009	008
	4月	008	007	007	006	005	005	004	004	003	003	003	002	002	002	002	001	001	001	001	001	001	001	001	001	001	002	002	002	002	003	／
	5月	003	004	004	004	005	005	006	006	007	008	008	009	009	010	011	012	012	013	014	015	015	016	017	018	019	019	020	021	022	023	024
	6月	025	026	026	027	028	029	030	031	032	033	034	035	036	037	038	039	040	041	042	043	044	045	046	047	048	049	050	051	052	054	／
	7月	055	056	057	058	059	060	061	062	063	064	065	067	068	069	070	071	072	073	074	075	077	078	079	080	081	082	083	084	086	087	088
	8月	089	090	091	093	094	095	096	097	098	099	101	102	103	104	105	106	108	109	110	111	112	114	115	116	117	118	119	121	122	123	124
	9月	125	127	128	129	130	131	133	134	135	136	137	139	140	141	142	143	145	146	147	148	150	151	152	153	154	156	157	158	159	161	／
	10月	162	163	164	165	167	168	169	170	172	173	174	175	177	178	179	180	182	183	184	185	187	188	189	190	191	193	194	195	196	198	199
	11月	200	201	203	204	205	206	208	209	210	211	213	214	215	216	218	219	220	222	223	224	225	227	228	229	230	232	233	234	235	237	／
	12月	238	239	240	242	243	244	245	247	248	249	250	252	253	254	255	257	258	259	260	262	263	264	266	267	268	269	271	272	273	274	276

宮	月＼日	1	2	3	4	5	6	7	8	9	10	11	12	13	14	15	16	17	18	19	20	21	22	23	24	25	26	27	28	29	30	31
火星 ♂	1月	215	215	216	216	217	217	218	219	219	220	220	221	221	222	223	223	224	224	225	225	226	227	227	228	228	229	229	230	230	231	232
	2月	232	233	233	234	234	235	235	236	236	237	238	238	239	239	240	240	241	241	242	242	243	243	244	244	245	245	246	246	／	／	／
	3月	247	247	248	248	249	249	250	250	251	251	251	252	252	253	253	254	254	255	255	255	256	256	257	257	258	258	258	259	259	259	260
	4月	260	261	261	261	262	262	262	263	263	263	264	264	264	264	265	265	265	265	266	266	266	266	267	267	267	267	267	267	268	268	／
	5月	268	268	268	268	268	268	268	268	268	268	269	269	268	268	268	268	268	268	268	268	268	268	268	268	267	267	267	267	267	266	266
	6月	266	266	265	265	265	265	264	264	264	263	263	263	262	262	262	261	261	261	260	260	260	259	259	259	259	258	258	258	257	257	／
	7月	257	257	256	256	256	256	256	256	255	255	255	255	255	255	255	255	255	255	255	255	255	255	255	255	255	255	255	255	255	255	255
	8月	256	256	256	256	256	257	257	257	257	258	258	258	258	259	259	259	260	260	260	261	261	262	262	262	263	263	264	264	264	265	265
	9月	266	266	267	267	268	268	269	269	270	270	271	271	272	272	273	273	274	274	275	276	276	277	277	278	279	279	280	280	281	282	／
	10月	282	283	283	284	285	285	286	287	287	288	288	289	290	290	291	292	292	293	294	294	295	296	296	297	298	298	299	300	300	301	302
	11月	303	303	304	305	305	306	307	307	308	309	309	310	311	312	312	313	314	314	315	316	317	317	318	319	319	320	321	322	322	323	／
	12月	324	325	325	326	327	327	328	329	330	330	331	332	333	333	334	335	335	336	337	338	338	339	340	341	341	342	343	344	344	345	346

2002年

宮	月＼日	1	2	3	4	5	6	7	8	9	10	11	12	13	14	15	16	17	18	19	20	21	22	23	24	25	26	27	28	29	30	31
太陽 ⊙	1月	280	281	282	283	284	285	286	287	288	289	290	291	292	293	294	295	296	297	298	299	300	301	302	303	304	305	307	308	309	310	311
	2月	312	313	314	315	316	317	318	319	320	321	322	323	324	325	326	327	328	329	330	331	332	333	334	335	336	337	338	339	／	／	／
	3月	340	341	342	343	344	345	346	347	348	349	350	351	352	353	354	355	356	357	358	359	000	001	002	003	004	005	006	007	008	009	010
	4月	011	012	013	014	015	016	017	018	019	020	021	022	023	024	024	025	026	027	028	029	030	031	032	033	034	035	036	037	038	039	／
	5月	040	041	042	043	044	045	046	047	048	049	050	051	052	053	054	055	056	057	057	058	059	060	061	062	063	064	065	066	067	068	069
	6月	070	071	072	073	074	075	076	077	078	079	080	081	081	082	083	084	085	086	087	088	089	090	091	092	093	094	095	096	097	098	／
	7月	099	100	101	101	102	103	104	105	106	107	108	109	110	111	112	113	114	115	116	117	118	119	120	121	122	122	123	124	125	126	127
	8月	128	129	130	131	132	133	134	135	136	137	138	139	140	141	142	143	144	145	145	146	147	148	149	150	151	152	153	154	155	156	157
	9月	158	159	160	161	162	163	164	165	166	167	168	169	170	171	172	173	174	175	176	176	177	178	179	180	181	182	183	184	185	186	／
	10月	187	188	189	190	191	192	193	194	195	196	197	198	199	200	201	202	203	204	205	206	207	208	209	210	211	212	213	214	215	216	217
	11月	218	219	220	221	222	223	224	225	226	227	228	229	230	231	232	233	234	235	236	237	238	239	240	241	242	243	244	245	246	247	／
	12月	248	249	250	251	252	253	254	255	256	257	258	259	260	261	262	263	264	266	267	268	269	270	271	272	273	274	275	276	277	278	279

宮	月＼日	1	2	3	4	5	6	7	8	9	10	11	12	13	14	15	16	17	18	19	20	21	22	23	24	25	26	27	28	29	30	31
月 ☽	1月	122	137	152	166	180	195	208	222	236	249	262	275	287	300	312	324	336	348	000	012	024	036	048	061	074	088	102	116	131	146	161
	2月	176	191	205	219	233	246	259	271	284	296	308	321	333	344	356	008	020	032	044	056	069	082	096	110	124	139	154	169	／	／	／
	3月	185	200	214	229	242	256	269	281	293	306	318	329	341	353	005	017	029	041	053	066	078	091	104	118	132	147	162	178	193	208	223
	4月	237	251	265	278	290	302	315	327	338	350	002	014	026	038	050	063	075	088	101	114	128	142	156	171	186	201	216	231	245	259	／
	5月	273	286	299	311	323	335	347	359	011	023	035	047	059	072	085	098	111	125	138	152	167	181	196	210	225	239	253	267	281	294	307
	6月	319	331	343	355	007	019	031	043	056	068	081	094	108	121	135	149	163	178	192	206	220	234	248	262	276	289	302	315	327	339	／
	7月	351	003	015	027	039	051	064	077	090	103	117	131	145	160	174	189	203	217	231	245	258	271	285	298	310	323	335	347	359	011	023
	8月	035	047	059	072	085	098	112	126	140	155	170	185	199	214	228	242	255	268	281	294	307	319	331	344	356	008	019	031	043	055	067
	9月	080	093	106	120	134	149	164	179	194	209	224	238	252	265	278	291	304	316	328	340	352	004	016	028	040	052	064	076	088	101	／
	10月	114	128	142	157	172	187	203	218	233	247	261	275	288	301	313	325	337	349	001	013	025	037	049	061	073	085	098	111	124	137	151
	11月	166	180	196	211	226	241	255	270	283	297	309	322	334	346	358	010	022	034	046	058	070	082	095	108	121	134	147	161	175	190	／
	12月	204	219	234	249	263	277	291	305	318	330	342	355	006	018	030	042	054	066	079	091	104	117	131	144	158	172	186	200	214	229	243

宮	月＼日	1	2	3	4	5	6	7	8	9	10	11	12	13	14	15	16	17	18	19	20	21	22	23	24	25	26	27	28	29	30	31
水星 ☿	1月	295	297	298	300	301	303	304	306	307	308	309	310	311	312	313	313	314	314	314	314	313	313	312	311	310	309	308	307	305	304	303
	2月	302	301	300	300	299	299	298	298	298	298	298	299	299	300	300	301	302	303	303	304	305	306	307	308	309	311	312	313	／	／	／
	3月	314	316	317	318	320	321	322	324	325	327	328	330	331	333	334	336	338	339	341	343	344	346	348	349	351	353	355	357	359	000	002
	4月	004	006	008	010	012	014	016	018	021	023	025	027	029	031	033	035	037	039	041	043	045	047	049	050	052	054	055	057	058	059	／
	5月	061	062	063	064	065	066	066	067	068	068	069	069	069	069	069	069	069	069	069	069	068	068	068	067	067	066	065	065	064	064	063
	6月	063	062	062	062	061	061	061	061	061	061	061	061	062	062	062	063	064	064	065	066	067	068	069	070	071	072	073	075	076	077	／
	7月	079	080	082	084	085	087	089	091	093	095	097	099	101	103	105	107	109	111	114	116	118	120	122	124	126	128	130	132	134	136	138
	8月	140	142	144	145	147	149	151	152	154	156	157	159	161	162	164	165	167	168	169	171	172	174	175	176	177	179	180	181	182	183	184
	9月	185	186	187	188	189	189	190	191	191	192	192	192	193	193	193	193	192	192	192	191	191	190	189	188	187	186	185	184	183	181	／
	10月	181	180	179	178	178	178	178	178	178	179	179	180	181	182	183	185	186	187	189	190	192	193	195	197	198	200	201	203	205	206	208
	11月	210	211	213	215	216	218	220	221	223	225	226	228	229	231	233	234	236	237	239	241	242	244	245	247	248	250	251	253	255	256	／
	12月	258	259	261	262	264	265	267	268	270	271	273	274	276	277	279	280	282	283	285	286	287	289	290	291	292	293	294	295	296	297	297

宮	月＼日	1	2	3	4	5	6	7	8	9	10	11	12	13	14	15	16	17	18	19	20	21	22	23	24	25	26	27	28	29	30	31
金星 ♀	1月	277	278	279	281	282	283	284	286	287	288	289	291	292	293	294	296	297	298	299	301	302	303	305	306	307	308	310	311	312	313	315
	2月	316	317	318	320	321	322	323	325	326	327	328	330	331	332	333	335	336	337	338	340	341	342	343	345	346	347	348	350	／	／	／
	3月	351	352	353	355	356	357	358	000	001	002	003	005	006	007	008	010	011	012	013	014	016	017	018	019	021	022	023	024	026	027	028
	4月	029	031	032	033	034	035	037	038	039	040	042	043	044	045	047	048	049	050	051	053	054	055	056	058	059	060	061	062	064	065	／
	5月	066	067	068	070	071	072	073	075	076	077	078	079	081	082	083	084	085	087	088	089	090	091	093	094	095	096	097	099	100	101	102
	6月	103	105	106	107	108	109	110	112	113	114	115	116	117	119	120	121	122	123	125	126	127	128	129	130	131	133	134	135	136	137	／
	7月	138	140	141	142	143	144	145	146	148	149	150	151	152	153	154	155	157	158	159	160	161	162	163	164	165	166	168	169	170	171	172
	8月	173	174	175	176	177	178	179	180	181	182	183	184	185	186	187	188	189	190	191	192	193	194	195	196	197	198	199	200	201	202	203
	9月	204	204	205	206	207	208	209	210	210	211	212	213	213	214	215	215	216	217	217	218	219	219	220	220	221	221	222	222	223	223	／
	10月	223	224	224	224	225	225	225	225	225	225	225	225	225	225	225	225	224	224	224	223	223	223	222	222	221	221	220	219	219	218	218
	11月	217	216	216	215	215	214	214	213	213	212	212	211	211	211	210	210	210	210	210	210	210	210	210	210	210	210	210	210	211	211	／
	12月	211	212	212	213	213	214	214	215	215	216	216	217	218	218	219	220	221	221	222	223	224	224	225	226	227	228	229	230	231	231	232

宮	月＼日	1	2	3	4	5	6	7	8	9	10	11	12	13	14	15	16	17	18	19	20	21	22	23	24	25	26	27	28	29	30	31
火星 ♂	1月	346	347	348	349	349	350	351	352	352	353	354	355	355	356	357	357	358	359	000	000	001	002	003	003	004	005	005	006	007	008	008
	2月	009	010	011	011	012	013	013	014	015	016	016	017	018	018	019	020	021	021	022	023	023	024	025	026	026	027	028	028	／	／	／
	3月	029	030	031	031	032	033	033	034	035	036	036	037	038	038	039	040	040	041	042	043	043	044	045	045	046	047	047	048	049	049	050
	4月	051	052	052	053	054	054	055	056	056	057	058	058	059	060	060	061	062	063	063	064	065	065	066	067	067	068	069	069	070	071	／
	5月	071	072	073	073	074	075	075	076	077	077	078	079	079	080	081	081	082	083	083	084	085	085	086	087	087	088	089	089	090	091	091
	6月	092	093	093	094	095	095	096	096	097	098	098	099	100	100	101	102	102	103	104	104	105	106	106	107	108	108	109	110	110	111	／
	7月	111	112	113	113	114	115	115	116	117	117	118	119	119	120	120	121	122	122	123	124	124	125	126	126	127	128	128	129	129	130	131
	8月	131	132	133	133	134	135	135	136	136	137	138	138	139	140	140	141	142	142	143	143	144	145	145	146	147	147	148	149	149	150	150
	9月	151	152	152	153	154	154	155	156	156	157	157	158	159	159	160	161	161	162	163	163	164	164	165	166	166	167	168	168	169	170	／
	10月	170	171	171	172	173	173	174	175	175	176	177	177	178	178	179	180	180	181	182	182	183	184	184	185	186	186	187	187	188	189	189
	11月	190	191	191	192	193	193	194	194	195	196	196	197	198	198	199	200	200	201	202	202	203	203	204	205	205	206	207	207	208	209	／
	12月	209	210	211	211	212	212	213	214	214	215	216	216	217	218	218	219	220	220	221	221	222	223	223	224	225	225	226	227	227	228	229

2003年

宮	月＼日	1	2	3	4	5	6	7	8	9	10	11	12	13	14	15	16	17	18	19	20	21	22	23	24	25	26	27	28	29	30	31
太陽 ☉	1月	280	281	282	283	284	285	286	287	288	289	290	291	292	293	294	295	296	297	298	299	300	301	302	303	304	305	306	307	308	309	310
	2月	311	312	313	314	315	316	317	318	319	320	321	322	323	325	326	327	328	329	330	331	332	333	334	335	336	337	338	339	／	／	／
	3月	340	341	342	343	344	345	346	347	348	349	350	351	352	353	354	355	356	357	358	359	000	001	002	003	004	005	006	007	008	009	009
	4月	010	011	012	013	014	015	016	017	018	019	020	021	022	023	024	025	026	027	028	029	030	031	032	033	034	035	036	037	038	039	／
	5月	040	041	042	043	044	045	046	047	048	049	050	051	051	052	053	054	055	056	057	058	059	060	061	062	063	064	065	066	067	068	069
	6月	070	071	072	073	074	075	075	076	077	078	079	080	081	082	083	084	085	086	087	088	089	090	091	092	093	094	095	096	096	097	／
	7月	098	099	100	101	102	103	104	105	106	107	108	109	110	111	112	113	114	115	116	117	117	118	119	120	121	122	123	124	125	126	127
	8月	128	129	130	131	132	133	134	135	136	137	138	139	139	140	141	142	143	144	145	146	147	148	149	150	151	152	153	154	155	156	157
	9月	158	159	160	161	162	163	164	165	166	167	167	168	169	170	171	172	173	174	175	176	177	178	179	180	181	182	183	184	185	186	／
	10月	187	188	189	190	191	192	193	194	195	196	197	198	199	200	201	202	203	204	205	206	207	208	209	210	211	212	213	214	215	216	217
	11月	218	219	220	221	222	223	224	225	226	227	228	229	230	231	232	233	234	235	236	237	238	239	240	241	242	243	244	245	246	247	／
	12月	248	249	250	251	252	253	254	255	256	257	258	259	260	261	262	263	264	265	266	267	268	269	270	271	272	273	274	275	276	277	279

宮	月＼日	1	2	3	4	5	6	7	8	9	10	11	12	13	14	15	16	17	18	19	20	21	22	23	24	25	26	27	28	29	30	31
月 ☽	1月	257	271	285	299	312	325	338	350	002	014	026	038	050	062	074	087	100	113	127	140	154	169	183	197	211	225	239	253	267	281	294
	2月	307	320	333	346	358	010	022	034	046	058	070	082	095	108	121	135	149	164	178	193	208	222	236	250	264	277	290	304	／	／	／
	3月	317	329	342	354	006	018	030	042	054	066	078	090	103	116	129	143	157	172	187	202	217	232	246	260	274	288	301	313	326	339	351
	4月	003	015	027	039	050	062	074	086	098	111	124	137	151	166	180	195	211	226	241	256	270	284	297	310	323	336	348	000	012	024	／
	5月	036	047	059	071	083	095	108	120	133	146	160	174	189	204	219	234	249	264	279	293	306	319	332	345	357	009	021	033	044	056	068
	6月	080	092	105	117	130	143	156	170	184	198	213	228	242	257	272	287	301	315	328	341	353	006	018	029	041	053	065	077	089	101	／
	7月	114	127	140	153	167	180	194	208	223	237	252	266	281	295	309	323	336	349	001	014	026	037	049	061	073	085	098	110	123	136	150
	8月	163	177	191	205	219	233	248	262	276	290	304	318	331	344	357	009	022	034	045	057	069	081	093	106	119	132	145	159	173	187	202
	9月	216	230	244	259	272	286	300	313	327	340	353	005	017	030	042	053	065	077	089	101	114	127	140	154	168	182	197	211	226	241	／
	10月	255	269	283	297	310	323	336	349	001	014	026	038	050	062	073	085	097	109	122	135	148	162	176	190	205	220	235	250	265	279	293
	11月	307	320	333	346	358	011	023	035	047	058	070	082	094	106	118	130	143	156	170	184	198	213	228	243	259	274	288	303	316	330	／
	12月	343	355	008	020	032	044	055	067	079	091	103	115	127	140	153	166	179	193	207	221	236	251	266	281	296	311	325	338	351	004	016

宮	月＼日	1	2	3	4	5	6	7	8	9	10	11	12	13	14	15	16	17	18	19	20	21	22	23	24	25	26	27	28	29	30	31
水星 ☿	1月	298	298	298	298	297	297	296	295	294	293	292	290	289	288	286	285	284	284	283	282	282	282	282	282	282	282	283	283	284	285	285
	2月	286	287	288	289	290	291	292	293	295	296	297	298	300	301	302	304	305	306	308	309	311	312	314	315	317	318	320	321	／	／	／
	3月	323	325	326	328	330	331	333	335	336	338	340	342	344	345	347	349	351	353	355	357	359	001	003	005	007	009	011	013	015	017	019
	4月	021	023	025	027	029	030	032	034	036	037	039	040	041	043	044	045	046	047	047	048	049	049	050	050	050	050	050	050	050	049	／
	5月	049	049	048	048	047	047	046	045	045	044	044	043	042	042	042	041	041	041	041	041	041	041	041	041	042	042	042	043	044	044	045
	6月	046	047	047	048	049	051	052	053	054	055	057	058	060	061	063	064	066	068	069	071	073	075	077	079	081	083	085	087	089	091	／
	7月	093	095	098	100	102	104	106	108	110	113	115	117	119	121	123	125	127	128	130	132	134	136	137	139	141	143	144	146	147	149	150
	8月	152	153	155	156	157	159	160	161	162	164	165	166	167	168	169	170	171	171	172	173	173	174	175	175	175	176	176	176	176	176	176
	9月	175	175	174	174	173	172	171	170	169	168	167	166	165	165	164	163	163	162	162	162	162	162	162	163	164	164	165	166	168	169	／
	10月	170	172	173	175	176	178	180	181	183	185	187	188	190	192	194	195	197	199	200	202	204	206	207	209	211	212	214	216	217	219	220
	11月	222	224	225	227	228	230	232	233	235	236	238	239	241	242	244	245	247	248	250	251	253	254	256	257	259	260	262	263	264	266	／
	12月	267	268	270	271	272	274	275	276	277	278	279	280	280	281	282	282	282	282	282	282	281	280	279	278	277	276	274	273	272	270	269

宮	月＼日	1	2	3	4	5	6	7	8	9	10	11	12	13	14	15	16	17	18	19	20	21	22	23	24	25	26	27	28	29	30	31
金星 ♀	1月	233	234	235	236	237	238	239	240	241	242	243	244	245	246	247	248	249	250	251	253	254	255	256	257	258	259	260	261	262	263	265
	2月	266	267	268	269	270	271	272	274	275	276	277	278	279	280	282	283	284	285	286	287	289	290	291	292	293	294	296	297	／	／	／
	3月	298	299	300	301	303	304	305	306	307	308	310	311	312	313	314	316	317	318	319	320	322	323	324	325	326	328	329	330	331	332	334
	4月	335	336	337	338	340	341	342	343	344	346	347	348	349	350	352	353	354	355	356	358	359	000	001	002	004	005	006	007	009	010	／
	5月	011	012	013	015	016	017	018	019	021	022	023	024	025	027	028	029	030	032	033	034	035	036	038	039	040	041	042	044	045	046	047
	6月	049	050	051	052	053	055	056	057	058	059	061	062	063	064	066	067	068	069	070	072	073	074	075	077	078	079	080	081	083	084	／
	7月	085	086	088	089	090	091	092	094	095	096	097	099	100	101	102	103	105	106	107	108	110	111	112	113	115	116	117	118	119	121	122
	8月	123	124	126	127	128	129	131	132	133	134	135	137	138	139	140	142	143	144	145	147	148	149	150	152	153	154	155	157	158	159	160
	9月	161	163	164	165	166	168	169	170	171	173	174	175	176	178	179	180	181	183	184	185	186	188	189	190	191	193	194	195	196	197	／
	10月	199	200	201	202	204	205	206	207	209	210	211	212	214	215	216	217	219	220	221	222	224	225	226	227	229	230	231	232	234	235	236
	11月	237	239	240	241	242	244	245	246	247	248	250	251	252	253	255	256	257	258	260	261	262	263	265	266	267	268	270	271	272	273	／
	12月	275	276	277	278	280	281	282	283	284	286	287	288	289	291	292	293	294	296	297	298	299	301	302	303	304	306	307	308	309	310	312

宮	月＼日	1	2	3	4	5	6	7	8	9	10	11	12	13	14	15	16	17	18	19	20	21	22	23	24	25	26	27	28	29	30	31
火星 ♂	1月	229	230	230	231	232	232	233	234	234	235	236	236	237	238	238	239	239	240	241	241	242	243	243	244	245	245	246	247	247	248	249
	2月	249	250	250	251	252	252	253	254	254	255	256	256	257	258	258	259	259	260	261	261	262	263	263	264	265	265	266	266	／	／	／
	3月	267	268	268	269	270	270	271	272	272	273	273	274	275	275	276	277	277	278	279	279	280	280	281	282	282	283	284	284	285	285	286
	4月	287	287	288	289	289	290	290	291	292	292	293	294	294	295	295	296	297	297	298	298	299	300	300	301	301	302	303	303	304	304	／
	5月	305	306	306	307	307	308	308	309	310	310	311	311	312	312	313	314	314	315	315	316	316	317	317	318	318	319	319	320	321	321	322
	6月	322	323	323	324	324	325	325	325	326	326	327	327	328	328	329	329	330	330	330	331	331	332	332	332	333	333	333	334	334	334	／
	7月	335	335	335	336	336	336	337	337	337	337	338	338	338	338	338	338	339	339	339	339	339	339	339	339	340	340	340	340	340	340	340
	8月	340	340	339	339	339	339	339	339	339	339	339	338	338	338	338	338	337	337	337	337	336	336	336	336	335	335	335	335	334	334	334
	9月	334	333	333	333	333	332	332	332	332	331	331	331	331	331	331	330	330	330	330	330	330	330	330	330	330	330	330	330	330	330	／
	10月	330	330	330	330	330	330	330	330	331	331	331	331	331	331	332	332	332	332	333	333	333	333	334	334	334	335	335	335	336	336	336
	11月	337	337	338	338	338	339	339	340	340	341	341	341	342	342	343	343	344	344	345	345	346	346	347	347	348	348	349	349	350	350	／
	12月	351	351	352	352	353	354	354	355	355	356	356	357	358	358	359	359	000	000	001	002	002	003	003	004	005	005	006	006	007	008	008

2004年

宮	月＼日	1	2	3	4	5	6	7	8	9	10	11	12	13	14	15	16	17	18	19	20	21	22	23	24	25	26	27	28	29	30	31
太陽 ☉	1月	280	281	282	283	284	285	286	287	288	289	290	291	292	293	294	295	296	297	298	299	300	301	302	303	304	305	306	307	308	309	310
	2月	311	312	313	314	315	316	317	318	319	320	321	322	323	324	325	326	327	328	329	330	331	332	333	334	335	336	337	338	339	／	／
	3月	340	341	342	343	344	345	346	347	348	349	350	351	352	353	354	355	356	357	358	359	000	001	002	003	004	005	006	007	008	009	010
	4月	011	012	013	014	015	016	017	018	019	020	021	022	023	024	025	026	027	028	029	030	031	032	033	034	035	036	037	038	039	040	／
	5月	041	042	043	043	044	045	046	047	048	049	050	051	052	053	054	055	056	057	058	059	060	061	062	063	064	065	066	067	068	069	070
	6月	070	071	072	073	074	075	076	077	078	079	080	081	082	083	084	085	086	087	088	089	090	091	091	092	093	094	095	096	097	098	／
	7月	099	100	101	102	103	104	105	106	107	108	109	110	111	112	112	113	114	115	116	117	118	119	120	121	122	123	124	125	126	127	128
	8月	129	130	131	132	133	134	134	135	136	137	138	139	140	141	142	143	144	145	146	147	148	149	150	151	152	153	154	155	156	157	158
	9月	159	159	160	161	162	163	164	165	166	167	168	169	170	171	172	173	174	175	176	177	178	179	180	181	182	183	184	185	186	187	／
	10月	188	189	190	191	192	193	194	195	196	197	198	199	200	201	202	203	204	205	206	207	208	209	210	211	212	213	214	215	216	217	218
	11月	219	220	221	222	223	224	225	226	227	228	229	230	231	232	233	234	235	236	237	238	239	240	241	242	243	244	245	246	247	248	／
	12月	249	250	251	252	253	254	255	256	257	258	259	260	261	262	263	264	265	266	267	268	269	270	271	272	273	274	275	276	277	278	279
宮	月＼日	1	2	3	4	5	6	7	8	9	10	11	12	13	14	15	16	17	18	19	20	21	22	23	24	25	26	27	28	29	30	31
月 ☽	1月	028	040	052	064	076	088	100	112	124	137	150	163	176	189	203	217	231	245	260	275	290	304	319	333	346	359	012	025	037	049	060
	2月	072	084	096	108	121	133	146	159	173	186	200	214	227	241	256	270	284	299	313	327	341	354	007	020	032	044	056	068	080	／	／
	3月	092	104	116	129	142	155	168	182	196	210	224	238	252	267	281	295	309	322	336	349	002	015	028	040	052	064	076	088	100	112	124
	4月	137	150	163	177	191	205	220	234	249	263	277	292	305	319	333	346	359	011	024	036	048	060	072	084	096	108	120	132	145	158	／
	5月	171	185	199	213	228	243	258	273	288	302	316	330	343	356	008	021	033	045	057	069	081	093	104	116	128	141	153	166	179	193	207
	6月	222	236	252	267	282	297	312	326	339	353	005	018	030	042	054	066	078	090	102	113	125	138	150	162	175	188	202	216	230	245	／
	7月	260	275	290	306	320	335	348	002	015	027	039	051	063	075	087	099	110	123	135	147	160	172	185	198	212	225	240	254	269	284	299
	8月	314	329	343	357	010	023	035	048	060	072	083	095	107	119	131	144	156	169	182	195	209	222	236	250	264	279	293	308	323	337	351
	9月	005	018	031	044	056	068	080	092	103	115	128	140	153	165	178	192	205	219	233	247	261	275	289	304	318	332	346	000	013	026	／
	10月	039	051	064	076	088	099	111	123	136	148	161	174	187	201	215	229	243	257	272	286	300	314	328	342	355	009	022	034	047	059	072
	11月	084	095	107	119	131	143	156	168	181	195	209	223	238	252	267	282	297	311	325	339	352	005	018	031	043	056	068	080	092	104	／
	12月	116	127	139	152	164	176	189	203	217	231	246	261	276	291	306	321	335	349	002	015	028	040	053	065	077	089	101	112	124	136	148
宮	月＼日	1	2	3	4	5	6	7	8	9	10	11	12	13	14	15	16	17	18	19	20	21	22	23	24	25	26	27	28	29	30	31
水星 ☿	1月	268	267	267	266	266	266	266	266	266	267	267	268	268	269	270	271	272	273	274	275	276	277	279	280	281	283	284	285	287	288	289
	2月	291	292	294	295	296	298	299	301	302	304	306	307	309	310	312	314	315	317	318	320	322	324	325	327	329	331	332	334	336	／	／
	3月	338	340	342	343	345	347	349	351	353	355	357	359	001	003	005	007	009	011	012	014	016	018	019	021	022	023	025	026	027	028	029
	4月	030	030	031	031	031	031	031	031	031	031	030	030	029	029	028	028	027	026	025	025	024	023	023	022	022	021	021	021	021	021	／
	5月	021	021	021	021	021	022	022	023	023	024	025	026	026	027	028	029	030	032	033	034	035	036	038	039	040	042	043	045	047	048	050
	6月	052	053	055	057	059	061	063	065	067	069	071	073	075	077	079	081	084	086	088	090	092	095	097	099	101	103	105	107	109	111	／
	7月	113	115	117	119	120	122	124	126	127	129	131	132	134	135	137	138	139	141	142	143	145	146	147	148	149	150	151	152	153	154	154
	8月	155	156	156	157	157	158	158	158	158	158	158	158	158	158	157	157	156	155	155	154	153	152	151	150	149	149	148	147	147	146	146
	9月	145	145	145	145	146	146	147	147	148	149	150	152	153	154	156	157	159	161	162	164	166	168	170	171	173	175	177	179	180	182	／
	10月	184	186	188	189	191	193	195	196	198	200	202	203	205	207	208	210	211	213	215	216	218	219	221	222	224	225	227	229	230	231	233
	11月	234	236	237	239	240	242	243	244	246	247	249	250	251	253	254	255	256	257	259	260	261	262	263	263	264	265	265	266	266	266	／
	12月	266	266	266	265	264	263	262	261	260	258	257	256	254	253	252	251	251	250	250	250	250	250	251	251	252	252	253	254	255	256	257
宮	月＼日	1	2	3	4	5	6	7	8	9	10	11	12	13	14	15	16	17	18	19	20	21	22	23	24	25	26	27	28	29	30	31
金星 ♀	1月	313	314	315	317	318	319	320	321	323	324	325	326	328	329	330	331	332	334	335	336	337	339	340	341	342	343	345	346	347	348	349
	2月	351	352	353	354	355	356	358	359	000	001	002	004	005	006	007	008	009	011	012	013	014	015	016	018	019	020	021	022	023	／	／
	3月	024	025	027	028	029	030	031	032	033	034	035	036	038	039	040	041	042	043	044	045	046	047	048	049	050	051	052	053	054	055	056
	4月	057	058	059	060	061	062	063	064	065	065	066	067	068	069	070	071	071	072	073	074	074	075	076	076	077	078	078	079	080	080	／
	5月	081	081	082	082	083	083	084	084	084	085	085	085	085	085	086	086	086	086	086	086	085	085	085	085	085	084	084	084	083	083	082
	6月	082	081	081	080	079	079	078	078	077	076	076	075	074	074	073	073	072	072	071	071	071	070	070	070	070	069	069	069	069	069	／
	7月	069	069	069	069	070	070	070	070	071	071	071	072	072	073	073	074	074	075	075	076	076	077	078	078	079	080	080	081	082	083	083
	8月	084	085	086	087	088	088	089	090	091	092	093	094	095	096	096	097	098	099	100	101	102	103	104	105	106	107	108	109	110	111	112
	9月	113	114	115	117	118	119	120	121	122	123	124	125	126	127	128	130	131	132	133	134	135	136	137	139	140	141	142	143	144	145	／
	10月	147	148	149	150	151	152	153	155	156	157	158	159	161	162	163	164	165	166	168	169	170	171	172	174	175	176	177	178	180	181	182
	11月	183	184	186	187	188	189	191	192	193	194	195	197	198	199	200	202	203	204	205	207	208	209	210	211	213	214	215	216	218	219	／
	12月	220	221	223	224	225	226	228	229	230	231	233	234	235	236	238	239	240	241	243	244	245	246	248	249	250	251	253	254	255	256	258
宮	月＼日	1	2	3	4	5	6	7	8	9	10	11	12	13	14	15	16	17	18	19	20	21	22	23	24	25	26	27	28	29	30	31
火星 ♂	1月	009	009	010	011	011	012	012	013	014	014	015	015	016	017	017	018	019	019	020	020	021	022	022	023	024	024	025	026	026	027	027
	2月	028	029	029	030	031	031	032	032	033	034	034	035	036	036	037	038	038	039	040	040	041	041	042	043	043	044	045	045	046	／	／
	3月	047	047	048	048	049	050	050	051	052	052	053	054	054	055	056	056	057	057	058	059	059	060	061	061	062	063	063	064	064	065	066
	4月	066	067	068	068	069	070	070	071	072	072	073	073	074	075	075	076	077	077	078	079	079	080	080	081	082	082	083	084	084	085	／
	5月	086	086	087	087	088	089	089	090	091	091	092	093	093	094	094	095	096	096	097	098	098	099	099	100	101	101	102	103	103	104	105
	6月	105	106	106	107	108	108	109	110	110	111	111	112	113	113	114	115	115	116	117	117	118	118	119	120	120	121	122	122	123	123	／
	7月	124	125	125	126	127	127	128	128	129	130	130	131	132	132	133	134	134	135	135	136	137	137	138	139	139	140	140	141	142	142	143
	8月	144	144	145	146	146	147	147	148	149	149	150	151	151	152	152	153	154	154	155	156	156	157	158	158	159	159	160	161	161	162	163
	9月	163	164	165	165	166	166	167	168	168	169	170	170	171	172	172	173	174	174	175	175	176	177	177	178	179	179	180	181	181	182	／
	10月	183	183	184	185	185	186	186	187	188	188	189	190	190	191	192	192	193	194	194	195	196	196	197	198	198	199	200	200	201	202	202
	11月	203	203	204	205	205	206	207	207	208	209	209	210	211	211	212	213	213	214	215	215	216	217	217	218	219	219	220	221	221	222	／
	12月	223	224	224	225	226	226	227	228	228	229	230	230	231	232	232	233	234	234	235	236	236	237	238	238	239	240	241	241	242	243	243

2005年

宮	月＼日	1	2	3	4	5	6	7	8	9	10	11	12	13	14	15	16	17	18	19	20	21	22	23	24	25	26	27	28	29	30	31
太陽 ☉	1月	280	281	282	283	284	285	286	287	288	289	290	292	293	294	295	296	297	298	299	300	301	302	303	304	305	306	307	308	309	310	311
	2月	312	313	314	315	316	317	318	319	320	321	322	323	324	325	326	327	328	329	330	331	332	333	334	335	336	337	338	339	／	／	／
	3月	340	341	342	343	344	345	346	347	348	349	350	351	352	353	354	355	356	357	358	359	000	001	002	003	004	005	006	007	008	009	010
	4月	011	012	013	014	015	016	017	018	019	020	021	022	023	024	025	026	027	028	029	030	031	032	033	034	035	035	036	037	038	039	／
	5月	040	041	042	043	044	045	046	047	048	049	050	051	052	053	054	055	056	057	058	059	060	061	062	063	064	064	065	066	067	068	069
	6月	070	071	072	073	074	075	076	077	078	079	080	081	082	083	084	085	086	086	087	088	089	090	091	092	093	094	095	096	097	098	／
	7月	099	100	101	102	103	104	105	106	107	107	108	109	110	111	112	113	114	115	116	117	118	119	120	121	122	123	124	125	126	127	128
	8月	128	129	130	131	132	133	134	135	136	137	138	139	140	141	142	143	144	145	146	147	148	149	150	151	152	152	153	154	155	156	157
	9月	158	159	160	161	162	163	164	165	166	167	168	169	170	171	172	173	174	175	176	177	178	179	180	181	182	183	184	185	186	187	／
	10月	188	189	190	190	191	192	193	194	195	196	197	198	199	200	201	202	203	204	205	206	207	208	209	210	211	212	213	214	215	216	217
	11月	218	219	220	221	222	223	224	225	226	227	228	229	230	231	232	233	234	235	236	237	238	239	240	241	242	243	244	245	246	248	／
	12月	249	250	251	252	253	254	255	256	257	258	259	260	261	262	263	264	265	266	267	268	269	270	271	272	273	274	275	276	277	278	279

宮	月＼日	1	2	3	4	5	6	7	8	9	10	11	12	13	14	15	16	17	18	19	20	21	22	23	24	25	26	27	28	29	30	31
月 ☽	1月	160	173	185	198	211	225	239	254	269	284	299	315	330	344	358	012	025	037	050	062	074	086	098	109	121	133	145	157	170	182	195
	2月	207	221	234	248	262	277	292	307	323	338	352	006	020	033	046	058	070	082	094	106	118	130	142	154	167	179	192	204	／	／	／
	3月	217	231	244	258	272	287	301	316	331	346	000	014	028	041	054	066	079	091	103	114	126	138	150	163	175	188	201	214	228	241	255
	4月	269	283	297	312	326	340	355	009	022	036	049	062	074	086	099	110	122	134	146	158	171	184	196	210	223	237	251	266	280	294	／
	5月	308	323	337	351	004	018	031	044	057	070	082	094	106	118	130	142	154	166	179	191	205	218	232	246	261	276	290	305	319	334	347
	6月	001	015	028	041	053	066	078	091	103	115	127	138	150	162	174	187	199	213	226	240	255	270	285	300	315	329	344	358	011	025	／
	7月	038	050	063	075	087	099	111	123	135	147	159	171	183	195	208	221	235	249	263	278	293	308	324	339	353	007	021	034	047	060	072
	8月	085	097	109	120	132	144	156	168	180	192	204	217	230	244	257	272	287	302	317	332	347	002	016	030	043	056	069	081	094	106	117
	9月	129	141	153	165	177	189	202	214	227	240	253	267	281	296	311	325	340	355	010	024	038	052	065	078	090	102	114	126	138	150	／
	10月	162	174	186	198	211	224	237	250	264	278	292	306	320	335	349	004	018	032	046	060	073	085	098	110	122	134	146	158	170	182	194
	11月	207	220	233	247	261	275	289	303	317	331	345	359	013	027	041	054	068	081	093	106	118	130	142	154	165	177	190	202	215	228	／
	12月	242	256	270	285	299	314	328	342	356	010	023	037	050	063	076	089	101	114	126	138	150	161	173	185	197	210	223	236	250	264	279

宮	月＼日	1	2	3	4	5	6	7	8	9	10	11	12	13	14	15	16	17	18	19	20	21	22	23	24	25	26	27	28	29	30	31
水星 ☿	1月	258	259	260	262	263	264	265	267	268	269	271	272	274	275	276	278	279	281	282	284	285	287	288	290	291	293	295	296	298	299	301
	2月	303	304	306	308	309	311	313	314	316	318	319	321	323	325	327	328	330	332	334	336	338	340	341	343	345	347	349	351	／	／	／
	3月	353	354	356	358	000	001	003	004	006	007	008	009	010	011	012	013	013	013	014	014	014	013	013	013	012	011	011	010	009	008	007
	4月	007	006	005	004	004	003	002	002	002	001	001	001	001	001	002	002	002	003	003	004	004	005	006	007	008	008	009	010	012	013	／
	5月	014	015	016	018	019	020	022	023	024	026	028	029	031	032	034	036	037	039	041	043	045	047	049	051	053	055	057	059	061	063	065
	6月	067	070	072	074	076	078	081	083	085	087	089	091	093	095	097	099	101	103	105	107	108	110	112	113	115	116	118	119	121	122	／
	7月	124	125	126	127	129	130	131	132	133	134	135	135	136	137	137	138	139	139	139	140	140	140	140	140	140	140	139	139	139	138	137
	8月	137	136	135	135	134	133	132	132	131	130	130	129	129	128	128	128	128	128	129	129	130	130	131	132	133	134	136	137	138	140	141
	9月	143	145	147	148	150	152	154	156	158	160	162	164	165	167	169	171	173	175	177	178	180	182	184	186	187	189	191	192	194	196	／
	10月	197	199	201	202	204	205	207	209	210	212	213	215	216	218	219	221	222	223	225	226	228	229	230	232	233	234	236	237	238	239	240
	11月	242	243	244	245	246	246	247	248	249	249	250	250	250	250	250	250	250	249	248	248	247	245	244	243	241	240	239	238	237	236	／
	12月	235	235	234	234	234	235	235	236	236	237	238	239	240	241	242	243	244	246	247	248	250	251	252	254	255	257	258	259	261	262	264

宮	月＼日	1	2	3	4	5	6	7	8	9	10	11	12	13	14	15	16	17	18	19	20	21	22	23	24	25	26	27	28	29	30	31
金星 ♀	1月	259	260	261	263	264	265	266	268	269	270	271	273	274	275	276	278	279	280	281	283	284	285	286	288	289	290	291	293	294	295	296
	2月	298	299	300	301	303	304	305	306	308	309	310	311	313	314	315	316	318	319	320	321	323	324	325	326	328	329	330	331	／	／	／
	3月	333	334	335	336	338	339	340	341	343	344	345	346	348	349	350	351	353	354	355	356	358	359	000	001	003	004	005	006	008	009	010
	4月	011	012	014	015	016	017	019	020	021	022	024	025	026	027	029	030	031	032	034	035	036	037	038	040	041	042	043	045	046	047	／
	5月	048	050	051	052	053	055	056	057	058	059	061	062	063	064	066	067	068	069	071	072	073	074	075	077	078	079	080	082	083	084	085
	6月	086	088	089	090	091	093	094	095	096	097	099	100	101	102	104	105	106	107	108	110	111	112	113	115	116	117	118	119	121	122	／
	7月	123	124	125	127	128	129	130	131	133	134	135	136	138	139	140	141	142	144	145	146	147	148	150	151	152	153	154	156	157	158	159
	8月	160	162	163	164	165	166	168	169	170	171	172	174	175	176	177	178	180	181	182	183	184	185	187	188	189	190	191	193	194	195	196
	9月	197	198	200	201	202	203	204	205	207	208	209	210	211	212	213	215	216	217	218	219	220	222	223	224	225	226	227	228	230	231	／
	10月	232	233	234	235	236	237	238	240	241	242	243	244	245	246	247	248	249	251	252	253	254	255	256	257	258	259	260	261	262	263	264
	11月	265	266	267	268	269	270	271	272	273	274	275	276	277	278	279	280	281	282	282	283	284	285	286	287	287	288	289	290	290	291	／
	12月	292	293	293	294	294	295	296	296	297	297	298	298	299	299	299	300	300	300	300	301	301	301	301	301	301	301	301	301	301	300	300

宮	月＼日	1	2	3	4	5	6	7	8	9	10	11	12	13	14	15	16	17	18	19	20	21	22	23	24	25	26	27	28	29	30	31
火星 ♂	1月	244	245	245	246	247	247	248	249	249	250	251	252	252	253	254	254	255	256	256	257	258	259	259	260	261	261	262	263	263	264	265
	2月	266	266	267	268	268	269	270	270	271	272	273	273	274	275	275	276	277	278	278	279	280	280	281	282	283	283	284	285	／	／	／
	3月	285	286	287	288	288	289	290	290	291	292	293	293	294	295	295	296	297	298	298	299	300	301	301	302	303	303	304	305	306	306	307
	4月	308	308	309	310	311	311	312	313	314	314	315	316	316	317	318	319	319	320	321	322	322	323	324	324	325	326	327	327	328	329	／
	5月	330	330	331	332	332	333	334	335	335	336	337	337	338	339	340	340	341	342	343	343	344	345	345	346	347	348	348	349	350	350	351
	6月	352	353	353	354	355	355	356	357	357	358	359	000	000	001	002	002	003	004	004	005	006	006	007	008	008	009	010	010	011	012	／
	7月	012	013	014	014	015	016	016	017	018	018	019	020	020	021	022	022	023	023	024	025	025	026	027	027	028	028	029	029	030	031	031
	8月	032	032	033	033	034	035	035	036	036	037	037	038	038	039	039	040	040	041	041	042	042	043	043	043	044	044	045	045	046	046	046
	9月	047	047	047	048	048	048	049	049	049	050	050	050	050	051	051	051	051	052	052	052	052	052	052	052	053	053	053	053	053	053	／
	10月	053	053	053	053	053	053	053	053	053	052	052	052	052	052	052	051	051	051	051	050	050	050	050	049	049	049	048	048	048	047	047
	11月	047	046	046	046	045	045	045	044	044	044	043	043	043	042	042	042	041	041	041	040	040	040	040	040	039	039	039	039	039	038	／
	12月	038	038	038	038	038	038	038	038	038	038	038	038	038	038	038	038	038	038	038	038	039	039	039	039	039	039	040	040	040	040	040

2006年

宮	月＼日	1	2	3	4	5	6	7	8	9	10	11	12	13	14	15	16	17	18	19	20	21	22	23	24	25	26	27	28	29	30	31
	1月	280	281	282	283	284	285	286	287	288	289	290	291	292	293	294	295	296	297	298	299	300	301	302	303	304	306	307	308	309	310	311
	2月	312	313	314	315	316	317	318	319	320	321	322	323	324	325	326	327	328	329	330	331	332	333	334	335	336	337	338	339	／	／	／
	3月	340	341	342	343	344	345	346	347	348	349	350	351	352	353	354	355	356	357	358	359	000	001	002	003	004	005	006	007	008	009	010
太	4月	011	012	013	014	015	016	017	018	019	020	021	022	023	024	025	025	026	027	028	029	030	031	032	033	034	035	036	037	038	039	／
	5月	040	041	042	043	044	045	046	047	048	049	050	051	052	053	054	055	056	057	058	058	059	060	061	062	063	064	065	066	067	068	069
陽	6月	070	071	072	073	074	075	076	077	078	079	080	081	081	082	083	084	085	086	087	088	089	090	091	092	093	094	095	096	097	098	／
	7月	099	100	101	102	102	103	104	105	106	107	108	109	110	111	112	113	114	115	116	117	118	119	120	121	122	123	123	124	125	126	127
	8月	128	129	130	131	132	133	134	135	136	137	138	139	140	141	142	143	144	145	146	146	147	148	149	150	151	152	153	154	155	156	157
⊙	9月	158	159	160	161	162	163	164	165	166	167	168	169	170	171	172	173	174	175	176	177	178	178	179	180	181	182	183	184	185	186	／
	10月	187	188	189	190	191	192	193	194	195	196	197	198	199	200	201	202	203	204	205	206	207	208	209	210	211	212	213	214	215	216	217
	11月	218	219	220	221	222	223	224	225	226	227	228	229	230	231	232	233	234	235	236	237	238	239	240	241	242	243	244	245	246	247	／
	12月	248	249	250	251	252	253	254	255	256	257	258	259	260	261	262	264	265	266	267	268	269	270	271	272	273	274	275	276	277	278	279

宮	月＼日	1	2	3	4	5	6	7	8	9	10	11	12	13	14	15	16	17	18	19	20	21	22	23	24	25	26	27	28	29	30	31
	1月	294	309	324	338	353	007	020	034	047	060	073	085	098	110	122	134	146	158	170	182	194	206	218	231	244	258	272	287	302	317	332
	2月	347	002	016	030	044	057	070	082	095	107	119	131	143	155	167	178	190	202	214	227	240	253	266	281	295	310	325	340	／	／	／
	3月	356	010	025	039	053	066	079	092	104	116	128	140	152	164	175	187	199	212	224	236	249	262	276	290	304	319	333	349	004	018	033
月	4月	047	061	075	088	100	113	125	137	149	160	172	184	196	208	221	233	246	259	273	286	300	314	328	343	358	012	027	041	055	069	／
	5月	083	096	109	121	133	145	157	169	180	192	205	217	230	243	256	270	283	297	311	325	339	353	008	022	036	050	064	078	091	104	116
	6月	129	141	153	165	176	188	200	213	225	238	252	265	279	293	307	322	336	350	004	018	032	046	060	073	086	099	112	125	137	149	／
	7月	161	173	184	196	208	221	233	247	260	274	288	303	317	332	346	001	015	029	043	056	070	083	096	108	121	133	145	157	169	181	193
	8月	204	216	229	242	255	268	282	297	311	326	341	356	011	025	039	053	067	080	093	105	118	130	142	154	166	178	189	201	213	225	237
☽	9月	250	263	277	290	305	320	335	350	005	020	035	049	063	076	090	102	115	127	139	151	163	175	186	198	210	222	234	247	259	272	／
	10月	286	299	313	328	343	358	013	028	043	058	072	085	099	111	124	136	148	160	171	183	195	207	219	231	244	256	269	282	295	309	323
	11月	337	352	006	021	036	051	066	080	094	107	120	132	144	156	168	180	192	204	216	228	240	253	266	279	292	306	320	333	347	002	／
	12月	016	030	045	059	074	088	101	115	128	140	152	164	176	188	200	212	224	236	249	262	275	289	302	316	330	344	358	012	026	041	055

宮	月＼日	1	2	3	4	5	6	7	8	9	10	11	12	13	14	15	16	17	18	19	20	21	22	23	24	25	26	27	28	29	30	31
	1月	265	267	268	270	271	273	274	276	278	279	281	282	284	285	287	289	290	292	293	295	297	298	300	302	303	305	307	308	310	312	314
	2月	315	317	319	321	322	324	326	328	330	331	333	335	337	338	340	342	344	345	347	348	349	351	352	353	354	355	355	356	／	／	／
	3月	356	356	356	356	356	356	355	354	354	353	352	351	350	349	348	347	346	345	345	344	344	343	343	343	343	343	343	343	343	344	344
水	4月	345	345	346	347	347	348	349	350	351	352	353	354	355	357	358	359	000	002	003	004	006	007	009	010	012	013	015	017	018	020	／
星	5月	022	024	025	027	029	031	033	035	037	039	041	043	045	047	049	051	054	056	058	060	062	064	067	069	071	073	075	077	079	081	083
	6月	085	087	089	091	092	094	096	097	099	101	102	103	105	106	107	109	110	111	112	113	114	115	116	117	117	118	119	119	120	120	／
	7月	120	121	121	121	121	121	121	120	120	120	119	119	118	118	117	116	116	115	114	114	113	113	112	112	111	111	111	111	111	111	111
☿	8月	111	111	112	112	113	114	115	116	117	118	119	121	122	124	125	127	129	131	132	134	136	138	140	142	144	146	148	150	152	154	156
	9月	158	160	162	164	166	167	169	171	173	175	176	178	180	182	183	185	187	188	190	191	193	195	196	198	199	201	202	204	205	207	／
	10月	208	209	211	212	214	215	216	217	219	220	221	222	223	225	226	227	228	229	230	231	231	232	233	233	234	234	234	235	235	234	234
	11月	234	233	232	232	231	229	228	227	226	224	223	222	221	220	219	219	219	219	219	219	219	220	221	222	222	223	225	226	227	228	／
	12月	229	231	232	234	235	236	238	239	241	242	244	245	247	248	250	251	253	254	256	257	259	261	262	264	265	267	268	270	271	273	275

宮	月＼日	1	2	3	4	5	6	7	8	9	10	11	12	13	14	15	16	17	18	19	20	21	22	23	24	25	26	27	28	29	30	31
	1月	300	299	299	299	298	298	297	297	296	296	295	294	294	293	292	292	291	291	290	290	289	289	288	288	287	287	287	286	286	286	286
	2月	286	286	286	286	286	286	286	286	286	286	287	287	287	288	288	289	289	289	290	290	291	292	292	293	294	294	295	296	／	／	／
	3月	296	297	298	299	299	300	301	302	303	303	304	305	306	307	308	309	310	311	312	312	313	314	315	316	317	318	319	320	321	322	323
金	4月	324	325	326	327	329	330	331	332	333	334	335	336	337	338	339	340	341	342	344	345	346	347	348	349	350	351	352	354	355	356	／
	5月	357	358	359	000	001	003	004	005	006	007	008	009	011	012	013	014	015	016	017	019	020	021	022	023	024	026	027	028	029	030	031
星	6月	033	034	035	036	037	038	040	041	042	043	044	045	047	048	049	050	051	053	054	055	056	057	058	060	061	062	063	064	066	067	／
	7月	068	069	070	072	073	074	075	076	078	079	080	081	082	084	085	086	087	088	090	091	092	093	094	096	097	098	099	100	102	103	104
	8月	105	106	108	109	110	111	113	114	115	116	117	119	120	121	122	124	125	126	127	128	130	131	132	133	135	136	137	138	139	141	142
♀	9月	143	144	146	147	148	149	151	152	153	154	156	157	158	159	160	162	163	164	165	167	168	169	170	172	173	174	175	177	178	179	／
	10月	180	182	183	184	185	187	188	189	190	192	193	194	195	197	198	199	200	202	203	204	205	207	208	209	210	212	213	214	215	217	218
	11月	219	220	222	223	224	225	227	228	229	230	232	233	234	235	237	238	239	241	242	243	244	246	247	248	249	251	252	253	254	256	／
	12月	257	258	259	261	262	263	264	266	267	268	269	271	272	273	274	276	277	278	279	281	282	283	284	286	287	288	289	291	292	293	294

宮	月＼日	1	2	3	4	5	6	7	8	9	10	11	12	13	14	15	16	17	18	19	20	21	22	23	24	25	26	27	28	29	30	31
	1月	041	041	041	041	042	042	042	043	043	043	043	044	044	044	045	045	046	046	046	047	047	047	048	048	049	049	049	050	050	051	051
	2月	052	052	052	053	053	054	054	055	055	056	056	057	057	058	058	059	059	060	060	061	061	062	062	063	063	064	064	065	／	／	／
	3月	065	066	066	067	067	068	068	069	069	070	070	071	072	072	073	073	074	074	075	075	076	077	077	078	078	079	079	080	080	081	082
火	4月	082	083	083	084	084	085	086	086	087	087	088	088	089	090	090	091	091	092	092	093	094	094	095	095	096	097	097	098	098	099	／
	5月	099	100	101	101	102	102	103	104	104	105	105	106	107	107	108	108	109	110	110	111	111	112	113	113	114	114	115	115	116	117	117
星	6月	118	119	119	120	120	121	122	122	123	123	124	125	125	126	126	127	128	128	129	129	130	131	131	132	132	133	134	134	135	136	／
	7月	136	137	137	138	139	139	140	140	141	142	142	143	144	144	145	145	146	147	147	148	148	149	150	150	151	152	152	153	153	154	155
	8月	155	156	157	157	158	158	159	160	160	161	162	162	163	164	164	165	165	166	167	167	168	169	169	170	170	171	172	172	173	174	174
♂	9月	175	176	176	177	178	178	179	179	180	181	181	182	183	183	184	185	185	186	187	187	188	189	189	190	191	191	192	192	193	194	／
	10月	194	195	196	196	197	198	198	199	200	200	201	202	202	203	204	204	205	206	206	207	208	208	209	210	210	211	212	213	213	214	215
	11月	215	216	217	217	218	219	219	220	221	221	222	223	223	224	225	225	226	227	228	228	229	230	230	231	232	232	233	234	235	235	／
	12月	236	237	237	238	239	239	240	241	242	242	243	244	244	245	246	247	247	248	249	249	250	251	252	252	253	254	254	255	256	257	257

2007年

宮	月＼日	1	2	3	4	5	6	7	8	9	10	11	12	13	14	15	16	17	18	19	20	21	22	23	24	25	26	27	28	29	30	31
太陽 ⊙	1月	280	281	282	283	284	285	286	287	288	289	290	291	292	293	294	295	296	297	298	299	300	301	302	303	304	305	306	307	308	309	310
	2月	311	312	313	314	315	316	317	318	319	320	321	323	324	325	326	327	328	329	330	331	332	333	334	335	336	337	338	339	／	／	／
	3月	340	341	342	343	344	345	346	347	348	349	350	351	352	353	354	355	356	357	358	359	000	001	002	003	004	005	006	007	008	009	010
	4月	011	012	012	013	014	015	016	017	018	019	020	021	022	023	024	025	026	027	028	029	030	031	032	033	034	035	036	037	038	039	／
	5月	040	041	042	043	044	045	046	047	048	049	050	051	052	052	053	054	055	056	057	058	059	060	061	062	063	064	065	066	067	068	069
	6月	070	071	072	073	074	075	076	076	077	078	079	080	081	082	083	084	085	086	087	088	089	090	091	092	093	094	095	096	097	097	／
	7月	098	099	100	101	102	103	104	105	106	107	108	109	110	111	112	113	114	115	116	117	118	118	119	120	121	122	123	124	125	126	127
	8月	128	129	130	131	132	133	134	135	136	137	138	139	140	140	141	142	143	144	145	146	147	148	149	150	151	152	153	154	155	156	157
	9月	158	159	160	161	162	163	164	165	166	167	168	168	169	170	171	172	173	174	175	176	177	178	179	180	181	182	183	184	185	186	／
	10月	187	188	189	190	191	192	193	194	195	196	197	198	199	200	201	202	203	204	205	206	207	208	209	210	211	212	213	214	215	216	217
	11月	218	219	220	221	222	223	224	225	226	227	228	229	230	231	232	233	234	235	236	237	238	239	240	241	242	243	244	245	246	247	／
	12月	248	249	250	251	252	253	254	255	256	257	258	259	260	261	262	263	264	265	266	267	268	269	270	271	272	273	274	275	277	278	279

宮	月＼日	1	2	3	4	5	6	7	8	9	10	11	12	13	14	15	16	17	18	19	20	21	22	23	24	25	26	27	28	29	30	31
月 ☽	1月	069	083	096	110	123	135	148	160	172	184	196	207	219	232	244	257	270	284	298	312	326	340	355	009	023	037	051	065	079	092	105
	2月	118	131	144	156	168	180	192	203	215	227	239	252	265	278	292	306	320	335	350	004	019	034	048	062	076	089	102	115	／	／	／
	3月	128	140	152	164	176	188	200	212	224	236	248	260	273	286	300	314	328	343	358	013	028	043	058	072	086	099	112	125	137	149	161
	4月	173	185	197	209	221	233	245	257	269	282	295	308	322	336	351	006	021	036	051	066	081	095	108	121	134	146	158	170	182	194	／
	5月	206	218	230	242	254	266	279	292	305	318	331	346	000	015	030	045	060	075	089	103	117	130	143	155	167	179	191	202	214	226	238
	6月	251	263	276	289	302	315	328	342	356	010	024	039	054	068	083	097	111	125	138	151	163	175	187	199	211	223	235	247	259	272	／
	7月	285	298	312	325	339	353	007	021	035	049	064	078	092	106	120	133	146	159	171	183	195	207	219	231	243	255	268	281	294	307	321
	8月	335	349	003	017	032	046	060	074	088	102	115	128	141	154	167	179	191	203	215	227	239	251	263	276	289	302	316	330	344	359	013
	9月	028	042	057	071	085	098	112	125	138	150	163	175	187	199	211	223	235	247	259	271	284	297	310	324	338	352	007	022	037	052	／
	10月	067	081	095	109	122	135	147	160	172	184	196	208	220	232	243	255	267	280	292	305	318	332	346	000	015	031	046	061	076	091	105
	11月	118	132	144	157	169	181	193	205	217	229	241	252	264	277	289	301	314	327	341	355	009	024	039	054	069	084	099	113	127	140	／
	12月	153	166	178	190	202	214	226	237	249	261	274	286	298	311	324	337	350	004	018	033	048	062	077	092	107	121	135	149	161	174	186

宮	月＼日	1	2	3	4	5	6	7	8	9	10	11	12	13	14	15	16	17	18	19	20	21	22	23	24	25	26	27	28	29	30	31
水星 ☿	1月	276	278	279	281	283	284	286	287	289	291	292	294	296	297	299	301	302	304	306	308	309	311	313	314	316	318	319	321	323	324	326
	2月	328	329	331	332	333	335	336	337	338	338	339	339	340	340	340	339	339	338	338	337	336	335	334	333	332	331	329	329	／	／	／
	3月	328	327	326	326	325	325	325	325	325	325	325	326	326	327	327	328	329	329	330	331	332	333	334	335	336	337	338	340	341	342	343
	4月	345	346	348	349	350	352	353	355	357	358	000	001	003	005	006	008	010	012	014	015	017	019	021	023	025	027	029	031	033	035	／
	5月	038	040	042	044	046	048	050	053	055	057	059	061	063	065	067	069	071	073	075	076	078	080	081	083	084	086	087	088	090	091	092
	6月	093	094	095	096	097	097	098	099	099	100	100	101	101	101	101	101	101	101	101	100	100	100	099	099	098	098	097	097	096	095	／
	7月	095	094	094	093	093	093	092	092	092	092	092	092	092	093	093	094	094	095	096	096	097	098	099	101	102	103	105	106	108	109	111
	8月	113	115	116	118	120	122	124	126	128	130	132	135	137	139	141	143	145	147	149	151	153	154	156	158	160	162	164	165	167	169	171
	9月	172	174	176	177	179	180	182	184	185	187	188	190	191	192	194	195	197	198	199	201	202	203	204	205	207	208	209	210	211	212	／
	10月	213	214	215	215	216	217	217	218	218	218	219	219	219	218	218	218	217	216	215	214	213	212	211	210	208	207	206	205	204	204	203
	11月	203	203	203	203	204	204	205	206	207	208	209	210	212	213	214	216	217	219	220	222	223	225	226	228	230	231	233	234	236	237	／
	12月	239	240	242	244	245	247	248	250	251	253	255	256	258	259	261	262	264	266	267	269	270	272	274	275	277	278	280	282	283	285	286

宮	月＼日	1	2	3	4	5	6	7	8	9	10	11	12	13	14	15	16	17	18	19	20	21	22	23	24	25	26	27	28	29	30	31
金星 ♀	1月	296	297	298	299	301	302	303	304	306	307	308	310	311	312	313	315	316	317	318	320	321	322	323	324	326	327	328	329	331	332	333
	2月	334	336	337	338	339	341	342	343	344	346	347	348	349	351	352	353	354	356	357	358	359	000	002	003	004	005	007	008	／	／	／
	3月	009	010	012	013	014	015	016	018	019	020	021	022	024	025	026	027	029	030	031	032	033	035	036	037	038	039	041	042	043	044	045
	4月	047	048	049	050	051	052	054	055	056	057	058	060	061	062	063	064	065	067	068	069	070	071	072	073	075	076	077	078	079	080	／
	5月	081	083	084	085	086	087	088	089	090	092	093	094	095	096	097	098	099	100	101	102	103	105	106	107	108	109	110	111	112	113	114
	6月	115	116	117	118	119	120	121	122	123	124	125	126	127	127	128	129	130	131	132	133	134	135	135	136	137	138	139	139	140	141	／
	7月	142	142	143	144	144	145	146	146	147	147	148	148	149	149	150	150	150	151	151	151	152	152	152	152	152	152	152	152	152	152	152
	8月	152	152	152	151	151	151	150	150	149	149	148	148	147	147	146	146	145	144	144	143	143	142	141	141	140	140	139	139	138	138	138
	9月	137	137	137	137	136	136	136	136	136	136	136	136	136	137	137	137	137	138	138	138	139	139	140	140	141	141	142	142	143	144	／
	10月	144	145	146	146	147	148	149	149	150	151	152	153	153	154	155	156	157	158	159	160	161	162	162	163	164	165	166	167	168	169	170
	11月	171	172	173	174	176	177	178	179	180	181	182	183	184	185	186	187	188	190	191	192	193	194	195	196	197	199	200	201	202	203	／
	12月	204	206	207	208	209	210	211	213	214	215	216	217	218	220	221	222	223	224	226	227	228	229	230	232	233	234	235	236	238	239	240

宮	月＼日	1	2	3	4	5	6	7	8	9	10	11	12	13	14	15	16	17	18	19	20	21	22	23	24	25	26	27	28	29	30	31
火星 ♂	1月	258	259	259	260	261	262	262	263	264	265	265	266	267	267	268	269	270	270	271	272	273	273	274	275	276	276	277	278	279	279	280
	2月	281	282	282	283	284	285	285	286	287	288	288	289	290	291	291	292	293	294	294	295	296	297	297	298	299	300	300	301	／	／	／
	3月	302	303	303	304	305	306	306	307	308	309	309	310	311	312	312	313	314	315	316	316	317	318	319	319	320	321	322	322	323	324	325
	4月	325	326	327	328	329	329	330	331	332	332	333	334	335	335	336	337	338	339	339	340	341	342	342	343	344	345	345	346	347	348	／
	5月	348	349	350	351	352	352	353	354	355	355	356	357	358	358	359	000	001	001	002	003	004	004	005	006	007	007	008	009	010	010	011
	6月	012	013	013	014	015	016	016	017	018	019	019	020	021	022	022	023	024	025	025	026	027	028	028	029	030	030	031	032	033	033	／
	7月	034	035	035	036	037	038	038	039	040	040	041	042	043	043	044	045	045	046	047	047	048	049	049	050	051	051	052	053	053	054	055
	8月	055	056	057	057	058	059	059	060	061	061	062	063	063	064	065	065	066	066	067	068	068	069	070	070	071	071	072	073	073	074	074
	9月	075	075	076	077	077	078	078	079	079	080	081	081	082	082	083	083	084	084	085	085	086	086	087	087	088	088	089	089	090	090	／
	10月	090	091	091	092	092	093	093	093	094	094	095	095	095	096	096	096	097	097	097	098	098	098	099	099	099	099	100	100	100	100	100
	11月	101	101	101	101	101	101	102	102	102	102	102	102	102	102	102	102	102	102	102	102	102	102	102	101	101	101	101	101	101	100	／
	12月	100	100	100	099	099	099	099	098	098	098	097	097	097	096	096	096	095	095	094	094	094	093	093	092	092	092	091	091	090	090	090

2008年

宮	月＼日	1	2	3	4	5	6	7	8	9	10	11	12	13	14	15	16	17	18	19	20	21	22	23	24	25	26	27	28	29	30	31
太陽 ☉	1月	280	281	282	283	284	285	286	287	288	289	290	291	292	293	294	295	296	297	298	299	300	301	302	303	304	305	306	307	308	309	310
	2月	311	312	313	314	315	316	317	318	319	320	321	322	323	324	325	326	327	328	329	330	331	332	333	334	335	336	337	338	339	／	／
	3月	340	341	342	343	344	345	346	347	348	349	350	351	352	353	354	355	356	357	358	359	000	001	002	003	004	005	006	007	008	009	010
	4月	011	012	013	014	015	016	017	018	019	020	021	022	023	024	025	026	027	028	029	030	031	032	033	034	035	036	037	038	039	040	／
	5月	041	042	043	044	044	045	046	047	048	049	050	051	052	053	054	055	056	057	058	059	060	061	062	063	064	065	066	067	068	069	070
	6月	071	071	072	073	074	075	076	077	078	079	080	081	082	083	084	085	086	087	088	089	090	091	092	092	093	094	095	096	097	098	／
	7月	099	100	101	102	103	104	105	106	107	108	109	110	111	112	113	113	114	115	116	117	118	119	120	121	122	123	124	125	126	127	128
	8月	129	130	131	132	133	134	134	135	136	137	138	139	140	141	142	143	144	145	146	147	148	149	150	151	152	153	154	155	156	157	158
	9月	159	160	160	161	162	163	164	165	166	167	168	169	170	171	172	173	174	175	176	177	178	179	180	181	182	183	184	185	186	187	／
	10月	188	189	190	191	192	193	194	195	196	197	198	199	200	201	202	203	204	205	206	207	208	209	210	211	212	213	214	215	216	217	218
	11月	219	220	221	222	223	224	225	226	227	228	229	230	231	232	233	234	235	236	237	238	239	240	241	242	243	244	245	246	247	248	／
	12月	249	250	251	252	253	254	255	256	257	258	259	260	261	262	263	264	265	266	267	268	269	270	271	272	273	274	275	276	277	278	279
宮	月＼日	1	2	3	4	5	6	7	8	9	10	11	12	13	14	15	16	17	18	19	20	21	22	23	24	25	26	27	28	29	30	31
月 ☽	1月	198	210	222	234	246	258	270	283	295	308	321	334	347	001	015	029	043	057	072	086	101	115	129	143	156	169	182	194	206	218	230
	2月	242	254	266	278	291	304	317	330	344	358	012	026	040	054	068	082	096	110	124	138	151	164	177	190	202	214	226	238	250	／	／
	3月	262	274	286	299	312	325	339	353	007	021	036	051	065	079	093	107	121	134	147	160	173	185	198	210	222	234	246	258	270	282	294
	4月	307	320	333	347	001	016	031	046	060	075	090	104	118	131	144	157	170	182	194	206	219	231	242	254	266	278	290	302	315	328	／
	5月	341	355	009	024	039	054	069	085	099	114	127	141	154	167	179	191	203	216	227	239	251	263	275	287	299	311	324	337	350	004	018
	6月	032	047	063	078	093	108	122	136	150	163	176	188	201	213	224	236	248	260	272	284	296	308	321	333	346	000	013	027	042	056	／
	7月	071	086	101	116	131	145	158	172	184	197	209	221	233	245	257	269	281	293	305	318	331	343	357	010	024	038	052	066	081	095	110
	8月	125	139	153	167	180	193	205	217	229	241	253	265	277	289	302	314	327	340	353	007	020	034	048	063	077	091	105	120	134	148	161
	9月	175	188	201	213	225	237	249	261	273	285	297	310	322	335	349	003	017	031	045	059	074	088	102	116	130	143	157	170	183	196	／
	10月	209	221	233	245	257	269	281	293	305	317	330	343	357	011	026	040	055	070	084	099	113	127	140	154	167	180	192	205	217	230	242
	11月	254	265	277	289	301	313	325	338	351	005	019	034	049	064	079	094	109	123	137	150	164	177	189	202	214	226	238	250	262	274	／
	12月	286	298	310	322	334	347	000	013	027	042	057	072	087	102	117	132	146	160	173	186	199	211	223	235	247	259	271	283	295	307	319
宮	月＼日	1	2	3	4	5	6	7	8	9	10	11	12	13	14	15	16	17	18	19	20	21	22	23	24	25	26	27	28	29	30	31
水星 ☿	1月	288	290	291	293	295	296	298	299	301	303	304	306	307	309	310	312	313	315	316	317	319	320	321	321	322	323	323	323	323	323	323
	2月	322	322	321	320	319	318	316	315	314	313	312	311	310	309	309	308	308	308	308	308	308	308	309	309	310	310	311	312	313	／	／
	3月	313	314	315	316	317	318	320	321	322	323	324	326	327	328	330	331	333	334	335	337	338	340	342	343	345	346	348	350	351	353	355
	4月	357	358	000	002	004	006	008	010	012	014	016	018	020	022	024	026	028	030	032	034	036	039	041	043	045	047	049	051	053	055	／
	5月	056	058	060	062	063	065	066	068	069	070	072	073	074	075	076	077	077	078	079	079	080	080	081	081	081	081	081	081	081	081	080
	6月	080	080	079	079	078	078	077	076	076	075	075	074	074	074	073	073	073	073	072	072	073	073	073	073	074	074	075	075	076	077	／
	7月	078	079	080	081	082	083	084	086	087	088	090	092	093	095	097	098	100	102	104	106	108	110	112	115	117	119	121	123	125	127	129
	8月	131	133	135	137	139	141	143	145	147	149	151	153	154	156	158	160	161	163	164	166	168	169	171	172	174	175	177	178	180	181	182
	9月	184	185	186	187	189	190	191	192	193	194	195	196	197	198	198	199	200	200	201	201	202	202	202	202	202	202	202	201	201	200	／
	10月	200	199	198	197	196	194	193	192	191	190	189	188	188	187	187	187	187	188	188	189	189	190	191	193	194	195	196	198	199	201	202
	11月	204	205	207	209	210	212	213	215	217	218	220	222	223	225	226	228	230	231	233	234	236	238	239	241	242	244	246	247	249	250	／
	12月	252	253	255	257	258	260	261	263	264	266	267	269	271	272	274	275	277	278	280	282	283	285	286	288	289	291	292	294	295	296	298
宮	月＼日	1	2	3	4	5	6	7	8	9	10	11	12	13	14	15	16	17	18	19	20	21	22	23	24	25	26	27	28	29	30	31
金星 ♀	1月	241	242	244	245	246	247	248	250	251	252	253	255	256	257	258	259	261	262	263	264	266	267	268	269	270	272	273	274	275	277	278
	2月	279	280	282	283	284	285	286	288	289	290	291	293	294	295	296	298	299	300	301	303	304	305	306	307	309	310	311	312	314	／	／
	3月	315	316	317	319	320	321	322	324	325	326	327	328	330	331	332	333	335	336	337	338	340	341	342	343	345	346	347	348	349	351	352
	4月	353	354	356	357	358	359	001	002	003	004	006	007	008	009	010	012	013	014	015	017	018	019	020	022	023	024	025	027	028	029	／
	5月	030	031	033	034	035	036	038	039	040	041	043	044	045	046	047	049	050	051	052	054	055	056	057	058	060	061	062	063	065	066	067
	6月	068	070	071	072	073	074	076	077	078	079	081	082	083	084	086	087	088	089	090	092	093	094	095	097	098	099	100	101	103	104	／
	7月	105	106	108	109	110	111	113	114	115	116	117	119	120	121	122	124	125	126	127	129	130	131	132	133	135	136	137	138	140	141	142
	8月	143	145	146	147	148	149	151	152	153	154	156	157	158	159	160	162	163	164	165	167	168	169	170	172	173	174	175	176	178	179	180
	9月	181	183	184	185	186	187	189	190	191	192	194	195	196	197	199	200	201	202	203	205	206	207	208	210	211	212	213	214	216	217	／
	10月	218	219	220	222	223	224	225	227	228	229	230	231	233	234	235	236	238	239	240	241	242	244	245	246	247	248	250	251	252	253	254
	11月	256	257	258	259	260	262	263	264	265	266	268	269	270	271	272	274	275	276	277	278	280	281	282	283	284	286	287	288	289	290	／
	12月	291	293	294	295	296	297	299	300	301	302	303	304	305	307	308	309	310	311	312	313	315	316	317	318	319	320	321	322	324	325	326
宮	月＼日	1	2	3	4	5	6	7	8	9	10	11	12	13	14	15	16	17	18	19	20	21	22	23	24	25	26	27	28	29	30	31
火星 ♂	1月	089	089	089	088	088	088	087	087	087	086	086	086	086	085	085	085	085	085	085	084	084	084	084	084	084	084	084	084	084	084	084
	2月	084	084	084	084	084	084	084	084	084	084	084	084	085	085	085	085	085	086	086	086	086	086	087	087	087	087	088	088	088	／	／
	3月	088	089	089	089	090	090	090	091	091	091	092	092	092	093	093	094	094	094	095	095	096	096	096	097	097	098	098	099	099	099	100
	4月	100	101	101	102	102	103	103	103	104	104	105	105	106	106	107	107	108	108	109	109	110	110	111	111	112	112	113	113	114	114	／
	5月	115	115	116	116	117	118	118	119	119	120	120	121	121	122	122	123	123	124	125	125	126	126	127	127	128	128	129	130	130	131	131
	6月	132	132	133	133	134	135	135	136	136	137	137	138	139	139	140	140	141	142	142	143	143	144	144	145	146	146	147	147	148	149	／
	7月	149	150	150	151	152	152	153	153	154	155	155	156	156	157	158	158	159	159	160	161	161	162	162	163	164	164	165	166	166	167	167
	8月	168	169	169	170	171	171	172	172	173	174	174	175	176	176	177	177	178	179	179	180	181	181	182	183	183	184	184	185	186	186	187
	9月	188	188	189	190	190	191	192	192	193	194	194	195	195	196	197	197	198	199	199	200	201	201	202	203	203	204	205	205	206	207	／
	10月	207	208	209	209	210	211	211	212	213	214	214	215	216	216	217	218	218	219	220	220	221	222	222	223	224	225	225	226	227	227	228
	11月	229	229	230	231	232	232	233	234	234	235	236	236	237	238	239	239	240	241	241	242	243	244	244	245	246	247	247	248	249	249	／
	12月	250	251	252	252	253	254	255	255	256	257	257	258	259	260	260	261	262	263	263	264	265	266	266	267	268	269	269	270	271	272	272

2009年

宮	月＼日	1	2	3	4	5	6	7	8	9	10	11	12	13	14	15	16	17	18	19	20	21	22	23	24	25	26	27	28	29	30	31
	1月	280	281	282	283	284	285	286	287	288	290	291	292	293	294	295	296	297	298	299	300	301	302	303	304	305	306	307	308	309	310	311
	2月	312	313	314	315	316	317	318	319	320	321	322	323	324	325	326	327	328	329	330	331	332	333	334	335	336	337	338	339	／	／	／
	3月	340	341	342	343	344	345	346	347	348	349	350	351	352	353	354	355	356	357	358	359	000	001	002	003	004	005	006	007	008	009	010
太	4月	011	012	013	014	015	016	017	018	019	020	021	022	023	024	025	026	027	028	029	030	031	032	033	034	035	036	036	037	038	039	／
	5月	040	041	042	043	044	045	046	047	048	049	050	051	052	053	054	055	056	057	058	059	060	061	062	063	064	065	065	066	067	068	069
陽	6月	070	071	072	073	074	075	076	077	078	079	080	081	082	083	084	085	086	087	087	088	089	090	091	092	093	094	095	096	097	098	／
	7月	099	100	101	102	103	104	105	106	107	108	108	109	110	111	112	113	114	115	116	117	118	119	120	121	122	123	124	125	126	127	128
	8月	129	129	130	131	132	133	134	135	136	137	138	139	140	141	142	143	144	145	146	147	148	149	150	151	152	153	153	154	155	156	157
⊙	9月	158	159	160	161	162	163	164	165	166	167	168	169	170	171	172	173	174	175	176	177	178	179	180	181	182	183	184	185	186	187	／
	10月	188	189	190	191	192	193	193	194	195	196	197	198	199	200	201	202	203	204	205	206	207	208	209	210	211	212	213	214	215	216	217
	11月	218	219	220	221	222	223	224	225	226	227	228	229	230	231	232	233	234	235	236	237	238	239	240	241	242	243	244	246	247	248	／
	12月	249	250	251	252	253	254	255	256	257	258	259	260	261	262	263	264	265	266	267	268	269	270	271	272	273	274	275	276	277	278	279
宮	月＼日	1	2	3	4	5	6	7	8	9	10	11	12	13	14	15	16	17	18	19	20	21	22	23	24	25	26	27	28	29	30	31
	1月	331	343	356	009	022	036	050	065	080	095	110	125	140	154	168	182	195	208	220	232	244	256	268	280	292	304	316	328	340	353	006
	2月	019	032	046	060	074	089	104	118	133	148	162	176	190	203	216	228	241	253	264	276	288	300	312	324	337	350	003	016	／	／	／
	3月	029	043	057	071	085	099	113	128	142	156	170	184	198	211	224	236	248	260	272	284	296	308	320	333	345	358	012	025	039	053	067
月	4月	082	096	110	124	138	152	166	179	193	206	219	232	244	256	268	280	292	304	316	328	340	353	007	020	034	049	063	078	092	107	／
	5月	121	135	149	162	176	189	202	215	228	240	252	264	276	288	300	312	324	336	348	001	015	028	043	057	072	087	102	117	131	145	159
	6月	173	186	199	212	224	237	249	261	273	285	297	308	320	332	344	357	010	023	037	051	066	081	096	111	126	141	155	169	183	196	／
	7月	209	221	234	246	258	270	282	294	305	317	329	341	353	006	019	032	046	060	074	089	104	119	134	149	164	178	192	205	218	231	243
	8月	255	267	279	291	302	314	326	338	351	003	016	029	042	055	069	083	098	113	128	143	158	172	186	200	214	227	239	252	264	276	287
☽	9月	299	311	323	335	347	000	013	026	039	052	066	079	093	108	122	137	151	166	180	195	208	222	235	247	260	272	284	295	307	319	／
	10月	331	344	356	009	022	035	049	062	076	090	104	118	132	147	161	175	189	203	217	230	243	255	268	280	292	303	315	327	339	352	004
	11月	017	031	044	058	073	087	101	115	129	143	157	171	185	199	212	225	238	251	263	276	288	299	311	323	335	347	359	012	025	039	／
	12月	053	067	082	096	111	125	140	154	168	182	195	209	222	235	247	260	272	284	296	308	319	331	343	355	007	020	033	047	061	075	090
宮	月＼日	1	2	3	4	5	6	7	8	9	10	11	12	13	14	15	16	17	18	19	20	21	22	23	24	25	26	27	28	29	30	31
	1月	299	300	302	303	304	305	305	306	307	307	307	307	307	307	306	305	304	303	302	301	300	298	297	296	295	294	293	292	292	292	291
	2月	291	291	291	292	292	293	293	294	294	295	296	297	298	299	300	301	302	303	305	306	307	308	310	311	312	314	315	316	／	／	／
	3月	318	319	321	322	324	325	327	328	330	332	333	335	337	338	340	342	343	345	347	349	351	352	354	356	358	000	002	004	006	008	010
水	4月	012	014	016	018	020	022	024	027	029	031	033	035	036	038	040	042	044	045	047	048	050	051	052	054	055	056	057	058	058	059	／
	5月	060	060	061	061	061	061	061	061	061	061	061	060	060	059	059	058	058	057	057	056	056	055	054	054	054	053	053	053	053	052	052
星	6月	052	053	053	053	053	054	054	055	055	056	057	058	059	060	061	062	063	064	065	066	068	069	071	072	074	075	077	079	081	082	／
	7月	084	086	088	090	092	094	096	098	101	103	105	107	109	111	114	116	118	120	122	124	126	128	130	132	134	136	138	139	141	143	145
	8月	146	148	150	151	153	155	156	158	159	161	162	163	165	166	168	169	170	171	172	174	175	176	177	178	179	180	181	181	182	183	183
☿	9月	184	185	185	185	186	186	186	186	186	185	185	184	184	183	182	181	181	180	178	177	176	175	174	173	173	172	172	171	171	171	／
	10月	171	172	172	173	174	175	176	177	178	179	181	182	184	185	187	189	190	192	194	195	197	199	201	202	204	206	207	209	211	212	214
	11月	216	217	219	221	222	224	225	227	229	230	232	233	235	237	238	240	241	243	244	246	247	249	250	252	254	255	257	258	260	261	／
	12月	263	264	266	267	269	270	272	273	274	276	277	279	280	281	283	284	285	286	287	288	289	290	290	291	291	291	291	291	291	290	289
宮	月＼日	1	2	3	4	5	6	7	8	9	10	11	12	13	14	15	16	17	18	19	20	21	22	23	24	25	26	27	28	29	30	31
	1月	327	328	329	330	331	332	333	334	335	337	338	339	340	341	342	343	344	345	346	347	348	349	350	351	352	352	353	354	355	356	357
	2月	358	359	359	000	001	002	003	003	004	005	006	006	007	008	008	009	009	010	011	011	012	012	012	013	013	014	014	014	／	／	／
	3月	014	015	015	015	015	015	015	015	015	015	015	014	014	014	013	013	013	012	012	011	011	010	010	009	008	008	007	007	006	005	005
金	4月	004	004	003	002	002	001	001	001	000	000	000	359	359	359	359	359	359	359	359	359	359	359	359	359	000	000	000	001	001	001	／
	5月	002	002	003	003	004	004	005	006	006	007	007	008	009	010	010	011	012	013	013	014	015	016	017	017	018	019	020	021	022	023	024
星	6月	025	025	026	027	028	029	030	031	032	033	034	035	036	037	038	039	040	041	042	043	044	045	046	047	049	050	051	052	053	054	／
	7月	055	056	057	058	059	060	061	063	064	065	066	067	068	069	070	071	073	074	075	076	077	078	079	080	082	083	084	085	086	087	088
	8月	090	091	092	093	094	095	097	098	099	100	101	102	104	105	106	107	108	109	111	112	113	114	115	116	118	119	120	121	122	124	125
♀	9月	126	127	128	130	131	132	133	134	136	137	138	139	140	142	143	144	145	147	148	149	150	151	153	154	155	156	158	159	160	161	／
	10月	162	164	165	166	167	169	170	171	172	174	175	176	177	178	180	181	182	183	185	186	187	188	190	191	192	193	195	196	197	198	200
	11月	201	202	203	205	206	207	208	210	211	212	213	215	216	217	218	220	221	222	223	225	226	227	228	230	231	232	233	235	236	237	／
	12月	239	240	241	242	244	245	246	247	249	250	251	252	254	255	256	257	259	260	261	262	264	265	266	267	269	270	271	272	274	275	276
宮	月＼日	1	2	3	4	5	6	7	8	9	10	11	12	13	14	15	16	17	18	19	20	21	22	23	24	25	26	27	28	29	30	31
	1月	273	274	275	275	276	277	278	278	279	280	281	281	282	283	284	284	285	286	287	288	288	289	290	291	291	292	293	294	294	295	296
	2月	297	298	298	299	300	301	301	302	303	304	305	305	306	307	308	308	309	310	311	312	312	313	314	315	315	316	317	318	／	／	／
	3月	319	319	320	321	322	322	323	324	325	326	326	327	328	329	329	330	331	332	333	333	334	335	336	337	337	338	339	340	340	341	342
火	4月	343	344	344	345	346	347	347	348	349	350	351	351	352	353	354	354	355	356	357	358	358	359	000	001	001	002	003	004	005	005	／
	5月	006	007	008	008	009	010	011	011	012	013	014	015	015	016	017	018	018	019	020	021	021	022	023	024	024	025	026	027	027	028	029
星	6月	030	030	031	032	033	033	034	035	036	036	037	038	039	039	040	041	042	042	043	044	044	045	046	047	047	048	049	050	050	051	／
	7月	052	052	053	054	055	055	056	057	057	058	059	060	060	061	062	062	063	064	064	065	066	066	067	068	069	069	070	071	071	072	073
	8月	073	074	075	075	076	077	077	078	079	079	080	081	081	082	083	083	084	085	085	086	087	087	088	088	089	090	090	091	092	092	093
♂	9月	094	094	095	095	096	097	097	098	098	099	100	100	101	101	102	103	103	104	104	105	106	106	107	107	108	108	109	110	110	111	／
	10月	111	112	112	113	113	114	115	115	116	116	117	117	118	118	119	119	120	120	121	121	122	122	123	123	124	124	125	125	125	126	126
	11月	127	127	128	128	128	129	129	130	130	130	131	131	132	132	132	133	133	133	134	134	134	135	135	135	135	136	136	136	136	137	／
	12月	137	137	137	138	138	138	138	138	138	139	139	139	139	139	139	139	139	139	139	139	139	139	139	139	139	139	139	139	139	139	138

2010年

宮	月＼日	1	2	3	4	5	6	7	8	9	10	11	12	13	14	15	16	17	18	19	20	21	22	23	24	25	26	27	28	29	30	31
	1月	280	281	282	283	284	285	286	287	288	289	290	291	292	293	294	295	296	297	298	299	300	301	302	304	305	306	307	308	309	310	311
	2月	312	313	314	315	316	317	318	319	320	321	322	323	324	325	326	327	328	329	330	331	332	333	334	335	336	337	338	339	／	／	／
	3月	340	341	342	343	344	345	346	347	348	349	350	351	352	353	354	355	356	357	358	359	000	001	002	003	004	005	006	007	008	009	010
太	4月	011	012	013	014	015	016	017	018	019	020	021	022	023	024	025	026	027	027	028	029	030	031	032	033	034	035	036	037	038	039	／
陽	5月	040	041	042	043	044	045	046	047	048	049	050	051	052	053	054	055	056	057	058	059	059	060	061	062	063	064	065	066	067	068	069
	6月	070	071	072	073	074	075	076	077	078	079	080	081	082	082	083	084	085	086	087	088	089	090	091	092	093	094	095	096	097	098	／
	7月	099	100	101	102	103	103	104	105	106	107	108	109	110	111	112	113	114	115	116	117	118	119	120	121	122	123	124	124	125	126	127
	8月	128	129	130	131	132	133	134	135	136	137	138	139	140	141	142	143	144	145	146	147	147	148	149	150	151	152	153	154	155	156	157
⊙	9月	158	159	160	161	162	163	164	165	166	167	168	169	170	171	172	173	174	175	176	177	178	179	179	180	181	182	183	184	185	186	／
	10月	187	188	189	190	191	192	193	194	195	196	197	198	199	200	201	202	203	204	205	206	207	208	209	210	211	212	213	214	215	216	217
	11月	218	219	220	221	222	223	224	225	226	227	228	229	230	231	232	233	234	235	236	237	238	239	240	241	242	243	244	245	246	247	／
	12月	248	249	250	251	252	253	254	255	256	257	258	259	260	262	263	264	265	266	267	268	269	270	271	272	273	274	275	276	277	278	279

宮	月＼日	1	2	3	4	5	6	7	8	9	10	11	12	13	14	15	16	17	18	19	20	21	22	23	24	25	26	27	28	29	30	31
	1月	105	120	135	150	164	178	192	206	219	232	244	256	269	281	292	304	316	328	340	352	004	016	029	042	055	069	083	097	112	128	143
	2月	158	173	187	202	215	228	241	253	266	278	289	301	313	325	337	349	001	013	025	038	051	064	078	092	106	121	136	151	／	／	／
	3月	166	181	196	210	224	237	250	262	274	286	298	310	322	334	346	358	010	022	035	048	061	074	088	101	116	130	145	159	174	189	204
月	4月	218	232	245	258	270	283	295	306	318	330	342	354	006	019	032	045	058	071	085	098	112	126	140	155	169	184	198	212	226	240	／
	5月	253	266	278	291	303	314	326	338	350	002	015	027	040	054	067	081	095	109	123	137	151	165	180	194	208	221	235	248	261	274	286
	6月	298	310	322	334	346	358	010	023	036	049	062	076	090	105	119	133	148	162	176	190	204	218	231	244	257	270	282	295	307	319	／
	7月	330	342	354	006	018	031	044	057	070	084	099	113	128	143	158	173	187	201	215	228	241	254	267	279	291	303	315	327	339	351	003
	8月	015	027	039	052	065	079	093	107	122	137	152	167	182	197	211	225	238	251	264	276	288	300	312	324	336	348	000	012	024	036	048
☽	9月	061	074	087	101	115	130	145	160	176	191	206	220	234	247	260	273	285	297	309	321	333	345	357	009	021	033	045	058	071	084	／
	10月	097	111	125	139	154	169	184	199	214	228	242	256	269	281	294	306	318	330	341	353	005	017	030	042	055	068	081	094	107	121	135
	11月	149	163	178	193	207	222	236	250	264	277	289	302	314	326	338	350	001	014	026	038	051	064	077	091	104	118	132	146	160	174	／
	12月	188	203	217	231	245	258	272	284	297	309	322	334	345	357	009	021	034	046	059	072	086	100	114	128	142	157	171	185	199	213	227

宮	月＼日	1	2	3	4	5	6	7	8	9	10	11	12	13	14	15	16	17	18	19	20	21	22	23	24	25	26	27	28	29	30	31
	1月	288	287	286	285	283	282	281	280	278	277	277	276	276	275	275	275	275	275	276	276	277	278	278	279	280	281	282	283	284	285	286
	2月	287	289	290	291	292	294	295	296	298	299	301	302	303	305	306	308	309	311	312	314	316	317	319	320	322	324	325	327	／	／	／
	3月	329	330	332	334	336	338	339	341	343	345	347	349	351	353	354	356	358	000	002	004	006	008	010	012	014	016	018	020	022	024	026
水	4月	027	029	030	032	033	035	036	037	038	039	040	040	041	041	042	042	042	042	042	042	042	041	041	041	040	039	039	038	038	037	／
	5月	036	036	035	034	034	033	033	033	032	032	032	032	032	032	033	033	033	034	034	035	035	036	037	038	038	039	040	041	042	044	045
星	6月	046	047	049	050	052	053	054	056	058	059	061	063	065	066	068	070	072	074	076	078	080	082	084	087	089	091	093	095	098	100	／
	7月	102	104	106	108	110	112	114	116	118	120	122	124	126	128	130	131	133	135	136	138	140	141	143	144	146	147	148	150	151	152	154
	8月	155	156	157	158	159	160	161	162	163	164	165	165	166	167	167	168	168	168	168	169	169	168	168	168	168	167	167	166	165	164	164
☿	9月	163	162	161	160	159	158	157	157	156	155	155	155	155	155	155	156	156	157	158	159	160	161	162	164	165	167	168	170	172	173	／
	10月	175	177	179	180	182	184	186	188	189	191	193	195	196	198	200	202	203	205	207	208	210	212	213	215	216	218	220	221	223	224	226
	11月	228	229	231	232	234	235	237	238	240	241	243	244	246	247	249	250	251	253	254	256	257	258	260	261	262	264	265	266	267	269	／
	12月	270	271	272	272	273	274	275	275	275	275	275	275	275	274	273	272	271	270	269	267	266	265	263	262	261	261	260	260	259	259	259

宮	月＼日	1	2	3	4	5	6	7	8	9	10	11	12	13	14	15	16	17	18	19	20	21	22	23	24	25	26	27	28	29	30	31
	1月	278	279	280	281	283	284	285	286	288	289	290	291	293	294	295	296	298	299	300	301	303	304	305	306	308	309	310	311	313	314	315
	2月	316	318	319	320	322	323	324	325	327	328	329	330	332	333	334	335	337	338	339	340	342	343	344	345	347	348	349	350	／	／	／
	3月	352	353	354	355	357	358	359	000	002	003	004	005	006	008	009	010	011	013	014	015	016	018	019	020	021	023	024	025	026	028	029
金	4月	030	031	032	034	035	036	037	039	040	041	042	044	045	046	047	048	050	051	052	053	055	056	057	058	059	061	062	063	064	065	／
	5月	067	068	069	070	072	073	074	075	076	078	079	080	081	082	084	085	086	087	088	090	091	092	093	094	096	097	098	099	100	102	103
星	6月	104	105	106	107	109	110	111	112	113	115	116	117	118	119	120	122	123	124	125	126	127	129	130	131	132	133	134	135	137	138	／
	7月	139	140	141	142	143	145	146	147	148	149	150	151	152	154	155	156	157	158	159	160	161	162	164	165	166	167	168	169	170	171	172
	8月	173	174	175	176	177	178	179	180	182	183	184	185	186	187	188	189	190	191	191	192	193	194	195	196	197	198	199	200	201	202	203
♀	9月	203	204	205	206	207	208	208	209	210	211	211	212	213	213	214	215	215	216	217	217	218	218	219	219	220	220	220	221	221	222	／
	10月	222	222	222	222	223	223	223	223	223	223	223	222	222	222	222	221	221	221	220	220	219	219	218	218	217	217	216	216	215	214	214
	11月	213	213	212	211	211	210	210	209	209	209	208	208	208	208	207	207	207	207	207	207	207	207	208	208	208	208	208	209	209	210	／
	12月	210	210	211	211	212	212	213	214	214	215	216	216	217	218	218	219	220	221	222	222	223	224	225	226	227	228	228	229	230	231	232

宮	月＼日	1	2	3	4	5	6	7	8	9	10	11	12	13	14	15	16	17	18	19	20	21	22	23	24	25	26	27	28	29	30	31
	1月	138	138	138	138	138	137	137	137	137	136	136	136	135	135	135	135	134	134	133	133	133	132	132	132	131	131	130	130	130	129	129
	2月	128	128	128	127	127	126	126	126	125	125	125	124	124	124	123	123	123	123	122	122	122	122	121	121	121	121	121	120	／	／	／
	3月	120	120	120	120	120	120	120	120	120	120	120	120	120	120	120	120	120	120	120	120	120	121	121	121	121	121	121	122	122	122	122
火	4月	122	123	123	123	123	124	124	124	124	125	125	125	126	126	126	127	127	127	128	128	128	129	129	129	130	130	130	131	131	132	／
	5月	132	132	133	133	134	134	135	135	135	136	136	137	137	138	138	139	139	140	140	140	141	141	142	142	143	143	144	144	145	145	146
星	6月	146	147	147	148	148	149	149	150	150	151	152	152	153	153	154	154	155	155	156	156	157	157	158	159	159	160	160	161	161	162	／
	7月	163	163	164	164	165	165	166	167	167	168	168	169	169	170	171	171	172	172	173	174	174	175	175	176	177	177	178	178	179	180	180
	8月	181	181	182	183	183	184	184	185	186	186	187	188	188	189	189	190	191	191	192	193	193	194	195	195	196	197	197	198	198	199	200
♂	9月	200	201	202	202	203	204	204	205	206	206	207	208	208	209	210	210	211	212	212	213	214	214	215	216	216	217	218	218	219	220	／
	10月	220	221	222	223	223	224	225	225	226	227	227	228	229	229	230	231	232	232	233	234	234	235	236	237	237	238	239	239	240	241	242
	11月	242	243	244	244	245	246	247	247	248	249	250	250	251	252	252	253	254	255	255	256	257	258	258	259	260	261	261	262	263	264	／
	12月	264	265	266	267	267	268	269	270	270	271	272	273	273	274	275	276	276	277	278	279	280	280	281	282	283	283	284	285	286	286	287

13 Signs Horpscope

姓名
出生年月日　　　　　　　　　　年　　月　　日

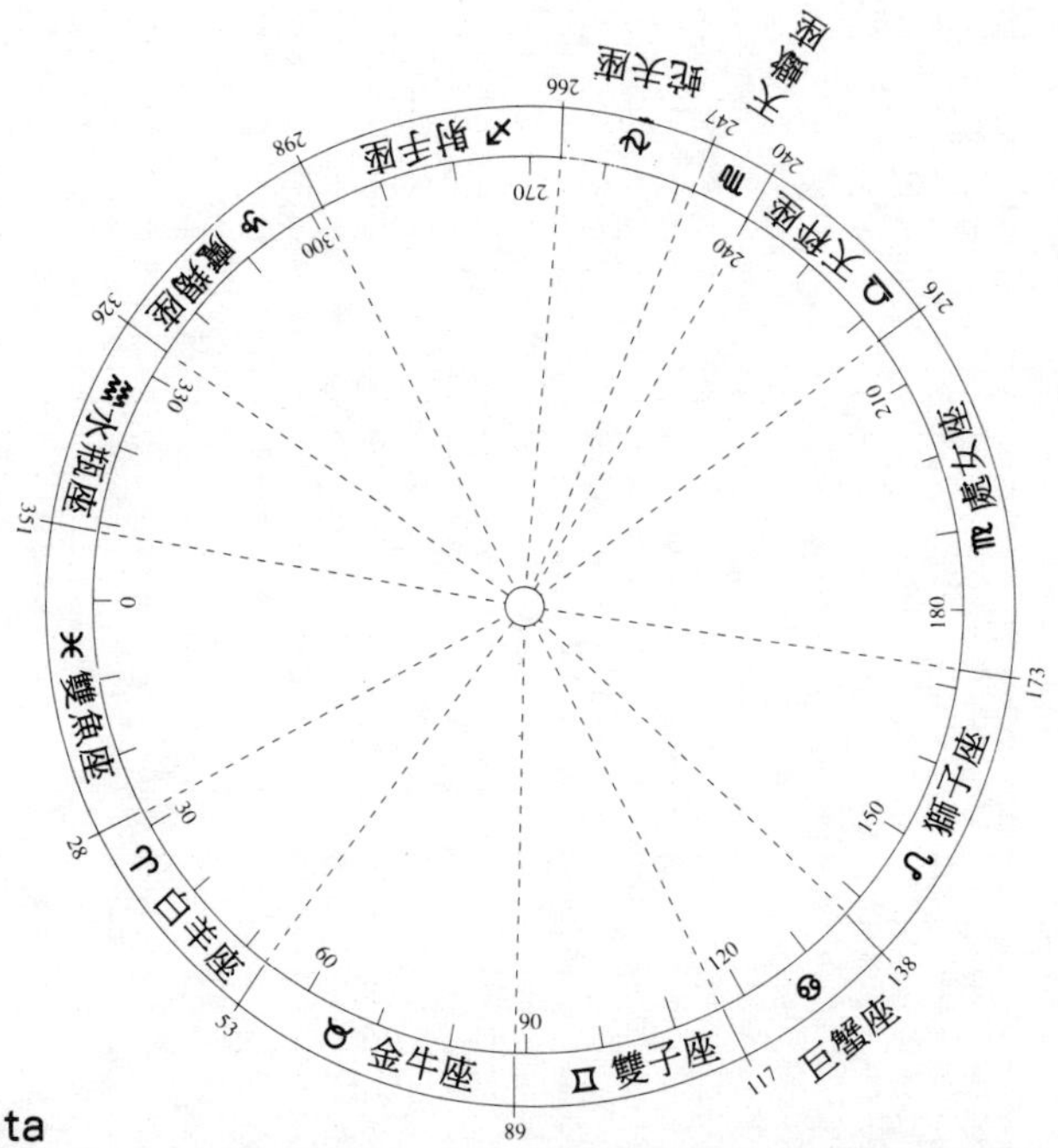

Data

行　星	度　　數	星　　座
☉ 太陽	度	座生
☽ 月	度	座
☿ 水星	度	座
♀ 金星	度	座
♂ 火星	度	座

13 Signs Horpscope

姓名

出生年月日　　　　　　　　　年　　月　　日

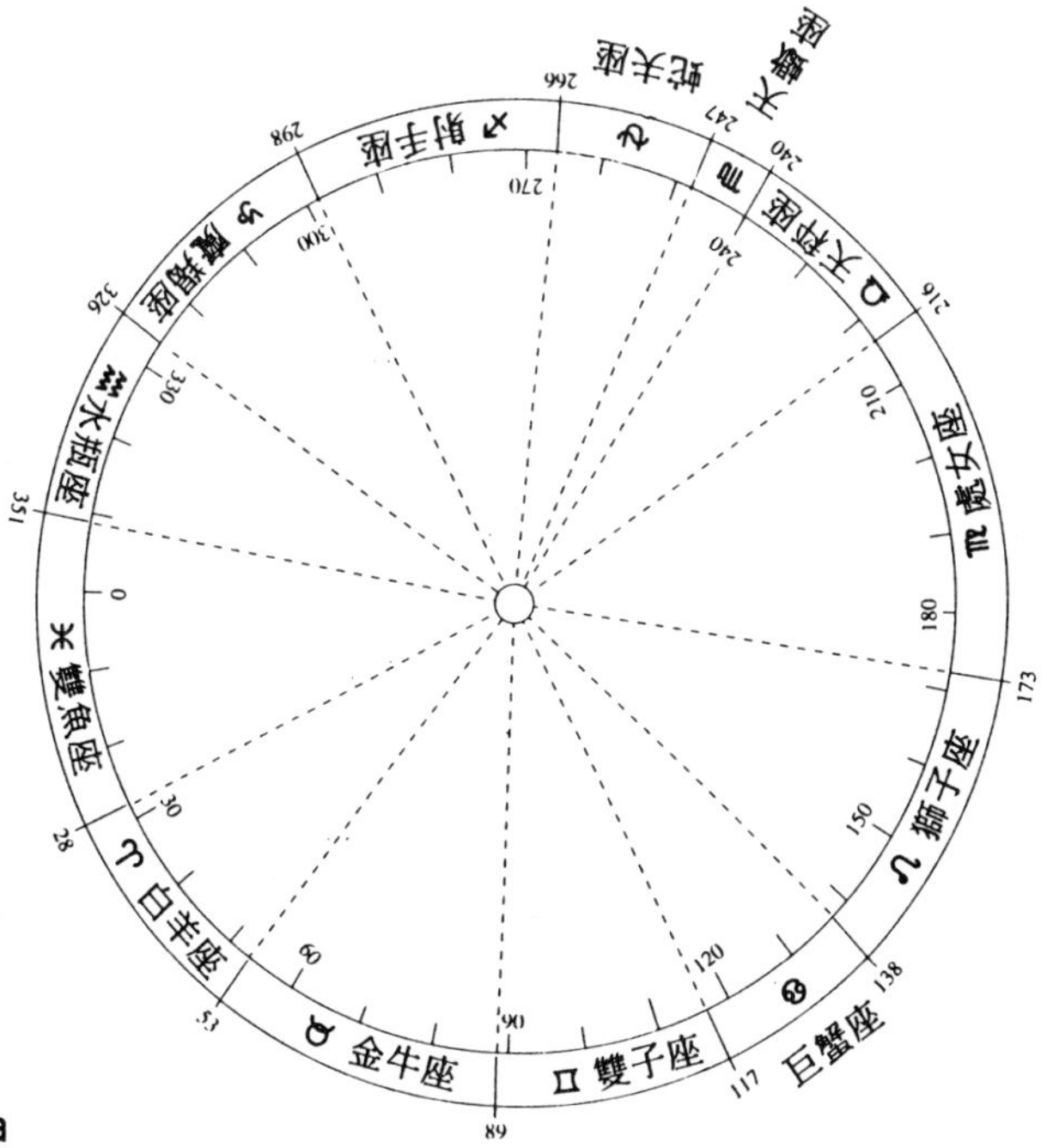

Data

行　星	度　　數	星　　座
⊙ 太陽	度	座生
☽ 月	度	座
☿ 水星	度	座
♀ 金星	度	座
♂ 火星	度	座

13星座角度範圍表

角度範圍（度）	星　　座
28～52	白羊座
53～88	金牛座
89～116	雙子座
117～137	巨蟹座
138～172	獅子座
173～215	處女座
216～239	天秤座
240～246	天蠍座
247～265	蛇夫座
266～297	射手座
298～325	魔羯座
326～350	水瓶座
351～360(0)～27	雙魚座

此表為13星座天宮圖上的角度

大展出版社有限公司	圖書目錄
地址：台北市北投區11204 致遠一路二段12巷1號	電話：(02) 8236031 8236033
郵撥： 0166955～1	傳眞：(02) 8272069

•法律專欄連載•電腦編號 58

台大法學院 法律學系／策劃 法律服務社／編著

①別讓您的權利睡著了[1] 200元
②別讓您的權利睡著了[2] 200元

•秘傳占卜系列•電腦編號 14

①手相術	淺野八郎著	150元
②人相術	淺野八郎著	150元
③西洋占星術	淺野八郎著	150元
④中國神奇占卜	淺野八郎著	150元
⑤夢判斷	淺野八郎著	150元
⑥前世、來世占卜	淺野八郎著	150元
⑦法國式血型學	淺野八郎著	150元
⑧靈感、符咒學	淺野八郎著	150元
⑨紙牌占卜學	淺野八郎著	150元
⑩ＥＳＰ超能力占卜	淺野八郎著	150元
⑪猶太數的秘術	淺野八郎著	150元
⑫新心理測驗	淺野八郎著	160元

•趣味心理講座•電腦編號 15

①性格測驗１	探索男與女	淺野八郎著	140元
②性格測驗２	透視人心奧秘	淺野八郎著	140元
③性格測驗３	發現陌生的自己	淺野八郎著	140元
④性格測驗４	發現你的真面目	淺野八郎著	140元
⑤性格測驗５	讓你們吃驚	淺野八郎著	140元
⑥性格測驗６	洞穿心理盲點	淺野八郎著	140元
⑦性格測驗７	探索對方心理	淺野八郎著	140元
⑧性格測驗８	由吃認識自己	淺野八郎著	140元
⑨性格測驗９	戀愛知多少	淺野八郎著	140元

⑩性格測驗10	由裝扮瞭解人心	淺野八郎著	140元
⑪性格測驗11	敲開內心玄機	淺野八郎著	140元
⑫性格測驗12	透視你的未來	淺野八郎著	140元
⑬血型與你的一生		淺野八郎著	160元
⑭趣味推理遊戲		淺野八郎著	160元
⑮行爲語言解析		淺野八郎著	160元

•婦幼天地•電腦編號16

①八萬人減肥成果	黃靜香譯	180元
②三分鐘減肥體操	楊鴻儒譯	150元
③窈窕淑女美髮秘訣	柯素娥譯	130元
④使妳更迷人	成　玉譯	130元
⑤女性的更年期	官舒姸編譯	160元
⑥胎內育兒法	李玉瓊編譯	150元
⑦早產兒袋鼠式護理	唐岱蘭譯	200元
⑧初次懷孕與生產	婦幼天地編譯組	180元
⑨初次育兒12個月	婦幼天地編譯組	180元
⑩斷乳食與幼兒食	婦幼天地編譯組	180元
⑪培養幼兒能力與性向	婦幼天地編譯組	180元
⑫培養幼兒創造力的玩具與遊戲	婦幼天地編譯組	180元
⑬幼兒的症狀與疾病	婦幼天地編譯組	180元
⑭腿部苗條健美法	婦幼天地編譯組	150元
⑮女性腰痛別忽視	婦幼天地編譯組	150元
⑯舒展身心體操術	李玉瓊編譯	130元
⑰三分鐘臉部體操	趙薇妮著	160元
⑱生動的笑容表情術	趙薇妮著	160元
⑲心曠神怡減肥法	川津祐介著	130元
⑳內衣使妳更美麗	陳玄茹譯	130元
㉑瑜伽美姿美容	黃靜香編著	150元
㉒高雅女性裝扮學	陳珮玲譯	180元
㉓蠶糞肌膚美顏法	坂梨秀子著	160元
㉔認識妳的身體	李玉瓊譯	160元
㉕產後恢復苗條體態	居理安•芙萊喬著	200元
㉖正確護髮美容法	山崎伊久江著	180元
㉗安琪拉美姿養生學	安琪拉蘭斯博瑞著	180元
㉘女體性醫學剖析	增田豐著	220元
㉙懷孕與生產剖析	岡部綾子著	180元
㉚斷奶後的健康育兒	東城百合子著	220元
㉛引出孩子幹勁的責罵藝術	多湖輝著	170元
㉜培養孩子獨立的藝術	多湖輝著	170元

㉝子宮肌瘤與卵巢囊腫	陳秀琳編著	180元
㉞下半身減肥法	納他夏・史達賓著	180元
㉟女性自然美容法	吳雅菁編著	180元

・青春天地・電腦編號 17

①A血型與星座	柯素娥編譯	120元
②B血型與星座	柯素娥編譯	120元
③O血型與星座	柯素娥編譯	120元
④AB血型與星座	柯素娥編譯	120元
⑤青春期性教室	呂貴嵐編譯	130元
⑥事半功倍讀書法	王毅希編譯	150元
⑦難解數學破題	宋釗宜編譯	130元
⑧速算解題技巧	宋釗宜編譯	130元
⑨小論文寫作秘訣	林顯茂編譯	120元
⑪中學生野外遊戲	熊谷康編著	120元
⑫恐怖極短篇	柯素娥編譯	130元
⑬恐怖夜話	小毛驢編譯	130元
⑭恐怖幽默短篇	小毛驢編譯	120元
⑮黑色幽默短篇	小毛驢編譯	120元
⑯靈異怪談	小毛驢編譯	130元
⑰錯覺遊戲	小毛驢編譯	130元
⑱整人遊戲	小毛驢編著	150元
⑲有趣的超常識	柯素娥編譯	130元
⑳哦！原來如此	林慶旺編譯	130元
㉑趣味競賽100種	劉名揚編譯	120元
㉒數學謎題入門	宋釗宜編譯	150元
㉓數學謎題解析	宋釗宜編譯	150元
㉔透視男女心理	林慶旺編譯	120元
㉕少女情懷的自白	李桂蘭編譯	120元
㉖由兄弟姊妹看命運	李玉瓊編譯	130元
㉗趣味的科學魔術	林慶旺編譯	150元
㉘趣味的心理實驗室	李燕玲編譯	150元
㉙愛與性心理測驗	小毛驢編譯	130元
㉚刑案推理解謎	小毛驢編譯	130元
㉛偵探常識推理	小毛驢編譯	130元
㉜偵探常識解謎	小毛驢編譯	130元
㉝偵探推理遊戲	小毛驢編譯	130元
㉞趣味的超魔術	廖玉山編著	150元
㉟趣味的珍奇發明	柯素娥編著	150元
㊱登山用具與技巧	陳瑞菊編著	150元

・健 康 天 地・電腦編號 18

①壓力的預防與治療	柯素娥編譯	130元
②超科學氣的魔力	柯素娥編譯	130元
③尿療法治病的神奇	中尾良一著	130元
④鐵證如山的尿療法奇蹟	廖玉山譯	120元
⑤一日斷食健康法	葉慈容編譯	150元
⑥胃部強健法	陳炳崑譯	120元
⑦癌症早期檢查法	廖松濤譯	160元
⑧老人痴呆症防止法	柯素娥編譯	130元
⑨松葉汁健康飲料	陳麗芬編譯	130元
⑩揉肚臍健康法	永井秋夫著	150元
⑪過勞死、猝死的預防	卓秀貞編譯	130元
⑫高血壓治療與飲食	藤山順豐著	150元
⑬老人看護指南	柯素娥編譯	150元
⑭美容外科淺談	楊啟宏著	150元
⑮美容外科新境界	楊啟宏著	150元
⑯鹽是天然的醫生	西英司郎著	140元
⑰年輕十歲不是夢	梁瑞麟譯	200元
⑱茶料理治百病	桑野和民著	180元
⑲綠茶治病寶典	桑野和民著	150元
⑳杜仲茶養顏減肥法	西田博著	150元
㉑蜂膠驚人療效	瀨長良三郎著	150元
㉒蜂膠治百病	瀨長良三郎著	180元
㉓醫藥與生活	鄭炳全著	180元
㉔鈣長生寶典	落合敏著	180元
㉕大蒜長生寶典	木下繁太郎著	160元
㉖居家自我健康檢查	石川恭三著	160元
㉗永恒的健康人生	李秀鈴譯	200元
㉘大豆卵磷脂長生寶典	劉雪卿譯	150元
㉙芳香療法	梁艾琳譯	160元
㉚醋長生寶典	柯素娥譯	180元
㉛從星座透視健康	席拉・吉蒂斯著	180元
㉜愉悅自在保健學	野本二士夫著	160元
㉝裸睡健康法	丸山淳士等著	160元
㉞糖尿病預防與治療	藤田順豐著	180元
㉟維他命長生寶典	菅原明子著	180元
㊱維他命C新效果	鐘文訓編	150元
㊲手、腳病理按摩	堤芳郎著	160元
㊳AIDS瞭解與預防	彼得塔歇爾著	180元

㊴甲殼質殼聚糖健康法	沈永嘉譯	160元
㊵神經痛預防與治療	木下眞男著	160元
㊶室內身體鍛鍊法	陳炳崑編著	160元
㊷吃出健康藥膳	劉大器編著	180元
㊸自我指壓術	蘇燕謀編著	160元
㊹紅蘿蔔汁斷食療法	李玉瓊編著	150元
㊺洗心術健康秘法	竺翠萍編譯	170元
㊻枇杷葉健康療法	柯素娥編譯	180元
㊼抗衰血癒	楊啟宏著	180元
㊽與癌搏鬥記	逸見政孝著	180元
㊾冬蟲夏草長生寶典	高橋義博著	170元
㊿痔瘡・大腸疾病先端療法	宮島伸宜著	180元
51膠布治癒頑固慢性病	加瀨建造著	180元
52芝麻神奇健康法	小林貞作著	170元
53香煙能防止癡呆？	高田明和著	180元
54穀菜食治癌療法	佐藤成志著	180元

・實用女性學講座・電腦編號 19

①解讀女性內心世界	島田一男著	150元
②塑造成熟的女性	島田一男著	150元
③女性整體裝扮學	黃靜香編著	180元
④女性應對禮儀	黃靜香編著	180元

・校 園 系 列・電腦編號 20

①讀書集中術	多湖輝著	150元
②應考的訣竅	多湖輝著	150元
③輕鬆讀書贏得聯考	多湖輝著	150元
④讀書記憶秘訣	多湖輝著	150元
⑤視力恢復！超速讀術	江錦雲譯	180元
⑥讀書36計	黃柏松編著	180元
⑦驚人的速讀術	鐘文訓編著	170元

・實用心理學講座・電腦編號 21

①拆穿欺騙伎倆	多湖輝著	140元
②創造好構想	多湖輝著	140元
③面對面心理術	多湖輝著	160元
④偽裝心理術	多湖輝著	140元
⑤透視人性弱點	多湖輝著	140元

⑥自我表現術	多湖輝著	150元
⑦不可思議的人性心理	多湖輝著	150元
⑧催眠術入門	多湖輝著	150元
⑨責罵部屬的藝術	多湖輝著	150元
⑩精神力	多湖輝著	150元
⑪厚黑說服術	多湖輝著	150元
⑫集中力	多湖輝著	150元
⑬構想力	多湖輝著	150元
⑭深層心理術	多湖輝著	160元
⑮深層語言術	多湖輝著	160元
⑯深層說服術	多湖輝著	180元
⑰掌握潛在心理	多湖輝著	160元
⑱洞悉心理陷阱	多湖輝著	180元
⑲解讀金錢心理	多湖輝著	180元
⑳拆穿語言圈套	多湖輝著	180元
㉑語言的心理戰	多湖輝著	180元

・超現實心理講座・電腦編號 22

①超意識覺醒法	詹蔚芬編譯	130元
②護摩秘法與人生	劉名揚編譯	130元
③秘法！超級仙術入門	陸　明譯	150元
④給地球人的訊息	柯素娥編著	150元
⑤密教的神通力	劉名揚編著	130元
⑥神秘奇妙的世界	平川陽一著	180元
⑦地球文明的超革命	吳秋嬌譯	200元
⑧力量石的秘密	吳秋嬌譯	180元
⑨超能力的靈異世界	馬小莉譯	200元
⑩逃離地球毀滅的命運	吳秋嬌譯	200元
⑪宇宙與地球終結之謎	南山宏著	200元
⑫驚世奇功揭秘	傅起鳳著	200元
⑬啟發身心潛力心象訓練法	栗田昌裕著	180元
⑭仙道術遁甲法	高藤聰一郎著	220元
⑮神通力的秘密	中岡俊哉著	180元

・養 生 保 健・電腦編號 23

①醫療養生氣功	黃孝寬著	250元
②中國氣功圖譜	余功保著	230元
③少林醫療氣功精粹	井玉蘭著	250元
④龍形實用氣功	吳大才等著	220元

⑤魚戲增視強身氣功	宮　嬰著	220元
⑥嚴新氣功	前新培金著	250元
⑦道家玄牝氣功	張　章著	200元
⑧仙家秘傳袪病功	李遠國著	160元
⑨少林十大健身功	秦慶豐著	180元
⑩中國自控氣功	張明武著	250元
⑪醫療防癌氣功	黃孝寬著	250元
⑫醫療強身氣功	黃孝寬著	250元
⑬醫療點穴氣功	黃孝寬著	250元
⑭中國八卦如意功	趙維漢著	180元
⑮正宗馬禮堂養氣功	馬禮堂著	420元
⑯秘傳道家筋經內丹功	王慶餘著	280元
⑰三元開慧功	辛桂林著	250元
⑱防癌治癌新氣功	郭　林著	180元
⑲禪定與佛家氣功修煉	劉天君著	200元
⑳顛倒之術	梅自強著	元
㉑簡明氣功辭典	吳家駿編	元

•社會人智囊•電腦編號 24

①糾紛談判術	清水增三著	160元
②創造關鍵術	淺野八郎著	150元
③觀人術	淺野八郎著	180元
④應急詭辯術	廖英迪編著	160元
⑤天才家學習術	木原武一著	160元
⑥猫型狗式鑑人術	淺野八郎著	180元
⑦逆轉運掌握術	淺野八郎著	180元
⑧人際圓融術	澀谷昌三著	160元
⑨解讀人心術	淺野八郎著	180元
⑩與上司水乳交融術	秋元隆司著	180元
⑪男女心態定律	小田晉著	180元
⑫幽默說話術	林振輝編著	200元
⑬人能信賴幾分	淺野八郎著	180元
⑭我一定能成功	李玉瓊譯	元
⑮獻給青年的嘉言	陳蒼杰譯	元
⑯知人、知面、知其心	林振輝編著	元

•精　選　系　列•電腦編號 25

①毛澤東與鄧小平	渡邊利夫等著	280元
②中國大崩裂	江戶介雄著	180元

③台灣・亞洲奇蹟	上村幸治著	220元
④7-ELEVEN高盈收策略	國友隆一著	180元
⑤台灣獨立	森　詠著	200元
⑥迷失中國的末路	江戶雄介著	220元
⑦2000年5月全世界毀滅	紫藤甲子男著	180元

・運 動 遊 戲・電腦編號 26

①雙人運動	李玉瓊譯	160元
②愉快的跳繩運動	廖玉山譯	180元
③運動會項目精選	王佑京譯	150元
④肋木運動	廖玉山譯	150元
⑤測力運動	王佑宗譯	150元

・銀髮族智慧學・電腦編號 28

①銀髮六十樂逍遙	多湖輝著	170元
②人生六十反年輕	多湖輝著	170元
③六十歲的決斷	多湖輝著	170元

・心 靈 雅 集・電腦編號 00

①禪言佛語看人生	松濤弘道著	180元
②禪密教的奧秘	葉逯謙譯	120元
③觀音大法力	田口日勝著	120元
④觀音法力的大功德	田口日勝著	120元
⑤達摩禪106智慧	劉華亭編譯	150元
⑥有趣的佛教研究	葉逯謙編譯	120元
⑦夢的開運法	蕭京凌譯	130元
⑧禪學智慧	柯素娥編譯	130元
⑨女性佛教入門	許俐萍譯	110元
⑩佛像小百科	心靈雅集編譯組	130元
⑪佛教小百科趣談	心靈雅集編譯組	120元
⑫佛教小百科漫談	心靈雅集編譯組	150元
⑬佛教知識小百科	心靈雅集編譯組	150元
⑭佛學名言智慧	松濤弘道著	220元
⑮釋迦名言智慧	松濤弘道著	220元
⑯活人禪	平田精耕著	120元
⑰坐禪入門	柯素娥編譯	150元
⑱現代禪悟	柯素娥編譯	130元
⑲道元禪師語錄	心靈雅集編譯組	130元

⑳佛學經典指南	心靈雅集編譯組	130元
㉑何謂「生」　阿含經	心靈雅集編譯組	150元
㉒一切皆空　般若心經	心靈雅集編譯組	150元
㉓超越迷惘　法句經	心靈雅集編譯組	130元
㉔開拓宇宙觀　華嚴經	心靈雅集編譯組	130元
㉕真實之道　法華經	心靈雅集編譯組	130元
㉖自由自在　涅槃經	心靈雅集編譯組	130元
㉗沈默的教示　維摩經	心靈雅集編譯組	150元
㉘開通心眼　佛語佛戒	心靈雅集編譯組	130元
㉙揭秘寶庫　密教經典	心靈雅集編譯組	130元
㉚坐禪與養生	廖松濤譯	110元
㉛釋尊十戒	柯素娥編譯	120元
㉜佛法與神通	劉欣如編著	120元
㉝悟（正法眼藏的世界）	柯素娥編譯	120元
㉞只管打坐	劉欣如編著	120元
㉟喬答摩・佛陀傳	劉欣如編著	120元
㊱唐玄奘留學記	劉欣如編著	120元
㊲佛教的人生觀	劉欣如編譯	110元
㊳無門關（上卷）	心靈雅集編譯組	150元
㊴無門關（下卷）	心靈雅集編譯組	150元
㊵業的思想	劉欣如編著	130元
㊶佛法難學嗎	劉欣如著	140元
㊷佛法實用嗎	劉欣如著	140元
㊸佛法殊勝嗎	劉欣如著	140元
㊹因果報應法則	李常傳編	140元
㊺佛教醫學的奧秘	劉欣如編著	150元
㊻紅塵絕唱	海　若著	130元
㊼佛教生活風情	洪丕謨、姜玉珍著	220元
㊽行住坐臥有佛法	劉欣如著	160元
㊾起心動念是佛法	劉欣如著	160元
㊿四字禪語	曹洞宗青年會	200元
51妙法蓮華經	劉欣如編著	160元
52根本佛教與大乘佛教	葉作森編	180元

・經營管理・電腦編號01

◎創新經營管理六十六大計（精）	蔡弘文編	780元
①如何獲取生意情報	蘇燕謀譯	110元
②經濟常識問答	蘇燕謀譯	130元
④台灣商戰風雲錄	陳中雄著	120元
⑤推銷大王秘錄	原一平著	180元

⑥新創意・賺大錢	王家成譯	90元
⑦工廠管理新手法	琪　輝著	120元
⑨經營參謀	柯順隆譯	120元
⑩美國實業24小時	柯順隆譯	80元
⑪撼動人心的推銷法	原一平著	150元
⑫高竿經營法	蔡弘文編	120元
⑬如何掌握顧客	柯順隆譯	150元
⑭一等一賺錢策略	蔡弘文編	120元
⑯成功經營妙方	鐘文訓著	120元
⑰一流的管理	蔡弘文編	150元
⑱外國人看中韓經濟	劉華亭譯	150元
⑳突破商場人際學	林振輝編著	90元
㉑無中生有術	琪輝編著	140元
㉒如何使女人打開錢包	林振輝編著	100元
㉓操縱上司術	邑井操著	90元
㉔小公司經營策略	王嘉誠著	160元
㉕成功的會議技巧	鐘文訓編譯	100元
㉖新時代老闆學	黃柏松編著	100元
㉗如何創造商場智囊團	林振輝編譯	150元
㉘十分鐘推銷術	林振輝編譯	180元
㉙五分鐘育才	黃柏松編譯	100元
㉚成功商場戰術	陸明編譯	100元
㉛商場談話技巧	劉華亭編譯	120元
㉜企業帝王學	鐘文訓譯	90元
㉝自我經濟學	廖松濤編譯	100元
㉞一流的經營	陶田生編著	120元
㉟女性職員管理術	王昭國編譯	120元
㊱ＩＢＭ的人事管理	鐘文訓編譯	150元
㊲現代電腦常識	王昭國編譯	150元
㊳電腦管理的危機	鐘文訓編譯	120元
㊴如何發揮廣告效果	王昭國編譯	150元
㊵最新管理技巧	王昭國編譯	150元
㊶一流推銷術	廖松濤編譯	150元
㊷包裝與促銷技巧	王昭國編譯	130元
㊸企業王國指揮塔	松下幸之助著	120元
㊹企業精銳兵團	松下幸之助著	120元
㊺企業人事管理	松下幸之助著	100元
㊻華僑經商致富術	廖松濤編譯	130元
㊼豐田式銷售技巧	廖松濤編譯	180元
㊽如何掌握銷售技巧	王昭國編著	130元
㊿洞燭機先的經營	鐘文訓編譯	150元

㊿新世紀的服務業	鐘文訓編譯	100元
⑬成功的領導者	廖松濤編譯	120元
⑭女推銷員成功術	李玉瓊編譯	130元
⑮ＩＢＭ人才培育術	鐘文訓編譯	100元
⑯企業人自我突破法	黃琪輝編著	150元
⑱財富開發術	蔡弘文編著	130元
⑲成功的店舖設計	鐘文訓編著	150元
⑥①企管回春法	蔡弘文編著	130元
⑥②小企業經營指南	鐘文訓編譯	100元
⑥③商場致勝名言	鐘文訓編譯	150元
⑥④迎接商業新時代	廖松濤編譯	100元
⑥⑥新手股票投資入門	何朝乾　編	180元
⑥⑦上揚股與下跌股	何朝乾編譯	180元
⑥⑧股票速成學	何朝乾編譯	200元
⑥⑨理財與股票投資策略	黃俊豪編著	180元
⑦⓪黃金投資策略	黃俊豪編著	180元
⑦①厚黑管理學	廖松濤編譯	180元
⑦②股市致勝格言	呂梅莎編譯	180元
⑦③透視西武集團	林谷燁編譯	150元
⑦⑥巡迴行銷術	陳蒼杰譯	150元
⑦⑦推銷的魔術	王嘉誠譯	120元
⑦⑧60秒指導部屬	周蓮芬編譯	150元
⑦⑨精銳女推銷員特訓	李玉瓊編譯	130元
⑧⓪企劃、提案、報告圖表的技巧	鄭　汶　譯	180元
⑧①海外不動產投資	許達守編譯	150元
⑧②八百伴的世界策略	李玉瓊譯	150元
⑧③服務業品質管理	吳宜芬譯	180元
⑧④零庫存銷售	黃東謙編譯	150元
⑧⑤三分鐘推銷管理	劉名揚編譯	150元
⑧⑥推銷大王奮鬥史	原一平著	150元
⑧⑦豐田汽車的生產管理	林谷燁編譯	150元

•成功寶庫• 電腦編號 02

①上班族交際術	江森滋著	100元
②拍馬屁訣竅	廖玉山編譯	110元
④聽話的藝術	歐陽輝編譯	110元
⑨求職轉業成功術	陳　義編著	110元
⑩上班族禮儀	廖玉山編著	120元
⑪接近心理學	李玉瓊編著	100元
⑫創造自信的新人生	廖松濤編著	120元

⑭上班族如何出人頭地	廖松濤編著	100元
⑮神奇瞬間瞑想法	廖松濤編譯	100元
⑯人生成功之鑰	楊意苓編著	150元
⑲給企業人的諍言	鐘文訓編著	120元
⑳企業家自律訓練法	陳　義編譯	100元
㉑上班族妖怪學	廖松濤編著	100元
㉒猶太人縱橫世界的奇蹟	孟佑政編著	110元
㉓訪問推銷術	黃靜香編著	130元
㉕你是上班族中強者	嚴思圖編著	100元
㉖向失敗挑戰	黃靜香編著	100元
㉙機智應對術	李玉瓊編著	130元
㉚成功頓悟100則	蕭京凌編譯	130元
㉛掌握好運100則	蕭京凌編譯	110元
㉜知性幽默	李玉瓊編譯	130元
㉝熟記對方絕招	黃靜香編譯	100元
㉞男性成功秘訣	陳蒼杰編譯	130元
㊱業務員成功秘方	李玉瓊編著	120元
㊲察言觀色的技巧	劉華亭編著	130元
㊳一流領導力	施義彥編譯	120元
㊴一流說服力	李玉瓊編著	130元
㊵30秒鐘推銷術	廖松濤編譯	150元
㊶猶太成功商法	周蓮芬編譯	120元
㊷尖端時代行銷策略	陳蒼杰編著	100元
㊸顧客管理學	廖松濤編著	100元
㊹如何使對方說Yes	程　羲編著	150元
㊺如何提高工作效率	劉華亭編著	150元
㊼上班族口才學	楊鴻儒譯	120元
㊽上班族新鮮人須知	程　羲編著	120元
㊾如何左右逢源	程　羲編著	130元
㊿語言的心理戰	多湖輝著	130元
51扣人心弦演說術	劉名揚編著	120元
53如何增進記憶力、集中力	廖松濤譯	130元
55性惡企業管理學	陳蒼杰譯	130元
56自我啟發200招	楊鴻儒編著	150元
57做個傑出女職員	劉名揚編著	130元
58靈活的集團營運術	楊鴻儒編著	120元
60個案研究活用法	楊鴻儒編著	130元
61企業教育訓練遊戲	楊鴻儒編著	120元
62管理者的智慧	程　義編譯	130元
63做個佼佼管理者	馬筱莉編譯	130元
64智慧型說話技巧	沈永嘉編譯	130元

⑯活用佛學於經營	松濤弘道著	150元
⑰活用禪學於企業	柯素娥編譯	130元
⑱詭辯的智慧	沈永嘉編譯	150元
⑲幽默詭辯術	廖玉山編譯	150元
⑳拿破崙智慧箴言	柯素娥編譯	130元
㉑自我培育・超越	蕭京凌編譯	150元
㉔時間即一切	沈永嘉編譯	130元
㉕自我脫胎換骨	柯素娥譯	150元
㉖贏在起跑點—人才培育鐵則	楊鴻儒編譯	150元
㉗做一枚活棋	李玉瓊編譯	130元
㉘面試成功戰略	柯素娥編譯	130元
㉙自我介紹與社交禮儀	柯素娥編譯	150元
㉚說NO的技巧	廖玉山編譯	130元
㉛瞬間攻破心防法	廖玉山編譯	120元
㉜改變一生的名言	李玉瓊編譯	130元
㉝性格性向創前程	楊鴻儒編譯	130元
㉞訪問行銷新竅門	廖玉山編譯	150元
㉟無所不達的推銷話術	李玉瓊編譯	150元

・處世智慧・電腦編號 03

①如何改變你自己	陸明編譯	120元
④幽默說話術	林振輝編譯	120元
⑤讀書36計	黃柏松編譯	120元
⑥靈感成功術	譚繼山編譯	80元
⑧扭轉一生的五分鐘	黃柏松編譯	100元
⑨知人、知面、知其心	林振輝譯	110元
⑩現代人的詭計	林振輝譯	100元
⑫如何利用你的時間	蘇遠謀譯	80元
⑬口才必勝術	黃柏松編譯	120元
⑭女性的智慧	譚繼山編譯	90元
⑮如何突破孤獨	張文志編譯	80元
⑯人生的體驗	陸明編譯	80元
⑰微笑社交術	張芳明譯	90元
⑱幽默吹牛術	金子登著	90元
⑲攻心說服術	多湖輝著	100元
⑳當機立斷	陸明編譯	70元
㉑勝利者的戰略	宋恩臨編譯	80元
㉒如何交朋友	安紀芳編著	70元
㉓鬥智奇謀（諸葛孔明兵法）	陳炳崑著	70元
㉔慧心良言	亦　奇著	80元

㉕名家慧語	蔡逸鴻主編	90元
㉗稱霸者啟示金言	黃柏松編譯	90元
㉘如何發揮你的潛能	陸明編譯	90元
㉙女人身態語言學	李常傳譯	130元
㉚摸透女人心	張文志譯	90元
㉛現代戀愛秘訣	王家成譯	70元
㉜給女人的悄悄話	妮倩編譯	90元
㉞如何開拓快樂人生	陸明編譯	90元
㉟驚人時間活用法	鐘文訓譯	80元
㊱成功的捷徑	鐘文訓譯	70元
㊲幽默逗笑術	林振輝著	120元
㊳活用血型讀書法	陳炳崑譯	80元
㊴心　燈	葉于模著	100元
㊵當心受騙	林顯茂譯	90元
㊶心・體・命運	蘇燕謀譯	70元
㊷如何使頭腦更敏銳	陸明編譯	70元
㊸宮本武藏五輪書金言錄	宮本武藏著	100元
㊺勇者的智慧	黃柏松編譯	80元
㊼成熟的愛	林振輝譯	120元
㊽現代女性駕馭術	蔡德華著	90元
㊾禁忌遊戲	酒井潔著	90元
52摸透男人心	劉華亭編譯	80元
53如何達成願望	謝世輝著	90元
54創造奇蹟的「想念法」	謝世輝著	90元
55創造成功奇蹟	謝世輝著	90元
56男女幽默趣典	劉華亭譯	90元
57幻想與成功	廖松濤譯	80元
58反派角色的啟示	廖松濤編譯	70元
59現代女性須知	劉華亭編著	75元
61機智說話術	劉華亭編譯	100元
62如何突破內向	姜倩怡編譯	110元
64讀心術入門	王家成編譯	100元
65如何解除內心壓力	林美羽編著	110元
66取信於人的技巧	多湖輝著	110元
67如何培養堅強的自我	林美羽編著	90元
68自我能力的開拓	卓一凡編著	110元
70縱橫交涉術	嚴思圖編著	90元
71如何培養妳的魅力	劉文珊編著	90元
72魅力的力量	姜倩怡編著	90元
73金錢心理學	多湖輝著	100元
74語言的圈套	多湖輝著	110元

⑮個性膽怯者的成功術	廖松濤編譯	100元
⑯人性的光輝	文可式編著	90元
⑲培養靈敏頭腦秘訣	廖玉山編著	90元
⑳夜晚心理術	鄭秀美編譯	80元
㉑如何做個成熟的女性	李玉瓊編著	80元
㉒現代女性成功術	劉文珊編著	90元
㉓成功說話技巧	梁惠珠編譯	100元
㉔人生的真諦	鐘文訓編譯	100元
㉕妳是人見人愛的女孩	廖松濤編著	120元
㉗指尖・頭腦體操	蕭京凌編譯	90元
㉘電話應對禮儀	蕭京凌編著	120元
㉙自我表現的威力	廖松濤編譯	100元
㉚名人名語啟示錄	喬家楓編著	100元
㉛男與女的哲思	程鐘梅編譯	110元
㉜靈思慧語	牧　風著	110元
㉝心靈夜語	牧　風著	100元
㉞激盪腦力訓練	廖松濤編譯	100元
㉟三分鐘頭腦活性法	廖玉山編譯	110元
㊱星期一的智慧	廖玉山編譯	100元
㊲溝通說服術	賴文琇編譯	100元
㊳超速讀超記憶法	廖松濤編譯	140元

•健康與美容•電腦編號 04

①B型肝炎預防與治療	曾慧琪譯	130元
③媚酒傳（中國王朝秘酒）	陸明主編	120元
④藥酒與健康果菜汁	成玉主編	150元
⑤中國回春健康術	蔡一藩著	100元
⑥奇蹟的斷食療法	蘇燕謀譯	110元
⑧健美食物法	陳炳崑譯	120元
⑨驚異的漢方療法	唐龍編著	90元
⑩不老強精食	唐龍編著	100元
⑫五分鐘跳繩健身法	蘇明達譯	100元
⑬睡眠健康法	王家成譯	80元
⑭你就是名醫	張芳明譯	90元
⑮如何保護你的眼睛	蘇燕謀譯	70元
⑲釋迦長壽健康法	譚繼山譯	90元
⑳腳部按摩健康法	譚繼山譯	120元
㉑自律健康法	蘇明達譯	90元
㉓身心保健座右銘	張仁福著	160元
㉔腦中風家庭看護與運動治療	林振輝譯	100元

㉕秘傳醫學人相術	成玉主編	120元
㉖導引術入門⑴治療慢性病	成玉主編	110元
㉗導引術入門⑵健康・美容	成玉主編	110元
㉘導引術入門⑶身心健康法	成玉主編	110元
㉙妙用靈藥・蘆薈	李常傳譯	150元
㉚萬病回春百科	吳通華著	150元
㉛初次懷孕的10個月	成玉編譯	130元
㉜中國秘傳氣功治百病	陳炳崑編譯	130元
㉟仙人長生不老學	陸明編譯	100元
㊱釋迦秘傳米粒刺激法	鐘文訓譯	120元
㊲痔・治療與預防	陸明編譯	130元
㊳自我防身絕技	陳炳崑編譯	120元
㊴運動不足時疲勞消除法	廖松濤譯	110元
㊵三溫暖健康法	鐘文訓編譯	90元
㊸維他命與健康	鐘文訓譯	150元
㊺森林浴—綠的健康法	劉華亭編譯	80元
㊼導引術入門⑷酒浴健康法	成玉主編	90元
㊽導引術入門⑸不老回春法	成玉主編	90元
㊾山白竹（劍竹）健康法	鐘文訓譯	90元
㊿解救你的心臟	鐘文訓編譯	100元
51牙齒保健法	廖玉山譯	90元
52超人氣功法	陸明編譯	110元
54借力的奇蹟⑴	力拔山著	100元
55借力的奇蹟⑵	力拔山著	100元
56五分鐘小睡健康法	呂添發撰	120元
57禿髮、白髮預防與治療	陳炳崑撰	120元
59艾草健康法	張汝明編譯	90元
60一分鐘健康診斷	蕭京凌編譯	90元
61念術入門	黃静香編譯	90元
62念術健康法	黃静香編譯	90元
63健身回春法	梁惠珠編譯	100元
64姿勢養生法	黃秀娟編譯	90元
65仙人瞑想法	鐘文訓譯	120元
66人蔘的神效	林慶旺譯	100元
67奇穴治百病	吳通華著	120元
68中國傳統健康法	靳海東著	100元
69下半身減肥法	納他夏・史達賓著	110元
70使妳的肌膚更亮麗	楊　皓編譯	100元
71酵素健康法	楊　皓編譯	120元
73腰痛預防與治療	五味雅吉著	100元
74如何預防心臟病・腦中風	譚定長等著	100元

⑮少女的生理秘密	蕭京凌譯	120元
⑯頭部按摩與針灸	楊鴻儒譯	100元
⑰雙極療術入門	林聖道著	100元
⑱氣功自療法	梁景蓮著	120元
⑲大蒜健康法	李玉瓊編譯	100元
㉑健胸美容秘訣	黃靜香譯	120元
㉒鍺奇蹟療效	林宏儒譯	120元
㉓三分鐘健身運動	廖玉山譯	120元
㉔尿療法的奇蹟	廖玉山譯	120元
㉕神奇的聚積療法	廖玉山譯	120元
㉖預防運動傷害伸展體操	楊鴻儒編譯	120元
㉘五日就能改變你	柯素娥譯	110元
㉙三分鐘氣功健康法	陳美華譯	120元
㉚痛風劇痛消除法	余昇凌譯	120元
㉛道家氣功術	早島正雄著	130元
㉜氣功減肥術	早島正雄著	120元
㉝超能力氣功法	柯素娥譯	130元
㉞氣的瞑想法	早島正雄著	120元

•家庭／生活•電腦編號 05

①單身女郎生活經驗談	廖玉山編著	100元
②血型•人際關係	黃静編著	120元
③血型•妻子	黃静編著	110元
④血型•丈夫	廖玉山編譯	130元
⑤血型•升學考試	沈永嘉編譯	120元
⑥血型•臉型•愛情	鐘文訓編譯	120元
⑦現代社交須知	廖松濤編譯	100元
⑧簡易家庭按摩	鐘文訓編譯	150元
⑨圖解家庭看護	廖玉山編譯	120元
⑩生男育女隨心所欲	岡正基編著	160元
⑪家庭急救治療法	鐘文訓編著	100元
⑫新孕婦體操	林曉鐘譯	120元
⑬從食物改變個性	廖玉山編譯	100元
⑭藥草的自然療法	東城百合子著	200元
⑮糙米菜食與健康料理	東城百合子著	180元
⑯現代人的婚姻危機	黃　静編著	90元
⑰親子遊戲　0歲	林慶旺編譯	100元
⑱親子遊戲　1～2歲	林慶旺編譯	110元
⑲親子遊戲　3歲	林慶旺編譯	100元
⑳女性醫學新知	林曉鐘編譯	130元

國家圖書館出版品預行編目資料

13星座占星術／馬克・矢崎著，李芳黛譯
一初版一臺北市，大展，民85
面；　公分一（命理與預言；5）
譯自：13星座占星術
ISBN 957-557-642-X（平裝）
1. 占星術
292.22　　85010674

ISBN 957-557-642-X

13星座占星術

原 著 者／馬克・矢崎
編 譯 者／李 芳 黛
發 行 人／蔡 森 明
出 版 者／大展出版社有限公司
社　　址／台北市北投區（石牌）致遠一路二段12巷1號
電　　話／(02) 8236031・8236033
傳　　眞／(02) 8272069
郵政劃撥／0166955－1
登 記 證／局版臺業字第2171號
承 印 者／高星企業有限公司
裝　　訂／日新裝訂所
排 版 者／千兵企業有限公司
電　　話／(02) 8812643
初　　版／1996年（民85年）11月
2　　刷／1996年（民85年）12月
5　　刷／1997年（民86年）12月
定　　價／200元

大展好書 好書大展